KB214502

한 권으로 끝내는

# 사내근로복지기금

## 회계 및 예산운영실무

한 권으로 끝내는

# 사내근로복지기금

## 회계 및 예산운영실무

초판 1쇄 | 2014년 10월 1일

지은이 | 김승훈
발행인 | 설응도
발행처 | 라의눈

출판등록 | 2014년 1월 13일(제2014-000011호)
주소 | 서울시 서초구 서초중앙로29길 26(반포동) 낙강빌딩 2층
전화 | 02-466-1283
팩스 | 02-466-1301
e-mail | eyeofrabooks@gmail.com



ISBN : 979-11-86039-02-1 13320

# 한 권으로 끝내는 사내근로복지기금

김승훈 지음

## 회계 및 예산운영실무

라의눈

# 사내근로복지기금 시리즈를 펴내며

사내근로복지기금 운영실무 책자를 집필한 지가 10년이 지났다. 관련 법령과 서식들이 많이 개정되었지만 그동안 바쁘다는 핑계로 개정판을 내지 못하였다. 그 사이에 사내근로복지기금법과 근로자복지기본법이 통합되어 근로복지기본법으로 전부 개정되었고, 조세법의 개정으로 조세특례제한법상 특례기부금이 폐지되고 법인세법 신고 서식들이 개정되는 등 큰 변화도 있었지만, 실은 사내근로복지기금 운영실무 책자가 너무 방대하여 개정할 엄두를 내지 못했던 것이 가장 큰 이유가 아닐까 싶다. 그러다 보니 사내근로복지기금 실무자들로부터 개정에 대한 질문을 끊임없이 받았다.

"교수님, 사내근로복지기금 운영실무 개정판은 언제 발간되나요?"
"소장님, 사내근로복지기금 결산과 예산 작업을 할 때마다 회계 업무 때문에 스트레스를 받는데 결산과 예산, 회계 책부터 먼저 내주실 수는 없을까요?"
"원장님, 사내근로복지기금 제도와 그중에서 특히 예산과 결산이 너무 생소하고 어렵습니다. 쉽게 설명된 책을 만들어주세요"

지난 22년 동안 사내근로복지기금 업무를 담당해오면서 사내근로복지기금 실무자들로부터 이런 이야기를 들을 때마다 사내근로복지기금 최고 전문가를 자부하는 나는 마음의 부담이 커져만 갔다. 사내복지기금에 대한 책을 쓰는 일이 자연스레 나의 소명으로 받아들여졌고, 내 머릿속에는 늘 어떻게 하면 사내근로복지기금 회계처리를 쉽게 설명할 수 있을까 하는 고민이 떠나지 않게 되었다. 박사학위 과정을 수료하고, 21년간 정들었던 KBS사내근로복지기금을 퇴직하고, '사내근로복지기금연구소'와 '사내근로복지기금평생교육원'을 개원하면서 이제야 마음의 짐을 벗고, 그 동안의 실무 경험과 지식을 바탕으로 사내근로복지기금 실무자들의 업무 수행에 지침과 참고가 될 수 있는 사내근로복지기금 시리즈 집필에 도전하게 되었다.

이 책은 올해 본격적으로 시작된 사내근로복지기금 시리즈의 두 번째 책으로서 사내근로복지기금 실무자와 사내근로복지기금 임원들이 사내근로복지기금 회계와 예산 편성 업무 수행에 참고하도록 회계와 예산 편성 등을 사례 위주로 작성하였다. 이 책의 특징은 다음과 같다.

첫째, 이 책은 사내근로복지기금 실무 도서 시리즈의 두 번째 책으로서, 사내근로복지기금 최초로 사내근로복지기금 회계에 관련된 사항과 예산 편성 사례를 사례별로 제시하였다. 지난 2004년 저자가 사내근로복지기금 운영실무 책자를 통해 우리나라에서 최초로 사내근로복지기금 회계처리 방안과 재무제표 서식, 예산편성 서식 등을 제시한 바 있다. 그 이후 10여 년이 흐르면서 기업회계기준서의 개정 등 회계처리에 많은 변화가 있었고, 이러한 변화를 반영하여 변경된 재무제표 서식과 새로운 부속명세서 서식을 수록하였다.

둘째, 이 책은 사내근로복지기금 최초로 종업원 대부사업을 실시하지 않고 이자소득만 있는 사내근로복지기금, 종업원대부사업을 실시하는 사내근로복지기금, 기본재산을 사용하는 경우와 기본재산을 사용하지 않는 경우로 분류하여 예산편성 사례를 제시하였다.

셋째, 이 책은 사내근로복지기금 최초로 구분계리된 예산편성 사례를 제시하였다. 사내근로복지기금 업무처리지침 제19조를 보면 사내근로복지기금 회계는 기금관리회계와 목적사업회계로 구분계리하도록 명시하였으나, 아직까지 구분계리나 구분경리 방안을 제시하지 못하고 있는 바, 이 책에서 최초로 다루었다.

넷째, 이 책은 사내근로복지기금 최초로 예산편성 지침과 준예산서 작성 사례를 제시하였다.

다섯째, 이 책은 사내근로복지기금에서 사용하고 있는 계정과목을 체계적으로 정리하였다.

여섯째, 사내근로복지기금 회계처리와 관련하여 본인이 받은 다양한 예규를 정리하여 수록하였다.

모쪼록 앞으로 발간될 사내근로복지기금 시리즈가 사내근로복지기금 업무를 담당하고 있는 실무자나 임원, 새로이 사내근로복지기금을 설립하기 위해 준비 중인 기업의 관계자, 특히 사내근로복지기금 회계처리 업무에 어려움을 겪는 실무자들에게 도움이 되었으면 한다.

이 책이 나오기까지 가장 가까이에서 힘과 용기를 준 사랑하는 아내이자 ㈜김승훈기업복지연구개발원, 사내근로복지기금연구소 성현정 공동대표와 가족, 고용노동부 근로복지과 관계자들, 20년 9개월 동안 사내근로복지기금 업무를 하면서 많은 조언을 해주신 인덕회계법인 이용기 공인회계사님께도 감사의 마음을 전한다. 또한 출판에 도움을 주신 라의눈 출판그룹 설응도 대표님과 김지현 편집장, 최현숙 팀장에게 진심으로 고맙다는 말을 전한다. 이 책의 집필에 많은 성원과 격려를 아끼지 않고 관심을 보내준 다음카페 '사내근로복지기금' 동아리 회원들, 네이버 카페 '사내근로복지기금교육원' 회원님들께도 이 영광을 돌린다.

2014년 9월

김승훈

*Contents*

## PART 2 사내근로복지기금의 회계

# PART 1

# 비영리법인의 개요

# 1 비영리법인의 개요

## ◆ 비영리법인의 개요

사내근로복지기금은 법인 분류상 비영리법인에 속하므로 회계처리를 위해서는 비영리법인에 대해 숙지할 필요가 있다. 민법 제32조에 따르면 비영리법인이란 학술, 종교, 자선, 기예, 사교 기타 영리 아닌 사업을 목적으로 주무관청의 허가를 얻어 설립한 법인을 말하며, 사단 또는 재단의 두 가지 법인 형태가 있다. 사내근로복지기금은 성격상 재단법인 형태에 가깝다고 볼 수 있다. 비영리법인은 영리 아닌 사업을 목적으로 하는 것이기에 비영리법인이 목적사업으로 영리사업을 하는 경우에는 비영리법인이 아닌 영리법인에 해당되고, 이 경우에는 영리사업과 비영리사업을 엄격히 구분하여 경리하도록 법인세법에서는 명시하고 있다. 사내근로복지기금은 법인세법 제1조제2호나목에 따라 특별법에 의하여 설립된 비영리법인으로 분류되고 있다.

> 제1조(정의) 이 법에서 사용하는 용어의 뜻은 다음과 같다.
> 1. "내국법인"(內國法人)이란 국내에 본점이나 주사무소 또는 사업의 실질적 관리장소를 둔 법인을 말한다.
> 2. "비영리내국법인"이란 내국법인 중 다음 각 목의 어느 하나에 해당하는 법인을 말한다.
>    가. (생략)
>    나. 「사립학교법」이나 그 밖의 특별법에 따라 설립된 법인으로서 「민법」 제32조에 규정된 목적과 유사한 목적을 가진 법인(대통령령으로 정하는 조합법인 등이 아닌 법인으로서 그 주주(株主)·사원 또는 출자자(出資者)에게 이익을 배당할 수 있는 법인은 제외한다)
>
> 다. (생략)

## ◈ 목적사업과 부대사업

비영리법인의 목적사업은 민법 제32조에 따라 학술, 종교, 자선, 기예, 사교 기타 영리 아닌 사업으로 한다. 영리법인은 구성원의 이익을 꾀하고 법인의 이익을 구성원에게 분배해주기 위해 다양한 수익사업을 행하는 데 반해, 비영리법인은 당해 법인의 설립목적의 근거가 되는 법령과 정관에서 당해 법인의 설립목적을 위한 사업들을 구체적으로 열거하고 있고, 이를 비수익사업 또는 목적사업으로 분류할 수 있다. 다만, 사내근로복지기금의 경우 근로자대부사업은 근로복지기본법상 목적사업이지만 법인세법상은 수익사업으로 분류된다.

비영리법인은 목적사업의 달성을 위해 당해 비영리법인의 설립목적에 반하지 않는 범위 내에서 수익사업을 하는 것이 가능하다. 사내근로복지기금의 경우 사내구판장, 구내식당, 구내휴게실, 구내자판기를 정관 목적사업으로 허용하고 있는바, 이를 직접 운영하는 경우는 법인세법상 명백한 부대사업, 즉 수익사업에 속한다. 이 외에 근로복지기본법 제63조에 의한 사내근로복지기금의 운용 방법과 근로복지기본법 제62조제3항에 의한 근로자대부사업 또한 법인세법상 수익사업으로 분류되고 있다.

이와 관련하여 본인이 국세청에 서면으로 질의하여 받은 회신문은 다음과 같다.

**질의**

사내근로복지기금이 예금이자 수익과 정관에 의한 고유목적사업의 일환으로 종업원에 대한 생활안정자금, 주택구입자금 대부이자수입만 있는바, 정기법인세 신고 시 이자소득만이 있는 비영리법인으로 보아 법인세법 시행규칙 별지 제56호서식으로 법인세 신고를 하는지, 아니면 일반법인처럼 별지 제1호서식으로 신고하는지 여부를 알려주십시오.

**회신** 국세종합상담센터 서면인터넷방문상담2팀-163(2005.01.25.)

사내근로복지기금법에 의한 사내근로복지기금이 은행 예금이자수입과, 같은 법에 의하여 근로자에게 대출한 융자금에 대한 이자수입이 있는 경우 법인세법 시행규칙 별지 제1호서식(법인세 과세표준 및 세액 신고서)에 의하여 법인세를 신고하는 것입니다.

**질의**

사내근로복지기금법에 의거 설립된 사내근로복지기금이 증식사업에서 발생한 이자소득금액과 정관 고유목적사업으로 실시하는 종업원대부사업에서 발생한 대부이자수입 전액을 법인세법 제29조제1항제1호 내지 제3호의 규정에 따라 고유목적사업준비금으로 설정하고 있습니다. 법인세법 제29조제1항제1호 내지 제3호의 이자소득금액 및 종업원대부이자수입만 있는 사내근로복지기금의 경우 법인세과세표준 신고 시 법인세법 제60조제4항의 단서에 의한 무신고 적용을 받지 않는 대상에 해당되는지 여부를 알려주십시오.

**회신** 국세종합상담센터 서면인터넷방문상담2팀-648(2005.05.03.)

법인세법 제60조제4항 단서규정을 적용함에 있어서 사내근로복지금법에 의한 사내근로복지기금이 정관상의 복지사업으로 근로자에게 융자금 대부사업을 영위하는 경우 당해 융자금에서 발생하는 이자수입은 법인세법 제3조제2항제1호의 규정에 의한 수익사업에서 생기는 소득에 해당하는 것입니다.

**회신** 국세종합상담센터 서면인터넷방문상담2팀-1004(2005.07.05.)

사내근로복지기금법에 의거 설립된 사내근로복지기금이 정관상의 고유목적사업으로 근로자에게 융자금 대부사업을 영위하는 경우 당해 융자금에서 발생하는 이자수입은 법인세법시행령 제2조제1항제5호 나목 규정에 의한 수익사업에서 제외되는 소득에 해당하지 아니하는 것입니다.

**질의**

사내근로복지기금법에 의한 사내근로복지기금이 정관상의 복지사업으로 근로자에게 융자금 대부사업을 영위하는 경우 당해 융자금에서 발생하는 이자수입은 법인세법 제3조제2항제1호의 규정에 의한 수익사업에서 생기는 소득에 해당하는바, 이 경우 법인세법 제110조에 의한 수익사업 개시신고를 적용받는지 여부를 알려주십시오.

**회신** 국세종합상담센터 서면인터넷방문상담2팀-1688(2005.10.21.)

비영리내국법인이 「법인세법」 제3조제2항제1호에 규정하는 수익사업을 새로 개시한 때에는 같은 법 제110조의 규정에 따라 수익사업개시신고를 하는 것입니다.

**질의** **사내근로복지기금의 종업원대부사업 관련 질의**

1. 사내근로복지기금이 사내근로복지기금법 및 정관에서 정한 고유목적사업으로 정한 종업원대부사업에서 발생한 소득이 법인세법 제3조제2항제1호의 규정에 의한 수익사업에 해당되는지 여부를 알려주십시오.
2. 사내근로복지기금이 '대부업법'에서 정한 대부업에서 제외되는 범위에 해당되지 않아 대부업으로 등록 후 수익사업으로 정관에서 정한 고유목적사업으로 종업원대부사업을 실시할 경우, 동 대부사업을 수행하는 과정에서 대부금을 회수할 수 없어 법인세법 제34조의 규정에 의하여 대손상각하여 당해 대부금을 대손처리하는 경우 고유목적사업준비금에서 직접 사용하거나 지출하는 것으로 인정받을 수 있는지 여부를 알려주십시오.

**회신** 재정경제부 법인세제과-242(2006.03.27.)

「사내근로복지기금법」에 의한 사내근로복지기금이 근로자에 대한 대부사업을 영위하는 경우 당해 사업은 「법인세법」제3조제2항제1호의 규정에 의한 수익사업에 해당하며, 당해 대부사업에서 발생한 대손금을 손금에 산입하는 것은 고유목적사업에 사용한 것으로 보지 아니합니다.

## ◈ 잔여재산의 분배

법인이 해산할 경우 잔여재산은 민법 제80조에 따르면 정관이 지정한 자에게 귀속한다고 되어 있다. 사단법인은 총회의 결의에 따라 처리할 수 있으나 비영리법인은 정관상에 귀속 권리자를 인정하고 있지 않으므로, 이사 또는 청산인이 주무관청의 허가를 얻어 당해 비영리법인의 설립목적과 유사한 목적에 그 재산을 사용할 수 있고, 처분되지 아니한 잔여재산은 국고에 귀속하도록 되어 있다.

그러나 사내근로복지기금의 잔여재산은 당해 사업주가 근로자에게 미지급한 금품이 있을 경우, 사업주가 지불 능력이 없음을 주무관청에서 승인받으면 근로자에게 미지급한 금품을 지급하는 데 우선적으로 사용할 수 있고, 잔여재산이 있을 경우 100분의 50을 초과하지 않는 범위 내에서 사내근로복지기금협의회 의결을 거쳐 근로자에게 생활안정자금으로 배분해줄 수 있으며, 근로자에게 분배 후 잔여재산은 정관이 지정한 자에게 귀속한다.(이 경우 정관이 지정한 자는 유사한 목적을 수행하는 비영리법인으로 한다) 정관에 지정한 자가 없을 경우에는 근로복지

기본법에 의한 근로복지진흥기금으로 귀속된다.(근로복지기본법§71②)



## ◆ 비영리법인의 특징

영리법인과 비영리법인을 비교하면 다음 표와 같다.

〈표 1-1〉 영리법인과 비영리법인의 구분

| 구분 | 영리법인 | 비영리법인 |
|---|---|---|
| 1. 동기원칙 | 이윤을 추구함 | 이윤을 추구하지 않음(공익성 · 사회성 추구) |
| 2. 회계 측정 구조 | 회수 이론에 적합함 | 원가 회수를 기대하지 아니하는 일방적 소비 · 지출에 적합함 |
| 3. 배분 및 회수 필요성 | 필요함 | 불필요함 |
| 4. 사업목적별 분리회계 | 불필요함. 모든 자원을 종합 · 운영 관리화 | 사업목적별 기금회계로 분리 운영(기금회계와 특별회계로 분리) |
| 5. 예산의 임의성 | 임의적임(이윤동기에 의해 투기적 운용이 가능하고 고도의 재량권이 주어짐) | 예산에 의하여 규제되고 제약됨 |
| 6. 성과 측정 및 평가 | 이윤에 의한 기간 성과 측정으로 수탁 책임을 평가함 | 예산의 준수 · 집행 여부에 의해 기금별 사업목적 수행 및 효과를 평가함 |
| 7. 회계실체의 존속 기준 | 계속기업으로의 존재 가능성은 채산성에 달려 있음 | 채산성이 없더라도 공익성 측면에서 필요성이 인정되면 회계실체의 존속이 가능함 |
| 8. 지분권 (Equity interest) | 있음(주주) | 없음 |
| 9. 자본 조달과 실체 유지 | 구성원의 뜻에 의해 이루어짐 | 사회적 요구에 의해 이루어짐 |
| 10. 구분경리 | 필요치 않음(수익회계만 존재) | 필요함(수익회계와 비수익회계 구분경리) |
| 11. 이익의 배당 | 있음 | 없음 |

## ◆ 비영리법인의 설립

우리나라 법인의 성립은 법률의 규정에 의하지 않고는 성립하지 못하도록 명시되어 있고(민법 제31조) 비영리법인의 설립은 주무관청의 인가를 받도록 하고 있다(민법 제32조).

> **제32조(비영리법인의 설립과 허가)** 학술, 종교, 자선, 기예, 사교 기타 영리 아닌 사업을 목적으로 하는 사단 또는 재단은 주무관청의 허가를 얻어 이를 법인으로 할 수 있다.

비영리법인인 재단법인의 설립은 ① 재산의 출연 및 정관의 작성 ② 주무관청의 설립 허가 ③ 설립등기 ④ 법인설립신고(세무서) ⑤ 사업 허가 ⑥ 수익사업 개시 신고(수익사업을 실시하는 경우) ⑦ 사업자등록의 절차를 거친다.

사내근로복지기금 설립은 비영리법인처럼 인가주의를 따르고 있어, 주무관청인 고용노동부의 설립인가를 받아 설립하도록 되어 있다(근로복지기본법 제52조④). 사내근로복지기금의 설립 절차는 재단법인과 비교했을 때 일부 차이가 있는데, 가장 큰 차이점은 재산의 출연이 주무관청 설립 허가 이전에 이루어질 필요가 없다는 점이다. 즉, 주무관청에 설립인가를 신청할 때는 사내근로복지기금 출연확인서(재산을 출연했을 경우는 재산목록)를 제출하고, 설립인가를 받고 나서 설립등기와 법인설립신고 이후 출연하면 된다. 사내근로복지기금의 설립 절차를 살펴보면 ① 사내근로복지기금 설립 합의 ② 사내근로복지기금 설립준비위원회 개최(정관작성, 이사 및 감사 선임, 사내근로복지기금 출연금액 결정, 사업계획서 작성) ③ 주무관청의 설립 인가(사내근로복지기금법인 설립인가증 수령) ④ 설립등기 ⑤ 법인설립신고(고유번호증 또는 사업자등록증 수령) ⑥ 예금계좌 개설 ⑦ 사내근로복지기금 출연 ⑧ 기본재산총액 변경신고 등으로 진행된다. 사내근로복지기금법인의 설립 절차와 사례에 대해서는 이어서 발간될 〈사내근로복지기금 설립 운영실무〉에서 자세히 다루고자 한다.

## ◈ 비영리법인의 해산

법인(비영리법인 포함)의 해산 사유는 ① 존립 기간의 만료 ② 법인의 목적의 달성 또는 달성의 불능 ③ 기타 정관에 정한 해산 사유의 발생 ④ 파산 또는 설립허가의 취소 등이며(민법 제77조①), 사단법인은 사원이 없게 되거나 총회의 결의로 해산하도록 명시되어 있다(민법 제77조②).

사내근로복지기금법인은 ① 해당 회사 사업의 폐지 ② 근로복지기본법 제72조에 따른 기금법인의 합병 ③ 근로복지기본법 제75조에 따른 기금법인의 분할 · 분할합병에 의해서만 해산할 수 있다(근로복지기본법 제70조). 타 법인(비영리법인)의 해산 사유와 비교해보면 해산 요건이 매우 제한적이고 엄격함을 알 수 있다.

# 2 비영리법인의 회계

영리법인의 회계는 회계 정보의 이용자가 합리적인 판단이나 의사결정을 할 수 있도록 기업 실체에 관한 유용한 경제적 정보를 일반적으로 인정된 회계원칙에 따라 식별 · 측정 등 처리하여 전달 또는 제공하는 것이라면, 비영리법인의 회계는 고유목적사업의 달성도를 측정하기 위한 정보를 제공하는 것이 주목적이라 할 수 있다. 비영리법인의 회계에서는 비영리법인 의결기관의 승인 후 예산 및 결산 내역을 주무관청(감독관청)에 보고, 정보 공시(특히 공익법인), 법인세과세표준 신고 및 납세의무 이행(수익사업에서 발생하는 소득) 등의 업무도 중요하게 취급된다. 예산(사업계획서 포함)의 경우 영리법인은 감독관청에의 보고사항에 해당되지 않지만, 비영리법인은 보고사항에 포함되는 특징이 있다.

영리법인들은 회계처리시 공통적으로 적용되는 회계기준인 기업회계기준이 일찍이 제정되어 시행되어 오고 있지만, 비영리법인들은 각 법인마다 추구하는 목적이 상이하여 우리나라에서는 아직까지 통일된 비영리법인 회계기준을 정하지 못하고 각 비영리법인 주무부처에서 주무무처령으로 개별 회계처리준칙을 제정하여 회계처리를 해오고 있는 실정이다.

비영리회계 가운데 사내근로복지기금은 기본재산을 사용하여 고유목적사업을 수행할 수 있도록 극히 예외적으로 허용하고 있어 이에 대한 회계처리 또한 각별하다. 이에 필자는 사내근로복지기금에 맞는 회계처리방법에 대해 연구를 하여 사내근로복지기금 결산, 예산, 법인세

신고, 운영상황보고, 자금관리, 목적사업 신청 및 실행, 대부사업의 신청 및 집행과 급여공제상환 등에 이르기까지 전 업무를 전자결재로 처리하여 제반 신고 및 보고서류를 작성할 수 있는 〈사내근로복지기금 관리시스템〉 개발에 착수하여 2014년 7월말 (주)신진아이티컨설팅과 공동으로 개발 완료하여 저렴한 비용으로 보급하고 있다. 〈사내근로복지기금 관리시스템〉에 대해 궁금하거나 테스트를 해보고 싶은 실무자는 다음과 같이 접속하여 확인해 볼 수 있다.

http://1.224.163.98

ID: sabok

비번: 1111로 회계프로 테스트가능

# 3 수익사업과 비수익사업 구분경리

비영리법인은 고유목적사업인 비수익사업뿐만 아니라 고유목적사업의 원활한 수행을 위해 다양한 수익사업을 영위하는 경우가 많다. 이 경우 법인세법 제113조에서는 비영리법인의 자산 · 부채 · 자본을 수익사업에 속하는 것과 비수익사업에 속하는 것으로 나누어, 각각의 회계로 구분하여 경리하도록 규정하고 있다. 이는 수익사업에서 발생하는 이익에 대한 성과 측정과 함께 고유목적사업의 효과 달성도를 측정하는 것을 목적으로 한다.

> **법인세법 제113조(구분경리)** ① 비영리법인이 수익사업을 하는 경우에는 자산 · 부채 및 손익을 그 수익사업에 속하는 것과 수익사업이 아닌 그 밖의 사업에 속하는 것을 각각 다른 회계로 구분하여 기록하여야 한다.

사내근로복지기금법인도 고용노동부장관 예규인 「사내근로복지기금 업무처리지침」 제19조에서 기금의 운용 · 대부사업에서 발생하는 수익금을 관리하는 기금관리회계와, 기금법인의 고유목적사업 수행을 위한 목적사업회계로 구분하도록 명시하고 있다. 성격을 살펴보면 기금관리회계는 법인세법상 수익사업에 해당되고, 목적사업회계는 비수익사업회계에 속한다고 볼 수 있다.

> **사내근로복지기금 업무처리지침 제19조(기금의 회계관리)**
> ① 기금의 회계는 다음 각 호와 같이 구분하여 처리하여야 한다.
> 1. 기금의 운용 · 대부사업에서 발생하는 수익금을 관리하는 기금관리회계
> 2. 기금법인의 고유목적사업 수행을 위한 목적사업회계
>
> ② (생략)

따라서 기금관리회계(수익사업회계)에서는 이자수익이나 대부이자수익과 같은 증식활동이 주로 해당되고 목적사업회계(비수익사업회계)에서는 기금관리회계에서 증식된 이자수익 등으로 고유목적사업과 고유목적사업 수행을 위한 제반 관리비용을 처리하게 된다. 기금관리회계에서는 이자수익 등으로 고유목적사업준비금을 설정하여 목적사업회계로 전출(고유목적사업준비금의 사용)시키며 목적사업에서는 고유목적사업준비금전입수입으로 목적사업을 수행한다.

구분경리를 할 때 분개는 다음과 같다.

## ◈ 수익사업회계

### ○ 고유목적사업준비금 설정

> 〈수익사업회계〉
> (차) 고유목적사업준비금전입액 ×××　(대) 고유목적사업준비금 ×××

### ○ 고유목적사업준비금을 목적사업회계로 전출하고 다음과 같이 회계처리를 한다.

> 〈수익사업회계〉
> (차) 고유목적사업준비금 ×××　(대) 현금및현금성자산(보통예금) ×××

## ◈ 목적사업회계

○ **고유목적사업준비금을 전입시 다음과 같이 회계처리를 한다.**

〈목적사업회계〉
(차) 현금및현금성자산(보통예금) ××× (대) 고유목적사업준비금전입수입 ×××

# 4 비영리회계의 규칙

우리나라는 일반적으로 인정된 비영리법인 회계원칙이 존재하지 않는다. 1990년초 한국공인회계사회에서 연세대학교 주인기 교수를 통해 비영리법인 회계기준을 제정하려고 시도하였으나 통일된 비영리법인 회계기준을 제정하는 데에는 실패하였고, 2003년 3월 14일 한국회계기준원에서 〈비영리조직의 재무제표 작성과 표시 지침서〉를 작성하였으나 적용까지는 이르지 못하였으며, 10년이 흐른 2013년 11월 8일 보다 구체적이고 진일보된 〈비영리조직회계기준 공개초안〉을 제시하였다. 꾸준히 비영리조직 회계기준을 제정하려고 진행하고 있으나 우리나라 비영리법인들의 공통된 회계처리 사항을 반영하여 회계기준으로 강제하기까지는 진통이 따르고 다소 시일이 더 걸릴 것으로 판단된다. 또한 학교법인, 의료법인, 사회복지법인, 정부기관 등 각 부처별로 설립근거법률에서 규정하는 별도의 회계처리기준을 갖추고 있는 경우가 대다수이기에, 통일된 비영리조직 회계기준을 제정하는 데 소극적인 것도 시간이 지연되는 한 요인으로 작용하고 있다고 생각한다.

우리나라 비영리법인의 회계처리기준 체계를 정리해보면 다음 표와 같다.

〈 표1-2 〉 우리나라 비영리법인의 회계처리기준 체계

<table>
<tr><th colspan="2">구 분</th><th>설립근거법률</th><th>회계처리기준명</th></tr>
<tr><td colspan="2">정 부</td><td>「국가재정법」</td><td>「국가회계법」</td></tr>
<tr><td colspan="2">지방자치단체</td><td>지방재정법</td><td>지방자치단체 회계처리기준에 관한 규칙(안전행정부령 제61호, 시행 2014.02.26.)</td></tr>
<tr><td colspan="2">공기업</td><td>「정부기업예산법」<br>「공공기관의 운영에 관한 법률」<br>「공기업의 경영구조개선 및 민영화에 관한 법률」<br>「지방공기업법」</td><td>공기업 · 정부기관 회계사무규칙(기획재정부령 제177호, 시행 2011.01.01.)</td></tr>
<tr><td colspan="2">의료법인</td><td>「의료법」</td><td>「의료기관 회계기준규칙」(보건복지부령 제42, 시행 2011.02.10)</td></tr>
<tr><td colspan="2" rowspan="11">학교법인</td><td>「교육기본법」</td><td>「국립 및 공립 초 · 중등학교 회계규칙」(교육부령 제774호, 시행2001.01.01.)</td></tr>
<tr><td rowspan="2">「사립학교법」(학교법인 적용)</td><td>「사학기관 재무 · 회계규칙」(교육부령 제1호, 시행 2013.03.23)</td></tr>
<tr><td>「사학기관 재무 · 회계규칙에 대한 특례규칙」(교육부령 제63호, 2014.03.06, 시행 2014.03.06.)</td></tr>
<tr><td>「고등학교 이하 각급 학교 설립 · 운영규정」</td><td></td></tr>
<tr><td>「대학설립 · 운영규정」</td><td></td></tr>
<tr><td>「기술대학 설립 · 운영규정」</td><td></td></tr>
<tr><td>「초 · 중등교육법」</td><td></td></tr>
<tr><td>「고등교육법」</td><td></td></tr>
<tr><td>「산업교육진흥 및 산학연협력촉진에 관한 법률」</td><td>「산학협력단회계처리규칙」(교육부고시 제2014-29호, 2014.04.04.)</td></tr>
<tr><td>「산업교육진흥및산학협력촉진에관한법률」<br>「학교기업의설치 · 운영에관한규정」</td><td>「학교기업회계처리규칙」</td></tr>
<tr style="display:none"></tr>
<tr><td colspan="2">사회복지법인</td><td></td><td>「사회복지법인 및 사회복지시설 재무 · 회계 규칙」(보건복지부령 제152호, 시행 2013.01.01.)</td></tr>
<tr><td colspan="2">공익법인</td><td></td><td>시행령 제19조에서 정하는 자료</td></tr>
<tr><td rowspan="2">종교<br>법인</td><td>향교재단</td><td rowspan="2"></td><td>규정 없음</td></tr>
<tr><td>기 타</td><td>규정 없음</td></tr>
</table>

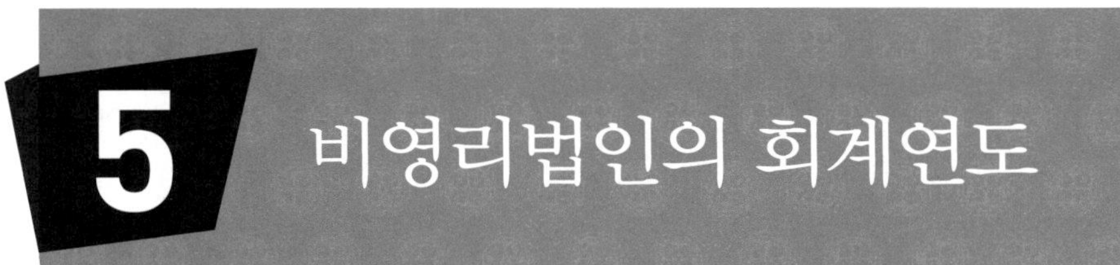

# 5 비영리법인의 회계연도

회계연도는 세입과 세출을 구분하는 기간을 말하는데, 비영리법인의 회계연도는 비영리법인의 설립 근거 법령이나 정관의 정함에 의하도록 되어 있다. 사내근로복지기금의 회계연도에 대해서는 근로복지기본법 제64조제1항에서 다음과 같이 정하고 있다.

> **제64조(사내근로복지기금의 회계)** ① 사내근로복지기금의 회계연도는 사업주의 회계연도에 따른다. 다만, 정관으로 달리 정한 경우에는 그러하지 아니하다.

따라서 사내근로복지기금법인의 회계연도는 정관에 정함이 있으면 정관이 우선하고, 정관에 정함이 없으면 회사의 사업연도에 따라야 한다. 근로복지기본법시행령 제31조제1항 제4호 회계에 관한 사항에서 기금법인의 회계연도는 명시되어져야 한다.

제31조(정관의 기재사항)

① 법 제52조제4항에 따른 기금법인의 정관에는 다음 각 호의 사항이 포함되어야 한다.

1. 목적
2. 명칭
3. 주된 사무소와 분사무소의 소재지
4. 사내근로복지기금의 조성, 관리방법, 출연 시기 및 회계에 관한 사항
5. 복지기금협의회, 이사 및 감사에 관한 사항
6. 이사의 대표권 행사방법에 관한 사항
7. 기금법인의 사업 및 수혜대상에 관한 사항
8. 제46조제3항에 따른 선택적 복지제도를 운영하는 경우에는 그에 관한 사항
9. 정관의 변경에 관한 사항
10. 기금법인의 사업과 다른 복지사업과의 통합운영에 관한 사항
11. 기금법인의 업무수행상 필요한 부동산 소유에 관한 사항
12. 회의에 관한 사항
13. 기금법인의 관리, 운영사항의 공개방법에 관한 사항
14. 기금법인의 해산에 관한 사항

② (생략)

# 6 공익법인의 조세

공익법인이란 법인세법상 비영리법인 중 상속세및증여세법 시행령 제12조 각 호에 열거된 공익사업을 영위하는 법인을 말한다. 종교활동을 영위하는 법인, 학교법인, 의료법인, 사회복지법인, 「공익법인의 설립 · 운영에 관한 법률」의 적용을 받는 공익법인, 법인세법 시행령 제36조의 지정기부금단체 등이 여기에 해당된다.

**제12조(공익법인등의 범위)** 법 제16조제1항에서 "공익법인등"이라 함은 다음 각 호의 어느 하나에 해당하는 사업을 영위하는 자(이하 "공익법인등"이라 한다)를 말한다.

1. 종교의 보급 기타 교화에 현저히 기여하는 사업
2. 「초 · 중등교육법」 및 「고등교육법」에 의한 학교, 「유아교육법」에 따른 유치원을 설립 · 경영하는 사업
3. 「사회복지사업법」의 규정에 의한 사회복지법인이 운영하는 사업
4. 「의료법」 또는 「정신보건법」의 규정에 의한 의료법인 또는 정신의료법인이 운영하는 사업
5. 「공익법인의 설립 · 운영에 관한 법률」의 적용을 받는 공익법인이 운영하는 사업
6. 예술 및 문화에 현저히 기여하는 사업 중 영리를 목적으로 하지 아니하는 사업으로서 관계행정기관의 장의 추천을 받아 기획재정부장관이 지정하는 사업
7. 공중위생 및 환경보호에 현저히 기여하는 사업으로서 영리를 목적으로 하지 아니하는 사업
8. 공원 기타 공중이 무료로 이용하는 시설을 운영하는 사업
9. 「법인세법 시행령」 제36조제1항제1호 각목의 규정에 의한 지정기부금단체등 및 「소득세법 시행령」 제80조제1항제5호에 따른 기부금대상민간단체가 운영하는 고유목적사업. 다만, 회원의 친목 또는 이익을 증진시키거나 영리를 목적으로 대가를 수수하는 등 공익성이 있다고 보기 어려운 고유목적사업을 제외한다.
10. 「법인세법 시행령」 제36조제1항제2호다목에 해당하는 기부금을 받는 자가 해당 기부금으로 운영하는 사업. 다만, 회원의 친목 또는 이익을 증진시키거나 영리를 목적으로 대가를 수수하는 등 공익성이 있다고 보기 어려운 고유목적사업은 제외한다.
11. 제1호 내지 제5호 · 제7호 또는 제8호와 유사한 사업으로서 기획재정부령이 정하는 사업

사내근로복지기금은 법인세법 시행령 제36조제1항제1호아목과 법인세법 시행규칙 제18조 제1항 별표12의 제50번째인 지정기부금단체에 해당된다.

**령 제36조(지정기부금의 범위 등)** ① 법 제24조제1항 각 호 외의 부분에서 "대통령령으로 정하는 기부금"이란 다음 각 호의 어느 하나에 해당하는 것을 말한다.
1. 다음 각 목의 비영리법인(단체를 포함하며, 이하 이 조에서 "지정기부금단체등"이라 한다)에 대하여 해당 지정기부금단체등의 고유목적사업비로 지출하는 기부금. 다만, 사목에 따라 지정된 법인에 지출하는 기부금은 지정일이 속하는 연도의 1월 1일부터 6년간(이하 이 조에서 "지정기간"이라 한다) 지출하는 기부금에 한정한다.
   가. ~ 사. (생략)
   아. 가목 내지 사목의 지정기부금단체등과 유사한 것으로서 기획재정부령이 정하는 지정기부금단체등

**시행규칙 제18조(지정기부금단체등의 범위)** ① 영 제36조제1항제1호아목에서 "기획재정부령이 정하는 지정기부금단체등"이란 별표 6의2에 따른 비영리법인 및 단체를 말한다.

[별표 6의2] 〈개정 2014.03.14.〉

### 지정기부금단체등의 범위(제18조제1항 관련)

| 번호 | 지정기부금단체 |
|---|---|
| 50 | 「근로복지기금법」에 따른 사내근로복지기금 |

* 「근로복지기금법」은 「근로복지기본법」의 오류이다.

비영리법인들은 대부분 공익을 목적으로 하므로 많은 조세특례가 주어진다. 사내근로복지기금의 조세특례에 대해서는 기 발간된 〈사내근로복지기금 결산 및 세무실무〉 책자에서 자세하게 기술한 바 있다. 공익법인들에 대해서는 조세특례에 못지않은 많은 의무사항을 부과하고 있고, 이를 이행하지 않을 경우는 불이익을 부여한다. 이행 사항에 대해서는 각각의 설립근거법률에서 해당 법인의 운영 및 감독과 관련된 규정을 명시하고 있으나, 투명성 확보를 위한 제도는 상속세및증여세법에 가장 포괄적으로 포함되어 있다.

상속세및증여세법에서는 공익법인이 받은 출연재산에 대해 상속세 및 증여세 비과세 혜택을 부여하는 대신, 이들 법인의 공익성 및 투명성 확보를 위하여 사후관리제도를 규정하고 있

다. 공익법인의 투명성과 관련된 제도는 지속적으로 보완되어왔으며, 특히 2007년 세법 개정을 통해 공익법인의 결산서류 공시 등 투명성 제고를 위한 추가적인 의무조항이 보완되었다. 공익법인의 의무 및 책임과 관련된 규정 중 중요한 내용을 정리하면 다음과 같다.



## ◈ 공익법인에 대한 주식 출연 비율의 제한

내국법인의 의결권이 있는 주식 또는 출자지분을 출연하는 경우 당해 내국법인의 의결권이 있는 발행주식 총수 또는 출자총액의 5%(성실공익법인 등은 10%)를 한도로 상속세 및 증여세가 면제된다. 2010년 12월 법 개정을 통해 공익법인이 상호출자제한기업집단과 특수관계에 있지 않은 공익법인에 출연자와 특수관계에 있지 않은 내국법인의 주식 등을 출연하는 경우 ① 주무부장관이 필요하다고 인정하는 경우와 ② 상호출자제한 기업집단과 특수관계에 있지 않은 성실공익법인이 발행주식 총수의 10%를 초과하여 출연 받은 경우로서 초과 보유일부터 3년 이내에 초과하여 출연 받은 부분을 매각하는 경우 상속세 및 증여세를 과세하지 않는다. 공익법인이 특수관계에 있는 내국법인의 주식을 보유하는 경우에 동일 종목 주식 5%(성실공익법인 등은 10%) 이상의 보유 금지 의무에 추가로 당해 공익법인의 총재산가액 중 계열사 주식 등 가액이 30%(성실공익법인 등은 50%)를 초과하여 보유한 경우 그 초과분에 대한 시가의 5%를 가산세로 부과한다.

## ◈ 출연 재산의 사용의무

첫째, 출연 받은 재산은 3년 내에 공익목적사업 등의 용도 외에 직접 사용해야 하며, 목적 외 사용 시는 미사용 금액에 대해 증여세가 부과된다.

둘째, 출연재산 매각 금액은 1년 내 30%, 2년 내 60%, 3년 내 90% 이상 공익목적사업에 사용해야 하며, 매달 사용 시는 미달 사용 금액에 대해 마찬가지로 증여세가 부과된다.

셋째, 운용소득금액의 70% 이상 1년 이내 직접공익목적사업에 사용해야 한다. 기준금액 미사용 시는 미사용 금액의 10%에 해당하는 가산세를 과세한다.

## ◈ 출연자 등의 이사 취임 금지

출연자 또는 그와 특수관계에 있는 자가 공익법인 등의 이사 현원의 5분의 1을 초과하여 이사가 되거나, 이사가 아닌 임직원으로 되는 경우 지출된 직간접 경비 전액을 가산세로 부과한다.

## ◈ 전용계좌 개설 · 사용의무

모든 공익법인은 해당 공익법인의 직접공익목적사업과 관련하여 지급받거나 지급하는 수입과 지출의 경우 직접공익목적사업용 전용계좌를 개설하여 사용하여야 하며, 해당 과세 기간 또는 사업연도별로 전용계좌를 사용하여 수입과 지출 실제 사용한 금액 및 미사용 금액을 구분하여 기록 · 관리하여야 한다. 종교단체는 다른 규정과 마찬가지로 전용계좌 개설 대상에서도 제외되며, 전용계좌를 사용해야 하는 수입과 지출은 다음과 같이 규정되어 있다. ① 직접공익목적사업과 관련된 수입과 지출을 금융기관을 통하여 결제하거나 결제를 받는 경우 ② 기부금, 출연금 또는 회비를 받는 경우와 인건비 · 임차료의 지급, 기부금 · 장학금 · 연구비 등 공익목적사업비 지출로서 100만원을 초과하는 경우 ③ 수익용 또는 수익사업용 자산의 처분대금 및 운용소득을 고유목적사업회계에 전입하는 경우 등이다. 직접공익목적사업과 관련이 있으나 전용계좌 사용 대상이 아닌 경우에는 명세서를 별도로 작성 · 보관하게 되어 있다. 이를 위반하면 가산세가 부과된다.

PART 1
PART 2
PART 3
PART 4
부록

## ◈ 공익법인의 결산서류 등의 공시의무

자산총액이 10억원 이상인 공익법인(종교법인 제외)은 대차대조표, 손익계산서, 기부금 모집 및 지출명세, 해당 공익법인의 대표자 · 이사 · 출연자 등 기본 사항, 주식 보유 현황 등과 같은 결산서류 등을 해당 공익법인의 과세 기간 또는 사업연도 종료일로부터 4개월 이내에 국세청의 홈페이지에 게재하는 방법으로 공시하여야 한다. 국세청장은 공익법인이 해당 서류를 공시하지 않았거나 공시 내용에 오류가 있는 경우에는 1개월 이내에 공시하거나 시정하도록 요구할 수 있다. 결산서류의 미 공시 · 허위공시에 대한 시정요구 불응 시 자산총액의 0.5%가 가산세로 부과된다.

## ◈ 외부감사 의무

총자산가액이 100억원 이상인 공익법인(종교단체, 학교법인 제외)은 결산에 관한 서류와 출연재산보고서, 외부 전문가 세무 확인 서류를 사업연도 종료일로부터 3개월 이내에 관할 세무서장에게 제출하여야 한다. 출연재산보고서를 미제출 시는 불분명분에 상당하는 증여세의 1% 가산세를 부과하고, 외부 전문가 세무 확인 서류를 미 이행 시는(당해연도 수입금액+출연재산가액)×0.07% 가산세가 부과된다.

## ◈ 기부금영수증의 보관

기부금영수증을 발급하는 경우 기부법인별 발급명세를 작성하여 발급한 날부터 5년간 보관하도록 규정되어 있다. 기부법인별 발급 내역에는 기부자의 성명 · 주민등록번호 및 주소, 기부금액, 기부금 기부일자 및 기부금영수증 발급일자 등의 내용이 포함된다. 2008년에는 연간 100만원을 초과하는 금액을 기부하는 내국법인에 기부금영수증을 발급하는 경우 이 규정이 적용되었고, 2009년에는 연간 50만원을 초과하는 금액을 기부하는 내국법인에 기부금영수증을 발급하는 경우, 2010년 1월 1일부터는 액수에 관계없이 기부하는 자에게 영수증을 발급하는 경우로 범위가 점차 확대되었다. 기부금영수증을 발급하는 자는 기부금영수증 총 발급 건수 및 금액 등이 적힌 기부금영수증 발급명세서를 해당 사업연도의 다음 연도 6월 30일까지 관할 세무서장에게 제출하도록 되어 있다.

기부금영수증을 사실과 다르게 발급하거나 기부법인별 · 기부자별 발급명세를 작성 · 보관하지 아니한 경우에는 가산세가 부과되며, 불성실기부금 수령단체에 해당하는 경우 명단이 공개될 수도 있다.

## ◈ 장부의 작성 · 비치 의무

공익법인은 사업연도별 출연 받은 재산 및 공익사업 운용 내역 등에 대한 장부를 작성하여야 하고, 장부 및 관계되는 중요한 증빙서류를 과세연도 종료일로부터 10년간 보존하여야 한다. 장부를 작성 · 비치할 의무가 있는 공익법인이 이를 이행하지 않았을 경우에는 역시 가산세가 부과된다.

기부금영수증을 사실과 다르게 발급하거나 기부법인별 · 기부자별 발급명세를 작성 · 보관하지 아니한 경우에는 가산세가 부과되며, 불성실기부금 수령단체에 해당하는 경우 명단이 공개될 수도 있다.

# 7 사내근로복지기금의 공익법인 해당 여부

이상으로 기부금으로 운영되는 대다수 비영리법인들은 공익법인에 해당되고, 공익법인에 해당될 경우 조세특례에 못지않게 많은 책임과 의무조항이 있음을 알 수 있다. 그럼 과연 사내근로복지기금이 공익법인에 해당되는지 여부가 중요한 이슈가 된다. 2004년 말 상속세및증여세법 시행규칙이 개정되면서 특례기부금을 받는 비영리법인들이 공익법인으로 지정되어, 사내근로복지기금도 잠시 공익법인으로 분류된 적이 있었다.

2004년 인덕회계법인 이용기 회계사와 본인이 국세청에 서면으로 질의하여 사내근로복지기금은 공익법인에 해당되지 않는다는 유권해석을 받아냈고, 이후 상속세및증여세법 시행규칙 개정을 통해 완전히 공익법인에서 해방되었다. 당시 국세청에 질의했던 내용과 회신 내용은 다음과 같으며 이 책을 통해 처음으로 공개한다.

## ◈ 외부 전문가의 세무 확인 대상 여부

**질의**

사내근로복지기금이 외부 전문가의 세무 확인을 받아야 하는 공익법인 등에 포함되는지 여부를 알려주십시오.

**회신** 제목 : 외부 전문가의 세무 확인 대상 여부

1. 2004.11.26. 접수된 귀하의 질의에 대한 회신입니다.
2. 상속세및증여세법 제46조제4호의 규정에 의하여 증여받은 재산에 대하여 증여세를 비과세 받는 사내근로복지기금법의 규정에 의한 사내근로복지기금은 상속세및증여세법 제50조의 규정에 의하여 외부 전문가의 세무 확인을 받아야 하는 공익법인 등에 포함되지 아니하는 것입니다.(서면인터넷방문상담4팀-1941, 2004.11.30.)

## ◈ 출연재산명세서 등을 제출해야 하는 공익법인에 해당되는지 여부

**질의** **제목 : 상속세및증여세법 공익법인 관련 질의**

1. 국세행정의 발전을 위하여 진력하시는 귀 상담센터의 노고에 충심으로 감사드립니다.
2. 사내근로복지기금법에 의거 설립된 사내근로복지기금이 상속세및증여세법 시행령 제41조에 의한 출연명세서 등의 제출의무가 있는 공익법인에 해당되는지 여부에 대한 이견이 있어 다음과 같이 질의합니다.

   가. 일반 현황

   (1) 수혜 대상의 차이로 일반 공익법인들은 불특정다수인을 수혜 대상으로 하는 반면 사내근로복지기금법에 의거 설립된 사내근로복지기금(이하 "기금"이라 한다)은 소속 회사의 근로자로 제한됩니다(불특정 다수인에게 수혜 금지).

   (2) 임원 구성의 차이로 일반 공익법인 임원은 출연자 또는 그와 특수관계에 있는 자가 이사 현원의 5분의 1을 초과하는 경우 가산세를 부과하나, 기금은 전원 그 소속 회사의 특수관계인(임직원)으로 구성됩니다.

   (3) 기본금(기본재산) 사용면으로 일반 공익법인들은 출연된 기본금(기본재산) 사용이 철저히 제한되나, 기금은 일정 요건(자체 사내근로복지기금협의회 의결)을 갖출 경우 출연재산의 사용(당해연도 출연재산의 100분의 50)이 허용됩니다.

   (4) 출연재산의 용도로서 일반 공익법인이 공익목적에 맞게 사용하지 아니한 경우(자기내부거래를 통해 특수관계에 있는 자에게 무상으로 이익이 이전되는 행위, 특정 계층에만 혜택이 제공되는 행

위, 해산 시 잔여재산을 국가 · 지방자치단체 · 공익법인에 귀속시키지 않을 경우) 증여세가 과세되나, 기금은 고유목적사업으로 소속 회사의 특수관계인인 근로자의 생활 안정과 복지 증진을 위한 자기내부거래가 허용되고, 또한 기금의 해산 시도 사업주가 미지급금 금품을 지급 후 잔액을 소속 근로자들을 위해 100분의 50 한도 내에서 생활안정자금으로 지급할 수 있습니다.

(5) 출연재산 운용소득의 직접공익목적사업에 미사용 시(1년 이내에 70%) 증여세 및 가산세 부과는 법인세법 제29조에 의한 기한 내 미사용 불이익(법인세법 제29조제3항제4호 및 제4항)과 중복되어 이중의 처벌 조항입니다.

(6) 기금 출연금에 대해서는 일반 공익법인과는 달리 상속세및증여세법 제46조제4호에 의거 어떠한 경우라도 증여세가 비과세되는바, 이를 다시 시행규칙 제3조제4호에서 공익법인에 포함되는 것으로 개정(2003.12.31.) 과세기준을 적용하여 관련 업무 추진에 혼선이 발생하고 있으며,

(7) 국세청 발행 「공익법인 세무 안내(2004년도)」 책자 10페이지에서도 사내근로복지기금을 공익법인으로 보지 않는 사례로 언급하고 있고, 귀 상담센터 서면인터넷방문상담4팀-1941(2004.11.30.) 회신에서도 기금은 외부 전문가의 세무 확인을 받아야 하는 공익법인에 포함되지 않는다는 결과가 있습니다.

**질의**

(1) 사내근로복지기금법에 의거 설립된 사내근로복지기금이 상속세및증여세법 시행령 제41조에 의한 출연재산명세서 등을 제출해야 하는 공익법인에 해당되는지 여부를 회신하여주시기 바랍니다.

**회신** 제목 : 외부 전문가의 세무 확인 대상 여부

1. 2004.11.26. 접수된 귀하의 질의에 대한 회신입니다.
2. 상속세및증여세법 제46조제4호의 규정에 의하여 증여받은 재산에 대하여 증여세를 비과세 받는 사내근로복지기금법의 규정에 의한 사내근로복지기금은 상속세및증여세법 제50조의 규정에 의하여 외부 전문가의 세무 확인을 받아야 하는 공익법인 등에 포함되지 아니하는 것입니다.(서면인터넷방문상담4팀-1941, 2004.11.30.)

# PART 2

# 사내근로복지기금의 회계

# 1 근로복지기본법 회계규정

## ◈ 근로복지기본법

사내근로복지기금의 회계사항은 법 제64조와 65조에 명시되어 있다. 구체적으로 살펴보면 근로복지기본법 제64조에서는 ① 사내근로복지기금의 회계연도는 사업주의 회계연도에 따르되, 정관으로 달리 규정되어 있을 경우는 그러하지 아니하다.〈회계연도〉 ② 기금법인은 자금차입을 할 수 없다.〈자금차입 금지〉 ③ 매 회계연도의 결산 결과 사내근로복지기금의 손실금이 발생한 경우에는 다음 회계연도로 이월하며, 잉여금이 발생한 경우에는 이월결손금을 보전한 후 사내근로복지기금에 전입한다.〈결손금 및 잉여금 처분사항〉 ④ 사내근로복지기금의 회계관리에 필요한 사항은 대통령령으로 정한다고 명시하고 있다.

법 제65조에서는 기금법인의 관리 · 운영서류로 ① 사업보고서 ② 대차대조표 ③ 손익계산서 ④ 감사보고서를 작성하도록 구체적으로 열거하고 있으며 작성일로부터 5년간 보관하도록 규정하고 있다. 또한 법 제66조에서는 기금법인의 관리 · 운영 서류와 복지기금협의회 회의록을 공개하도록 정하고 있다.

## ◈ 근로복지기본법 시행령

근로복지기본법에서 선언적인 사항을 규정했다면 시행령에서는 보다 중요한 기준과 구체적인 사항을 규정하고 있다. 크게 3가지로 요약할 수 있다.

첫째, 사내근로복지기금의 회계원칙은 그 사업의 경영 성과와 재산 상태를 정확하게 알 수 있도록 기업회계의 원칙에 따라 처리할 것을 규정하고 있다. 그런데 기업회계의 원칙은 영리기업에 적용되는 회계원칙으로 비영리기업인 사내근로복지기금에 적용하기에는 미수수익 및 각종 충당금 설정, 고유목적사업준비금 설정 등과 같은 실제 수입과 지출이 수반되지 않은 계정과목들은 세무조정을 해야 하는 번거로움이 수반된다. 이자소득만 있는 사내근로복지기금은 법인세법 제62조에 의거해서 간편 신고가 가능하지만, 미수수익을 설정 시는 간편 신고가 어렵고 제1호 서식에 의거해서 신고해야 하고 세무조정을 해야 하는 불편함이 있다.

둘째, 사내근로복지기금의 예산으로 작성해야 하는 서식은 ① 예산총칙 ② 추정대차대조표 ③ 추정손익계산서 ④ 필요한 부속명세서를 열거하고 있다.

셋째, 사내근로복지기금의 결산서는 ① 대차대조표 ② 손익계산서 ③ 이익잉여금처분계산서(결손금처리계산서) ④ 필요한 부속명세서를 작성해야 한다고 명시하고 있다.

## ◈ 사내근로복지기금 업무처리지침

사내근로복지기금 업무처리지침은 고용노동부장관 예규로서 사내근로복지기금 회계처리와 관련하여 다섯 가지의 기준이 열거되어 있다. 이를 살펴보면 다음과 같다.

첫째, 사내근로복지기금의 구분계리다. 사내근로복지기금의 회계는 ① 기금의 운용대부사업에서 발생하는 수익금을 관리하는 기금관리회계와 ② 기금법인의 고유목적사업 수행을 위한 목적사업회계로 구분하여 처리하도록 명시하고 있다. 사내근로복지기금의 구분계리는 법인세법 제113조의 구분경리와 매우 유사하다. 즉 근로복지기본법상 기금관리회계는 법인세법상 수익사업회계, 목적사업회계는 비수익사업과 유사하다고 보면 된다. 다만 법인세법상 구분경리는 법 제113조와 시행령 제156조, 시행규칙 제75조에 구체적으로 열거되어 있는 반면 근로복지기본법령과 사내근로복지기금 업무처리지침에서는 구분계리를 하라는 강제사항은 있으나 구체적인 구분계리 방법은 제시되어 있지 아니하다. 법인세법과 같은 법 시행령, 같은 법 시행규칙의 구분경리 내용을 발췌하면 다음과 같다.

**법 제113조(구분경리)**

① 비영리법인이 수익사업을 하는 경우에는 자산 · 부채 및 손익을 그 수익사업에 속하는 것과 수익사업이 아닌 그 밖의 사업에 속하는 것을 각각 다른 회계로 구분하여 기록하여야 한다.

② ~ ⑤ (생략)

⑥ 제1항부터 제5항까지의 규정에 따른 구분경리의 방법, 동일사업을 하는 법인의 판정, 그 밖에 필요한 사항은 대통령령으로 정한다.

**시행령 제156조(구분경리)**

① 법 제113조제1항부터 제5항까지의 규정에 해당하는 법인은 구분하여야 할 사업 또는 재산별로 자산 · 부채 및 손익을 법인의 장부상 각각 독립된 계정과목에 의하여 기획재정부령으로 정하는 바에 따라 구분경리하여야 한다.

② (생략)

**시행규칙 제75조(구분경리의 범위)**

① 영 제156조의 규정에 의한 구분경리를 할 때에는 구분하여야 할 사업 또는 재산별로 자산 • 부채 및 손익을 각각 독립된 계정과목에 의하여 구분기장하여야 한다. 다만, 각 사업 또는 재산별로 구분할 수 없는 공통되는 익금과 손금은 그러하지 아니하다.

② 법률에 의하여 법인세가 감면되는 사업과 기타의 사업을 겸영하는 법인은 제1항과 제76조제6항 및 제7항의 규정을 준용하여 구분경리하여야 한다. 이 경우 제76조제6항제2호 및 제3호의 규정에 의한 업종의 구분은 한국표준산업분류에 의한 소분류에 의하되, 소분류에 해당업종이 없는 경우에는 중분류에 의한다.

**시행규칙 제75조(구분경리의 범위)**

① 영 제156조의 규정에 의한 구분경리를 할 때에는 구분하여야 할 사업 또는 재산별로 자산 • 부채 및 손익을 각각 독립된 계정과목에 의하여 구분기장하여야 한다. 다만, 각 사업 또는 재산별로 구분할 수 없는 공통되는 익금과 손금은 그러하지 아니하다.

② 법률에 의하여 법인세가 감면되는 사업과 기타의 사업을 겸영하는 법인은 제1항과 제76조제6항 및 제7항의 규정을 준용하여 구분경리하여야 한다. 이 경우 제76조제6항제2호 및 제3호의 규정에 의한 업종의 구분은 한국표준산업분류에 의한 소분류에 의하되, 소분류에 해당업종이 없는 경우에는 중분류에 의한다.

제76조(비영리법인의 구분경리)

① 비영리법인이 법 제113조제1항의 규정에 의하여 구분경리하는 경우 수익사업과 기타의 사업에 공통되는 자산과 부채는 이를 수익사업에 속하는 것으로 한다.

② 비영리법인이 구분경리를 하는 경우에는 수익사업의 자산의 합계액에서 부채(충당금을 포함한다)의 합계액을 공제한 금액을 수익사업의 자본금으로 한다.

③ 비영리법인이 기타의 사업에 속하는 자산을 수익사업에 지출 또는 전입한 경우 그 자산가액은 자본의 원입으로 경리한다. 이 경우 자산가액은 시가에 의한다.

④ 비영리법인이 수익사업에 속하는 자산을 기타의 사업에 지출한 경우 그 자산가액 중 수익사업의 소득금액(잉여금을 포함한다)을 초과하는 금액은 자본원입액의 반환으로 한다. 이 경우 「조세특례제한법」 제74조제1항제1호의 규정을 적용받는 법인이 수익사업회계에 속하는 자산을 비영리사업회계에 전입한 경우에는 이를 비영리사업에 지출한 것으로 한다.

⑤ 비영리법인의 경우 법 제112조의 규정에 의한 장부의 기장은 제1항 내지 제4항의 규정에 의한다.

⑥ 비영리법인이 법 제113조제1항의 규정에 의하여 수익사업과 기타의 사업의 손익을 구분경리하는 경우 공통되는 익금과 손금은 다음 각 호의 규정에 의하여 구분 계산하여야 한다. 다만, 공통익금 또는 손금의 구분계산에 있어서 개별손금(공통손금 외의 손금의 합계액을 말한다. 이하 이 조에서 같다)이 없는 경우나 기타의 사유로 다음 각 호의 규정을 적용할 수 없거나 적용하는 것이 불합리한 경우에는 공통익금의 수입항목 또는 공통손금의 비용항목에 따라 국세청장이 정하는 작업시간·사용시간·사용면적 등의 기준에 의하여 안분계산한다.

1. 수익사업과 기타의 사업의 공통익금은 수익사업과 기타의 사업의 수입금액 또는 매출액에 비례하여 안분계산
2. 수익사업과 기타의 사업의 업종이 동일한 경우의 공통손금은 수익사업과 기타의 사업의 수입금액 또는 매출액에 비례하여 안분계산
3. 수익사업과 기타의 사업의 업종이 다른 경우의 공통손금은 수익사업과 기타의 사업의 개별 손금액에 비례하여 안분계산

⑦ 제6항의 규정에 의한 공통되는 익금은 과세표준이 되는 것에 한하며, 공통되는 손금은 익금에 대응하는 것에 한한다.

둘째, 고유목적사업준비금과 특별적립금 적립이다. 기금법인은 이자소득 등으로 고유목적사업에 사용하기 위하여 고유목적사업준비금을 설정하여야 하며, 결손의 보전 그 밖의 부득이한 사유에 따른 회계 사고에 충당하기 위하여 특별적립금을 적립할 수 있다. 고유목적사업준비금은 법인세법 제29조에 따라 설정되는 준비금으로 비영리법인에게 준 가장 대표적인 조세특례제도이다. 특별적립금은 당기순이익의 처분을 통해 설정할 수 있는 바, 상위법인 근로복지기본법 제64조제3항에서는 잉여금은 결손금을 보전한 후 사내근로복지기금으로 전입하도록 규정하고 있어 이 조문과 상충된다고 본다.

셋째, 사내근로복지기금 사업계획서로서 사업계획서는 ① 예산총칙 ② 목적사업계획서 ③

추정대차대조표 ④ 추정손익계산서 ⑤ 기금운용계획서 등으로 작성하도록 구정하고 있다. 시행령 제49조제1항에서 언급한 예산서류와 업무처리지침 제20조제1항의 사업계획서의 연관성이 궁금해지는 부분이다.

넷째, 사내근로복지기금의 결산서는 ① 예산 집행 개요 ② 대차대조표(부속서류로서 필요시 제 예금 명세서, 유가증권 명세서, 대여금 명세서, 고정자산 명세서, 고유목적사업준비금 명세서, 제세 선급금 명세서 등을 첨부) ③ 손익계산서(부속서류로서 필요시 수입이자 명세서, 그 밖의 수입금 명세서 등을 첨부) ④ 이익잉여금처분계산서 ⑤ 예산집행대비표 ⑥ 합계잔액시산표 등으로 작성하도록 열거하고 있다.

다섯째, 기급법인은 복지기금협의회 결의 또는 감사의 요구에 따라 공인회계사에게 감사를 의뢰할 수 있다고 명시하고 있다. 사내근로복지기금은 근로복지기본법령이나 「주식회사의 외부감사에 관한 법률」, 상속세및증여세법 등에 외부 전문가에 의한 외부감사가 의무화되어 있지 않으므로 필요시 내부에서 복지기금협의회 의결이나 감사의 요구에 따라 자체적으로 공인회계사에게 외부감사를 외뢰할 수 있다. 필자도 지난 2008년에 자체 사내근로복지기금에서 결의하여 외부 회계법인에 회계감사를 의뢰하고 외부감사를 받은 바 있었다. 기본재산 규모가 큰 기금법인에서는 자체 기금법인에서 하는 회계처리에 대한 오류 여부와 투명성 제고 차원에서 외부 회계전문가의 검증을 받아보는 것도 필요하다는 생각이다.

# 2 사내근로복지기금 회계처리 특징

사내근로복지기금의 회계처리 특징을 살펴보면 다음과 같다.

첫째, 현금흐름 위주의 회계처리가 많다. 이는 출연금으로 운영이 이루어지고, 자금 차입과 업무 수행에 필요한 시설과 근로복지시설 이외 부동산 투자 및 법에서 허용된 것 이외의 수익사업이 금지되어 있으며, 이자소득과 종업원 대부이자소득으로 설정되는 고유목적사업준비금제도와 밀접한 관련이 있다. 또한 현금 비중이 높고 노사가 공동으로 관리하는 별도 비영리법인으로서 전담 인력이 없는 기금법인이 많아 전문성 확보도 취약하므로, 향후 공금 횡령 등 사고에 대한 주의가 요망된다.

둘째, 사용하는 계정과목이 단순하다. 사내근로복지기금은 회사나 제3자가 출연해준 기본재산으로 근로복지기본법령이나 정관에 명시된 고유목적사업을 수행하고 부동산 투자나 사내구판장 운영, 고용노동부령으로 정해진 근로복지시설 이외의 투자가 금지되어 있다. 이처럼 운용하는 재산의 범주가 매우 단순하므로 사용하는 계정과목 또한 상대적으로 간단하다.

셋째, 고유목적사업준비금제도이다. 고유목적사업준비금제도는 비영리법인에 준 가장 큰 조세특례로서, 비영리법인이 발생한 수익금에 대해 고유목적사업준비금을 설정하면 일반적으로 법인세차감전순이익이 영(0)이 되어(단기매매증권차익, 잡이익, 수익사업에서 발생한 소득에 대해서는 50%만 준비금 설정이 허용되어 일정 부분 법인세차감전순이익이 발생할 수 있다) 원천징수 된 선급법인세를 환급받을 수 있다. 따라서 회계처리를 할 때 영리법인과 달리 고유목적사업준비금 설정과 사용이 매우 중요하다.

넷째, 구분경리가 존재한다. 법인세법에서는 비영리법인은 자산, 부채 및 자본을 수익사업과 비수익사업으로 분류하여 구분 경리하도록 명시하고 있다. 사내근로복지기금 업무처리지침에서도 기금관리회계와 목적사업회계로 구분하여 계리하도록 명시하고 있는바, 이는 조세관리 측면이 강하다고 볼 수 있다.

다섯째, 계정과목의 차이이다. 영리기업에서는 종업원들의 복리후생을 위한 비용은 복리후생비로 처리하지만 사내근로복지기금은 고유목적사업비로 처리해야 하고, 임직원에 대한 대여금도 임직원장단기대여금으로 처리하지만 사내근로복지기금에서는 주택구입대부금, 주택임차대부금, 생활안정대부금 등 대부금 성격에 따라 세분화되어 관리된다. 고유목적사업준비금제도 또한 기업회계기준에는 없는 조세특례 성격의 계정과목으로, 사내근로복지기금에서는 매우 중요한 계정과목 중의 하나이다.

# 3 자주 발생하는 거래에 대한 분개

## ◈ 거래란?

거래란 기업의 자산 · 부채 · 자본의 증감을 일으키는 모든 현상과 수익 · 비용을 발생시키는 일체의 사건이다. 거래를 분류해보면 거래 발생 시 손익관계 유무에 따라 ① 교환거래 ② 손익거래 ③ 혼합거래가 있다. 거래 발생 장소에 의한 분류는 ① 내부거래 ② 외부거래가 있다. 거래 발생 시기에 의한 분류는 ① 개시거래 ② 영업거래 ③ 결산거래가 있다. 현금수지와의 관계에 의한 분류는 ① 현금거래 ② 대체거래가 있다.

사내근로복지기금에서 자주 발생하는 거래 유형은 손익거래, 내부거래 및 외부거래, 영업거래와 결산거래, 현금거래와 대체거래를 들 수 있다.

## ◈ 분개란?

거래는 거래의 8요소에 의한 계정법칙에 의해서 각 계정에 기입된다. 그러나 매일 빈번하게 발생하는 거래를 직접 각 계정에 기입하면 오류 기재 또는 누락 가능성이 있기에, 계정계좌에 기입하기 전에 각 거래마다 어느 계정의 차변 또는 대변에 얼마의 금액을 기입할 것인지 결정하는 절차를 분개라고 한다. 즉, 분개는 구체적인 계정과목과 금액을 정하는 것이다.

분개를 정확하게 하기 위하여 ① 어떤 계정의 ② 어느 변(차변, 대변)에 ③ 얼마의 금액으로 기록할 것인가를 결정해야 한다. 분개 과정을 정리하면 다음과 같다. ① 제1단계 : 거래의 양면성을 찾아낸다. ② 제2단계 : 찾아낸 거래의 양면성을 차변과 대변으로 나눈다. ③ 제3단계 : 계정과목을 정하고 금액을 계산한다. ④ 제4단계 : 차변금액과 대변금액이 일치하는지 확인한다.

참고로 계정기입의 법칙을 살펴보면 다음과 같다.

① 자산계정 : 자산의 증가는 차변, 자산의 감소는 대변에 기입한다.

② 부채계정 : 부채의 증가는 대변, 부채의 감소는 차변에 기입한다.

③ 자본계정 : 자본의 증가는 대변, 자본의 감소는 차변에 기입한다.

④ 수익계정 : 수익의 증가(발생)는 대변, 수익의 감소(반환)는 차변에 기입한다.

⑤ 비용계정 : 비용의 증가(발생)는 차변, 비용의 감소(회수)는 대변에 기입한다.

## ◈ 자주 발생하는 거래에 대한 분개 사례

**(사례 1-1 : 자산증가 / 자산감소)**

직원 홍길동에게 주택구입자금 30,000,000원을 보통예금에서 대부하다.

(차변) 주택구입대부금 30,000,000 / (대변) 현금및현금성자산(보통예금) 30,000,000

**(사례 1-2 : 자산증가 / 자산감소)**

보통예금에서 1억원을 출금하여 정기예금으로 가입하다.

(차변) 단기예금(정기예금) 100,000,000 / (대변) 현금및현금성자산(보통예금) 100,000,000

**(사례 1-3 : 자산증가 / 자산감소)**

직원 홍길동이 주택구입대부금 30,000,000원을 보통예금 계좌로 상환하다.

(차변) 현금및현금성자산(보통예금) 30,000,000 / (대변) 주택구입대부금 30,000,000

**(사례 1-4 : 자산증가 / 자산감소)**

※ 2013년도 정기예금 이자분에 대해 원천징수당한 선급법인세 9,660,000원이 보통예금 계좌로 환급되다.

(차변) 현금및현금성자산(보통예금) 9,660,000 / (대변) 선급법인세(미수금) 9,660,000

**(사례 1-5 : 자산증가 / 자본증가)**

2014년도 출연금 1억원이 기금법인 보통예금 계좌로 입금되다.

(차변) 현금및현금성자산(보통예금) 100,000,000 / (대변) 기본재산 100,000,000

**(사례 1-6 : 자산증가 / 수익발생)**

2014년 9월분 생활안정자금 대부이자 5,000,000원이 기금법인 보통예금 계좌에 입금되다.

(차변) 현금및현금성자산(보통예금) 5,000,000 / (대변) 대부이자수익 5,000,000

**(사례 1-6-2 : 자산증가 / 자산감소 & 수익발생)**

2014년 9월분 급여공제로 생활안정자금 대부이자 5,000,000원과 생활안정대부금 원금 30,000,000원이 기금법인 보통예금 계좌에 입금되다.

(차변) 현금및현금성자산(보통예금) 35,000,000 / (대변) 생활안정대부금 30,000,000
/ (대변) 대부이자수익 5,000,000

**(사례 2-1 : 자본감소 / 부채증가)**

당해연도 출연금 2억원 중 50%인 1억원을 고유목적사업준비금2로 설정하다.

(차변) 기본재산 100,000,000 / (대변) 고유목적사업준비금Ⅱ 100,000,000

**(사례 3-1 : 비용발생 / 부채증가)**

2014년 9월 사내근로복지기금교육원 〈사내근로복지기금 기본실무〉 과정 교육훈련비 400,000원을 사내근로복지기금 법인카드로 결제하다.

(차변) 교육훈련비 400,000 / (대변) 미지급비용(미지급금) 400,000

**(사례 3-1-2 : 부채감소 / 자산감소)**

2014년 9월 사내근로복지기금교육원에서 실시한 〈사내근로복지기금 기본실무〉 과정 교육훈련비 400,000원이 카드사로부터 청구되어 보통예금 계좌에서 인출되다.

(차변) 미지급비용(미지급금) 400,000 / (대변) 현금및현금성자산(보통예금) 400,000

**(사례 3-2 : 비용발생 / 부채증가)**

※ 2014년 발생 이자수익 50,000,000원 전액을 고유목적사업준비금1로 설정하다.

(차변) 고유목적사업준비금전입액 50,000,000 / (대변) 고유목적사업준비금 I 50,000,000

**(사례 4-1 : 비용발생 / 자산감소)**

산악회에 2014년 하반기 동호인회지원금 2,000,000원을 기금법인 보통예금에서 지원하다.(이 경우 정관 목적사업에 '동호인회지원'이 명시되어 있다)

(차변) 동호인회지원 2,000,000 / (대변) 현금및현금성자산(보통예금) 2,000,000

**(사례 4-2 : 비용발생 / 자산감소)**

※ 창립기념품으로 백화점상품권 20,000,000원(1인당 100,000원씩 200명)을 구입하여 지급하고, 대금은 기금법인 보통예금 계좌에서 인출하여 지급하다.

(차변) 창립기념품지급 20,000,000 / (대변) 현금및현금성자산(보통예금) 20,000,000

**(사례 4-3 : 비용발생 / 자산감소)**

※ 창립기념품으로 등산용 패딩을 22,000,000원에 구입하여(물대 20,000,000원, 매입부가세

2,000,000원) 지급하고, 대금은 기금법인 보통예금 계좌에서 인출하여 지급하고 세금계산서를 발급받다.

(차변) 창립기념품지급 22,000,000 / (대변) 현금및현금성자산(보통예금) 22,000,000

### (사례 5-1 : 자산증가 / 비용감소)

종업원 홍길동에게 지급한 1기분 장학금지원 5,000,000원이 반납사유가 발생하여(자녀가 대학에서 성적우수로 전액장학금을 수령함) 5월 2일 기금법인 보통예금 계좌에 입금조치하다.

(차변) 현금및현금성자산(보통예금) 5,000,000 / (대변) 장학금지원 5,000,00

### (사례 6-1 : 수익감소 / 자산감소)

종업원 김현수가 9월 17일 생활안정대부금 30,000,000원을 전액 상환하다. 9월분 생활안정자금대부이자는 9월 14일에 9월 25일분까지 공제하여 회사 경리부서에 요청하였다. 대부이율은 연 4%이이며 급여공제한 원리금은 9월 25일 기금법인 보통예금 계좌에 입금됨에 따라 당일자로 보통예금에서 상환이후 9일분에 대한 대부이자 29,589원을 김현수 계좌에 입금조치하다.

(차변) 대부이자수익 29,589 / (대변) 현금및현금성자산(보통예금) 29,589

### (사례 7-1 : 자산증가 / 수익발생, 자산증가 / 자산감소)(복합분개 사례)

갑은행에 예치 중인 정기예금 2억원이 7월 1일 1년 만기 도래하여(약정이율 만기지급식 연 3.0%) 이자를 수령하고, 이자는 수령 후 전액 보통예금으로 대체하였고, 다시 갑은행에 1년 만기 정기예금으로 연장운용(1년 만기지급식 연 3.0%)하였다. 이에 대한 분개처리를 하라.

(차변) 단기예금(정기예금) 5,160,000 / (대변) 이자수익 6,000,000

(차변) 선급법인세 840,000

(차변) 현금및현금성자산(보통예금) 5,160,000 / (대변) 단기예금(정기예금)5,160,000

(차변) 단기예금(정기예금) 200,000,000 / (대변) 단기예금(정기예금) 200,000,000

# 4 계정과목

## ◈ 계정과목이란?

계정이란 거래가 발생해서 기업의 자산, 부채 및 자본이 변동할 때 이들의 증감 변화 및 수익, 비용의 발생을 명확히 기록 · 계산하기 위해서 설정된 기록계산의 단위를 말하며, 여기에 구체적인 명칭을 부여한 것이 계정과목이다. 사내근로복지기금에서 발생할 수 있는 계정과목에 대한 해설서는 〈부록 1〉에 첨부하였다.

## ◈ 사내근로복지기금에서 자주 사용되는 계정과목

사내근로복지기금은 비영리법인이고, 근로복지기본법상 사내구판장 등 근로복지시설의 운영이나 종업원대부사업 이외의 수익사업이 엄격히 제한되며, 자금의 차입 또한 금지된다. 회사 또는 회사 임직원이나 기타 카드사 등 제3자가 출연해준 금품으로 기금법인을 운영하게 되므로 일반 영리법인들에 비해 사용하는 계정과목이 매우 단순하다.

다만 영리기업에 비해 계정과목에서 고유목적사업과 종업원대부금이 구체화되고 고유목적사업준비금이 발달한 것이 특징이다. 일반 영리기업들은 종업원들의 복리후생을 위한 비용이 복리후생비이지만, 사내근로복지기금은 정관에 명시하고 실시하는 목적사업에 따라 다양한 계정과목이 발생할 수 있다. 예를 들면 경조비, 단체상해보험, 장학금, 의료비, 동호회지원, 콘도이용지원 등의 항목들이 영리기업은 복리후생비로 처리되지만, 사내근로복지기금에서는 고유목적사업비 내에서 경조비지원, 단체상해보험지원, 장학금지원, 의료비지원, 체육 · 문화활동지원 또는 콘도이용지원이나 동호회지원으로 나타난다. 주택자금이나 생활안정자금, 우리사주구입자금 대출도 영리기업은 종업원장단기대여금이라는 하나의 계정과목으로 나타나지만, 사내근로복지기금에서는 주택구입대부금, 주택임차대부금, 생활안정대부금, 우리사주구입대부금 등으로 구체적으로 나타난다.

사내근로복지기금에서 주로 사용되는 계정과목을 나타내보면 다음 표와 같다.

〈표 2-1〉 사내근로복지기금에서 자주 사용하는 계정과목 사례

| 구분 | (차변) | (대변) |
|---|---|---|
| 대차<br>대조표 | 〈자 산〉<br>1. 유동자산(현금및현금성자산, 단기금융상품, 선급법인세, 단기매매증권, 미수금 등)<br>2. 비유동자산(주택구입대부금, 생활안정대부금, 주택임차대부금, 우리사주구입대부금, 콘도회원권 등) | 〈부 채〉<br>1. 유동부채(미지급 비용)<br>2. 비유동부채(고유목적사업준비금1, 고유목적사업준비금2)<br>〈자 본〉<br>1. 자본금(기본재산)<br>2. 이익잉여금(기타적립금) |
| 손익<br>계산서 | 〈비 용〉<br>1. 고유목적사업비용(동호인회지원, 의료비지원, 장학금지원, 체육문화활동지원 등)<br>2. 일반관리비(세금과공과, 등기소송비, 지급수수료, 교육훈련비 등)<br>3. 사업외비용(고유목적사업준비금전입액) | 〈수 익〉<br>1. 사업수익(이자수익, 배당수익, 대부이자수익)<br>2. 사업외수익(고유목적사업준비금환입액, 고유목적사업준비금전입수입, 잡이익) |

# 5 재무제표의 종류와 서식

## ◈ 재무제표란?

모든 기업의 경영활동은 회계라는 틀에 의해서 계수적으로 파악되고 이것이 기록, 정리, 종합되어 통일되고 일정한 계산양식으로 표시된다. 여기서 '계수적'이라는 말은 계정과목과 금액으로 파악하여 계산됨을 나타낸다고 할 수 있다. 이와 같이 일정한 계산양식으로 표시된 것을 재무제표라고 한다. 재무제표는 기업의 경영 성과와 재무 상태를 기업을 둘러싸고 있는 이해관계자들에게 전달하여 의사결정을 돕는 수단이 된다.

여기서 이해관계자란 사내근로복지기금의 경우 기업 내부에서는 사내근로복지기금 출연을 결정하는 사업주(회사)와 CEO, 관련 부서, 수혜 당사자인 종업원 및 기업에 사내근로복지기금 출연을 요구하는 노동조합을 들 수 있다. 기업 외부로는 주무관청인 고용노동부와 조세관청이 대표적인데, 고용노동부는 사내근로복지기금제도가 추구하는 목적이 근로자들의 재산 형성과 복지 증진이므로, 사내근로복지기금 지원 실적은 곧 정부의 근로자 지원 정책 실적에 반영되어 노동백서에 나타나게 된다. 조세관청은 내야 할 조세를 포탈하지는 않았는지 감시하는 감시자의 입장이 강하다고 볼 수 있다.

재무제표에는 여러 서식이 있는데 가장 대표적인 기본 서식으로 대차대조표(재무상태표라고도 한다)와 손익계산서, 자본변동표, 현금흐름표를 들 수 있으며, 이를 표로 나타내면 다음과 같다.

〈표 2-2〉 기본재무제표 종류와 성격

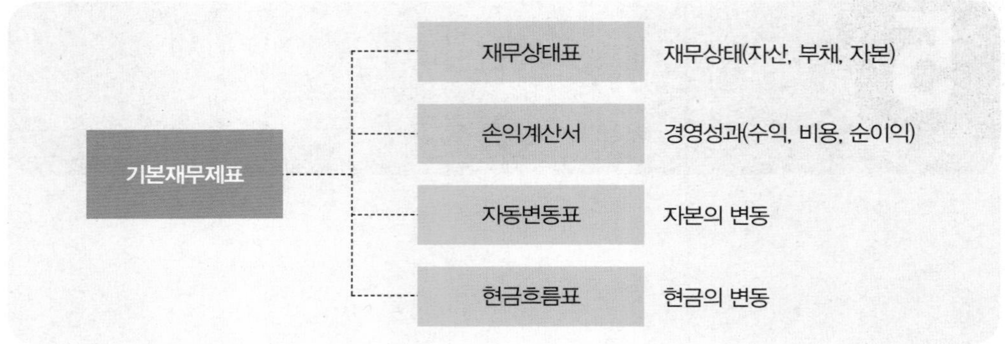


## ◈ 재무제표의 성격

재무제표의 가장 대표적인 서식은 대차대조표(재무상태표라고도 한다)와 손익계산서이다. 대차대조표는 일정 시점의 기업의 재무 상태를 나타내는 표로서, 회계가 산출해내는 중요한 보고서 중 하나이다. 한쪽에는 자산의 사항을 표시하고 다른 한쪽에는 부채와 자본에 관한 사항을 표시하는데, 자산의 총액과 부채 및 자본의 총액은 항상 일치하게 된다. 자산의 총액은 운용의 결과를, 부채 및 자본의 총액은 타인자본이냐 자기자본이냐의 조달 내용을 나타낸다고 할 수 있다. 대차대조표에 표시되는 계정과목을 배열하는 방법으로 유동성배열법을 채택하고 있는데, 이는 현금화가 빠른 자산 순으로 배열하는 방법이다. 1년을 기준으로 1년 이내에 현금화가 되는 자산은 유동자산, 현금화하는 데 1년 이상이 소요되는 자산은 비유동자산으로 분류된다. 사내근로복지기금에서는 기업자유예금이나 보통예금, 만기가 1년 이내에 도래하는 정기예금, 선급법인세 등은 유동자산으로, 만기가 1년 이상인 정기예금이나 종업원대부금은 비유동자산으로 분류할 수 있다.

손익계산서는 일정 기간의 기업의 경영 성과를 집약한 표로서, 대차대조표와 함께 회계가 산출해내는 가장 중요한 보고서 중 하나이다. 손익계산서는 회계 기간 동안 발생한 총수익과 총비용을 각 항목별로 분류하고 대조 표시함으로써 순손익을 산정해놓은 표로서, 구조는 수익과 비용으로 대별된다. 수익은 매출액, 영업외수익 등이 있고, 비용은 매출원가, 판매비와 관리비, 영업외비용, 법인세비용 등이 있다. 사내근로복지기금과 같은 비영리법인들은 경영성과나 이익을 목표로 추구하지 않기 때문에 손익계산서보다는 수지계산서나 운영계산서라는 이름을 사용하기도 한다.



## ◈ 작성해야 하는 재무제표 종류

사내근로복지기금이 작성해야 하는 재무제표는 대차대조표(재무상태표라고도 한다)와 손익계산서가 대표적이다. 위 근로복지기본법령과 비교해보면 필수 서식으로 대차대조표와 손익계산서가 명시되어 있다는 것에서도 두 서식의 중요성을 미루어 짐작할 수 있다. 사내근로복지기금이 작성해야 하는 재무제표 서식을 정리해보면 다음 표와 같다.

〈표 2-3〉 사내근로복지기금에서 작성해야 하는 재무제표 종류

| 구분 | 근로복지기본법령 · 규칙, 업무처리지침 | 법인세법령 · 규칙 |
|---|---|---|
| 필수<br>재무제표 | **근복법 제65조**<br>**【기금법인의 관리 · 운영 서류의 작성 및 보관】**<br>1. 사업보고서<br>2. 대차대조표<br>3. 손익계산서<br>4. 감사보고서<br>**근복법시행령 제49조**<br>**【사내근로복지기금의 예산과 결산】**<br>① 예산<br>1. 예산총칙<br>2. 추정대차대조표<br>3. 추정손익계산서<br>4. 필요한 부속명세서<br>② 결산<br>1. 대차대조표<br>2. 손익계산서<br>3. 이익잉여금처분계산서(결손금처리계산서)<br>4. 필요한 부속명세서 | **법법 제60조(과세표준 등의 신고)**<br>1. 대차대조표<br>2. 손익계산서<br>3. 이익잉여금처분계산서(결손금처리계산서)<br>4. 세무조정계산서(해당 시)<br>5. 현금흐름표(해당 시) |
| | 〈사업계획서〉<br>1. 예산총칙<br>2. 목적사업계획서<br>3. 추정대차대조표<br>4. 추정손익계산서<br>5. 기금운용계획서 | |
| 부속명세서,<br>신고서식 | 업무처리지침 제20조<br>(사업계획서와 결산서의 작성)<br>〈결산서〉<br>1. 예산집행 개요<br>2. 대차대조표 부속서류<br>– 제예금명세서<br>– 유가증권명세서<br>– 대여금명세서<br>– 고정자산명세서<br>– 고유목적사업준비금명세서<br>– 제세선급금명세서 등<br>3. 손익계산서 부속서류<br>– 수입이자명세서<br>– 기타 수입금명세서 등<br>4. 예산집행대비표<br>5. 합계잔액시산표 등 | 이자소득만 있는 비영리법인과 이자소득 이외 소득이 있는 비영리법인, 세무조정계산서를 첨부해야 하는 비영리법인이 작성해야 하는 서식이 달라짐<br><br>〈이자소득만 있는 비영리법인〉<br>1. 별지 제56호서식의 이자소득만 있는 비영리법인의 법인세 · 농어촌특별세 과세표준(조정계산) 및 세액신고서<br>2. 별지 제10호 원천납부세액명세서(갑)<br>3. 별지 제27호서식의 고유목적사업준 비금 조정명세서(갑)(을)<br><br>〈이자소득 이외 소득이 있는 비영리법인〉<br>–영리법인과 동일 |

법인세과세표준 신고 시 작성하여 제출해야 하는 서식을 이자소득만 있는 사내근로복지기금과 이자소득 이외 소득이 있는 사내근로복지기금과 비교하여 표로 작성하면 다음과 같다. 요약하면 이자소득 이외 소득이 있는 사내근로복지기금은 일반 영리기업과 동일하다는 것을 알 수 있다. 종업원대부이자소득 또한 수익사업으로 판정되어 원칙적으로 법인세법 제62조에 의한 간편신고 대상에 해당되지는 않는다.

〈표 2-3〉 사내근로복지기금에서 작성해야 하는 재무제표 종류

| 이자소득만 있는 사내근로복지기금 | 이자소득 이외 소득이 있는 사내근로복지기금 |
|---|---|
| 1. 별지 제56호서식의 이자소득만 있는 비영리법인의 법인세 · 농어촌특별세 과세표준(조정계산)및 세액신고서<br>2. 별지 제10호 원천납부세액명세서(갑)<br>3. 별지 제27호서식의 고유목적사업준비금 조정명세서(갑)(을) | 1. 별지 제1호 법인세과세표준 및 세액신고서<br>2. 별지 제3호 법인세과세표준 및 세액조정계산서*<br>3. 별지 제3호의2서식(1) 표준대차대조표<br>4. 별지 제3호의2서식(2) 합계표준대차대조표<br>5. 별지 제3호의3서식(1) 표준손익계산서<br>6. 별지 제3호의3서식(4) 이익잉여금처분(결손금처리)계산서<br>7. 별지 제10호 원천납부세액명세서(갑)<br>8. 별지 제15호 소득금액조정합계표*<br>9. 별지 제15호 부표1 과목별소득금액 조정명세서(1)*<br>10. 별지 제15호부표2 과목별 소득금액조정명세서(2)<br>11. 별지 제16호 수입금액조정명세서*<br>12. 별지 제17호 조정후수입금액명세서*<br>13. 별지 제27호서식(갑) 고유목적사업준비금조정명세서(갑)<br>14. 별지 제27호서식(을) 고유목적사업준비금조정명세서(을)<br>15. 별지 제47호서식(갑) 주요계정명세서(갑)*<br>16. 별지 제50호서식(갑) 자본금과적립금조정명세서(갑)*<br>17. 별지 제50호서식(을) 자본금과적립금조정명세서(을)*<br>18. 별지 제52호서식(갑) 특수관계자간 거래명세서(갑)*<br>19. 별지 제54호 주식등 변동상황명세서*<br>20. 별지 전산조직운용명세서<br><br>※ 기타 당해 법인의 수입 내역 및 비용 성격에 따라 작성하여 제출해야 하는 서식이 달라짐<br><br>*는 세무조정계산서 부속서류임 |

## ◈ 재무제표 서식 구조

영리기업들은 기업회계기준서에 재무제표 서식과 작성 방법이 구체적으로 명시되어 있지만, 사내근로복지기금은 회계처리기준이 제정되어 있지 않아 작성에 어려움이 많다. 이러한 고충을 주무관청인 고용노동부에 계속 건의하였지만 사내근로복지기금 회계기준을 제정하는 데 비용 부담이 있고, 사내근로복지기금이 설립 수, 사내근로복지기금에 대한 따가운 외부시선 등으로 아직 제정까지는 이르지 못하고 있다.

이에 필자가 대학원에서 연구한 사내근로복지기금 회계처리 방안을 기초로 〈사내근로복지기금 운영실무〉 책자에서 사내근로복지기금 재무제표 서식(안)을 최초로 제시하였고, 2010년 노동부 근로감독관 직무교육에서 회계처리 사항에 대해 강의했던 내용이 2011년과 2012년 고용노동부와 근로복지공단에서 발간한 〈선진기업복지제도 업무매뉴얼〉에 실리면서 공식화되기에 이르렀다. 이에 앞서 필자는 단국대학교 신은종 교수, 인덕회계법인 이용기 회계사와 공동으로 2010년에 근로복지공단 연구용역으로 〈중소기업 선진기업복지제도 활성화 방안〉을 수행한 바 있으며, 이 연구용역의 두 파트 중 하나인 사내근로복지기금 회계처리 방안에 대한 과제를 필자와 이용기 공인회계사 둘이서 공동으로 수행한 바 있다. 필자가 제시한 비영리법인인 사내근로복지기금의 재무제표 서식을 영리기업들이 적용받는 기업회계기준의 재무제표 서식 구조와 비교해보면 다음과 같다.

## (가) 손익계산서 양식(비교식)

# 손익계산서

제 X 기 : 201X년 1월 1일부터 201X년 12월 31일까지
제 X 기 : 201X년 1월 1일부터 201X년 12월 31일까지

(금액단위 : 원)

| 영 리 법 인 | 사내근로복지기금 | |
|---|---|---|
| 1. 매출액 | 1. 사업수익 | |
| | 가. 이자수익<br>나. 대부이자수익 | |
| 2. 매출원가 | 2. 고유목적사업비 | |
| 가. 기초제품(또는 상품)재고액<br>나. 당기제품제조원가(또는 당기상품매입액)<br>다. 기말제품(또는 상품)재고액 | 가. 장학금지원<br>나. 동호인회지원<br>다. 재난구호금지원<br>라. 기념품지급 | |
| 3. 매출총이익(또는 매출총손실) | 3. 사업총이익 | |
| 4. 판매비와관리비 | 4. 일반관리비 | |
| 가. 급여<br>나. 퇴직급여<br>다. 복리후생비<br>라. 임차료<br>마. 접대비<br>바. 감가상각비<br>사. 무형자산상각비 | 가. 세금과공과<br>나. 등기소송비<br>다. 도서인쇄비<br>라. 교육훈련비 | |
| 5. 영업이익(또는 영업손실) | 5. 사업이익 | |
| 6. 영업외수익 | 6. 사업외수익 | |
| 가. 이자수익<br>나. 배당금수익<br>다. 임대료 | 가. 고유목적사업준비금전입수입 | |
| 7. 영업외비용 | 7 사업외비용 | |
| 가. 이자비용<br>나. 기타의대손상각비<br>다. 단기투자자산처분손실 | 가. 고유목적사업준비금전입액 | |
| 8. 법인세비용차감전순손익 | 8. 법인세비용차감전순손익 | |
| 9. 법인세비용 | 9. 법인세비용 | |
| 10. 당기순이익(또는 당기순손실) | 10.당기순이익(또는 당기순손실) | |

### (나) 대차대조표(재무상태표) 양식(비교식)

## 재무상태표(대차대조표)

제X기 : 201X년 12월 31일 현재
제X기 : 201X년 12월 31일 현재

(금액단위 : 원)

| 영 리 법 인 | 사내근로복지기금 | 비 고 |
|---|---|---|
| Ⅰ. 유동자산 | Ⅰ. 유동자산 | |
| 1. 당좌자산 | 1. 당좌자산 | |
| 1) 현금및현금성자산<br>2) 단기투자자산<br>3) 매출채권 | 1) 현금및현금성자산<br>2) 단기예금<br>3) 미수금(선급법인세) | |
| 2. 재고자산 | | |
| 1) 제품<br>2) 재공품<br>3) 원재료 | | |
| Ⅱ. 비유동자산 | Ⅱ. 비유동자산 | |
| 1. 투자자산 | 1. 투자자산 | |
| 1) 투자부동산<br>2) 장기투자증권 | 1) 주택구입대부금<br>2) 생활안정대부금 | |
| 2. 유형자산 | | |
| 1) 토 지<br>2) 설비자산 | | |
| 3. 무형자산 | | |
| 1) 영업권<br>2) 산업재산권 | | |
| 4. 기타비유동자산 | | |
| 1) 이연법인세자산 | | |
| (자 산 총 계) | (자 산 총 계) | |
| Ⅰ. 유동부채 | Ⅰ. 유동부채 | |
| 1) 단기차입금<br>2) 매입채무<br>3) 미지급법인세 | | |
| Ⅱ. 비유동부채 | Ⅱ. 비유동부채 | |

| | | |
|---|---|---|
| 1) 사채<br>2) 장기차입금<br>3) 퇴직급여충당부채 | 1. 고유목적사업준비금1<br>2. 고유목적사업준비금2 | |
| (부 채 총 계) | (부 채 총 계) | |
| Ⅰ. 자본금 | Ⅰ. 자본금 | |
| 1. 보통주자본금<br>2. 우선주자본금 | 1. 기본재산 | |
| Ⅱ. 자본잉여금 | | |
| 1. 주식발행초과금 | | |
| Ⅲ. 자본조정 | | |
| Ⅳ. 기타포괄손익누계액 | | |
| Ⅴ. 이익잉여금 | Ⅱ. 이익잉여금 | |
| 1. 법정적립금<br>2. 임의적립금<br>3. 미처분이익잉여금(또는 미처리결손금) | 1. 미처분이익잉여금 | |
| (자 본 총 계) | (자 본 총 계) | |
| (부채 및 자본 총계) | (부채 및 자본 총계) | |

### (다) 이익잉여금처분계산서 양식(보고식)

## 이익잉여금처분(결손금처리)계산서

제X기 처분확정일 : 201X년 2월 25일

제X기 처분확정일 : 201X년 2월 25일

(금액단위 : 원)

| 영리법인 | 사내근로복지기금 | 비고 |
|---|---|---|
| Ⅰ. 미처분이익잉여금(미처리결손금) | Ⅰ. 미처분이익잉여금 | |
| 1. 전기이월미처분이익잉여금<br>(또는 전기이월미처리결손금) | 1. 전기이월미처분이익잉여금<br>(또는 전기이월미처리결손금) | |
| 2. 회계정책변경누적효과 | | |
| 3. 전기오류수정 | | |
| 4. 중간배당액 | | |
| 5. 당기순이익(또는 당기순손실) | 2. 당기순이익(또는 당기순손실) | |
| Ⅱ. 임의적립금 등의 이입액 | Ⅱ. 임의적립금 등의 이입액 | |
| 1. xxx적립금 | 1. 특별적립금 | |
| 2. xxx적립금 | | |
| [ 합 계 ] | | |
| Ⅲ. 이익잉여금처분액(결손금처리액) | Ⅲ. 이익잉여금처분액 | |
| 1. 이익준비금(임의적립금이입액) | 1. 특별적립금 | |
| 2. 기타법정적립금(법정적립금이입액) | | |
| 3. 주식할인발행차금상각액(자본잉여금이입액) | | |
| 4. 배당금 | | |
| 5. 사업확장적립금 | | |
| 6. 감채적립금 | | |
| Ⅳ. 차기이월미처분이익잉여금(차기이월미처리결손금) | Ⅳ. 차기이월미처분이익잉여금 | |

## ◈ 우리나라 주요 비영리법인의 재무제표 서식

사내근로복지기금의 재무제표 서식(안)을 작업하기 위해서는 먼저 우리나라 타 비영리법인들의 재무제표 서식을 살펴보는 것이 필요하다. 우리나라 주요 비영리법인들의 회계처리준칙을 중심으로 재무제표 명칭과 서식을 살펴보면 다음과 같다.

### (가) 사학기관 재무 · 회계규칙

법인의 업무에 속하는 회계의 예산에는 다음 각 호의 서류가 첨부되도록 명시되어 있다.(제15조)

1. 예산총칙
2. 수입지출예산명세서
3. 전년도 부채명세서(차입금을 포함한다)
4. 직원의 보수(수당을 포함한다) 일람표
5. 과년도 미수액 조서
6. 추정 대차대조표
7. 전년도 대차대조표
8. 전년도 손익계산서(제27조 단서의 규정에 의하여 단식부기를 사용하는 경우에는 전년도 수지계산서)
9. 기구와 정원일람표
10. 이사회관계 회의록의 사본

예산총칙 서식은 다음과 같다.

[별지 제2호서식]

**예산총칙**

제1조 19 년도 세입세출예산총액을 세입세출 각각 원으로 한다.
제2조 세입세출의 상세한 내용은 세입세출 예산명세표와 같다.
제3조 19 년도 중 일시차입금한도액은 원으로 한다.
제4조
(기타 예산의 원칙 등을 규정할 것)

결산의 경우 법인의 업무에 속하는 회계와 학교에 속하는 회계의 세입 · 세출의 결산서는 매 회계연도 종료 후 40일 이내에 작성하여 당해 법인의 이사장에게 제출하여야 하며, 결산서에는 감사의 감사보고서를 첨부하도록 명시하고 있다(제23조). 법인의 업무에 속하는 회계의 세입 · 세출결산서는 예산과목과 동일 구분에 의하여 작성된 계산서 및 그 부속서류로 하며, 학교에 속하는 회계의 세입 · 세출결산서는 예산과목과 동일 구분에 의하여 작성하되 다음 각 호의 사항을 명확히 하도록 명시하고 있다.

1. 수입과 지출에 있어서의 예산액 · 결산액 및 비교증감대비액
2. 불용액에 있어서는 수입총액 지출총액과 차인잔액(불용액)

법인의 업무에 속하는 회계와 학교에 속하는 회계의 세입 · 세출결산서에는 결손처분액조서 · 미수액조서 · 차입금명세서 · 채무확정액조서 및 예비비사용액조서를 각각 그 부표로 작성하여야 한다. 대차대조표 및 수지계산서 서식은 다음과 같다.

[별지 제13호서식]

# 대차대조표

| 과목 | 금액 | | |
|---|---|---|---|
| (一) 자산 | | | |
| (1) 유동자산 | | | ○○○ |
| 1. 현금과예금 | | ○○○ | |
| 가. 현금 | ○○○ | | |
| 나. 예금 | ○○○ | | |
| 2. 받을어음 | | ○○○ | |
| 3. 유가증권 | | ○○○ | |
| 가. 국채 | ○○○ | | |
| 나. 주식 | ○○○ | | |
| 4. 미수금 | | ○○○ | |
| 5. 가불금(급여선불금) | | ○○○ | |
| (2) 고정자산 | | | ○○○ |
| 1. 유형고정자산 | | ○○○ | |
| 가. 토지 | ○○○ | | |
| 나. 건물 | ○○○ | | |
| 다. 기계기구 | ○○○ | | |
| 2. 무형고정자산 | | ○○○ | |
| 가. 지상권 | ○○○ | | |
| 나. 전세권 | ○○○ | | |
| (3) 이연계정 | | | ○○○ |
| 1. 설립 · 창업비 | | ○○○ | |
| 2. 전불보험 | | ○○○ | |
| 3. 선불전세 | | ○○○ | |
| 자산총계 | | | ○○○ |
| (二) 부채와자본 | | | |
| (1) 유동부채 | | | |
| 1. 지불어음 | | ○○○ | ○○○ |
| 가. 직원급료미불금 | ○○○ | | |
| 나. 물품대미불금 | ○○○ | | |
| 2. 일시차입금 | | ○○○ | |
| 3. 가수금 | | ○○○ | |
| (2) 고정부채 | | | ○○○ |
| 1. 장기차입금 | | ○○○ | |
| 가. 은행차입금 | | | |
| 나. 개인차입금 | ○○○ | | |
| (3) 자본(기금) | ○○○ | | ○○○ |
| (4) 잉여금 | | | ○○○ |

| | | | |
|---|---|---|---|
| 1. 적립금 | | ○○○ | |
| 가. 직원퇴직적립금 | ○○○ | | |
| 나. 재평가적립금 | ○○○ | | |
| 2. 전기이월금 | | ○○○ | |
| 3. 당기잉여금 | | ○○○ | |
| 가. 기말불용액 | ○○○ | | |
| 부채와자본총계 | | | ○○○ |

※ 1. 과목은 실지에 맞도록 증감할 수 있다.
2. 중요한 것은 각각 명세표를 첨부한다.
3. 기금에 대하여는 주식회사가 아니므로 설립 당초의 원조금 또는 부채인수액을 기입한다.

[별지 제14호서식]

# 수지계산서

제X기 처분확정일 : 201X년 2월 25일
제X기 처분확정일 : 201X년 2월 25일

기관명 (년 월 일부터 ~ 년 월 일까지)

| 과목 | 금액 | | | 비고 |
|---|---|---|---|---|
| 1. 수입 | | | | |
| (1) 기본재산수입 | | ○○○ | | |
| 가. 대지수입 | ○○○ | | | |
| 나. 대가수입 | ○○○ | | | |
| (2) 사업수익 | | ○○○ | | |
| (3) 기부금 | | ○○○ | | |
| 수입합계 | | | ○○○ | |
| 2. 지출 | | | | |
| (1) 이사회의비 | | ○○○ | | |
| 가. 회의비 | ○○○ | | | |
| 나. 판공비 | ○○○ | | | |
| 다. 위원수당 | ○○○ | | | |
| (2) 사무비 | | ○○○ | | |
| 가. 봉급 | ○○○ | | | |
| 나. 수당 | ○○○ | | | |
| 다. 잡급 | ○○○ | | | |
| (3) 재산조성비 | | ○○○ | | |
| 지출합계 | | | ○○○ | |
| 3. 당기잉여금 | | | ○○○ | |

※ 과목은 세입세출 예산의 과목과 동일하여야 함

#### (나) 사학기관 재무 · 회계규칙에 대한 특례규칙



예산은 예산총칙과 자금예산으로 하며, 예산총칙에는 다음 각 호의 사항을 명시하도록 규정하고 있다.(제9조)

1. 자금예산의 규모
2. 예산편성의 기본 방침
3. 주요 사업계획의 개요
4. 장기차입금의 한도액
5. 일시차입금의 한도액
6. 기타 예산 집행에 관하여 필요한 사항

자금예산은 별지 제1호서식의 자금예산서에 의하여 작성하되, 다음 각 호의 부속서류를 첨부하도록 규정하고 있다.(제9조제2항, 제10조) 별지 제1호 자금예산서 서식은 다음과 같다.

1. 별지 제1의1호서식에 의한 전기말추정미수금명세서
2. 별지 제1의2호서식에 의한 전기말추정차입금명세서
3. 별지 제1의4호서식에 의한 등록금명세서
4. 별지 제1의5호서식에 의한 인건비명세서
5. 기타 예산목별 명세서

별지 제1호 자금예산서 서식은 다음과 같다.

**[별지 제1호서식]**

## 자금예산서

(  .  .  부터  .  .  까지)

① 수입 (단위 : 천원)

| 과목 | | | 회계연도 | 회계연도 | 증감 | 산출근거 |
|---|---|---|---|---|---|---|
| 관 | 항 | 목 | | | | |
| | | | | | | |
| 미사용 전기이월자금 | | | | | | |
| 자금수입총계 | | | | | | |

② 지출 (단위 : 천원)

| 과목 | | | 회계연도 | 회계연도 | 증감 | 산출근거 |
|---|---|---|---|---|---|---|
| 관 | 항 | 목 | | | | |
| | | | | | | |
| 미사용 전기이월자금 | | | | | | |
| 자금수입총계 | | | | | | |

25254-00111일 96.01.24. 개정 210mm×297mm(인쇄용지(2급) 60g/㎡)

결산 재무제표는 자금계산서 · 대차대조표 및 운영계산서로 하며, 재무제표는 이를 이용하는 자에게 충분한 회계정보를 제공할 수 있도록 필요한 부속명세서를 작성하고, 주기 및 주석을 하여야 한다고 명시하고 있다(제16조). 자금계산서, 대차대조표, 운영계산서 서식은 다음과 같다.

[별지 제3호서식]

# 자금예산서

( . . 부터 . . 까지)

① 수입

(단위 : 천원)

<table>
<tr><th colspan="3">과목</th><th rowspan="2">회계연도</th><th rowspan="2">회계연도</th><th rowspan="2">증감</th><th rowspan="2">산출근거</th></tr>
<tr><th>관</th><th>항</th><th>목</th></tr>
<tr><td></td><td></td><td></td><td></td><td></td><td></td><td></td></tr>
<tr><td rowspan="9">미사용<br>전기이월<br>자금</td><td colspan="2">전기이월자금</td><td></td><td></td><td></td><td></td></tr>
<tr><td rowspan="3">1100<br>기초유동<br>자산</td><td></td><td></td><td></td><td></td><td></td></tr>
<tr><td>1110 유동자금</td><td></td><td></td><td></td><td></td></tr>
<tr><td>1120 기타유동자산</td><td></td><td></td><td></td><td></td></tr>
<tr><td rowspan="4">2100<br>기초유동<br>부채</td><td></td><td></td><td></td><td></td><td></td></tr>
<tr><td>2120 예수금</td><td></td><td></td><td></td><td></td></tr>
<tr><td>2130 선수금</td><td></td><td></td><td></td><td></td></tr>
<tr><td>2140 기타유동부채</td><td></td><td></td><td></td><td></td></tr>
<tr><td colspan="3">자금수입총계</td><td></td><td></td><td></td><td></td></tr>
</table>

② 지출

(단위 : 천원)

<table>
<tr><th colspan="3">과목</th><th colspan="4">예산현액</th><th rowspan="2">결산액</th><th rowspan="2">증감액</th><th rowspan="2">비고</th></tr>
<tr><th>관</th><th>항</th><th>목</th><th>예산액</th><th>예비비<br>사용액</th><th>전용<br>증감액<br>(△)</th><th>차감액</th></tr>
<tr><td></td><td></td><td></td><td></td><td></td><td></td><td></td><td></td><td></td><td></td></tr>
<tr><td rowspan="9">미사용<br>차기이월<br>자금</td><td colspan="2">차기이월자금</td><td></td><td></td><td></td><td></td><td></td><td></td><td></td></tr>
<tr><td rowspan="3">1100<br>기말<br>유동자산</td><td></td><td></td><td></td><td></td><td></td><td></td><td></td><td></td></tr>
<tr><td>1110 유동자금</td><td></td><td></td><td></td><td></td><td></td><td></td><td></td></tr>
<tr><td>1120 기타유동자산</td><td></td><td></td><td></td><td></td><td></td><td></td><td></td></tr>
<tr><td rowspan="4">2100<br>기말<br>유동부채</td><td></td><td></td><td></td><td></td><td></td><td></td><td></td><td></td></tr>
<tr><td>2120 예수금</td><td></td><td></td><td></td><td></td><td></td><td></td><td></td></tr>
<tr><td>2130 선수금</td><td></td><td></td><td></td><td></td><td></td><td></td><td></td></tr>
<tr><td>2140 기타유동부채</td><td></td><td></td><td></td><td></td><td></td><td></td><td></td></tr>
<tr><td colspan="3">자금지출총계</td><td></td><td></td><td></td><td></td><td></td><td></td><td></td></tr>
</table>

25254-00811일 96.01.24. 개정 210mm×297mm(인쇄용지(2급) 60g/㎡)

[별지 제4호서식]

# 대차대조표

(당기 : . . 현재)

(전기 : . . 현재)

① 자산 (단위 : 원)

| 과목 | | 당기말 | | 전기말 | |
|---|---|---|---|---|---|
| 관 · 항 | 목 | 금액 | | 금액 | |
| | | 목 | 관 · 항 | 목 | **관 · 항** |
| | | | | | |
| **자산총계** | | | | | |

② 부채 및 기본금 (단위 : 원)

| 과목 | | 당기말 | | 전기말 | |
|---|---|---|---|---|---|
| 관 · 항 | 목 | 금액 | | 금액 | |
| | | 목 | 관 · 항 | 목 | **관 · 항** |
| | | | | | |
| **부채 및 기본금 총계** | | | | | |

25254-00911일 96.01.24. 개정 210mm×297mm(인쇄용지(2급) 60g/㎡)

[별지 제5호서식]

# 운영계산서

(당기 : . . 부터 . . 현재)
(전기 : . . 부터 . . 현재)

① 운영수익 (단위 : 원)

| 과목 | | 당기 | | 전기 | |
|---|---|---|---|---|---|
| 관 · 항 | 목 | 금액 | | 금액 | |
| | | 목 | 관 · 항 | 목 | **관 · 항** |
| | | | | | |
| **운영수익총계** | | | | | |

② 운영비용 (단위 : 원)

| 구분 | 과목 | | 당기 | | 전기 | |
|---|---|---|---|---|---|---|
| | 관 · 항 | 목 | 금액 | | 금액 | |
| 운영비용 | | | 목 | 관 · 항 | 목 | **관 · 항** |
| | 운영비용합계 | | | | | |
| 기본금대체액 | 기본금대체액합계 | | | | | |
| | 설립자기본금대체액 | | | | | |
| | 법인대체액 | | | | | |
| | 제적립금대체액 | | | | | |
| | 기타기본금대체액 | | | | | |
| 당기운영차액 | | | | | | |
| **비용총계** | | | | | | |

25254-03711일 96.01.24. 개정 210mm×297mm(인쇄용지(2급) 60g/㎡)

### (다) 사회복지법인 및 사회복지시설 재무 · 회계규칙

예산에는 원칙적으로 다음 각 호의 서류를 첨부하도록 규정하고 있다. 다만 단식부기로 회계를 처리하는 경우에는 제1호 · 제2호 · 제5호 및 제6호의 서류만을, 국가 · 지방자치단체 · 법인 외의 자가 설치 · 운영하는 시설로서 거주자 정원 또는 일일 평균 이용자가 20명 이하인 소규모 시설은 제2호 및 제6호의 서류만을 첨부할 수 있으며, 「영유아보육법」 제2조에 따른 어린이집은 보건복지부장관이 정하는 바에 따르도록 되어 있다.

1. 예산총칙
2. 세입 · 세출명세서
3. 추정대차대조표
4. 추정수지계산서
5. 임 · 직원 보수일람표
6. 당해 예산을 의결한 이사회 회의록 또는 해당 예산을 보고받은 시설운영위원회 회의록 사본

특이한 사항은 사회복지법인(이하 "법인"이라 한다) 및 사회복지시설(법인이 설치 · 운영하는 사회복지시설을 포함하며, 이하 "시설"이라 한다)은 설립목적에 따라 건전하게 운영되어야 하기에, 법인의 대표이사는 매 회계연도 개시 1월 전까지 그 법인과 해당 법인이 설치 · 운영하는 시설의 예산편성 지침을 정하여야 하며, 법인 또는 시설의 소재지를 관할하는 시장 · 군수 · 구청장(자치구의 구청장을 말한다. 이하 같다)은 특히 필요하다고 인정되는 사항에 관하여는 예산편성지침을 정하여 매 회계연도 개시 2월 전까지 법인 및 시설에 통보할 수 있도록 규정되어 있다(제9조). 세입 · 세출명세서, 추정대차대조표, 추정손익계산서 서식은 다음과 같다.

[별지 제1호서식] 〈개정 2005.07.15.〉

# 세입 · 세출명세서

| 과목 | | | 전년도 예산액 | 당해연도 예산액 | 증감 | 산출근거 |
|---|---|---|---|---|---|---|
| 관 | 항 | 목 | | | | |
| | | | | | | |

210mm×297mm(일반용지 60g/㎡(재활용품))

[별지 제2호서식] 〈개정 2009.02.05.〉

# (추정)대차대조표

( 년 월 일 현재)

| 과목 | 금액 | |
|---|---|---|
| Ⅰ. 자산 | | |
| 1. 유동자산 | | 000 |
| (1) 당좌자산 | | 000 |
| 현금 및 현금성자산 | 000 | |
| 받을 어음 | 000 | |
| 유가증권 | 000 | |
| 미수금 | 000 | |
| (2) 재고자산 | | 000 |
| 2. 비유동자산 | | 000 |
| (1) 투자자산 | | 000 |
| 유가증권 | 000 | |
| 대여금 | 000 | |
| (2) 유형자산 | | 000 |
| 토 지 | 000 | |
| 건 물 | 000 | |
| 감가상각누계액 | 000 | |
| 기계기구류 | 000 | |
| 감가상각누계액 | 000 | |
| (3) 무형자산 | | 000 |
| 지상권 | 000 | |
| 전세권 | 000 | |
| 특허권 | 000 | |
| (4) 기타비유동자산 | | 000 |
| 임대보증금 | 000 | |
| 자 산 총 계 | | 000 |

| Ⅱ. 부채 | | |
|---|---|---|
| 1. 유동부채 | | 000 |
| 미지급금 | 000 | |
| 단기차입금 | 000 | |
| 예수금 | 000 | |
| 2. 비유동부채 | | 000 |
| 장기차입금 | 000 | |
| 퇴직급여충당부채 | 000 | |
| 부채총계 | | 000 |
| | | |
| Ⅲ. 자본 | | |
| 1. 자본(기금) | | 000 |
| 2. 잉여금 | | 000 |
| 적립금 | 000 | |
| 이월금 | 000 | |
| 자본총계 | | 000 |
| 부채와 자본 총계 | | 000 |

※ 기재 시 주의사항

1. 과목은 설정에 맞도록 증감할 수 있다.
2. 중요한 것은 각각 명세표를 첨부한다.
3. 기금에 대하여는 설립 당시의 원조금 또는 부채인수액을 기입한다.

210mm×297mm(일반용지 60g/㎡(재활용품))

[별지 제3호서식] <개정 1998.01.07.>

# (추정)수지계산서

(년 월 일부터 ~ 년 월 일까지)

| 과목 | 금액 | | |
|---|---|---|---|
| Ⅰ. 수입 | | | |
| 1. 재산수입 | 000 | 000 | |
| 가. 기본재산수입 | 000 | | |
| 나. 재산매각대 | | | |
| 2. 사업수입 | | 000 | |
| 3. 과년도수입 | | 000 | |
| 4. 보조금수입 | 000 | 000 | |
| 가. 정부보조금 | 000 | | |
| 나. 후원금 | | | |
| 5. 차입금 | | 000 | |
| 6. 전입금 | | 000 | |
| 7. 이월금 | | 000 | |
| 8. 잡수입 | 000 | 000 | |
| 가. 물품매각대 | 000 | | |
| 나. 예금이자 | 000 | | |
| 다. 잡수입 | | | |
| | | | 000 |

| | | | |
|---|---|---|---|
| II. 지출 | | | |
| 1. 사무비 | | 000 | |
| 가. 인건비 | 000 | | |
| 나. 물건비 | 000 | | |
| 다. 수용비 및 수수료 | 000 | | |
| 라. 판공비 | 000 | | |
| 마. 공공요금 | 000 | | |
| 바. 제세공과금 | 000 | | |
| 사. 차량비 | 000 | | |
| 2. 재산조성비 | | 000 | |
| 가. 시설비 | 000 | | |
| 나. 재산관리비 | 000 | | |
| 3. 수익사업비 | | 000 | |
| 4. 전출금 | | 000 | |
| 가. ○○시설 전출금 | 000 | | |
| 나. ○○시설 전출금 | 000 | | |
| 5. 과년도 지출 | | 000 | |
| 6. 상환금 | | 000 | |
| 7. 사업비 | | 000 | |
| 8. 잡지출 | | 000 | |
| 9. 예비비 | | 000 | |
| 지출합계 | | | 000 |
| III. 당기잉여금 | | | 000 |

※ 기재 시 주의사항
과목은 세입 · 세출예산의 과목과 동일하여야 한다.

3106-65일 87.05.29. 승인 190mm×268mm(신문용지 54g/㎡)

결산의 경우 법인의 대표이사 및 시설의 장은 법인회계와 시설회계의 세입 · 세출 결산보고서를 작성하여 각각 이사회 의결 및 시설운영위원회 보고를 거친 후 다음 연도 3월 31일까지 시장 · 군수 · 구청장에게 제출하도록 명시하고 있다(제19조). 결산보고서에는 다음 각 호의 서류가 첨부되어야 한다. 다만 단식부기로 회계를 처리하는 경우에는 제1호부터 제3호까지 및 제14호부터 제23호까지의 서류만을 첨부할 수 있고, 소규모 시설의 경우에는 제1호 및 제17호의 서류만을 첨부할 수 있으며, 「영유아보육법」 제2조에 따른 어린이집은 보건복지부장관이 정하는 바에 따른다.

1. 세입 · 세출결산서

2. 과목 전용조서

3. 예비비 사용조서

4. 대차대조표

5. 수지계산서

6. 현금 및 예금명세서

7. 유가증권명세서

8. 미수금명세서

9. 재고자산명세서

10. 기타 유동자산명세서(제6호 내지 제9호의 유동자산 외의 유동자산을 말한다)

11. 고정자산(토지 · 건물 · 차량운반구 · 비품 · 전화가입권)명세서

12. 부채명세서(차입금 · 미지급금을 포함한다)

13. 제충당금명세서

14. 기본재산수입명세서(법인만 해당한다)

15. 사업수입명세서

16. 정부보조금명세서

17. 후원금수입명세 및 사용결과보고서(전산파일을 포함한다)

18. 후원금 전용계좌의 입출금내역

19. 인건비명세서

20. 사업비명세서

21. 기타 비용명세서(인건비 및 사업비를 제외한 비용을 말한다)

22. 감사보고서

23. 법인세 신고서(수익사업이 있는 경우에 한한다)

대차대조표와 수지계산서 서식은 예산 서식과 동일하기에 생략하고, 세입 · 세출결산서(법인)와 감사보고서 서식을 살펴보면 다음과 같다.

[별지 제5호서식] 〈개정 2009.02.05.〉

# 세입결산서(법인용)

| 과목 | | | 구분 | 정부 보조금 | 법인 부담금 | 후원금 | 계 |
|---|---|---|---|---|---|---|---|
| 관 | 항 | 목 | | | | | |
| | | | 예산 | | | | |
| | | | 결산 | | | | |
| | | | 증감 | | | | |
| | | | 예산 | | | | |
| | | 합계 | 결산 | | | | |
| | | | 증감 | | | | |
| | | | 예산 | | | | |
| | 합계 | | 결산 | | | | |
| | | | 증감 | | | | |
| | | | 예산 | | | | |
| 총계 | | | 결산 | | | | |
| | | | 증감 | | | | |

210㎜ × 297㎜[일반용지 60g/㎡(재활용품)]

[별지 제5호의2서식] 〈개정 2009.02.05.〉

# 세출결산서(법인용)

| 과목 | | | 구분 | 정부 보조금 | 법인 부담금 | 후원금 | 계 |
|---|---|---|---|---|---|---|---|
| 관 | 항 | 목 | | | | | |
| | | | 예산 | | | | |
| | | | 결산 | | | | |
| | | | 증감 | | | | |
| | | 합계 | 예산 | | | | |
| | | | 결산 | | | | |
| | | | 증감 | | | | |
| | 합계 | | 예산 | | | | |
| | | | 결산 | | | | |
| | | | 증감 | | | | |
| 총계 | | | 예산 | | | | |
| | | | 결산 | | | | |
| | | | **증감** | | | | |

210㎜ × 297㎜[일반용지 60g/㎡(재활용품)]

[별지 제23호서식] 〈개정 2009.02.05.〉

# 감사보고서

본인 등은 「사회복지법인 재무 · 회계 규칙」 제20조제1항에 따라 사회복지 법인 ○○○의 . . .부터 . . .로 종결되는 회계연도의 업무집행 내용과 ○○회계에 속하는 수입과 지출에 관한 제반 증빙서류와 장부를 일반적인 감사기준에 따라 감사를 실시하였습니다.

업무집행내용과 결산서의 각항은(다음에 지적된 사항을 제외하고는) 정확하였으며, 그 회계처리는 적정하였습니다.

(다음)

년 월 일

사회복지법인 ○○○
감사 (서명 또는 인)
감사 (서명 또는 인)

사회복지법인 ○○○대표이사 귀하

31313-19211일 97.12.06. 승인 210mm×297mm(일반용지 60g/㎡)

### (라) 공익법인의 설립 · 운영에 관한 법령

공익법인의 회계연도는 정부의 회계연도에 따르며, 사업계획 및 예산은 당해 사업의 회계연도 개시 1월 전까지 주무관청에 다음 각 호의 서류를 첨부하여 제출하도록 명시되어 있다(법 제12조제1항 및 제2항, 시행령 제19조제1항).

1. 추정대차대조표 및 그 부속명세서
2. 추정손익계산서 및 그 부속명세서

사업 실적 및 결산은 해당 사업의 회계연도 종료 후 3개월 이내에 주무관청에 보고하여야 하며 첨부 서류는 다음 각 호와 같다(법 제12조제2항, 시행령 제19조제2항). 성실공익법인은 제4호 내지 제7호의 서류를 추가로 제출해야 한다.

1. 대차대조표 및 그 부속명세서
2. 손익계산서 및 그 부속명세서
3. 공인회계사의 감사증명서. 다만, 주무관청이 필요하다고 인정하여 첨부하게 한 경우에 한한다.
4. 「상속세 및 증여세법」 제48조제2항제3호에 따른 운용소득 사용 내역(해당 회계연도의 사용 내역을 말한다)
5. 「상속세 및 증여세법」제50조제3항에 따른 회계감사 자료
6. 「상속세 및 증여세법」 제50조의2에 따른 전용계좌 사용 내역(해당 회계연도의 사용 내역을 말한다)
7. 기본재산의 목록

이상을 종합해보면 결산 시 재무제표 서식은 대차대조표와 수지계산서(사학기관 재무 · 회계규칙), 대차대조표와 운영계산서 그리고 자금계산서(사학기관 재무 · 회계규칙에 대한 특례규칙), 대차

대조표와 수지계산서(사회복지법인 및 사회복지시설 재무 · 회계규칙)를 명시하고 있다. 대차대조표는 기업회계기준과 동일하나 수지계산서나 운영계산서는 기업회계기준의 손익계산서와는 확연히 다른 구조임을 알 수 있다. 이는 비영리법인이 본질적으로 이익을 추구하지 않으므로 손익과는 무관함에서 그 이유를 찾을 수 있을 것이다.



## ◈ 사내근로복지기금 재무제표 서식(안)

필자가 그동안 책자와 기고, 근로복지공단 연구 용역(2010년), 사내근로복지기금 실무자 교육 등을 통해 제시한 사내근로복지기금 재무제표 서식(안)은 다음과 같다. 사내근로복지기금은 비영리법인으로서 고유목적사업 수행에 맞는 회계정보를 전달할 수 있도록, 특히 손익계산서는 비영리법인이 영리를 추구하지 않고 설립목적인 고유목적사업의 수행성과를 확인할 수 있도록, 영리기업과는 차별화된 서식이 필요하다고 생각한다. 여기에서 제시하는 서식은 사례이며, 각 사내근로복지기금에서 실시하는 목적사업에 따라 필요한 계정과목을 신설 또는 삭제하면 될 것이다.

필자가 작성한 재무제표 서식을 2005년 조세관청에 서면 질의하였던 바, 조세관청에서는 조세만 탈루하지 않으면 어떤 서식을 사용해도 문제를 삼지 않을 것이며 재무제표 서식에 대한 사항은 한국회계기준원으로 질문하는 좋겠다는 답변을 받았다. 다만, 필자가 제시한 재무제표 서식이 수익과 비용 내역을 비영리법인 실정에 맞게 일목요연하게 파악할 수 있어 개인적으로 강추한다는 격려도 받았다.

(가) 결산 관련 재무제표 서식(비교식)

# 손익계산서

제 X 기 : 201x년 1월 1일부터 201x년 12월 31일까지
제 X 기 : 201x년 1월 1일부터 201x년 12월 31일까지

(○○사내근로복지기금) (금액단위 : 원)

| 계 정 과 목 | 제 X 기(당기) | | 제 X 기(전기) | |
|---|---|---|---|---|
| 1. 사업수익 | | | | |
| 가. 이자수익<br>나. 대부이자수익<br>다. 배당금수익 | | | | |
| 2. 고유목적사업비 | | | | |
| 가. 장학금지원<br>나. 체육문화활동지원<br>다. 기념품지급<br>라. 의료비지원<br>마. 선택적복지비지원 | | | | |
| 3. 사업총이익 | | | | |
| 4. 일반관리비 | | | | |
| 가. 세금과공과<br>나. 등기소송비<br>다. 도서인쇄비<br>라. 교육훈련비 | | | | |
| 5. 사업이익 | | | | |
| 6. 사업외수익 | | | | |
| 가.고유목적사업준비금전입수입 | | | | |
| 7. 사업외비용 | | | | |
| 가. 고유목적사업준비금전입액 | | | | |
| 8. 법인세차감전순이익 | | | | |
| 9. 법인세비용 | | | | |
| 10. 당기순이익(또는 당기순손실) | | | | |

# 재무상태표(대차대조표)

제X기 : 201x년 12월 31일 현재
제X기 : 201x년 12월 31일 현재

(○○사내근로복지기금) (금액단위 : 원)

| 계 정 과 목 | 제 X 기(당기) | | 제 X 기(전기) | |
|---|---|---|---|---|
| Ⅰ. 유동자산 | | | | |
| 1. 당좌자산 | | | | |
| 1) 현금및현금성자산<br>2) 단기예금<br>3) 선급법인세(미수금) | | | | |
| Ⅱ. 비유동자산 | | | | |
| 1. 투자자산 | | | | |
| 1) 주택구입대부금<br>2) 생활안정대부금 | | | | |
| (자산 총계) | | | | |
| Ⅰ. 유동부채 | | | | |
| Ⅱ. 비유동부채 | | | | |
| 1) 고유목적사업준비금1<br>2) 고유목적사업준비금2 | | | | |
| (부채 총계) | | | | |
| Ⅰ. 자본금 | | | | |
| 1. 기본재산 | | | | |
| Ⅱ. 이익잉여금(또는 결손금) | | | | |
| 1. 미처분이익잉여금(또는 미리처결손금) | | | | |
| (자본 총계) | | | | |
| (부채와자본총계) | | | | |

* 주1. 고유목적사업준비금1은 법인세법 제29조에 의한 준비금임.
  주2. 고유목적사업준비금2는 근로복지기본법 제62조제2항에 의한 준비금임.

# 이익잉여금처분계산서

제X기 처분확정일 : 201x년 2월 xx일
제X기 처분확정일 : 201x년 2월 xx일

(○ ○사내근로복지기금) (금액단위 : 원)

| 과 목 | 제 X 기(당기) | | 제 X 기(전기) | |
|---|---|---|---|---|
| Ⅰ.미처분이익잉여금(미처리결손금) | | 0 | | |
| 1. 전기이월미처분이익잉여금 | 0 | | 0 | 0 |
| (또는전기이월미처리결손금) | | | | |
| 2. 회계정책변경누적효과 | 0 | | 0 | |
| 3. 전기오류수정 | 0 | | 0 | |
| 4. 당기순이익(또는 당기순손실) | 0 | | 0 | |
| Ⅱ.임의적립금등의이입액(결손금처리액) | | 0 | | |
| 1. xx적립금 | 0 | | 0 | 0 |
| ( 합 계 ) | | 0 | | |
| | | | | 0 |
| Ⅲ.이익잉여금처분액(결손금처리액) | | 0 | | |
| 1. 기타적립금 | 0 | | 0 | 0 |
| Ⅳ.차기이월미처분이익잉여금(차기이월미 | | 0 | | |
| 처리결손금) | | | | 0 |

## (나) 예산 관련 서식

① 예산총칙

# 예산 총칙

〈제1조〉 201X년도 추정대차대조표, 추정손익계산서 및 자본예산은 다음과 같다.

1. 추정대차대조표

(단위 : 천원)

| 차변 | | 대변 | |
|---|---|---|---|
| 자산 | 순손실 | 부채 | 자본 |
| | | | |

2. 추정손익계산서

(단위 : 천원)

| 차변 | | 대변 | |
|---|---|---|---|
| 비용 | 순이익 | 수익 | 순손실 |
| | | | |

3. 자본예산

(단위 : 천원)

| 비유동자산 | 계 |
|---|---|
| | |

〈제2조〉 주임이사는 예산 집행상 불가피하다고 인정하는 경우에는 손익예산 및 자본예산의 항간 한도액 범위 내에서 예산을 전용할 수 있다. 단, 항간 한도액을 초과하여 집행하고자 할 때에는 이사회의 승인을 얻어야 한다.

〈제3조〉 주임이사는 다음의 비목에 대하여 예산에 불구하고 이를 초과 집행할 수 있다.

1. 세금과공과 및 등기소송비
2. 사업외비용 및 법인세비용

〈제4조〉 주임이사는 기금 출연 혹은 금리 변동으로 인하여 필요한 경우, 추정손익계산서, 추정대차대조표 및 자금운영 계획의 규모를 변경시킬 수 있다.

〈제5조〉 손익예산은 기본재산을 잠식하여 집행할 수 없다.
비용 집행을 위한 수익금 부족이 예상될 경우 주임이사는 법적 강제성 등을 감안하여 우선순위를 정하여 손익예산 및 자본예산을 집행할 수 있다.

〈제6조〉 예비비 사용
주임이사는 천재지변이나 기나 사전에 예측할 수 없는 상황이 발생했을 경우 이사회의 승인을 얻어 예비비를 사용할 수 있다.

〈제7조〉 예산은 익연도에 이월하여 집행할 수 없다.
다만 자본예산의 사업재원 중 지출원인행위를 한 공사비와 지출원인행위를 하지 아니한 그 부대경비는 이사회의 승인을 얻어 이월 사용할 수 있다.

② 추정손익계산서

## 〈추정손익계산서〉

(단위 : 천원)

| 과 목 | 201X년 예산 | | | 비고 |
|---|---|---|---|---|
| | 목적사업회계 | 기금관리회계 | 계 | |
| 1.사업수익 | | | | |
| 가.이자수입<br>나.대부이자수익<br>다.배당금수익 | | | | |
| 2.고유목적사업비 | | | | |
| 가.경조비지원<br>나.동호인회지원<br>다.장학금지원<br>라.의료비지원<br>마.기념품지급 | | | | |
| 3.사업총이익 | | | | |
| 4.일반관리비 | | | | |
| 가.등기소송비<br>나.세금과공과<br>다.교육훈련비 | | | | |
| 5.사업이익 | | | | |
| 6.사업외수익 | | | | |
| 가.고유목적사업준비금전입수입<br>나. 잡이익 | | | | |
| 7.사업외비용 | | | | |
| 가.고유목적사업준비금전입액<br>나.예비비 | | | | |
| 8.법인세차감전순이익 | | | | |
| 9.법인세비용 | | | | |
| 10.당기순이익 | | | | |

③ 추정손익계산서

## 〈추정대차대조표〉

(단위 : 천원)

| 과 목 | 201X년 예산 | | | 비 고 |
|---|---|---|---|---|
| | 목적사업회계 | 기금관리회계 | 계 | |
| 〈자 산〉<br>Ⅰ. 유동자산 | | | | |
| 1. 당좌자산 | | | | |
| 1)현금및현금성자산<br>2)단기예금<br>3)선급법인세 | | | | |
| Ⅱ. 비유동자산 | | | | |
| 1. 투자자산 | | | | |
| 1)주택구입대부금<br>2)주택임차대부금<br>3)생활안정대부금<br>4)보증금(콘도회원권) | | | | |
| **(자산 총계)** | | | | |
| Ⅰ. 유동부채 | | | | |
| Ⅱ. 비유동부채 | | | | |
| 1)고유목적사업준비금1<br>2)고유목적사업준비금2 | | | | |
| **(부채 총계)** | | | | |
| Ⅰ. 자본금 | | | | |
| 1. 기본재산 | | | | |
| Ⅱ. 이익잉여금 | | | | |
| 1.차기이월잉여금 | | | | |
| **(자본 총계)** | | | | |
| **(부채와자본 총계)** | | | | |

* 주1. 고유목적사업준비금1은 법인세법 제29조에 의한 준비금임.
주2. 고유목적사업준비금2는 근로복지기본법 제62조제2항에 의한 준비금임.

④ 부분별예산 작성 서식

## 〈부문별 예산〉

㉮ 수익예산

(단위 : 천원)

| 관 | 항 | 목 | 금액 | 산출근거 |
|---|---|---|---|---|
| 사업수익 | | | | |
| | 이자수익 | | | |
| | | 예금이자 | | |
| | 대부이자수익 | | | |
| | | 주택자료이자 | | |
| 사업외수익 | | | | |
| | 사업외수익 | | | |
| | | 고유목적사업준비금전입수입 | | |
| | | 잡이익 | | |
| 계 | | | | |

㉯ 비용예산

(단위 : 천원)

| 관 | 항 | 목 | 금액 | 산출근거 |
|---|---|---|---|---|
| 사업비용 | | | | |
| | 고유목적 사업비 | | | |
| | | 경조비지원 | | |
| | | 동호인회지원 | | |
| | | 장학금지원 | | |
| | | 의료비지원 | | |
| | | 기념품지급 | | |
| 관리비용 | | | | |
| | 관리비 | | | |
| | | 등기소송비 | | |
| | | 세금과공과 | | |
| | | 교육훈련비 | | |
| 예비비 | | | | |
| | 예비비 | | | |
| | | 예비비 | | |
| 계 | | | | |

◎ 당기순이익=수익 − 비용 = 000,000,000원 − 000,000,000원 = 000,000,000원

㉰ 자본예산

(단위 : 천원)

| 관 | 항 | 목 | 금액 | 산출근거 |
|---|---|---|---|---|
| 비유동자산 | | | | |
| | 투자자산 | 주택구입자금 | | – |
| | | 주택임차자금 | | – |
| | | 생활안정자금 | | – |
| 계 | | | | |

⑤ 목적사업계획서

## 〈목적사업 계획서〉

(단위 : 천원)

| 사업명 | 목 적 | 산출 내역 | 금 액 | 지 원 방 법 |
|---|---|---|---|---|
| 경조비지원 | | | | |
| 동호인회지원 | | | | |
| 장학금지원 | | | | |
| 의료비지원 | | | | |
| 기념품지급 | | | | |
| 계 | | | | |

⑥ 기금운용계획서

## 〈기금운용계획서〉

(단위 : 천원)

| 구분 | 내 역 | 금액 | 비고 |
|---|---|---|---|
| 조 달 | 1. 201X년도 수입 | | |
| | ㅇ 이자수익<br>ㅇ 대부이자수익 | | |
| | 2. 201X년 출연금 중 고유목적사업준비금 설정 | | |
| | 합 계 | | |
| 지 출 | 1. 고유목적사업비 지출 | | |
| | 2. 일반관리비 지출 | | |
| | 3. 예비비 | | |
| | 합 계 | | |
| **과부족** | | | |

# 6 기본재산 사용

## ◈ 기본재산 사용 근거

근로복지기본법에서는 영리기업의 자본금에 준하는 기본재산의 사용을 허용하고 있다. 우리나라에서 유일무이한 특례라고 생각된다. 지난 2013년 4월 22일 국회 제315차 임시국회 환경노동위원회 소위원회 제4차 회의에서 있었던 근로복지기본법 일부개정(안)에 대한 의사진행 회의록에서 확인되고 있다.

- **심상정 위원** : 유사 법이 있으면 얘기해주세요. 없지요?
- **고용노동부 근로개선정책관 임무송** : 유사한 제도가 없기 때문에…….
- **심상정 위원** : 유사한 법이 없어요. 그러니까 제가 그것을 물어보는 거예요. 그러니까 이 기본재산을 갖고 있는 수많은 게 있는데, 기본재산을 사용하도록 허용하는 법은 지금까지 없습니다. 제가 알기로는. 이게 여러 번 저도 다루어본 사례예요. 그래서 아까 우리 이완영 위원님이 말씀하신 그런 취지에 대해서는 저도 그런 사례를 많이 보고 공감을 하는데, 이것은 좀 더 근본적인 검토가 필요한 항목이라고 봅니다. 예를 들어서 정부 내에서 이와 관련된 유사 법률이 있으면 제가 수용을 할게요. 없습니다.
- **고용노동부차관 정현옥** : 사내근로복지기금법 같은 법 자체는 없거든요.
- **홍영표 위원** : 아니요. 그것은 제가 일반적인 기금법을 보더라도 기본재산을 갖다가 그렇게 하는 것이 없고 더군다나 여기에서 저는 특히 반대하는 게 2호 때문이에요.
- **소위원장 김성태** : 그런데 10%는 너무 적은 것 같아요. 그것을 한 20% 범위 내에서…….
- **심상정 위원** : 안 돼요.
- **은수미 위원** : 20%는 너무 많아요.
- **이종훈 위원** : 기본적으로 돈을 못 벌거나 공공기관 같은 경우는 기재부가 출연기관들 예산을 안 줘

서 사내근로복지기금 출연을 못 한 경우에 재산을 쓴다 이런 말 아닙니까? 결국 그 얘기는 미래의 근로자, 앞으로 취업할 근로자들 대신 현재 근로자가 그것을 쓴다라는 것이고 이런 부분에 대해서는 저는 좀 선뜻 동의하기가 쉽지가 않습니다. 이것을 기재부가 출연을 못 하면, 못 쓰면 출연을 하게끔 하는 것이 답이고, 그다음에 회사가 어려워서 그것을 출연을 못 했으면 그 당해 근로자들이, 그때의 근로자들이 고통을 좀 부담을 해야 되는 것이지, 이것을 미래 근로자 것을 미리 갖다 당겨쓴다는 것을 봇물이 터질 수 있다라는 원칙이 훼손될 수 있다라는 기본 생각이 있습니다.

- **심상정 위원** : 짧게 말씀드리겠습니다. 제가 질의를 드렸었는데요, 지금 운용되는 기금 중에 기본재산을 처분하도록 한 사례가 있었느냐…….
- **고용노동부차관 정현옥** : 법에 없고요, 그것은 법에 금지돼 있습니다.
- **심상정 위원** : 그런 경우는 전혀 없습니다. 그러니까 신중하게, 왜냐하면 이게 현재, 미래까지 연결되는 것이기 때문에 일시적인 어떤 어려움을 가지고 이것을……. 그리고 그런 전례가 없어요, 제가 말씀드리는 것은. 제가 예전에 기재부에 있어봐서 잘 압니다, 이 문제는. 이런 용어들이 굉장히 많아요. 여기만, 비단 사내복지기금만 이런 게 있을 것 같습니까? 불황 되고 하면 다른 기금들도 다 문제가 돼요. 그런데 지금까지 그런 전례가 없습니다. 그리고 또 여기 안 중에서 일시적으로 흑자로 전환되면 그동안에 썼던 것은 어떻게 할 겁니까, 그러면? 그것 얘기해보세요.
- **이완영 위원** : 그것은 놔둬야지.
- **심상정 위원** : 사실은 미리 당겨쓴 건데…….
- **홍영표 위원** : 빼도 안 돼요. 빼도 안 되고, 제가 이것을 다시 말씀을 드리는데, 이것은 주로 우리가 신의 직장이라고 하는 소위 공기업 노조들이 많이 해당이 됩니다, 그렇지요? 지난 정권에서 공기업 선진화 이래 가지고 그 과정 속에서 이게 기금의 적자가 생기고 그랬잖아요? 그렇게 해놓고 지금 와서 엉뚱하게 기본재산을 쓴다는 그런 식으로 하기 때문에 이것을 할 수가 없어. 그래서 논의를 지난번에 안 하기로 했는데 왜 다시 그것을 내놔요, 다른 것도 할 게 많은데?

사내근로복지기금 기본재산을 사용하는 것을 골자로 한 「근로복지기본법 개정(안)」은 중소기업의 기금법인에 대해 당해연도 출연금의 사용 한도를 100분의 80까지로 하는 부분만 원안대로 통과되었고, 기 조성된 기본재산을 사용할 수 있도록 하는 부분은 의결되지 못하고 수정된 다음 2013년 12월 30일 국회 본회의에서 의결되어 2014년 1월 28일 자로 공포되었다. 사내근로복지기금의 기본재산 사용 근거는 근로복지기본법 제62조제2항과 같은법 시행령 제46조제4항에서 구체적으로 사용 비율을 명시하고 있는데, 이를 살펴보면 다음과 같다.

법 제62조(기금법인의 사업)

① 기금법인은 그 수익금으로 대통령령으로 정하는 바에 따라 다음 각 호의 사업을 시행할 수 있다.
1. 주택구입자금 등의 보조, 우리사주 구입의 지원 등 근로자 재산 형성을 위한 지원
2. 장학금 · 재난구호금의 지급, 그 밖에 근로자의 생활 원조
3. 모성보호 및 일과 가정생활의 양립을 위하여 필요한 비용 지원
4. 기금법인 운영을 위한 경비 지급
5. 근로복지시설로서 고용노동부령으로 정하는 시설에 대한 출자 · 출연 또는 같은 시설의 구입 · 설치 및 운영
6. 해당 사업으로부터 직접 도급받는 업체의 소속 근로자 및 해당 사업에의 파견근로자의 복리후생 증진
7. 사용자가 임금 및 그 밖의 법령에 따라 근로자에게 지급할 의무가 있는 것 외에 대통령령으로 정하는 사업

② 기금법인은 제61조제1항 및 제2항에 따라 출연 받은 재산 및 복지기금협의회에서 출연재산으로 편입할 것을 의결한 재산(이하 "기본재산"이라 한다) 중에서 대통령령으로 정하는 바에 따라 산정되는 금액을 제1항 각 호의 사업(이하 "사내근로복지기금사업"이라 한다)에 사용할 수 있다. 이 경우 기금법인의 사업이 다음 각 호의 어느 하나에 해당하는 때에는 대통령령으로 정하는 범위에서 정관으로 정하는 바에 따라 그 산정되는 금액을 높일 수 있다.
1. 제82조제3항에 따라 선택적복지제도를 활용하여 운영하는 경우
2. 사내근로복지기금사업에 사용하는 금액 중 고용노동부령으로 정하는 바에 따라 산정되는 금액 이상을 해당 사업으로부터 직접 도급받는 업체의 소속 근로자 및 해당 사업에의 파견근로자의 복리후생 증진에 사용하는 경우
3. 「중소기업기본법」 제2조제1항 및 제3항에 따른 기업에 설립된 기금법인이 사내근로복지기금사업을 시행하는 경우

③(생략)

시행령 제46조(기금법인의 사업 및 수혜대상)

① ~ ③ (생략)

④ 기금법인은 법 제62조제2항에 따라 다음 각 호의 구분에 따른 금액을 사내근로복지기금사업에 사용할 수 있다. 다만, 제2호의 금액은 자본금이 있는 사업의 경우만 해당한다.
1. 사업주 등이 사내근로복지기금의 해당 회계연도에 사내근로복지기금에 출연한 금액이 있으면 그 출연금액에 복지기금협의회가 정하는 비율을 곱한 금액. 이 경우 복지기금협의회가 정하는 비율은 100분의 50을 초과할 수 없고, 법 제62조제2항 각 호의 어느 하나에 해당하는 경우에는 100분의 80을 초과할 수 없다.
2. 법 제61조제1항 및 제2항에 따라 출연 받은 재산 및 복지기금협의회에서 출연재산으로 편입할 것을 의결한 재산(이하 "기본재산"이라 한다)의 총액이 해당 사업의 자본금의 100분의 50을 초과하는 경우에는 그 초과액의 범위에서 복지기금협의회가 정하는 금액

⑤ (생략)

## ◈ 기본재산 사용 방법

근로복지기본법령에서는 사내근로복지기금의 기본재산 사용을 허용하고 있으나 구체적인 사용 방법과 절차, 회계처리 사항은 제시하지 않고 있다. 다만, 고용노동부 예규에서 이월하여 사용하고자 할 경우는 고유목적사업준비금으로 설정하도록 회신하고 있다.

**질의** **용도사업 재원의 이월 집행 가능 여부**

1999년도 말에 기금을 출연한 후 다음 해로 이월하여 사업집행을 할 수 있는지 여부를 알려주십시오.

**회신** 임금 68207-246(1999.11.22.)

사내근로복지기금법 제14조제2항 및 같은법 시행령 제19조제3항에 의거, 1998년도 세전순이익을 기준으로 하여 1999년도에 출연한 경우 그 출연금의 30% 내에서 2000년 이후로 이월하여 사용할 수 있습니다. 이때 2000년 이후에 사용할 액수를 기금 결산 시에 고유목적사업준비금으로 해두어야 합니다.

그러나 기본재산에 편입한 이후 당해연도가 지나면 이후 연도에는 기 조성된 기본재산이 회사 납입자본금의 100분의 50을 초과하지 않는 한 고유목적사업준비금으로 설정할 수가 없다.

**질의**

2003년 기금원금에서 목적사업준비금 5억 5천만원을 설정한 후 5년의 기간이 경과하지 않았음에도 기금원금에 편입시킨 바 있으나, 원금 수익금이 적고 회사 경영 부진 등으로 출연금이 거의 없어서 목적사업 수행이 어려운 상황입니다. 이러한 경우 기금원금에 편입했던 기금을 목적사업준비금으로 다시 환원할 수 있는지 알려주십시오.

**회신** 노사협력복지팀-1256(2007.04.18.)

귀 질의와 같이 고유목적사업준비금으로 계상하여 사업 수행 후 남은 잔액을 기금원금에 전입한 경우, 동 금액은 기금원금으로 확정되어왔으므로 목적사업에 사용할 수 없다고 할 것입니다.
한편 사내근로복지기금법 시행령 제19조제4항제2호의 규정에 따라 조성된 기금의 총액이 당해 사업 자본금의 100분의 50을 초과하는 경우에는 그 초과액의 범위 안에서 협의회가 정하는 금액을 목적사업의 용도로 사용할 수 있습니다.

## ◈ 기본재산 사용 가능 금액

기본재산 사용이 허용된 것은 1983년 「근로의욕증진을 위한 사내근로복지기금 운영준칙」(이하 '준칙기금'이라 함)에 명시되었다가 1991년 사내근로복지기금법과 같은법 시행령으로 이어받게 되었다. 이때는 조성된 기금원금(이 당시는 기본재산을 기금원금으로 표시하고 있었음)이 회사 자본금의 100분의 50을 초과할 때 그 초과액을 복지기금협의회 의결로 사용할 수 있도록 하였다. 본격적인 기본재산 사용은 1995년 사내근로복지기금법 개정을 계기로 당해연도 출연금의 100분의 30을 허용했다가 2000년 100분의 50으로, 다시 2001년에는 선택적복지제도를 도입 시는 100분의 80까지 확대되었고, 2010년 사내근로복지기금법과 근로복지기본법이 통합되면서 하도급근로자 및 파견근로자들에게 총 목적사업비의 10% 이상을 지원 시 100분의 80까지 사용할 수 있도록 허용되었다. 그 후 2014년 1월 28일 근로복지기본법 일부 개정으로 2014년 7월 29일부터는 중소기업이 설치한 사내근로복지기금은 당해연도 출연금의 100분의 80까지 사용할 수 있도록 확대되었다.

기본재산을 사용하려면 근로복지기본법 제62조제2항과 같은법 시행령 제46조제2항에서 복지기금협의회에서 사용 비율을 정하도록 하고 있으며 상한선을 규정하고 있다. 상한선은 당해연도 출연금의 50% 내지 80%이며, 기 조성된 기본재산이 회사 납입자본금의 100분의 50을 초과하는 경우는 그 초과액을 사용할 수 있다. 이를 표로 정리하면 다음과 같다.

〈표 2-5〉 사내근로복지기금 기본재산 사용한도

| 구분 | | 사용한도액 | 비 고 |
|---|---|---|---|
| 당해연도 출연분 | 선택적복지제도 미실시 시 | 50% | 협의회 의결 |
| | 선택적복지제도 도입 운영 시 | 80% | 협의회 의결 |
| | 하도급 및 파견근로자 지급 시 (목적사업비 10% 이상) | 80% | 협의회 의결 |
| | 중소기업 기금법인 | 80% | 협의회 의결 |
| 조성된 기본재산 총액이 회사 납입자본금의 50%를 초과 시 | | 초과액 이내 | 협의회 의결 |

## ◈ 기본재산 사용 시 회계처리

기본재산 사용이 허용된 지는 오래되었으나 회계처리 방법은 아직까지 제시되지 못하고 있다. 필자는 중앙대학교대학원 석사학위 논문과 필자의 저술 〈사내근로복지기금 운영실무〉(2004년 9월 발간)에서, 기본재산에서 직접 차감하여 고유목적사업준비금으로 설정할 것을 제안하였고, 2010년 노동부 근로감독과 직무 교육을 계기로 〈선진기업복지제도 업무매뉴얼〉에 실리게 되었다. 분개는 다음과 같다.

**〈출연 시〉**

(차) 현금및현금성자산(보통예금) xxx / (대) 기본재산 xxx

**〈고유목적사업준비금 설정 시〉**

(차) 기본재산 xxx / (대) 고유목적사업준비금2 xxx

## ◈ 기본재산 사용 사례

기본재산을 사용하려면 근로복지기본법 제62조제2항과 같은법 시행령 제46조제4항에 의거 복지기금협의회에서 사용 비율을 결정해야 한다. 다음은 복지기금협의회에서 기본재산을 사용할 것을 의결한 상정 안건 작성 사례이다.

상정안건번호 : 제00호

상정안건종류 : 의결안건

상정안건명 : 고유목적사업준비금 설정(안)

상정자 : 기금주임이사

상정일 : 201X. 12. XX

1. 의 결 주 문 :

● 『고유목적사업준비금 설정(안)』을 별첨과 같이 심의 · 의결한다.

2. 제 안 사 유 :

● 근로복지기본법 제62조제2항 및 동법 시행령 제46조제4항제1호에 의거, 당해연도 출연기금의 일부를 목적사업에 사용하기 위하여 고유목적사업준비금으로 설정하기 위함임.

3. 주 요 골 자 :

가. 설정 가능 금액 : 당해연도 출연금 50%(근복법령 §46④제1호)

나. 설정 금액 : 1억원

| 구 분 | 201x년 출연액 | 사용비율 | 준비금설정액 | 비 고 |
|---|---|---|---|---|
| 회사출연금 | 2억원 | 50% | 1억원 | |

다. 설정일 : 201x. 12. xx

4. 의결 후 조치 사항 :

● 시행

■ 근로복지기본법 시행규칙[별지 제13호서식]

# 제 00 차 (정기 · 임시) 사내근로복지기금협의회 회의록

(앞 쪽)

| 회의 일시 | 201x 년 12 월 xx일(14시 00분 ~ 14시 30분) |
|---|---|
| 회의 장소 | 주식회사00 본사 xx층 임원회의실 |

의제

제00호 : 고유목적사업준비금 설정(안)

협의사항

※ 별도 용지 사용 가능

결정사항

제00호 고유목적사업준비금 설정(안) – 원안대로 의결

그 밖의 토의사항

※ 참석위원 서명은 뒤 쪽

210㎜×297㎜[일반용지 60g/㎡]

(뒤 쪽)

| 구분 | 근로자위원 | 서명 | 사용자위원 | 서명 |
|---|---|---|---|---|
| 참석위원 | ○ ○ ○ | (인) | ○ ○ ○ | (인) |
| | ○ ○ ○ | (인) | ○ ○ ○ | (인) |
| | ○ ○ ○ | (인) | ○ ○ ○ | (인) |
| | ○ ○ ○ | (인) | ○ ○ ○ | (인) |

# 7 자금차입 금지

## ◈ 자금차입 금지 의미

사내근로복지기금의 기본재산 사용과 함께 회계처리에서 독특한 사항은 자금차입 금지이다. 영리법인에서는 자금차입이 자유로운 데 반해 사내근로복지기금은 자금차입이 법으로 엄격히 금지되어 있다.(근로복지기본법 제64조제2항)

이 의미는 두 가지로 해석할 수 있다. 하나는 사내근로복지기금의 성격 중 영속성과 점증성으로 사내근로복지기금은 근로복지기본법 제50조에 명시된 것처럼 사업이익의 일부를 재원으로 하고 있는 바, 사내근로복지기금 조성의 원천이 회사에 있음을 알 수 있다. 또한 사내근로복지기금 운용방법도 근로복지기본법 제63조에 의해 엄격히 제한받고 있어 필요하면 회사에서 회사 이익의 일부를 지속적으로 출연하여 운영해야 한다. 기본재산이 적립되면 수익금 또한 증가하여 회사는 출연부담을 덜게 될 것이다. 둘째는 세법에서 조세특례를 주는 만큼 일정 규모는 기본재산으로 적립하라는 취지이다. 사내근로복지기금은 수익금으로 운영함이 원칙이고 예외적으로 일부 기본재산의 사용을 허용하고 있는 바, 장기적으로는 기본재산의 적립을 늘려 회사 출연이 되지 않더라도 독자적으로 목적사업을 수행할 수 있어야 한다. 재원이 부족하다 하여 기 적립된 기본재산을 사용하거나 무분별하게 자금을 차입하여 사용한다면, 기금의 적립은 요원하고 기금법인의 재정 또한 파탄에 이를 것은 너무도 자명하다.

따라서 재원이 부족할 때는 재원이 마련된 이후 사업을 개시하는 것이 원칙이다. 기금수익금이 발생하기 전에 우선 기금원금을 사용할 수 있는지 여부에 대한 관련 고용노동부 예규를 소개하면 다음과 같다.



**질의**

법 제14조제1항에 의거 기금은 그 수익금으로 용도사업을 행함이 원칙이나 기금수익금이 소액으로서 직원 자녀 장학금 지급에 어려움이 있습니다. 그래서 기금원금으로 장학금의 일부를 우선 지급하고, 연도 말에 발생할 예상수익금(이자수익금)과 상계하여 기금원금을 잠식하지 않을 시 장학금 지급의 타당성 여부를 알려주십시오.

**회신** 임금 68207-48(1995.02.10.)

사내근로복지기금법 제14조의 규정에 의하면 기금은 그 수익금으로 용도사업을 행하도록 되어 있는바, 발생된 수익금의 범위 내에서만 용도사업을 수행하여야 하므로 타당하다고 볼 수 없으며, 같은법 제16조 규정에 의거 기금의 적립이나 용도사업 수행을 위한 자금차입도 금지하고 있습니다.

## ◈ 결산 방법

사내근로복지기금의 결산 방법과 기금법인이 결손 시 목적사업의 수행 가능 여부에 대해 필자가 고용노동부와 국세청에 서면으로 질의한 내용과 회신 내용은 다음과 같다.

### 제목 : 사내근로복지기금법인 회계처리 질의

**질의**

근로복지기본법 제64조제4항 및 동법시행령 제48조, 사내근로복지기금 업무처리지침 제19조와 관련, 사내근로복지기금법인 회계처리 방법에 대해 다음과 같이 질의하오니 회신하여주시기 바랍니다.

**가. 사내근로복지기금법인 결산 방법**

사내근로복지기금의 회계는 근로복지기본법시행령 제48조에 의거 기업회계의 원칙에 따라 처리하도록 규정되어 있고, 사내근로복지기금 업무처리지침 제19조에서는 기금관리회계와 목적사업회계로 구분계리하도록 명시되어 있는바, 기업회계기준은 영리기업에 적용되는 회계기준으로서 비영리법인인 사내근로복지기금에 적용되는 구분계리에 관한 처리기준이 없습니다. 따라서 기금 실무자들이 목적사업회계에서 발생한 비용을 처리하여 결산작업 및 회계감사를 수검하는 데 실무상 어려움을 많이 겪고 있습니다. 일반적으로 비영리법인들이 결산 시 목적사업회계에서 발생한 비용(목적사업비+기금법인 운영경비)을 처리하는 회계적인 방법은 다음의 세 가지가 있습니다.

**첫째**, 당기에 발생한 목적사업비용과 운영경비를 고유목적사업준비금과 직접 상계처리한다. 이 경우 간편하지만 손익계산서에 당기 집행한 비용 내역이 나타나지 않으므로 세부 비용 집행 내역을 확인하기 위해 손익계산서 부표를 작성하여 첨부해야 하는 단점이 있습니다.

**둘째**, 전기손익수정계정으로 처리한다. 이는 손익계산서 상에서는 결손으로 나타나고 이익잉여금처분계산서에서 잉여금을 환입하여 결손을 보전하는 방식으로, 결산서에 결손이 아님에도 결손이 나타나 기금법인 임원들과 관계자들을 설득하는 데 고충이 따르게 됩니다.

**셋째**, 당기에 목적사업회계에서 발생한 목적사업비용과 운영경비만큼 사업외수익 중 고유목적사업준비금을 환입 또는 전입수입 처리하여 비용과 대응시키는 방법으로, 실질적인 수입항목이 아님에도 수입처리를 하는 형식이지만 손익계산서에 비용발생 내역을 표기할 수 있다는 장점이 있어 많은 사내근로복지기금법인들이 이 방식을 사용하고 있습니다.

**나. 질문 사항**

위 세 가지 방법 중 어느 한 가지를 선택하여 사내근로복지기금에서 회계처리를 해도 가능한지 여부를 알려주십시오.

**회신** 근로복지과-526(2012.02.16)

비영리법인인 사내근로복지기금법인의 결산 시 일반적인 비영리법인들의 결산처리 회계방식을 따르는 것이 가능할 것으로 보이나, 첫째 방법은 당기에 발생한 지출내역을 회계처리상 지출 상세내역 없이 준비금으로만 처리하기 때문에 손익계산서에 세부내역이 나타나지 않으므로 세부 비용집행내역을 확인하기 위해 손익계산서 부표를 작성하여 첨부해야 할 것이고, 둘째 방법은 "사내근로복지기금 업무처리지침(고용노동부 예규)"에 따라 기금관리회계 및 목적사업회계는 구분하여 처리하도록 되어 있는데 구분계리하지 않는 방법이므로 타당하지 않습니다.
셋째 방법은 비영리법인들이 처리하는 회계방식으로 기금법인도 이 방식을 사용하는 것은 가능할 것입니다.

**질의**

사내근로복지기금이 당해 회계연도 중 발생한 이자수입 및 대부이자수입을 법인세법 제29조제1항에 의거 수익사업부문에서 고유목적사업준비금으로 설정하고, 당해연도에 발생한 고유목적사업비 및 고유목적사업의 수행에 직접 소요되는 인건비 등 필요경비 발생 금액만큼 목적사업부문에서 고유목적사업준비금전입수입으로 계리하여 비용과 대응시켜 손익계산서를 작성할 경우, 법인세법 제29조제2항에 의한 고유목적사업준비금의 지출과 법인세법 제60조제2항제1호에 의한 손익계산서로 적용받을 수 있는지 여부를 알려주십시오.

**회신** 국세종합상담센터 서면인터넷방문상담2팀-623(2005.04.29.)

비영리내국법인이 각 사업연도에 고유목적사업 또는 지정기부금에 지출하기 위하여 고유목적사업준비금을 손금산입하는 경우 「법인세법」제29조 제1항의 규정에 의하여 결산서에 비용으로 계상하여야 하는 것이 원칙이나, 외부 회계감사를 받는 비영리내국법인의 경우에는 법인세법」제61조제1항의 규정에 따라 신고조정에 의하여 고유목적사업준비금을 손금에 산입할 수 있는 것입니다.

근로복지기본법이나 같은법 시행령, 같은법 시행규칙, 사내근로복지기금 업무처리지침에 사내근로복지기금의 결산 방법이나 구분계리에 대한 방법이 명시되지 아니한 상황에서 결산과 구분경리에 대한 방법을 제시하고 있는 귀중한 예규이다.

다음은 기금법인이 결손 상태일 경우 다음 연도에 정상적인 고유목적사업을 수행할 수 있는지 여부에 대한 질의와 고용노동부 회신 내용이다. 비록 결손이라 하여도 결손을 심화시키지 않은 당해연도 수익금 범위 이내에서는 고유목적사업 수행이 가능하다는 내용이다.

# 제목 : 사내근로복지기금법인 목적사업 가능 여부 질의

**질의**

근로복지기본법 제62조, 제64조와 관련, 전년도 사내근로복지기금 운영과정에서 발생한 부득이한 결손으로 인해 사내근로복지기금에서 결손이 발생한 경우, 당해연도 기금법인의 목적사업 가능 여부에 대해 질의하오니 조속히 회신하여주시기 바랍니다.

가. 사내근로복지기금 질의 사항
2011년도 미국 국가신용등급 하향조정과 유로존 금융위기 영향으로 운용 중인 상품에서 일부 손실(평가손실 포함)이 발생하여 기본재산을 잠식하는 상황이 발생하였습니다. 이에 대해 지속적으로 목적사업 수행을 위한 세 가지 설이 있어 가능 여부를 질의합니다.
**(갑설)** 사내근로복지기금법인이 기본재산을 사용하지 못하다가 1995년 1월 5일 당시 사내근로복지기금법과 1995년 5월 4일 동법 시행령이 개정되어 당해연도 출연금의 100분의 30 한도 내에서 복지기금협의회 의결로 목적사업비용으로 사용할 수 있게 되었고, 2001년 3월 31일 사내근로복지기금법 시행령의 개정으로 당해연도 출연금의 100분의 50으로 확대되었음. 그 취지에 맞추어 당시 이런 목적사업 활성화와 법령 개정 사실을 미처 알지 못해 당해연도에 출연한 기본재산을 사용하지 못한바, 2005년 법 개정 이후에 해당하는 과거연도 해당분 금액을 기본재산에서 추가로 고유목적사업준비금으로 설정하여 사용할 수 있을 것임.

**(을설)** 근로복지기본법 제64조제3항에서는 매 회계연도 결산 결과 손실금이 발생한 경우에는 다음 회계연도로 이월하며, 잉여금이 발생할 경우에는 이월손실금을 보전한 후 사내근로복지기금에 전입하도록 명시되어 있음. 사내근로복지기금은 이자수익과 근로자대부이자소득이 대부분이며, 전액 법인세법상 고유목적사업준비금으로 설정하기 때문에 이익잉여금이 발생할 수 없는 회계구조이므로 이월결손금을 매년 계속하여 차기로 이월해야 함. 사내근로복지기금을 운용하다가 외부 경제 환경 등의 영향으로 불가피하게 운용 상품에서 손실이 발생한바, 상법상 영리법인들이 감자를 통해 결손금을 보전하는 방식으로 기본재산을 가지고 결손금에 보전할 수 있을 것임.

**(병설)** 전년도에 예기치 않은 상황이 발생하여 사내근로복지기금 운영 과정에서 발생한 손실로 기본재산의 잠식이 발생한바, 더 이상 기본재산의 잠식을 심화시키지 않는 범위, 즉 당해연도 수익금(이자수익과 대부이자수익) 내에서만 목적사업을 집행하는 것은 가능할 것임.

또한 법인세법에서도 비영리법인이 당해연도에 발생한 수익금을 전액 고유목적사업준비금으로 설정하여 목적사업 수행에 사용하도록 허용하고 있으며, 동 준비금을 5년 이내에 사용하지 않을 경우는 강제로 해당 수익금을 환입하여 법인세와 가산세를 부과하여 실질적으로 목적사업 활성화를 독려하고 있는바, 사내근로복지기금도 손실로 인한 기본재산 금액을 모두 적립할 때까지 목적사업 집행을 전부 중지시켜 기금 활동을 휴면 상태로 만들기보다는 당해연도 이자소득과 근로자대부이자 소득금액 합계액 이내에서는 목적사업을 계속 수행하는 것이 사내근로복지기금제도의 취지에 부합된다 할 것임.

**회신** 근로복지과-500(2012.02.14.)

**(갑설에 대한 회신)** 같은 법 시행령 제46조에 따라 당해연도 출연금의 100분의 50 한도 내에서 목적사업 비용으로 사용할 수 있으므로, 2001.03.31. 법 개정 이전의 출연기금에 대하여 현재 시점에서 고유목적사업준비금으로 설정하여 사용할 수 없습니다.

**(을설에 대한 회신)** 결손금을 처리하기 위해 영리법인들이 감자를 통해 결손금을 보전하는 방식은 주식 등 자본이 있는 경우 자본금을 줄이는 방식입니다. 따라서 기금법인 등 비영리법인은 자본금이 아니라 기본재산이므로 자본금 처리 방식을 택하는 것은 타당하지 않습니다.

**(병설에 대한 회신)** 전년도 결산 결과 손실금이 발생한 경우에는 올 회계연도로 이월되며, 결손금이 있더라도 당해연도 수익금이 발생한 경우에는 고유목적사업준비금으로 설정하여 목적사업을 시행할 수 있을 것입니다.

# 8 기타 사내근로복지기금 회계처리 관련 주요 예규

## ◈ 고유목적사업준비금을 기본재산으로 전입하는 요건

이전에는 법인세법상 설정한 고유목적사업준비금을 5년 이내에 기본재산으로 전입하면 고유목적사업준비금의 지출로 인정하였으나, 국세청 예규가 변경되면서 주무관청의 승인을 받은 경우에 한하여 고유목적사업 지출로 인정하고 있다. 필자가 국세청에 서면으로 질의하여 받은 예규를 소개한다.

**질의**

법인46012-3631(1999.10.04.) 회신과 관련 사내근로복지기금법에 의거 설립된 사내근로복지기금이 법인세법 제29조에 의거 설정한 고유목적사업준비금을 동법 시행령 제56조제6항에 의거 기금에 전입한 경우 고유목적사업에 지출 또는 사용한 것으로 보고 있는바, 기 설정한 고유목적사업준비금(설정 후 5년 이내분)을 기금에 전입할 경우 고유목적사업의 지출로 인정받기 위해 갖추어야 할 요건이 존재하는지 여부와, 요건이 있다면 그 요건을 회신하여주시기 바랍니다.

**회신** 국세종합상담센터 서면인터넷방문상담2팀-2790(2004.12.30.)

1. 귀 질의의 경우 사내근로복지기금법에 의거 설립된 동 기금이 법인세법 제29조 및 시행령 제56조제6항에 의거 고유목적사업준비금을 기금에 전입한 경우 고유목적사업에 지출 또는 사용한 것으로 인정받기 위한 요건이 있는지 여부에 대하여, 사내근로복지기금법과 사내근로복지기금설치운영준칙에 의한 근로자의 복지증진을 위한 용도로 기금에 전입하여야 하고 감독관청의 승인을 받아야 하며,
2. 또한 당해 비영리법인의 고유목적사업에 지출하거나 지정기부금으로 지출하는 경우 고유목적사업준비금 잔액을 초과해 지출하는 금액으로서 당해 사업연도에 계상할 고유목적사업준비금의 한도액을 초과하는 금액은 손금에 산입하지 아니하는 것입니다.

## ◈ 사내근로복지기금에서 파견업체 소속 근로자에게 지급하는 금품에 대한 소득 귀속

기금법인의 사업으로 해당 사업으로부터 직접 도급받는 업체의 소속 근로자 및 해당 사업에의 파견근로자의 복리후생 증진을 지원할 수 있는데(근로복지기본법 제62조제1항6호), 기금법인에서 파견업체 근로자에게 기념품을 지급했을 경우 파견업체 근로자들은 소득세와 증여세 어느 소득으로 귀속되는지에 대해 필자가 국세청에 서면 질의하여 받은 회신 내용이다. 국세청에서는 증여세임과 사회통념상 인정되는 범위 내에서 비과세임을 명시하고 있다. 회사의 경영 성과를 나누고, 정규직과 비정규직 소득 격차를 줄일 수 있는 매우 유용한 예규이다.

질의

사내근로복지기금법에 의해 설립된 사내근로복지기금(이하 "기금"이라 함)이 영세업체 근로자들의 근로 복지를 제고하고 사회적 연대감을 고취하기 위하여 기금 협의회 의결을 거쳐 「파견근로자보호 등에 관한 법률」에 의거, 당해 업체에 파견되어 근로를 제공하는 근로자(이하 "협력업체 근로자"라 함) 등을 기금의 수혜 대상에 포함하여(기금 정관에 명시) 사회통념상 인정되는 범위 내에서 기념품을 지급하는 경우 '협력업체 근로자'가 지급받는 동 금품에 대해 소득세와 증여세 중 어느 소득으로 귀속되는지를 알려 주십시오.

회신 서면인터넷방문상담4팀-2148(2005.11.11.)

「상속세 및 증여세법」 제2조 · 제4조의 규정에 의하여 타인으로부터 대가관계 없이 무상으로 재산을 취득한 자는 증여세를 납부할 의무가 있는 것이나, 당해 증여재산이 사회통념상 인정되는 기념품인 경우에는 「같은법」제46조제5호 및 「같은법 시행령」 제35조제4항제3호의 규정에 의하여 증여세가 비과세되는 것이며, 이 경우 비과세되는 기념품은 그 물품을 지급한 자별로 사회통념상 인정되는 물품을 기준으로 하는 것입니다.

회신 서면인터넷방문상담1팀-1484(2005.12.02.)

사내근로복지기금법에 의해 설립된 사내근로복지기금이 동법 제14조제1항 및 동법 시행령 제19조제2항의 사업을 동 기금의 용도사업(이하 '용도사업'이라 한다)으로 정관에 규정하고, 동 정관을 노동부장관으로부터 인가받아 당해 정관에 규정한 수혜 대상자에게 용도사업의 일환으로 창립기념품을 지급하는 경우 동 기념품은 근로소득 으로 보지 아니하는 것입니다.

## ◈ 대부사업에서 발생하는 대손금

기금법인은 근로자들에게 대부사업이 허용되어 있다(근로복지기본법 제62조제3항, 같은법 시행령 제46조제5항). 근로자대부사업을 실시하는 과정에서 사고 등으로 대부금을 떼이거나 대부원금을 환수받지 못하는 경우가 발생할 수 있는데, 이 경우 일반 영리법인은 외상매출금이나 외상매출채권에서 일정 부분 대손충당금을 설정하고, 사고 발생 시 대손상각비로 비용처리하면 법인세법에서는 이를 비용으로 인정해주는 제도가 있다. 기금법인도 이러한 대손금 비용처리가 가능하다면 기금 실무자로서는 근로자대부에 대한 부담을 크게 덜 수 있을 것이다. 그러나 기금법인은 발생한 대손금에 대해 비용, 즉 고유목적사업준비금의 지출로 인정되지 않는다.

필자가 국세청과 재정경제부에 서면으로 질의하여 받은 대부사업 관련 발생한 대손금 처리에 관련된 예규를 소개한다.



**질의**

1. 현황
00사내근로복지기금은 사내근로복지기금법에 의하여 설립되어 00주식회사에 재직 중인 근로자의 생활 안정을 위한 자금 대부를 실시하고 있으며, 당 기금의 수입은 출연금을 금융기관에 예치하여 발생하는 이자소득과 근로자에게 생활안정자금을 대부하여 발생하는 대부이자소득으로 구성됩니다.

2. 질의 내용
사내근로복지기금법 제14조와 당 기금의 정관에 의하여 고유목적사업으로 근로자 생활안정자금 대부사업 수행 과정에서 대부금을 회수할 수 없어 법인세법 제34조의 규정에 의하여 대손상각하는 경우, 당해 대손상각비를 고유목적사업을 위한 필요경비로 보아 고유목적사업준비금의 지출로 인정되는지 여부를 알려주십시오.

**회신** 서이46012-12182(2002.12.05.)

비영리내국법인이 사내근로복지기금법 및 정관에 의하여 고유목적사업으로 근로자 생활안정자금 대부사업을 수행하는 과정에서 대부금을 회수할 수 없어 법인세법 제34조의 규정에 의하여 대손상각하는 경우, 당해 대부금을 대손처리하는 것은 고유목적사업준비금에서 직접 사용하거나 지출하는 것에 해당되지 아니하는 것입니다.

**질의** **사내근로복지기금의 종업원대부사업 관련 질의**

1. 사내근로복지기금이 사내근로복지기금법 및 정관에서 정한 고유목적사업으로 정한 종업원대부사업에서 발생한 소득이 법인세법 제3조제2항제1호의 규정에 의한 수익사업에 해당되는지 여부를 알려주십시오.
2. 사내근로복지기금이 '대부업법'에서 정한 대부업에서 제외되는 범위에 해당되지 않아 대부업으로 등록한 후 수익사업으로 정관에서 정한 고유목적사업으로 종업원대부사업을 실시할 경우, 동 대부사업을 수행하는 과정에서 대부금을 회수할 수 없어 법인세법 제34조의 규정에 의하여 대손상각하여 당해 대부금을 대손처리하는 경우 고유목적사업준비금에서 직접 사용하거나 지출하는 것으로 인정받을 수 있는지 여부를 알려주십시오.

**회신** 재정경제부 법인세제과-242(2006.03.27.)

「사내근로복지기금법」에 의한 사내근로복지기금이 근로자에 대한 대부사업을 영위하는 경우 당해 사업은 「법인세법」제3조제2항제1호의 규정에 의한 수익사업에 해당하며, 당해 대부사업에서 발생한 대손금을 손금에 산입하는 것은 고유목적사업에 사용한 것으로 보지 아니합니다. 끝.

## ◈ 사내근로복지기금 분할로 인한 고유목적사업준비금 분할

모회사의 사업 분할로 인해 사내근로복지기금을 분할하게 되는 상황에서 해당 기업의 사내근로복지기금 실무자로부터 도움 요청을 받고 사내근로복지기금과 고유목적사업준비금을 분할하면서 국세청에서 필자가 전송받은 예규이다. 회사의 분사로 사내근로복지기금과 고유목적사업준비금 또한 분할할 수 있으며, 이 경우 분할되는 고유목적사업준비금은 설정 연도별로 관리해야 한다. 관련된 두 가지 예규를 소개한다.

**질의**

1. (주)○○가 경영 정책의 일환으로 분사를 함에 따라 소속 근로자가 신규로 설립된 법인(6개사)으로 소속이 바뀌어, (주)○○사내근로복지기금 회원의 자격이 상실되어 설립 시 의도한 복지 혜택을 받지 못하는 문제가 발생하는바,
2. 출연금의 일부를 신규 법인에 배분하여 별도의 기금을 설립하는 것이 가능한지 여부를 주무관청인 노동부로 서면 질의하여, 분할 가능한 것으로 회신(노동부68207-380)을 받은 바 있습니다.
3. 이에 당 기금의 재산을 출연원금과 수익금(지급준비금)으로 구분하는데, 잘 알고 있겠지만 수익금은 목적사업에 사용하기 위하여 지급준비금으로 설정하여 법인세를 전액 환급받고 있는 관계로 5년 이내에 목적사업으로 사용토록 되어 있는데(사용하고 남은 잔액은 소득금액 계산에 있어서 익금으로 산입), 분할 시에 출연원금과 같이 수익금도 배분 가능한지, 가능하다면 처리 절차는 어떻게 되는지를 질의합니다.

**회신** 법인46012-2330(1999.06.21.)

귀 질의의 경우 사내근로복지기금법에 의하여 사내근로복지기금을 설치한 법인이 분사의 방법으로 사업을 분리하고 소속 종업원을 신설되는 법인으로 전출시키게 됨에 따라, 동 사내근로복지기금이 정관의 변경, 노동부장관의 인가를 받아 전출하는 종업원 수에 따라 기금을 분할하여 신설되는 법인의 사내근로복지기금에 인계하면서 부득이 인계하는 기금에 상당하는 고유목적사업준비금(미사용잔액)을 함께 인계하는 경우, 새로이 신설되는 사내근로복지기금이 인수한 고유목적사업준비금은 인계하는 사내근로복지기금이 손금산입한 사업연도에 이를 손금산입한 것으로 보아 법인세법 제29조제3항제4호의 규정을 적용하는 것입니다.
이 경우 인수한 고유목적사업준비금의 손금산입 연도별 금액은 인계하는 사내근로복지기금의 손금산입 연도별 미사용 잔액을 분할 기준에 따라 계산한 금액으로 하는 것입니다.

**질의**

(주)○○○사내근로복지기금이 2005.01.01. ○○○○공사 출범에 따라 원호사업은 (주)○○○에서 수행하고, 수익사업 부문은 ○○공사가 전액 출자한 신설 법인 주식회사 에서 수행할 예정임. 이에 따라 (재)○○○ 내의 사내근로복지기금도 잔존법인(잔존기금) 과 신설법인(신설기금)으로 분할하여 이관하게 된 바, 분할 전 사내근로복지기금에서 계상한 사내근로복지기금준비금 미환입액에 대하여 법인세를 부담하는 경우 신설기금과 잔존기금 중 어느 기금에서 부담하는지 여부를 알려주십시오.

**회신** 국세종합상담센터 서면인터넷방문상담2팀-2549(2004.12.07.)

귀 질의의 경우 사내근로복지기금법에 의하여 사내근로복지기금이 같은법 제23조의6의 규정 등에 의하여 종업원 수를 기준으로 존속하는 기금과 신설하는 기금으로 분할하면서 신설되는 법인에 인계하는 기금의 고유목적사업준비금 상당액(미사용 잔액)도 함께 인계하는 경우, 새로이 신설되는 사내근로복지기금이 인수한 고유목적사업준비금은 인계하는 사내근로복지기금이 손금산입한 사업연도에 당해 고유목적사업준비금을 손금산입한 것으로 보아 법인세법 제29조제3항제4호의 규정을 적용하는 것입니다. 이 경우 인수한 고유목적사업준비금의 손금산입 연도별 금액은 인계하는 사내근로복지기금의 손금산입 연도별 미사용 잔액을 분할 기준에 따라 계산한 금액으로 하는 것입니다.

## ◈ 사내근로복지기금 대부이자소득 고유목적사업준비금 설정

비영리내국법인은 발생된 소득에 대해 법인세법에서 정한 범위 내에서 고유목적사업준비금을 설정할 수 있다. 관련 법인세법 조문을 살펴보면 다음과 같다.

제29조(고유목적사업준비금의 손금산입)

① 비영리내국법인(법인으로 보는 단체의 경우에는 대통령령으로 정하는 단체만 해당한다)이 각 사업연도에 그 법인의 고유목적사업이나 지정기부금(이하 이 조에서 "고유목적사업등"이라 한다)에 지출하기 위하여 고유목적사업준비금을 손금으로 계상한 경우에는 다음 각 호의 금액을 합한 금액의 범위에서 그 사업연도의 소득금액을 계산할 때 이를 손금에 산입한다.

1. 「소득세법」 제16조제1항 각 호(같은 항 제11호에 따른 비영업대금의 이익은 제외한다)에 따른 이자소득의 금액
2. 「소득세법」 제17조제1항 각 호에 따른 배당소득의 금액. 다만, 「상속세 및 증여세법」 제16조 또는 같은 법 제48조에 따라 상속세 과세가액 또는 증여세 과세가액에 산입되거나 증여세가 부과되는 주식 등으로부터 발생한 배당소득금액은 제외한다.
3. 특별법에 따라 설립된 비영리내국법인이 해당 법률에 따른 복지사업으로서 그 회원이나 조합원에게 대출한 융자금에서 발생한 이자금액
4. 제1호부터 제3호까지에 규정된 것 외의 수익사업에서 발생한 소득에 100분의 50(「공익법인의 설립 · 운영에 관한 법률」에 따라 설립된 법인으로서 고유목적사업등에 대한 지출액 중 100분의 50 이상의 금액을 장학금으로 지출하는 법인의 경우에는 100분의 80)을 곱하여 산출한 금액

② ~ ⑧ (생략)

그 중 제1항제3호를 보면 특별법에 따라 설립된 비영리내국법인이 해당 법률에 따른 복지사업으로서 그 회원이나 조합원에게 대출한 융자금에서 발생한 이자금액 전액을 고유목적사업준비금으로 설정할 수 있으나, 사내근로복지기금의 경우 수혜 대상이 회사 근로자로서 회원이나 조합원으로 적용받을 수 있느냐에 대한 의문이 생긴다. 이에 필자가 국세청에 서면으로 질의하여 받은 예규 두 개를 소개한다.

**질의**

사내근로복지기금법에 의거 설립된 사내근로복지기금이 같은 법에 의한 복지사업(주택구입자금, 생활안정자금, 장학금대출 등)으로서 근로자에게 대출한 융자금에 대한 이자금액이 법인세법 제29조제1항제3호의 100% 고유목적사업준비금 설정 대상 금액에 해당되는지 여부를 알려주십시오.

**회신** 서이46012-10418(2003.03.04.)

사내근로복지기금법에 의하여 설립된 사내근로복지기금이 같은 법에 의한 복지사업으로서 근로자에게 대출한 융자금에 대한 이자금액은 법인세법 제29조제1항제3호의 금액으로 보아 고유목적사업준비금 손금산입 범위액을 계산하는 것입니다.

**질의**

가. 사내근로복지기금법에 의거 설립된 사내근로복지기금(갑)이 정관에 명시된 고유목적사업으로 종업원에게 연리 7%(연체 시 12%)의 대부이율로 생활안정자금 대부사업을 하면서, 갑의 채권 확보를 위해 보증보험사(을)와 협약을 통해 종업원이 원리금을 상환하지 않을 경우 갑에게 대위변제하게 하고, 무주택종 업원에게 갑이 보증하고 은행의 재원인 연리 6.3%의 이율로 주택구입자금을 대출한 후 납입 기일에 상환하지 못해서 12%의 기금연체이자를 부과하고 있는 경우

나. 생활안정자금 및 주택구입자금에 대한 대부이자, 연체이자, 기금연체이자를 법인세법 제29조제1항제3호에 의한 대부이자를 적용하여 고유목적사업준비금으로 설정할 수 있는지 여부를 알려주십시오.

**회신** 국세종합상담센터 서면인터넷방문상담2팀-219(2005.02.01.)

사내근로복지기금법에 의하여 설립된 사내근로복지기금이 주택구입자금, 생활안정자금 등으로서 종업원에게 대출한 융자금에서 발생한 이자금액(연체이자 포함)은 법인세법 제29조제1항제3호의 금액으로 보아 고유목적사업준비금 손금산입 범위액을 계산하는 것입니다.

## ◈ 사내근로복지기금 대부사업이 수익사업에 해당하는지 여부

기금법인에서 실시하는 근로자대부사업이 수익사업에 해당되고, 법인세 신고 시는 제1호서식에 따라야 하며, 수익사업 개시 신고 및 중간예납 신고 대상에 해당된다는 내용이다. 필자가 국세청과 고용노동부에 서면으로 질의하여 받은 예규를 소개한다.

**질의**

사내근로복지기금이 예금이자 수익과 정관에 의한 고유목적사업의 일환으로 종업원에 대한 생활안정자금, 주택구입자금 대부이자수입만 있는바, 정기 법인세 신고 시 이자소득만이 있는 비영리법인으로 보아 법인세법 시행규칙 별지 제56호서식으로 법인세 신고를 하는지, 아니면 일반 법인처럼 별지 제1호 서식으로 신고하는지 여부를 알려주십시오.

**회신** 국세종합상담센터 서면인터넷방문상담2팀-2632(2004.12.15.)

사내근로복지기금법에 의한 사내근로복지기금이 은행 예금이자수입과, 같은 법에 의하 여 근로자에게 대출한 융자금에 대한 이자수입만이 있는 경우에는 법인세법 시행규칙 별지 제56호서식(이자소득만 있는 비영리법인 신고용)에 의하여 법인세를 신고하는 것입니다.

**수정회신** 국세종합상담센터 서면인터넷방문상담2팀-163(2005.01.25.)

사내근로복지기금법에 의한 사내근로복지기금이 은행 예금이자수입과, 같은 법에 의하여 근로자에게 대출한 융자금에 대한 이자수입이 있는 경우 법인세법 시행규칙 별지 제1호서식(법인세 과세표준 및 세액신고서)에 의하여 법인세를 신고하는 것입니다.

**질의**

사내근로복지기금법에 의거 설립된 사내근로복지기금이 증식사업에서 발생한 이자소득금액과 정관 고유목적사업으로 실시하는 종업원대부사업에서 발생한 대부이자수입 전액을 법인세법 제29조제1항 제1호 내지 제3호의 규정에 따라 고유목적사업준비금으로 설정하고 있습니다. 법인세법 제29조제1항 제1호 내지 제3호의 이자소득금액 및 종업원대부이자수입만 있는 사내근로복지기금의 경우 법인세과세표준 신고 시 법인세법 제60조제4항의 단서에 의한 무신고 적용을 받지 않는 대상에 해당되는지 여부를 알려주십시오.

**회신** 국세종합상담센터 서면인터넷방문상담2팀-648(2005.05.03.)

법인세법 제60조제4항 단서규정을 적용함에 있어서 사내근로복지금법에 의한 사내근로복지기금이 정관상의 복지사업으로 근로자에게 융자금 대부사업을 영위하는 경우, 당해 융자금에서 발생하는 이자수입은 법인세법 제3조제2항제1호의 규정에 의한 수익사업에서 생기는 소득에 해당하는 것입니다.

**질의**

사내근로복지기금법에 의한 사내근로복지기금이 정관상의 복지사업으로 근로자에게 융자금 대부사업을 영위하는 경우 당해 융자금에서 발생하는 이자수입은 법인세법 제3조제2항제1호의 규정에 의한 수익사업에서 생기는 소득에 해당하는바, 이 경우 법인세법 제110조에 의한 수익사업 개시 신고를 적용받는지 여부를 알려주십시오.

**회신** 국세종합상담센터 서면인터넷방문상담2팀-1688(2005.10.21.)

비영리내국법인이 「법인세법」 제3조제2항제1호에 규정하는 수익사업을 새로 개시한 때에는 같은 법 제110조의 규정에 따라 수익사업 개시 신고를 하는 것입니다.

**질의**

법인세법 시행령 제2조제1항제5호나목 및 서면인터넷방문상담2팀-648(2005.05.03.)과 관련, 사내근로복지기금이 정관상의 고유목적사업으로 근로자에게 융자금 대부사업을 영위하는 경우, 당해 융자금에서 발생하는 대부이자수입이 법인세법 시행령 제2조제1항제5호나목에 해당되는지 여부에 대해 질의하오니 검토 후 회신하여주시기 바랍니다.

**회신** 국세종합상담센터 서면인터넷방문상담2팀-1004(2005.07.05.)

사내근로복지기금법에 의거 설립된 사내근로복지기금이 정관상의 고유목적사업으로 근로자에게 융자금 대부사업을 영위하는 경우, 당해 융자금에서 발생하는 이자수입은 법인세법 시행령 제2조제1항제5호나목 규정에 의한 수익사업에서 제외되는 소득에 해당하지 아니하는 것입니다.

종업원대부사업에서 발생한 대부이자소득이 수익사업에 해당되는지, 법인세 신고 서식은 무엇을 써야 하는지에 대해 최종적으로 재정경제부에 질의하였고, 수익사업에 해당되고 제1호 서식으로 신고해야 하는 것으로 회신받았다. 필자가 질의한 내용과 회신받은 예규를 소개한다.

**질의** **사내근로복지기금의 종업원대부사업 관련 질의**

1. 사내근로복지기금이 사내근로복지기금법 및 정관에서 정한 고유목적사업으로 정한 종업원대부사업에서 발생한 소득이 법인세법 제3조제2항제1호의 규정에 의한 수익사업에 해당되는지 여부를 알려주십시오.
2. 사내근로복지기금이 '대부업법'에서 정한 대부업에서 제외되는 범위에 해당되지 않아 대부업으로 등록한 후 수익사업으로 정관에서 정한 고유목적사업으로 종업원대부사업을 실시할 경우, 동 대부사업을 수행하는 과정에서 대부금을 회수할 수 없어 법인세법 제34조의 규정에 의하여 대손상각하여 당해 대부금을 대손처리하는 경우 고유목적사업준비금에서 직접 사용하거나 지출하는 것으로 인정받을 수 있는지 여부를 알려주십시오.

**회신** 재정경제부 법인세제과-242(2006.03.27.)

「사내근로복지기금법」에 의한 사내근로복지기금이 근로자에 대한 대부사업을 영위하는 경우 당해 사업은 「법인세법」제3조제2항제1호의 규정에 의한 수익사업에 해당하며, 당해 대부사업에서 발생한 대손금을 손금에 산입하는 것은 고유목적사업에 사용한 것으로 보지 아니합니다. 끝.

## ◈ 사내근로복지기금 법인세 중간예납 신고 대상 해당 여부

기금법인이 법인세 중간예납 신고 대상에 해당되는지 여부에 대해 필자가 국세청에 서면 질의하여 받은 예규를 소개한다. 이자소득만 있는 사내근로복지기금은 법인세 중간예납 신고 대상에 해당되지 않으나, 대부이자소득이 있는 기금은 신고 대상에 해당된다는 내용이다.

PART 1
PART 2
PART 3
PART 4
부록

**질의**

1. 현황
   00사내근로복지기금은 사내근로복지기금법에 의하여 설립되어 00주식회사에 재직 중인 근로자의 생활 안정을 위한 자금 대부를 실시하고 있으며, 당 기금의 수입은 출연금을 금융기관에 예치하여 발생하는 이자소득과 근로자에게 생활안정자금을 대부하여 발생하는 대부이자소득으로 구성됩니다.
2. 질의 내용
   예금의 이자수입과 근로자에 대한 대부이자소득만이 있는 사내근로복지기금의 경우 법인세법 제63조에 의한 중간예납이 적용되는지 여부를 알려주십시오.

**회신** 서이46012-12182(2002.12.05.)

이자소득만 있는 비영리법인의 중간예납 의무에 대한 기존 회신 법인22601 (1989.08.26.)을 붙임과 같이 보내드리니 참고하시기 바랍니다.

**기존회신** 법인22601-3168(1989.08.26.)

법인세법 제1조제1항제1호(현행 제3조제2항제2호)의 이자소득만 있는 비영리법인은 법인세법 제30조(현행 제63조) 규정에 의한 중간예납을 하지 않을 수 있는 것입니다.

**2차 질의 내용 및 회신**

〈사실 관계〉
사내근로복지기금법에 의하여 설립된 사내근로복지기금이 회사에서 출연된 출연금을 운용하여 발생한 이자소득과 정관상 복지사업으로 근로자에게 융자금을 대부한 후 발생한 대부이자소득이 있습니다. 이자소득 및 대부이자소득은 「법인세법」제29조제1항제1호 내지 제3호에 의거해서 동 소득 전액을 고유목적사업준비금으로 설정하게 되며, 원천징수세액을 공제하여 중간예납세액은 발생하지 않습니다.

〈질의 내용〉
1. 이자소득 및 대부이자소득만 있는 사내근로복지기금은 법인세 중간예납 신고 의무 여부를 알려주십시오.
2. 법인세 중간예납 신고 의무가 있다면 신고 시 사용하는 서식은 무엇인지 알려주십시오.

**회신** 서면인터넷방문상담2팀-1326(2005.08.18.)

- 사내근로복지기금법에 의한 사내근로복지기금이 예금이자소득과 정관상 복지사업으로 근로자에게 융자금을 대부하여 발생하는 대부이자소득이 있는 경우 '법인세법' 제3조제2항제1호 규정에 의한 수익사업에서 생기는 소득에 해당하므로, 같은 법 제63조 규정에 의한 [중간예납] 의무가 있는 것이며,
- 직전 사업연도 실적으로 신고하는 경우, 같은 법 제63조제1항 각 호의 세액 공제 후 중간예납세액이 발생하지 않더라도 '법인세법 시행규칙'[별지 제58호서식]에 의하여 신고하는 것입니다.

PART 3

# 사내근로복지기금 예산실무

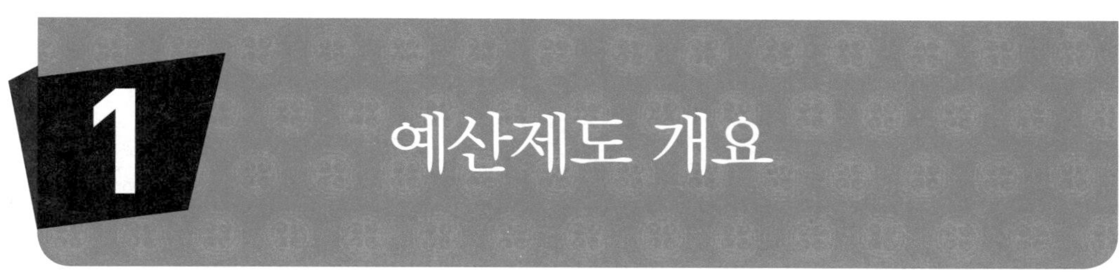

# 1 예산제도 개요

PART 1
PART 2
PART 3
PART 4
부록

## ◆ 예산관리

기업예산이란 장기 계획에 입각하여 장래의 일정 기간에 있어서 기업 전체의 경영 활동을 전체적인 관점에서 조정한 계수적 실시 계획을 의미하며, 구체적으로는 각 부문 예산을 종합한 예정손익계산서와 예정대차대조표로 나타나기도 한다. 따라서 그것은 예산에 있어서 기업 전체 및 여러 부문이 달성해야 할 목표로서 최고경영자가 표명한 공식적인 의사 표시인 것이다. 이와 같은 기업예산에 의한 종합 관리를 예산관리라고 하는데, 이는 일반적으로 ① 이익목표의 설정 ② 예산편성지침의 설정 ③ 종합예산의 편성 ④ 실행예산의 시달 ⑤ 실적의 측정 ⑥ 예산차이분석의 6단계로 나눌 수 있다.

사내근로복지기금의 예산은 미래 계획을 화폐로 표시한 것으로 일정 기간(1년)의 이익 및 수입과 지출 및 자원을 종합적으로 계획하고 통제하는 과정이다. 쉽게 말해 다음 연도에 얼마를 벌어서(수입 계획) 얼마를 쓰고(비용지출 계획), 얼마를 어디에 투자할 것인지(대부사업 및 기금 운영 계획)를 숫자로 표시한 계획을 말한다.

## ◆ 예산의 기능

① 계획 기능 : 향후 1년간의 계획을 수립하는 것으로, 사람이나 기업 모두 계획이나 목표가 없으면 발전과 성공이 어렵다.

② 조정 기능 : 조정 기능은 수직적 조정 기능과 수평적 조정 기능이 있다. 수직적 조정 기능이란 상사가 부하에게 예산상의 할당 목표를 배분하거나, 비용 지출에 대한 승인 권한을 위양하는 것이며, 수평적 조정 기능이란 부서 간의 조정을 말한다.

③ 통제 기능 : 통제에는 사전통제와 사후통제가 있다. 사전통제는 원인행위를 통제하는 것으로 기안과 기안에 의하여 승인을 득하는 것, 예산승인 한도 내에서 비용을 지출하는 경우 초과하지 못하게 통제하는 지출한도액 통제의 두 가지가 있다. 일반적으로 사전통제라고 하면 상기 두 가지 모두를 의미한다. 사후통제라고 하면 예산 승인된 범위 내에서는 자율적으로 사용하게 한 후 사용액 중 잘못된 것은 없는지 사후적으로 통제하는 것으로, 여기에는 내부감사 및 예산과 실제의 차이분석이 해당된다.

④ 평가 기능 : 업적 평가를 의미하는 것으로, 목표 대 실적을 비교하여 어느 정도 달성하였는지 평가하는 것이다.

## ◈ 예산의 장단점

예산의 장단점을 요약하면 다음 표와 같다.

〈표 3-1〉 예산의 장단점

| 장점 | 단점 |
|---|---|
| ① 경영자 및 조직 구성원에게 목표의식과 목표 대비 실적을 부여하며, 환경 적응 능력을 배양하고, 목표 달성을 하지 못할 경우에는 그 원인을 발견하게 해준다.<br>② 향후 1년간의 계획치를 산정하기 때문에 문제 해결 방안에 대하여 사전 검토가 가능하다. 또한 사전에 향후 1년간의 활동을 점검하기 때문에 실수나 오류를 상당 부분 예방할 수 있다.<br>③ 예산 편성과 예산 집행 과정에서 부서 간 또는 상하 간의 의사소통을 증대시켜, 부서와 상하, 부문이 각각 운영되는 데서 발생하는 자원의 낭비를 방지할 수 있다.<br>④ 예산 편성을 승인하여 이 범위 내에서 지출하기 때문에 권한 위양의 수단이 된다. 또한 사전에 기준이 정립되기 때문에 비합리적인 지출을 방지할 수 있다.<br>⑤ 목표 대비 실적을 비교하여 개인 및 부서의 성과를 평가할 정보 자료를 제공한다. | ① 단기 1년의 손익을 중시하기 때문에 중장기적인 사고를 갖지 못하고 단기적인 사고에 빠져들 수 있다. 그러나 장기적인 측면만을 고려하다가는 기업이 자금고갈의 어려움에 처할 수 있으므로, 중장기 계획과의 조화가 절대적으로 필요하다.<br>② 목표와 실적을 계속적으로 대비하기 때문에 성과 조작의 유인을 제공하며, 예산 편성 시 목표 매출을 낮추어 잡고 비용 예산을 높게 잡으려는 예산 여유가 발생하게 된다. 이러한 예산 여유는 관리 부재 시 발생하며, 기업의 관리력이 있다면 편성 과정에서 모두 제거 가능하다.<br>③ 개개인에게 목표가 할당되는 경우에는 과도한 심적 부담감을 갖게 된다. 그러나 심적 부담감이 없이 항상 편안한 상태에서 근무한다면 조직력이 이완되고 경쟁력이 급격히 저하되어 기업 활동에 긴장감과 박진감이 사라지게 된다. |

## ◈ 예산의 종류

예산의 종류를 다음 표와 같이 요약할 수 있다.

〈표 3-2〉 예산의 종류 및 내용

| 예산의 분류 기준 | 내 용 |
|---|---|
| 조직의 계층에 따른 분류 | 부문예산과 종합예산 |
| 조업도에 따른 분류 | 변동예산 vs 고정예산 |
| 확정 및 수정 여부에 따른 분류 | 기본예산 vs 수정예산 |
| 조정 항목을 가감하여 편성 | 실행예산 |
| 계획이 변경되어 편성 | 추가예산 |
| 비용의 증가 억제 목적 | 영점기준예산(Zero – Base Budget) |
| 활동이나 업무 절차 중심으로 편성 | 활동기준예산 |
| 운용에 따른 분류 | 추가예산, 전용예산, 연동예산 |
| 기간에 따른 분류 | 연간예산, 반기예산, 분기예산, 월 예산 |

# 2 예산편성 절차



사내근로복지기금 예산편성 절차는 다음과 같이 요약할 수 있다.

## ◈ 당해연도 추정 실적 작성

매년 회계연도 종료일 기준 3개월 전부터 익년도 예산 편성 작업을 실시한다. 이를 위해서는 당해연도 추정 실적을 작성해야 한다. 12월 결산법인의 경우에는 매년 11월 초순에 10월까지 실적에 11월~12월 추정 실적(직전 연도 11월~12월 실적과 당해연도 추이를 반영하여 추정)을 반영하여 당해연도 추정 실적을 작성한다.

## ◈ 이월 고유목적사업준비금(당해연도 말 이월금) 추정

당해연도 추정 실적이 작성되면 추정 차기이월 고유목적사업준비금이 작성된다. 차기이월 고유목적사업준비금 추정이 중요한 이유는, 기금은 특별한 경우가 아니면 기본재산을 잠식하거나 자금차입을 할 수 없으므로 가용 수익금의 범위 내에서 목적사업을 수행해야 하기 때문이다. 차기이월 고유목적사업준비금을 추정하는 공식은 다음과 같다.

**추정 차기이월 고유목적사업준비금 = 전기 이월 고유목적사업준비금 + 당기 설정 고유목적사업준비금 − 당기 사용 고유목적사업준비금**

이렇게 작성된 추정 차기이월 고유목적사업준비금이 익년도 예산에서는 전기이월 고유목적사업준비금이 되며 수입예산의 기초가 된다.

## ◈ 부문별 예산편성

부문별 예산편성은 수익예산(사내근로복지기금은 운용사업), 비용예산(목적사업), 자본예산(대부사업) 순으로 진행하면 된다.

### (가) 수익예산 편성 방법

수익예산은 기본재산 운용수익이 대부분이다. 이자수익과 대부이자수익(대부사업을 실시하는 경우에 한함)이 주류인데, 자금운용 계획에 의거해서 금융회사 운영자금과 대부사업 운용자금으로 구분하여 작성한다.

### (나) 비용예산 편성 방법

비용예산은 고유목적사업비가 대부분을 차지하므로, 사업계획서에 의거해서 고유목적사업비 예산을 각 사업비별로 작성한다. 각 목적사업비 공히 기준이 있어야 하는바 기준은 최근 과거 3년간 집행 실적 인원에 기준단가를 곱하여 작성한다. 일반관리비는 전년도 금액에 물가상승률을 반영하여 편성한다. 예비비는 목적사업비 및 일반관리비의 부족에 대비해서 기금의 내부 방침에 따라 편성하는데, 통상 전체 비용예산의 1%~5% 선에서 비용의 증감 규모를 고려하여 신축적으로 편성하면 된다. 신규 목적사업이 있을 경우는 예비비 규모를 여유 있게 반영해야 한다.

### (다) 자본예산 편성 방법

자본예산은 주로 대부사업 및 기금법인에서 사용하는 비품 등의 구입에 소요되는 재원을 편성한다.

### (라) 종합예산 편성

부문별 예산을 반영하여 추정손익계선서와 추정대차대조표를 완성한다. 전체 손익과 재무 상태를 파악할 수 있다.

### (마) 조정 작업

작성된 추정손익을 바탕으로 손익 조정 작업을 거친다. 특히 이월고유목적사업준비금을 반영하여 비용이 수익을 초과하는 경우에는 기본재산을 잠식하는 결과를 초래하게 되므로 수익을 증대하거나 비용을 축소 조정하는 과정이 필요하다. 이 과정에서 회사로부터 출연이 없다면 수익 내에서 비용이 집행되어야 하므로, 긴급성이나 필요불가결한 목적사업인지 여부를 반영하여 노 · 사 간 우선순위를 정하고 계수조정 작업을 실시하여야 한다.

### (바) 종합예산서 수치 확정

작성된 추정손익을 바탕으로 ① 추정손익계산서 ② 추정대차대조표 ③ 목적사업계획서 ④ 기금운용계획서 ⑤ 예산총칙 순으로 종합예산서를 완성한다.

### (사) 기금이사회 보고

이사는 작성된 종합예산을 이사회에 보고하고, 타당성과 적합성 여부를 검토하며, 이사의 과반수가 찬성할 경우 복지기금협의회에 상정을 결정한다.

### (아) 복지기금협의회 상정, 의결

사업계획서는 근로복지기본법 제57조제1항제3호에 따라 복지기금협의회 의결 사항으로 복지기금협의회에서 협의 · 결정하게 된다. 복지기금협의회 의결정족수는 노사 각 과반수 이상 출석에 출석위원 3분의 2 이상 찬성으로 결정된다(근로복지기본법시행령 제43조).

### (자) 고용노동부 보고(기금법인 운영상황보고 시 사업계획서 제출)

복지기금협의회에서 승인된 사업계획서(추정대차대조표 및 추정손익계산서 포함)는 전년도 결산서와 함께, 회계연도 종료 후 3월 내에 고용노동부 관할지청에 사내근로복지기금법인 운영상황보고를 실시할 때 첨부하여 제출해야 한다(근로복지기본법 제93조제1항제3호, 같은 법 시행령 제63조, 같은 법 시행규칙 제30조). 기금법인 운영상황보고를 실시하지 않을 경우는 100만원, 허위보고를 할 경우는 150만원의 과태료가 부과된다(근로복지기본법 제99조, 동법 시행령 제67조).

# 3 예산편성지침 작성

## ◆ 예산편성지침의 필요성

예산편성지침이란 회사나 기관이 익년도 예산을 편성하는 기본 방향 및 중점적으로 추진해야 할 사업 목표 등을 제시하는 문서로서, 예산을 사용하는 부문에서는 예산 요구, 예산을 편성하는 부문에서는 예산 편성의 준거가 되므로 예산 편성 과정에서 가장 핵심적인 역할을 하게 된다. 비영리법인 중 가장 대표적인 정부와 지자체 등의 예산편성지침을 살펴보면 다음 해의 국내외 경제 전망을 포함하여 재정 운영의 여건, 재정 운영의 방향과 중점, 예산요구 일반지침, 경비별 편성지침, 예산의 요구방식 및 예산요구서에 사용할 각종 서식 등으로 구성된다. 예산편성지침은 5년 단위의 중기 재정 계획, 각 중앙관서의 장이 매년 2월 말일까지 기획재정부장관에게 제출하는 다음 연도 신규 사업 및 기획재정부장관이 정하는 주요 계속사업에 대한 사업계획서을 작성하는 데 기초가 된다. 각 중앙관서의 장은 그 소관에 속하는 다음 연도의 예산요구서를 작성할 때 예산편성지침에 규정된 방향과 원칙을 따르고 예산편성지침에 규정한 서류를 첨부해야 한다.

「사회복지법인 및 사회복지시설 재무 · 회계규칙」 제9조에는 사회복지법인의 대표이사는 매 회계연도 개시 1개월 전까지 그 법인과 해당 법인이 설치 · 운영하는 시설의 예산편성지침을 정하도록 명시하고 있고, 법인 또는 시설의 소재지를 관할하는 시장 · 군수 · 구청장(자치구의 구청장을 말함)은 특히 필요하다고 인정되는 사항에 관하여는 예산편성지침을 정하여 매 회계연도 개시 2개월 전까지 사회복지법인 및 사회복지시설에 통보할 수 있도록 규정하고 있다.

이에 반해 사내근로복지기금의 경우는 근로복지기본법령상 예산편성지침을 작성해야 하거나, 주무관청에서 사내근로복지기금 예산편성지침을 통보하는 내용이 없다. 다만 공기업이나 준정부기관들은 회사에서 예산을 편성하거나 사내근로복지기금을 출연할 때 「공기업 · 준정부기관 예산편성지침」을 적용받는다. 사회복지법인처럼 예산편성지침을 정교하게 작성하지는 못하더라도 다음 연도 예산에서 최소한의 수지전망과 수입예산을 편성하는 데 기본이 되는 이자율, 대부이율과 목적사업비 편성의 주요 원칙과 기준 정도는 제시해야 할 것이다.

## ◈ 예산편성지침 작성 주체

예산편성지침은 사내근로복지기금 이사 또는 실무자가 작성하여 주임이사(사내근로복지기금 대표권을 갖는 이사)의 결재를 받아 시행하게 된다. 다음 연도의 예산을 이러이러한 기준으로 편성하겠다는 내부 결재와도 같다.

## ◈ 예산편성(안) 작성 사례

# 201X년 사내근로복지기금 예산 편성(안)

201X.11.20

○ ○사내근로복지기금

# 201X년 사내근로복지기금 예산 편성(안)

## 1. 재정운영 여건

### (가) 회사 출연금

(1) 201X년 당해연도 회사는 000억원의 법인세차감전순이익을 실현할 것으로 예상됨

(2) 정부에서 발표한 「201X년 공기업 및 준정부기관 예산편성지침」상 공기업이나 준정부기관들은 사내근로복지기금 출연금의 1인당 조성 기금에 따라 출연 비율을 엄격히 제한받고 있음

※ 동 기준을 적용할 경우 당 기금의 1인당 기금액은 000만원으로, 회사는 100분의 5를 적용받을 수 있음

※ 회사는 상기 지침을 적용받는 공기업이나 준정부기관에 해당되지 않아 자율 출연이 가능할 것으로 판단됨.

(3) 201X년 당해연도 추정 법인세차감전순이익에 근로복지기본법상 출연 기준인 100분의 5를 적용할 경우 익년도인 201X년은 회사는 최대 00000만원의 기금출연이 가능할 것으로 예상됨

(4) 제3자 출연금은 반영하지 않음.

### (나) 수익금 전망

(1) 예금금리는 지속되는 글로벌 저금리 기조와 지속되는 경기 침체, 풍부한 시중 유동자금의 영향으로 하향 안정세를 이룰 것으로 전망됨

(2) 주식시장의 경우 미국의 출구 전략에 따른 금리 인상 요인이 있으나 글로벌, 특히 중국의 경기 침체가 장기화, 연금부문의 주식비중 확대 계획, 해외자금의 지속적인 유입 등의 영

향으로 변동성이 클 것으로 예상됨.

(3) 예금금리는 장기간 하향 안정화 추세를 유지하고 있으나 3년 전 책정된 종업원대부이율(연 4%)은 직원들의 인하 요구가 꾸준히 제기되고 있음

### (다) 비용 전망

(1) 목적사업비는 가장 큰 비중을 차지하고 있는 직원 자녀 대학학자금이 안정화를 이루고 있으며, 유치원교육비지원의 경우 자녀수의 계속적인 감소, 단체보장보험료는 사고발생수의 감소로 인한 동결, 기념품지급 단가 동결, 종합검진비용 단가 동결 등으로 전년 대비 큰 비용 상승 요인은 없을 것으로 예상됨.

(2) 일반운영경비는 자연증가 수준이 될 것임.

## 2. 201X년 예산(안) 편성 기본 방향

### (가) 수익 - 회사 출연분 반영, 안정적인 기조하에서 기금 운용 목표 설정

① 회사 출연금 : 노사 합의에 따라 회사 201X년 당해연도 추정 법인세차감전순이익의 5%인 00억원을 편성하고, 그 중 50%를 고유목적사업준비금으로 설정 반영함

② 기금 운용 포트폴리오 : 예금 및 대부금으로 포트폴리오를 구성 운용하며, 정기예금 수익률은 연 2.5%, 대부이자율은 전년과 동일하게 연 4.0%를 반영함

(단위 : 억원, %)

| 구분 | 자산 포트폴리오 | | 수익금 | | | 비고 |
|---|---|---|---|---|---|---|
| | 금액 | 구성비 | 수익률 | 금액 | 구성비 | |
| 정기예금 | 50 | 41.7% | 2.5 | 1.25 | 30.9% | |
| 대부사업 | 30 | 58.3% | 4.0 | 1.20 | 29.7% | 주택구입자금 |
| | 20 | | 4.0 | 0.80 | 19.7% | 주택임차자금 |
| | 20 | | 4.0 | 0.80 | 19.7% | 생활안정자금 |
| 계 | 120 | 100.0% | 3.5 | 4.05 | 100.0% | |

※ 회사 출연금 00억원은 정기예금으로 반영

③ 잉여금 : 수익금은 전액 고유목적사업준비금으로 설정하고, 차기 연도에 이월하여 사용할 계획

### (나) 비 용 – 긴축 편성

① 목적사업비는 실소요액을 추정하여 반영함

(단위 : 백만원)

| 목적사업명 | 'XX추정실적 | 201X년 편성 방안 |
|---|---|---|
| 대학장학금 | 000 | – 201X년 추정실적수준 편성 |
| 유치원교육비지원 | 000 | – 분기 기본 수준 편성 |
| 동호회지원 | 000 | – 10개 동호회, 전년 지급 수준 1인당 4만원 활동비 편성 |
| 경조비지원 | 000 | – 201X년 추정실적수준 편성 |
| 단체상해보험지원 | 000 | – 201X년 수준금액 편성 |
| 배우자건강검진지원 | 00 | – 배우자건강검진 201X년 추정인원 반영 |
| 기념품지급 | 000 | – 창립기념일, 명절, 본인 생일 1인당 0만원 반영 |
| 계 | 000 | |

② 일반관리비는 201X년 수준 편성

- 세금과공과 : 201X년 실적수준으로 편성함
- 지급수수료 : 회계 프로그램 도입 및 유지보수료, 연간 자문료 반영 편성함
- 교육훈련비 : 연 3회(사내근로복지기금 기본, 회계, 운영실무) 반영 편성함

③ 예비비 편성

(가) 목적사업비와 일반관리비 합계액의 5%를 예비비로 편성함

(다) 자본예산

① 대부금은 포트폴리오 금액을 반영하여 편성함.

## Ⅰ. 예산 총칙

〈제1조〉 201X년도 추정 손익계산서, 추정 대차대조표 및 자본예산은 다음과 같다.

① 추정 손익계산서

201X년도 예산(안)

## Ⅰ. 예산 총칙

〈제1조〉 201X년도 추정 손익계산서, 추정 대차대조표 및 자본예산은 다음과 같다.

① 추정 손익계산서

(단위 : 천원)

| 차변 | | 대변 | |
|---|---|---|---|
| 비용 | 순이익 | 수익 | 순손실 |
| 00000 | 0 | 00000 | 0 |

② 추정 대차대조표

(단위 : 천원)

| 차변 | | 대변 | |
|---|---|---|---|
| 자산 | 순손실 | 부채 | 자본 |
| 00000 | 0 | 00000 | 0 |

③ 자본예산

(단위 : 천원)

| 비유동자산 | 계 |
|---|---|
| 종업원대부금 | 00000 |

〈제2조〉 주임이사는 예산 집행상 불가피하다고 인정하는 경우에는 손익예산 및 자본예산의 항간 한도액 범위 내에서 예산을 전용할 수 있다. 단, 항간 한도액을 초과하여 집행하고자 할 때에는 이사회의 승인을 얻어야 한다.

〈제3조〉 주임이사는 다음 비목에 대하여 예산에 불구하고 이를 초과 집행할 수 있다.

1. 세금과공과 및 등기소송비
2. 사업외비용 및 법인세비용

〈제4조〉 주임이사는 기금 출연 혹은 금리 변동으로 인하여 필요할 경우에는

추정손익계산서, 추정대차대조표 및 자금운영 계획의 규모를 변경시킬 수 있다.

〈제5조〉 비용 집행을 위한 수익금 부족이 예상될 경우 주임이사는 법적 강제성 등을 감안하여 우선순위를 정하여 손익예산 및 자본예산을 집행할 수 있다.

〈제6조〉 예비비 사용

주임이사는 천재지변이나 기타 사전에 예측할 수 없는 상황이 발생했을 경우 이사회의 승인을 얻어 예비비를 사용할 수 있다.

〈제7조〉 예산은 익년도에 이월하여 집행할 수 없다.

다만 자본예산의 사업예산 중 지출원인행위를 한 공사비와 지출원인행위를 하지 아니한 그 부대경비는 이사회의 승인을 얻어 이월 사용할 수 있다.

## II. 종합예산

### (가) 손익예산 총괄표

(단위 : 백만원)

| 구분 | | 201X예산 | 201X예산 | 증감 | 201X추정실적 |
|---|---|---|---|---|---|
| 수익 | 전기이월준비금<br>이자/대부이자수익<br>출연금 중 사용액<br>기타 수익금 | | | | |
| | (계) | | | | |
| 비용 | 목적사업비용<br>일반관리비 | | | | |
| | (계) | | | | |
| 세전이익 | | | | | |
| 법인세등 | | | | | |
| 순이익 | | | | | |

## (나) 종합예산

① 추정손익계산서

(단위 : 천원)

| 관항목 | 201X년 예산 | | | 201X년 예산 | 증(△)감 | 201X년 추정실적 |
|---|---|---|---|---|---|---|
| | 목적사업회계 | 기금관리회계 | 계 | | | |
| Ⅰ. 수 익 | | | | | | |
| 1. 사업수익 | | | | | | |
| 가. 이자수익<br>나. 대부이자수익 | | | | | | |
| 2. 사업외수익 | | | | | | |
| 가. 잡 이 익<br>나. 출연금 중 사용분 | | | | | | |
| Ⅱ. 비 용 | | | | | | |
| 1. 고유목적사업비 | | | | | | |
| 가. 대학장학금지원<br>나. 유치원교육비지원<br>다. 동호회지원<br>라. 경조비지원<br>마. 단체상해보험지원<br>바. 배우자건강검진지원<br>사. 기념품지급 | | | | | | |
| 2. 일반관리비 | | | | | | |
| 가. 세금과공과<br>나. 지급수수료<br>다. 교육훈련비 | | | | | | |
| 3. 사업외비용 | | | | | | |
| 가. 사업준비금전입액 | | | | | | |
| 4. 예비비 | | | | | | |
| 가. 예비비 | | | | | | |
| 5. 법인세등 | | | | | | |
| Ⅲ. 당기순이익 | | | | | | |

② 추정대차대조표(201X. 12.31. 기준)

(단위 : 천원)

| 관항목 | 201X년 추정 | | | 201X.12.31 추정실적 |
|---|---|---|---|---|
| | 목적사업회계 | 기금관리회계 | 계 | |
| 〈자 산〉<br>Ⅰ. 유동자산 | | | | |
| 1. 당좌자산 | | | | |
| 1) 현금및현금성자산<br>2) 단기예금<br>3) 선급법인세 | | | | |
| Ⅱ. 비유동자산 | | | | |
| 1. 투자자산 | | | | |
| 1) 주택구입대부금<br>2) 주택임차대부금<br>3) 생활안정대부금 | | | | |
| **(자산 총계)** | | | | |
| 〈부 채〉<br>Ⅰ. 유동부채 | | | | |
| 1. 미지급금 | | | | |
| Ⅱ. 비유동부채 | | | | |
| 1. 고유목적사업준비금1<br>2. 고유목적사업준비금2 | | | | |
| **(부채 총계)** | | | | |
| 〈자 본〉<br>Ⅰ. 자본금 | | | | |
| 1. 기본재산(기금원금) | | | | |
| Ⅱ. 이익잉여금 | | | | |
| 1. 미처분이익잉여금 | | | | |
| **(자본 총계)** | | | | |
| **(부채와자본 총계)** | | | | |

### (다) 자본예산

(단위 : 천원)

| 관항목 | 201X년 예산 | | | 201X.12.31 추정실적 |
|---|---|---|---|---|
| | 목적사업회계 | 기금관리회계 | 계 | |
| Ⅰ. 비유동자산 | | | | |
| 1. 투자자산 | | | | |
| 1) 주택구입대부금<br>2) 주택임차대부금<br>3) 생활안정대부금 | | | | |
| **(자본예산 총계)** | | | | |

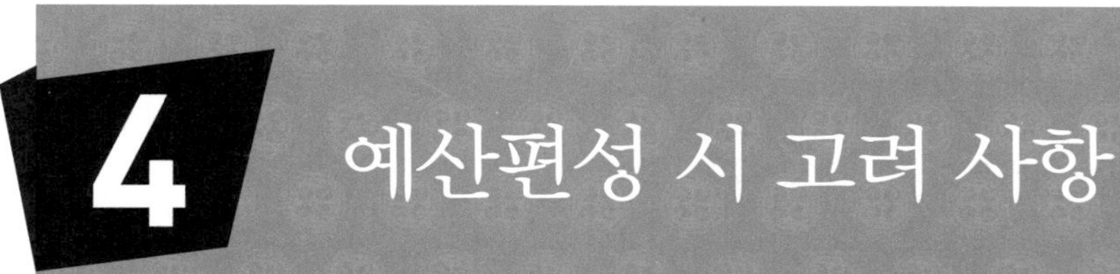

# 4 예산편성 시 고려 사항



## ◈ 공기업과 준정부기관

공기업과 준정부기관은 해당 기관의 예산을 편성 시 기획재정부에서 매년 발표하는 「공기업 · 준정부기관 예산편성지침」을 준수해야 한다. 이를 이행하지 않으면 해당 기관 평가에서 불이익이 따르고, 각종 감사에서 지적과 함께 시정 조치를 받게 된다.

## ◈ 연도별 사내근로복지기금 관련 예산편성지침 변화

연도별 예산편성지침 변화를 사내근로복지기금 출연과 관계되는 경비 부문에 국한하여 발췌하여 살펴보면 다음과 같다.

# (가) 2008년도 지침

## II. 주요 항목별 편성지침

### 2 경 비

■ 경상경비는 원칙적으로 2007년도 경상경비 예산액 범위 내에서 실소요액을 편성하되, 불요불급한 경비는 최대한 절감하여 편성한다.

- 다만, '06년 경영평가 결과 우수 기관은 1% 이내에서 증액하고, 부진 기관은 1% 삭감 편성한다. 혁신평가만 받는 기관의 경우 '06년 혁신평가 결과 우수 기관은 1% 이내에서 증액하고, 부진 기관 중 3단계에서 정체된 기관 및 3단계로 하락한 기관, 2단계 기관 중 '06년 신규 평가 기관은 1% 삭감, 2단계에서 정체된 기관은 3% 삭감 편성한다.
  - * 우수 기관은 정부투자기관 경영평가 결과 상위 3개 기관, 정부산하기관 경영평가 결과 유형별 상위 2개 기관(유형별 기관 수 10개 미만인 경우 상위 1개), 혁신평가 결과 5단계 이상인 기관을 말한다.
  - * 부진 기관은 정부투자기관 경영평가 결과 하위 2개 기관, 정부산하기관 경영평가 결과 유형별 하위 20%인 기관 중 평가 점수 66.7점 미만인 기관, 혁신평가 결과 3단계 이하인 기관을 말한다.
- 법정경비, 인력 증원 등 불가피한 증액 소요가 있는 경우에는 예외로 한다.
- 경상경비는 손익계산서 상의 판매비와 관리비 중 기관 운영 또는 영업 유지를 위해 매년 반복적으로 지출되는 경비로서, 비급여성 복리후생비, 업무추진비, 교육훈련비, 여비교통비, 수선유지비, 통신비 등을 말한다.

■ 복리후생비는 급여성 복리후생비와 비급여성 복리후생비로 구분하여 편성한다.

- 급여성 복리후생비는 소득세법상 근로소득으로 분류된 경비를 모두 포함한다.
  - * 급여성 복리후생비는 다른 경비항목에 계상할 수 없다.

- 비급여성 복리후생비는 급여성 복리후생비를 제외한 법정복리후생비 등 기타 복리후생비를 말한다.
- 주택대출금, 학자금, 개인연금 등은 과도한 복리후생이 되지 않도록 합리적으로 편성한다.

■ 법인세법 제25조제5항에 규정된 접대비 성격의 예산은 '업무추진비' 비목에 일괄 계상하며, 원칙적으로 세법상 손금 인정 한도 내에서 최대한 절감하여 편성한다.

- 다만, 동 규정을 최초로 적용받는 비영리법인의 비수익사업(법인세법 제3조제2항에서 규정하는 수익사업 외의 사업)에서 발생하는 업무추진비는 2007년도 업무추진비 예산액 범위 내에서 편성한다.

■ 핵심 역량 제고를 위한 교육훈련 및 연구개발이 강화되도록 노력한다.

■ 국외여비는 2007년도 국외여비 예산액 범위 내에서 실소요액을 반영하여 편성한다.

■ 광고(홍보)예산은 기관 설립 목적 및 경영 목표와 광고 효과 등을 감안하여 절감 편성한다.

- 기관 이미지 등 단순 홍보성 광고비 편성을 지양한다.

■ 사내근로복지기금 출연 금액은 원칙적으로 직전 사업연도의 세전 순이익의 100분의 5를 기준으로 정하되, 민간 기업 등과 비교하여 과다하게 출연하지 않도록 하며, 다른 특별출연을 하여서는 아니 된다.

- 정부의 재정 지원을 받는 기관 및 정부 정책에 따라 독점적 사업을 수행하는 기관은 사내근로복지기금에 대한 출연을 최소화하고, 이사회 의결을 거쳐 출연한다.
- 직전 사업연도에 당기 순손실이 발생한 경우에는 사내근로복지기금에 출연을 하여서는 아니 된다.
- 손익에 관계없이 사전에 미실현이익(평가이익, 환산이익 등 현금의 유출입을 수반하지 않는 이익)

을 근거로 사내근로복지기금에 출연을 하여서는 아니 된다.

## (나) 2009년도 지침(편성지침을 확보하지 못한 관계로 보도기사를 발췌 정리)

■ 예산편성지침의 주요 내용을 살펴보면

① 인건비 · 경상경비 등 주요 경비 증가율을 최대한 억제

- 최근의 어려운 경제 상황하에 공공 부문이 고통을 분담한다는 차원에서 총인건비 인상을 동결
- 경상경비는 '08년 대비 5% 이상 삭감하되 기관의 경영 실적평가 결과와 연계하여 우수 및 부진 기관의 삭감률을 ± 1%p 차등

② 인건비 편법 운용 방지

- 전년도 정부 지침 위반 기관은 전년도 지침에 따른 인상률을 적용하여 인건비 기준을 산정
- 기본급(기본연봉)화한 수당의 재차 신설 및 실비 성격 또는 실적 · 수요에 따라 달라지는 성격의 수당 등의 일괄적 인상 금지
- 상위직 관리자는 시간외 근무수당 지급 대상에서 제외하고, 시간외 근무수당 지급단가(시간당 통상 임금) 산정 시 유급 휴일 포함
- 정원과 현원의 차이에 따라 발생하는 인건비는 예비비에 계상하고, 임금 인상 재원으로 활용 금지
- 복리후생비는 급여성과 비급여성으로 구분하여 편성하고, 급여성 복리후생비를 총인건비에 포함
- 임원의 인건비는 「공공기관 기관장 및 감사 보수체계 개편」(2008.06.12. 시행)에 따라 조정된 보수 수준에 맞추어 편성

- 퇴직급여충당금은 근속 1년당 30일분의 평균 임금을 적용하고, 퇴직연금제 설정 기관은 법정 최소 기준에 맞추어 제도 운영

③ 업무추진비 및 여비 등 절감

- 접대비 성격의 경비는 세법상 손금인정 한도 내에서 편성하고 "업무추진비" 비목에 일괄 계상
- 비영리법인의 비수익사업 추진(업무협의, 간담회 등 기관 운영)을 위한 업무추진비는 '08년 대비 5% 이상 삭감

## (다) 2010년도 지침

### Ⅰ. 예산편성 기본 방향

---

◇ 최근의 어려운 경제 여건 등을 감안, 공공 부문이 고통을 분담한다는 차원에서 인건비, 경비 등의 지출을 최대한 억제

◇ 과도한 복리후생 방지를 위한 제도 개선으로 경영의 효율성 제고

---

■ 어려운 경제 여건과 민간에의 파급 효과 등을 고려, 공공기관이 고통 분담에 적극 동참한다.

- 내년도 총인건비 및 경상경비 동결 등 지출 억제를 위해 노력한다.

■ 과도한 복리후생 제도를 합리적으로 개선한다.

- 국회, 감사원 등에서 지적된 방만 경영 방지, 과도한 복리후생제도 개선을 위해 복리후생비 편성의 세부 기준을 마련한다.
- 사내근로복지기금 과다 출연 및 방만 운영에 대한 통제 장치를 마련한다.

■ 인건비 관리를 강화토록 한다.

- 시간외 수당 등의 할증률 합리화 등 과다한 수당 지급을 방지한다.
- 경영평가성과급 중 기존 인건비 전환금 이외의 금액은 평균 임금에서 제외하는 등 퇴직금 산정 기준을 명확히 한다.

■ 책임경영 체제에 부합되도록 기준과 원칙에 따라 예산을 편성한다.

- 관련 법령 및 지침을 준수하고, 내부 규정을 마련하여 예산 운용의 질서와 원칙을 확립한다.
- 고유 · 핵심업무 중심으로 재원을 중점 배분하되, 일자리 창출을 통한 경제활력 제고, 서민 생활 안정 등 국가 정책 방향에 부응하는 투자를 확대한다.

## II. 주요 항목별 편성지침

### 2 경 비

#### (1) 경상경비

■ 경상경비의 정의

- 경상경비는 손익계산서 상의 판매비와 관리비 중 기관 운영 또는 영업 유지를 위해 매년 반복적으로 지출되는 경비로서, 비급여성 복리후생비, 업무추진비, 교육훈련비, 여비교통비, 수선유지비, 통신비 등을 말한다.

■ 경상경비의 편성

- 경상경비는 원칙적으로 2009년도 경상경비 예산액 범위 내에서 실소요액을 편성하되, 불요불급한 경비는 최대한 절감하여 편성한다.
- 다만, '08년 경영평가 결과 A등급 이상 기관은 1%p 증액하고, D등급 기관은 0.5%p 삭감,

E등급 기관은 1%p 삭감 편성한다.

● 법정경비, 인력 증원 등 불가피한 증액 소요가 있는 경우에는 예외로 한다.



### (2) 복리후생비

■ 복리후생비의 정의

● 복리후생비는 법인과의 근로계약에 의하여 근로를 제공하고 그 대가를 받는 직원의 복리후생을 위해 지급되는 비용을 말한다.

■ 복리후생비의 편성

● 복리후생비는 급여성 복리후생비와 비급여성 복리후생비로 구분하여 편성한다.

* 급여성 복리후생비는 소득세법상 근로소득으로 분류된 경비를 모두 포함한 것으로 총인건비에 포함되며, 다른 경비항목에 계상할 수 없다.
* 비급여성 복리후생비는 급여성 복리후생비를 제외한 법정복리후생비 등 기타 복리후생비를 말한다.

● 주택대출금, 학자금, 개인연금 등은 과도한 복리후생이 되지 않도록 합리적으로 편성한다.

* 대학생 자녀 학자금 무상지원은 폐지하고, 융자 방식으로 전환한다.
* 주택자금 대출이율은 시중 금리 수준 등을 감안하여 결정한다.
* 사내근로복지기금으로 주택자금을 지원하는 경우 예산으로 추가 지원하지 않도록 한다.
* 경조사비 등을 지원하기 위한 예산을 편성하지 않도록 한다.
* 직원 생활 안정 등을 위한 융자사업을 예산으로 운영하여서는 아니 된다. 다만, 공공기관 지방 이전에 따른 한시적인 지원은 예외로 한다.

● 선택적 복지비를 지원하는 기관은 의료비 지원을 선택적 복지비에 통합하여 운영토록 하되, 의료비 통합 명목으로 선택적 복지비를 과도하게 증액 편성하지 않도록 한다.

* 의료비지원 예산 편성 시, 틀니 및 보철, 치료 목적이 아닌 성형 비용, 보약제 비용 등 과도한 의료비 지원이 되지 않도록 한다.

### (3) 업무추진비

■ 업무추진비의 정의

- 업무추진비는 사업 추진에 특별히 소요되는 접대비*, 연회비, 기타 제 경비 및 업무협의, 간담회 등 각 기관의 기본적인 운영을 위하여 소요되는 경비 등을 말한다.
  - * 접대비는 접대비 및 교제비 · 사례금 기타 명목 여하에 불구하고 이와 유사한 성질의 비용으로서 법인이 업무와 관련하여 거래처에 접대 · 향응 · 위안 등을 위하여 지출한 비용(「법인세법」제25조)을 말한다.

■ 업무추진비의 편성

- 영리법인 및 비영리법인의 수익사업 추진을 위한 접대비 성격의 경비는 원칙적으로 세법상 손금인정 한도 내에서 최대한 절감하여 편성하며, '업무추진비' 비목에 일괄 계상한다.
- 비영리법인의 비수익사업(「법인세법」제3조제2항에서 규정하는 수익사업 외의 사업) 추진(업무협의, 간담회 등 기관운영)을 위한 업무추진비는 2009년도 업무추진비 예산액 범위 내에서 최대한 절감하여 편성한다.

### (4) 사내근로복지기금

■ 사내근로복지기금의 정의

- 「사내근로복지기금법」제13조(기금의 조성)에 의하여 조성된 기금을 말한다.

■ 사내근로복지기금의 편성

- 사내근로복지기금 출연 금액은 직원 1인당 출연 규모, 유사 · 동종 업종 민간기업 출연 수준 등을 감안하여 아래와 같은 기준으로 출연하되, 다른 특별출연을 하여서는 아니 된다.

【 기금 누적액별 출연율 기준 】

| 1인당 기금 누적액 | 출연율 기준 |
|---|---|
| 500만원 이하 | 세전순이익의 100분의 5 |
| 500만원 초과 ~ 2,000만원 | 세전순이익의 100분의 2 |
| 2,000만원 초과 | 세전순이익의 100분의 0 |

- 정부의 재정 지원을 받는 기관 및 정부 정책에 따라 독점적 사업을 수행하는 기관은 사내근로복지기금에 대한 출연을 최소화하고, 이사회 의결을 거쳐 출연한다.
- 직전 사업연도에 당기 순손실이 발생한 경우에는 사내근로복지기금에 출연을 하여서는 아니 된다.
- 미실현손익(평가손익, 환산손익 등 현금의 유출입을 수반하지 않는 손익)을 근거로 사내근로복지기금에 출연을 하여서는 아니 된다.
- 사내근로복지기금에 출연한 출연금은 영업비용으로 계상한다.

### (5) 기타

■ 핵심 역량 제고를 위한 교육훈련 및 연구개발이 강화되도록 노력한다.

■ 불요불급한 국외여행을 최대한 자제하고, 국외여비는 「공공기관 공무국외여행 개선방안」(2008.04.10. 시행)에 따라 절감하여 편성한다.

■ 광고(홍보)예산은 기관 설립 목적 및 경영 목표와 광고 효과 등을 감안하여 절감 편성한다.

- 기관 이미지 등 단순 홍보성 광고비 편성을 지양한다.

## (라) 2011년도 지침

### II. 주요 항목별 집행지침

**2** 경 비

■ 경상경비는 최대한 절감 집행하여야 하며, 회계연도 말에 집중 집행하거나 과다 전용이 발생되지 않도록 하여야 한다.

- 통신비는 전 직원에게 일괄 지원하지 않도록 하고, 업무 수행상 필요한 임직원에 한하여 지원할 수 있다.
- 근로자의 날, 체육대회, 창립기념일 등의 행사 시, 기념품은 목적에 맞게 최소한으로 제작·지원하여 낭비 요인이 발생하지 않도록 하여야 한다.

■ 법령 등에 의하여 각 공공기관에 설치된 위원회에 공무원이 위원으로 참석할 경우에 지급하는 위원회 참석비는 「2011년도 예산 및 기금 운영계획 집행지침」의 관련 규정을 준용하여 집행하여야 한다.

■ 예산으로 편성하지 않은 일시 자금 등을 재원으로 임직원에게 주택자금대출 지원 등 과도한 복리후생을 지원하지 않도록 한다.

■ 사업 추진을 위한 접대비 성격의 예산은 업무추진비에 일괄 계상하여 집행하여야 한다.

- 업무추진비는 신용카드 중 클린카드로 집행하여야 한다.
- 업무추진비는 집행 목적, 일시, 장소 및 집행 대상 등을 증빙 서류에 기재하여 사용 용도를 명확히 하여야 한다.
- 업무추진비 사용 관행을 개선하고 투명한 사용을 위해 〈2011년도 예산 및 기금 운영계획 집행지침〉을 준용하여 업무추진비의 사용 범위 및 집행 절차 등에 대한 자체 세부 지침

을 마련하고 시행한다.

■ 다음 업종에 대해서는 클린카드의 사용을 제한하고, 기관별 특성을 고려하여 사용 제한 업종을 자율적으로 추가하는 등 법인카드 사용과 관련하여 자체 세부 지침을 개선 · 시행한다.

* 유흥 업종(룸살롱, 유흥주점, 단란주점, 나이트클럽)
* 위생 업종(이 · 미용실, 피부미용실, 사우나, 안마시술소, 발 마사지 등 대인 서비스)
* 레저 업종(실내 · 외 골프장, 노래방, 사교춤, 전화방, 비디오방)
* 사행 업종(카지노, 복권방, 오락실)
* 기타 업종(성인용품점, 총포류 판매)

● 법인카드의 사적 사용 및 개인 카드의 업무상 사용을 금지하고, 불가피하게 사용한 경우 경위를 소명한다. 또한 즉시 적합한 카드로 변경 결제함을 원칙으로 한다.

● 법인카드 전표 서명 시 사용자의 실명을 명확하게 기재하도록 하고, 서명이 나타나지 않는 카드 전표를 회계처리를 위해 사용하는 경우에도 사용자가 실명을 기재한다.

■ 근로기준법에서 정하고 있는 연차 유급휴가 외에 이와 유사한 형태의 휴가(경조사휴가, 출산휴가 등 국가공무원 복무규정 제20조에 해당하는 항목은 제외)를 운영하지 아니하며, 유급휴가의 사용을 촉진하기 위하여 적절한 조치를 취한다. 사용 촉구에도 불구하고 사용하지 않은 휴가에 대해서는 금전적으로 보상할 수 없다.

■ 국내외 출장은 예산을 절약하는 방향으로 출장 기간 및 출장 인원을 적정하게 조정하여 시행한다. 출장 이행 확인은 원칙적으로 신용카드 매출전표로 하되, 신용카드의 사용이 어려운 경우 기관장이 정하는 방법에 의한다.

● 국제회의 참석 등 해외 출장 시에는 「공공기관 공무 국외여행 개선방안('08.04.10.)」을 따른다.

* 기관장 국외항공요금은 정무직 공무원(차관)에 준하여 비즈니스석을 이용함을 원칙으로 한다. 다만, 주무부처 장관 수행 등의 경우에는 예외로 할 수 있다.

● 공무 출장으로 인해 적립된 항공마일리지는 「공무원여비규정」이 정하는 바에 따라 우선 활용하여야 한다.

■ 국제회의 등 행사는 행사 계획 수립 단계부터 효율적인 예산 집행이 되도록 한다. 회의장 임차는 공공기관(예: 학교 시설, 구민회관, 공공 문화시설 등)을 우선 활용하도록 노력하고, 국제회의 · 국제세미나는 국제관례와 상호주의를 적용한다.

■ 각 기관이 소유 또는 임차하고 있는 주택의 관리비는 입주한 임직원이 부담하도록 한다. 다만, 재산세, 보험료 등의 제세공과금과 건물 및 부대시설의 보존을 목적으로 하는 보수비는 각 기관이 부담할 수 있다.

■ 사내근로복지기금은 관련 법령의 취지에 따라 합리적으로 조성하고 투명하게 관리한다. 또한 조성된 사내근로복지기금은 기금 목적에 부합하게 적정하게 집행하여야 한다.

● 사내근로복지기금은 출연 목적과 달리 편법적인 임금 인상의 수단으로 운용되거나 급여성 경비로 지급되는 일이 없도록 하여야 한다.

■ 자산취득비 등 물품 구매 시 친환경상품, 중소기업제품, 장애인생산품 우선구매 등 법적 의무 사항을 준수하여 구매한다.

● 물품 구매, 판공비 등 각종 경상경비 지출은 원칙적으로 공공구매카드를 사용하여 집행한다. 이 경우 각 기관은 금융기관과 약정을 통해 카드의 사용 범위, 절차 등의 기준을 기관 특성을 고려하여 사전에 마련하여야 하며, 법인카드 사용에 따른 과실금(사용 마일리지 등)은 기관의 자체 수입으로 납입하여야 한다.

● 2012년 12월 말 디지털방송 전환에 맞추어 내용연수가 지난 TV를 교체할 경우 디지털 TV를 우선 구매하도록 하며, 보급형 디지털 TV를 구매하는 등 최대한 예산을 절감토록 노력하여야 한다.

■ 공공요금, 유류비 지급 등 예산 집행 과정에서 발생되는 포인트는 당해 경비에 사용하여 예산을 절감하여야 한다.

* 예시) KT 전화요금 납부 시 발생되는 포인트로 전화요금 대체 납부, 공용 차량 주유 시 받은 쿠폰으로 유류비 지급



〈참고〉 신 · 구 대비 주요 내용

<table>
<tr><th>분 야</th><th>2010년도</th><th>2011년도</th></tr>
<tr><td>1 총인건비 인상률</td><td>■ 동결</td><td>■ 4.1%</td></tr>
<tr><td>2 경상경비 인상률</td><td>■ 전년 대비 동결</td><td>■ (좌동)</td></tr>
<tr><td>3 업추비 인상률</td><td>■ 전년 대비 동결</td><td>■ (좌동)</td></tr>
<tr><td rowspan="2">4 복리후생</td><td>■ 대학생 자녀 학자금 무상지원 폐지, 주택 대출이율 현실화<br>■ 예산을 통한 경조사비, 생활안정자금 지원 폐지<br>■ 예산을 통한 과도한 의료비 지원 폐지</td><td></td></tr>
<tr><td>■ (신설)</td><td>■ 퇴직예정자, 장기근속자 등에게 과도한 기념품을 지원하기 위한 예산 편성 금지<br>* 순금, 건강검진권 등</td></tr>
<tr><td rowspan="2">5 사내근로 복지기금</td><td>■ 출연 기준 세분화<table><tr><th>1인당 기금 누적액</th><th>출연율</th></tr><tr><td>500만원 이하</td><td>100분의 5</td></tr><tr><td>500만원 ~ 2,000만원</td><td>100분의 2</td></tr><tr><td>2,000만원 초과</td><td>100분의 0</td></tr></table></td><td>■ (좌동)</td></tr>
<tr><td>■ (신설)</td><td>■ 기관 자체 노력에 의하여 발생하지 아니한 세전순이익을 근거로 사내근로복지기금 출연 금지<br>* 정부의 재정 지원, 출자회사 매각, 유휴재산 매각 등에 의하여 발생한 순이익</td></tr>
</table>

| | | |
|---|---|---|
| ⑥ 사업비 | ■ 총사업비 500억원 이상의 경우 외부 전문기관 타당성 조사 실시 | ■ 총사업비 500억원 이상의 경우 기획재정부장관이 지정하는 외부 전문기관에 의뢰 · 수행 |
| | ■ 면제 대상<br>– 국가정책사업(또는 국고 지원사업)<br>– 불필요한 예산 낭비와 사업 지연 등이 객관적으로 예상되는 사업 | ■ 면제 대상<br>– 국가재정법상 예타 실시 사업<br>– 재해예방 · 복구지원, 시설 안전성 확보 등 긴급 요구 사업<br>– 주무부처 장관이 기획재정부장관과 협의하여 인정한 사업 |
| ⑦ 예비비 | ■ 인력 증원 및 정현원차 봉급예비비, 경평성과급 예비비 | ■ (좌동) |
| | ■ (신설) | ■ 단시간 근로 예비비 추가 |

## (마) 2012년도 지침

### II. 주요 항목별 집행지침

**2** 경 비

■ 경상경비는 최대한 절감 집행하여야 하며, 회계연도 말에 집중 집행하거나 과다 전용이 발생되지 않도록 하여야 한다.

- 통신비는 전 직원에게 일괄 지원하지 않도록 하고, 업무 수행상 필요한 임직원에 한하여 지원할 수 있다.
- 근로자의 날, 체육대회, 창립기념일 등의 행사 시, 기념품은 목적에 맞게 최소한으로 제작 · 지원하여 낭비 요인이 발생하지 않도록 하여야 한다.

■ 법령 등에 의하여 각 공공기관에 설치된 위원회에 공무원이 위원으로 참석할 경우에 지급하는 위원회 참석비는 「2012년도 예산 및 기금 운영계획 집행지침」의 관련 규정을 준용하여 집행하여야 한다.

■ 예산으로 편성하지 않은 일시 자금 등을 재원으로 임직원에게 주택자금대출 지원 등 과도한 복리후생을 지원하지 않도록 한다.

■ 사업추진을 위한 접대비 성격의 예산은 업무추진비에 일괄 계상하여 집행하여야 한다.

- 업무추진비는 신용카드 중 클린카드로 집행하여야 한다.
- 업무추진비는 집행 목적, 일시, 장소 및 집행 대상 등을 증빙서류에 기재하여 사용 용도를 명확히 하여야 한다.
- 업무추진비 사용 관행을 개선하고 투명한 사용을 위해 「2012년도 예산 및 기금 운영계획 집행지침」을 준용하여 업무추진비의 사용 범위 및 집행 절차 등에 대한 자체 세부 지침을 마련하고 시행한다.
- 기관장 및 임원의 업무추진비 사용 내역은 매월 각 기관 홈페이지에 공개한다.

■ 다음 업종에 대해서는 클린카드의 사용을 제한하고, 기관별 특성을 고려하여 사용 제한 업종을 자율적으로 추가하는 등 법인카드 사용과 관련하여 자체 세부 지침을 개선 · 시행한다.

- 유흥 업종(룸살롱, 유흥주점, 단란주점, 나이트클럽, 카바레, 요정)
- 위생 업종(이 · 미용실, 피부미용실, 사우나, 안마시술소, 발 마사지, 스포츠마사지, 네일아트, 지압원 등 대인 서비스)
- 레저 업종(골프장, 골프연습장, 스크린골프장, 노래방, 사교춤, 전화방, 비디오방, 헬스클럽, 스키장)
- 사행 업종(카지노, 복권방, 오락실)
- 기타 업종(성인용품점, 총포류 판매)
- 법인카드의 사적 사용 및 개인 카드의 업무상 사용을 금지하고, 불가피하게 사용한 경우 경위를 소명한다. 또한 즉시 적합한 카드로 변경 결제함을 원칙으로 한다.
- 법인카드 전표 서명 시 사용자의 실명을 명확하게 기재하도록 하고, 서명이 나타나지 않는 카드 전표를 회계처리를 위해 사용하는 경우에도 사용자가 실명을 기재한다.

■ 근로기준법에서 정하고 있는 연차 유급휴가 외에 이와 유사한 형태의 휴가(경조사휴가, 출산휴가 등 국가공무원 복무규정 제20조에 해당하는 항목은 제외)를 운영하지 아니하며, 유급휴가의 사용을 촉진하기 위하여 적절한 조치를 취한다. 사용 촉구에도 불구하고 사용하지 않은 휴가에 대해서는 금전적으로 보상할 수 없다.

■ 국내외 출장은 예산을 절약하는 방향으로 출장 기간 및 출장 인원을 적정하게 조정하여 시행한다. 출장 이행 확인은 원칙적으로 신용카드 매출전표로 하되, 신용카드의 사용이 어려운 경우 기관장이 정하는 방법에 의한다.

- 국제회의 참석 등 해외 출장 시에는 「공공기관 공무 국외여행 개선방안(2008.04.10.)」을 따른다.
  - * 기관장 국외항공요금은 정무직 공무원(차관)에 준하여 비즈니스석을 이용함을 원칙으로 한다. 다만, 주무부처 장관 수행 등의 경우에는 예외로 할 수 있다.
- 공무출장으로 인해 적립된 항공마일리지는 「공무원여비규정」이 정하는 바에 따라 우선 활용하여야 한다.

■ 국제회의 등 행사는 행사 계획 수립 단계부터 효율적인 예산 집행이 되도록 한다. 회의장 임차는 공공기관(예: 학교 시설, 구민회관, 공공 문화시설 등)을 우선 활용하도록 노력하고, 국제회의 · 국제세미나는 국제관례와 상호주의를 적용한다.

■ 각 기관이 소유 또는 임차하고 있는 주택의 관리비는 입주한 임직원이 부담하도록 한다. 다만, 재산세, 보험료 등의 제세공과금과 건물 및 부대시설의 보존을 목적으로 하는 보수비는 각 기관이 부담할 수 있다.

■ 사내근로복지기금은 관련 법령의 취지에 따라 합리적으로 조성하고 투명하게 관리한다. 또한 조성된 사내근로복지기금은 기금 목적에 부합하게 적정하게 집행하여야 한다.

- 사내근로복지기금은 출연 목적과 달리 편법적인 임금 인상의 수단으로 운용되거나 급여

성 경비로 지급되는 일이 없도록 하여야 한다.

■ 자산취득비 등 물품 구매 시 친환경상품, 중소기업제품, 장애인생산품 우선구매 등 법적 의무 사항을 준수하여 구매한다.

- 물품구매, 판공비 등 각종 경상경비 지출은 원칙적으로 공공구매카드를 사용하여 집행한다. 이 경우 각 기관은 금융기관과 약정을 통해 카드의 사용 범위, 절차 등의 기준을 기관 특성을 고려하여 사전에 마련하여야 하며, 법인카드 사용에 따른 과실금(사용 마일리지 등)은 기관의 자체 수입으로 납입하여야 한다.
- 2012년 12월 말 디지털방송 전환에 맞추어 내용연수가 지난 TV를 교체할 경우 디지털 TV를 우선 구매하도록 하며, 보급형 디지털 TV 구매 등 최대한 예산을 절감토록 노력하여야 한다.

■ 공공요금, 유류비 지급 등 예산 집행 과정에서 발생되는 포인트는 당해 경비에 사용하여 예산을 절감하여야 한다.

* 예시) KT 전화요금 납부 시 발생되는 포인트로 전화요금 대체 납부, 공용 차량 주유 시 받은 쿠폰으로 유류비 지급

■ 「공공기관 지방이전에 따른 혁신도시 건설 및 지원에 관한 특별법」 제47조에 근거하여 지급하는 이주 직원에 대한 이사비용은 지방 이전일의 다음 날부터 기산하여 1년 이내에 이사화물을 이전한 경우에 지급한다.

- 이사비용을 지급받으려는 임직원 및 정원 외의 직원은 이사한 날의 다음 날부터 기산하여 6개월 이내에 이사화물의 운송 명세(이동거리, 운송비 등)를 확인할 수 있는 증거 서류를 갖추어 이사비용을 신청하여야 한다.

## (바) 2013년도 지침

### II. 주요 항목별 집행지침

**2** 경 비

■ 경상경비는 최대한 절감 집행하여야 하며, 회계연도 말에 집중 집행하거나 과다 전용이 발생되지 않도록 하여야 한다.

- 통신비는 전 직원에게 일괄 지원하지 않도록 하고, 업무 수행상 필요한 임직원에 한하여 지원할 수 있다.
- 근로자의 날, 체육대회, 창립기념일 등의 행사 시, 기념품은 목적에 맞게 최소한으로 제작 · 지원하여 낭비 요인이 발생하지 않도록 하여야 한다.

■ 법령 등에 의하여 각 공공기관에 설치된 위원회에 공무원이 위원으로 참석할 경우에 지급하는 위원회 참석비는 「2013년도 예산 및 기금 운영계획 집행지침」의 관련 규정을 준용하여 집행하여야 한다.

■ 예산으로 편성하지 않은 일시 자금 등을 재원으로 임직원에게 주택자금대출 지원 등 과도한 복리후생을 지원하지 않도록 한다.

■ 사업추진을 위한 접대비 성격의 예산은 업무추진비에 일괄 계상하여 집행하여야 한다.

- 업무추진비는 신용카드 중 클린카드로 집행하여야 한다.
- 업무추진비는 집행 목적, 일시, 장소 및 집행 대상 등을 증빙서류에 기재하여 사용 용도를 명확히 하여야 한다.
- 업무추진비 사용 관행을 개선하고 투명한 사용을 위해 「2013년도 예산 및 기금 운영계획 집행지침」을 준용하여 업무추진비의 사용 범위 및 집행 절차 등에 대한 자체 세부 지침을

마련하고 시행한다.

● 기관장 및 임원의 업무추진비 사용 내역은 매월 각 기관 홈페이지에 공개한다.

■ 다음 업종에 대해서는 클린카드의 사용을 제한하고, 기관별 특성을 고려하여 사용 제한 업종을 자율적으로 추가하는 등 법인카드 사용과 관련하여 자체 세부 지침을 개선 · 시행한다.

* 유흥 업종(룸살롱, 유흥주점, 단란주점, 나이트클럽, 카바레, 요정)

* 위생 업종(이 · 미용실, 피부미용실, 사우나, 안마시술소, 발 마사지, 스포츠마사지, 네일아트, 지압원 등 대인 서비스)

* 레저 업종(골프장, 골프연습장, 스크린골프장, 노래방, 사교춤, 전화방, 비디오방, 헬스클럽, 스키장)

* 사행 업종(카지노, 복권방, 오락실)

* 기타 업종(성인용품점, 총포류 판매)

● 법인카드의 사적 사용 및 개인 카드의 업무상 사용을 금지하고, 불가피하게 사용한 경우 경위를 소명한다. 또한 즉시 적합한 카드로 변경 결제함을 원칙으로 한다.

● 법인카드 전표 서명 시 사용자의 실명을 명확하게 기재하도록 하고, 서명이 나타나지 않는 카드 전표를 회계처리를 위해 사용하는 경우에도 사용자가 실명을 기재한다.

■ 근로기준법에서 정하고 있는 연차 유급휴가 외에 이와 유사한 형태의 휴가(경조사휴가, 출산휴가 등 국가공무원 복무규정 제20조에 해당하는 항목은 제외)를 운영하지 아니하며, 유급휴가의 사용을 촉진하기 위하여 적절한 조치를 취한다. 사용 촉구에도 불구하고 사용하지 않은 휴가에 대해서는 금전적으로 보상할 수 없다.

■ 국내외 출장은 예산을 절약하는 방향으로 출장 기간 및 출장 인원을 적정하게 조정하여 시행한다. 출장 이행 확인은 원칙적으로 신용카드 매출전표로 하되, 신용카드의 사용이 어려운 경우 기관장이 정하는 방법에 의한다.

● 국제회의 참석 등 해외 출장 시에는 「공공기관 공무 국외여행 개선방안(2008.04.10.)」을 따른다.

* 기관장 국외항공요금은 정무직 공무원(차관)에 준하여 비즈니스석을 이용함을 원칙으로 한다. 다만, 주무부처 장관 수행 등의 경우에는 예외로 할 수 있다.

● 공무출장으로 인해 적립된 항공마일리지는 「공무원여비규정」이 정하는 바에 따라 우선 활용하여야 한다.

■ 국제회의 등 행사는 행사 계획 수립 단계부터 효율적인 예산 집행이 되도록 한다. 회의장 임차는 공공기관(예: 학교 시설, 구민회관, 공공 문화시설 등)을 우선 활용하도록 노력하고, 국제회의 · 국제세미나는 국제관례와 상호주의를 적용한다.

■ 각 기관이 소유 또는 임차하고 있는 주택의 관리비는 입주한 임직원이 부담하도록 한다. 다만, 재산세, 보험료 등의 제세공과금과 건물 및 부대시설의 보존을 목적으로 하는 보수비는 각 기관이 부담할 수 있다.

■ 사내근로복지기금은 관련 법령의 취지에 따라 합리적으로 조성하고 투명하게 관리한다. 또한 조성된 사내근로복지기금은 기금 목적에 부합하게 적정하게 집행하여야 한다.

● 사내근로복지기금은 출연 목적과 달리 편법적인 임금 인상의 수단으로 운용되거나 급여성 경비로 지급되는 일이 없도록 하여야 한다.

■ 임직원이 정부로부터 영 · 유아 보육료 또는 양육수당(이하 보육료 등)을 받는 경우, 기관에서 별도로 지급하던 종전 보육료 등을 중복하여 지급하여서는 아니 된다. 다만, 기관이 지급하던 종전 보육료 등이 정부로부터 지원받는 금액보다 클 경우 그 차액의 범위 내에서 종전과 같이 지급할 수 있다.

● 절감된 종전 보육료 등은 개인별로 지급되는 수당 등에 사용하여서는 아니 되며, 직장 내 보육시설 설치 · 운영 등 영유아 보육사업에 활용할 수 있다.

■ 자산취득비 등 물품 구매 시 친환경상품, 중소기업제품, 장애인생산품 우선구매 등 법적 의무 사항을 준수하여 구매한다.

● 물품구매, 판공비 등 각종 경상경비 지출은 원칙적으로 공공구매카드를 사용하여 집행한다. 이 경우 각 기관은 금융기관과 약정을 통해 카드의 사용 범위, 절차 등의 기준을 기관 특성을 고려하여 사전에 마련하여야 하며, 법인카드 사용에 따른 과실금(사용마일리지 등)은 기관의 자체 수입으로 납입하여야 한다.

● 2012년 12월 말 디지털방송 전환에 맞추어 내용연수가 지난 TV를 교체할 경우 디지털 TV를 우선 구매하도록 하며, 보급형 디지털 TV 구매 등 최대한 예산을 절감토록 노력하여야 한다.

■ 공공요금, 유류비 지급 등 예산 집행 과정에서 발생되는 포인트는 당해 경비에 사용하여 예산을 절감하여야 한다.

* 예시) KT 전화요금 납부 시 발생되는 포인트로 전화요금 대체 납부, 공용 차량 주유 시 받은 쿠폰으로 유류비 지급

■ 「공공기관 지방이전에 따른 혁신도시 건설 및 지원에 관한 특별법」 제47조에 근거하여 지급하는 이주 직원에 대한 이사비용은 지방 이전일의 다음 날부터 기산하여 1년 이내에 이사화물을 이전한 경우에 지급한다.

● 이사비용을 지급받으려는 임직원 및 정원 외의 직원은 이사한 날의 다음 날부터 기산하여 6개월 이내에 이사화물의 운송 명세(이동거리, 운송비 등)를 확인할 수 있는 증거 서류를 갖추어 이사비용을 신청하여야 한다.

## (사) 2014년도 지침

### Ⅰ. 예산편성 기본 방향

◇ 국민의 신뢰 회복을 위한 공공기관 정상화 대책 이행을 뒷받침
  • 강도 높은 부채 관리와 방만 경영 해소 대책 추진을 지원

◇ 고용률 70% 달성 등 국정 과제 추진을 적극적으로 뒷받침

■ 과도한 복리후생 정상화 등 방만 경영을 억제

● 국민의 눈높이에 맞추어 복리후생 수준을 점검하고, 불합리한 관행을 해소하기 위해 노력한다.

● 업무추진비 등 경상경비를 최대한 긴축적으로 편성하고, 내부 평가 시스템을 강화하여 경영 효율을 제고한다.

■ 강도 높은 자구 계획을 마련하여 실효성 있는 부채 관리 대책 추진

● 부채가 과도한 기관*을 중심으로 국회에 제출한 중장기재무관리계획의 실효성을 점검한다.

* 한국토지주택공사, 한국수자원공사, 한국철도공사, 한국도로공사, 한국철도시설공단, 한국전력공사(한수원 등 발전자회사 포함), 한국가스공사, 한국석유공사, 한국광물자원공사, 대한석탄공사, 예금보험공사, 한국장학재단 등 12개 중점관리기관

● 선 자구 노력 – 후 정책적 지원을 원칙으로 자산 매각, 사업 구조조정 등 강도 높은 자구 계획을 포함한 부채 관리 대책을 마련하여 시행한다.

■ '국민–소통–협업'을 원칙으로 국정 과제를 실천

● 반듯한 시간선택제 일자리, 여성 · 청년 고용 확대 등 고용률 제고를 위해 노력한다.

● 무기계약직 전환 확대, 비정규직의 고용 여건 개선 등 불합리한 차별 관행을 시정한다.

● 기관 간 칸막이를 제거하고 협업으로 추진하는 사업에 대해서는 예산을 우선적으로 배정한다.

## Ⅱ. 주요 항목별 편성지침

### 2 경 비

#### (1) 경상경비

■ 경상경비의 정의

● 경상경비는 손익계산서 상의 판매비와 관리비 중 기관 운영 또는 영업 유지를 위해 매년 반복적으로 지출되는 경비로서, 비급여성 복리후생비, 업무추진비, 교육훈련비, 여비교통비, 수선유지비, 통신비 등을 말한다.

■ 경상경비의 편성

● 경상경비는 2013년도 경상경비 예산액 이내에서 편성하되, 불요불급한 경비는 최대한 절감하여 편성한다.

● 다만, 2012년도 경영평가 결과 S등급 기관은 1%p 증액, A등급 기관은 0.5%p 증액, D등급 기관은 0.5%p 삭감, E등급 기관은 1%p 삭감 편성한다.

● 법정경비 발생, 인력 증원, 공공기관 지방 이전 등에 따른 불가피한 증액 소요가 있는 경우에는 예외로 한다.

#### (2) 복리후생비

■ 복리후생비의 정의

● 복리후생비는 법인과의 근로계약에 의하여 근로를 제공하고 그 대가를 받는 직원의 복리

후생을 위해 지급되는 비용을 말한다.

■ 복리후생비의 편성

- 복리후생비는 급여성 복리후생비와 비급여성 복리후생비로 구분하여 편성한다.
  * 급여성 복리후생비는 소득세법상 근로소득으로 분류된 경비를 모두 포함한 것으로 총인건비에 포함되며, 다른 경비항목에 계상할 수 없다.
- 비급여성 복리후생비는 급여성 복리후생비를 제외한 법정 복리후생비 등 기타 복리후생비를 말한다.
- 주택대출금, 학자금, 개인연금 등은 과도한 복리후생이 되지 않도록 합리적으로 편성한다.
  * 대학생 자녀 학자금 무상지원(사내근로복지기금 포함)은 폐지하고, 융자 방식으로 전환한다.
  * 초중고 자녀 학자금 지원은 「공무원 수당 등에 관한 규정」에 따라 안전행정부장관이 정하는 자녀학비보조수당 상한액을 감안하여 과도하게 지원되지 않도록 한다.
  * 예산에서 장학금을 편성할 수 없으며, 사내근로복지기금으로 지원하는 경우 기관 내부 지침 등으로 기준을 명확히 하여 과도한 지원이 되지 않도록 한다.
  * 주택자금 대출이율은 시중금리 수준 등을 감안하여 결정한다.
  * 주택자금, 학자금, 선택적복지 등의 복리후생을 사내근로복지기금으로 지원하는 경우 예산으로 추가 지원하지 않도록 한다.
  * 공공기관 지방 이전에 따라 개인이 금융기관에 부담해야 할 주택구입 · 임차 관련 이자비용을 예산이나 사내근로복지기금에서 무상으로 지원할 수 없다.
  * 경조사비 등을 지원하기 위한 예산을 편성하지 않도록 한다.
  * 직원 생활 안정 등을 위한 융자사업을 예산으로 운영하여서는 아니 된다. 다만, 공공기관 지방 이전에 따른 한시적인 지원은 예외로 한다.
- 선택적 복지비를 지원하는 기관은 의료비 지원을 선택적 복지비에 통합하여 운영토록 하되, 의료비 통합 명목으로 선택적 복지비를 과도하게 증액 편성하지 않도록 한다.
  * 의료비지원 예산 편성 시, 틀니 및 보철, 치료 목적이 아닌 성형 비용, 보약제 비용 등 과도한 의료비 지원이 되지 않도록 한다.

- 장기근속자, 퇴직예정자 등에게 과도하게 기념품을 지원하기 위한 예산을 편성하지 않도록 한다.
  * 예 : 순금, 건강검진권 등
- 무기계약직 복리후생비는 기존 직원과 불합리한 차별이 발생하지 않도록 편성한다.
- 기간제 · 시간제근로자의 복지포인트 및 상여금 예산은 「공공부문 비정규직 고용개선 추진지침(2012.01.16.)」 중 '복지포인트 및 상여금 지급 기준'에 따라 편성한다.

### (3) 업무추진비

■ 업무추진비의 정의

- 업무추진비는 사업추진에 소요되는 연회비, 기타 제 경비 및 업무협의, 간담회 등 각 기관의 기본적인 운영을 위하여 소요되는 경비 등을 말한다.

■ 업무추진비의 편성

- 2014년도 업무추진비(접대비 포함)는 2013년 예산보다 10% 감액하여 편성한다.
- 영리법인 및 비영리법인의 수익사업 추진을 위한 접대비* 성격의 경비는 원칙적으로 세법상 손금인정 한도를 초과할 수 없으며, '업무추진비' 비목에 일괄 계상한다.
  * '접대비'라 함은 접대비 및 교제비 · 사례금 기타 명목 여하에 불구하고 이에 유사한 성질의 비용으로서 법인이 업무와 관련하여 지출한 금액을 말한다.(「법인세법」 제25조)
- 비영리법인의 비수익사업(법인세법 제3조제3항에서 규정하는 수익사업 외의 사업) 추진(업무협의, 간담회 등 기관 운영)을 위한 업무추진비는 최대한 절감하여 편성한다.

### (4) 사내근로복지기금

■ 사내근로복지기금의 정의

- 근로복지기본법 제61조(사내근로복지기금의 조성)에 의하여 조성된 기금을 말한다.

■ 사내근로복지기금의 편성

● 사내근로복지기금 출연 금액은 직원 1인당 출연 규모, 유사 · 동종 업종 민간기업 출연 수준 등을 감안하여 아래와 같은 기준으로 출연하되, 다른 특별 출연을 하여서는 아니 된다.

【 기금 누적액별 출연율 기준 】

| 1인당 기금 누적액 | 출연율 기준 |
|---|---|
| 500만원 이하 | 세전순이익의 100분의 5 |
| 500만원 초과 ~ 2,000만원 | 세전순이익의 100분의 2 |
| 2,000만원 초과 | 세전순이익의 100분의 0 |

* 자체 노력에 의하여 발생하지 아니한 세전순이익(정부의 재정지원, 출자회사 매각, 유휴 자산 매각 등에 의하여 발생한 순이익)을 근거로 사내근로복지기금에 출연을 하여서는 아니 된다.

* 미실현손익(평가손익, 환산손익 등 현금의 유출입을 수반하지 않는 손익)을 근거로 사내근로복지기금에 출연을 하여서는 아니 된다.

● 사내근로복지기금에 출연하고자 하는 기관은 출연 기준 부합 여부 등을 기획재정부와 사전에 협의하고, 주무부처의 승인 후 이사회의 의결을 거쳐 출연한다.

● 직전 사업연도에 당기 순손실이 발생한 경우에는 사내근로복지기금에 출연을 하여서는 아니 된다.

● 사내근로복지기금에 출연한 출연금은 영업비용으로 계상한다.

### (5) 기타

■ 핵심 역량 제고를 위한 교육훈련 및 연구개발이 강화되도록 노력한다.

■ 불필요한 국외여행을 최대한 자제하고, 국외 여비는 공공기관 공무국외여행 개선방안(2008.04.10. 시행)에 따라 절감하여 편성한다.

■ 광고(홍보)예산은 기관 설립 목적 및 경영 목표와 광고 효과 등을 감안하여 절감 편성한다.

● 기관 이미지 등 단순 홍보성 광고비 편성을 지양한다.

■ 「공공기관 지방이전에 따른 혁신도시 건설 및 지원에 관한 법률」 제47조에 근거하여 지급하는 이주 직원에 대한 이사비용은 경비에 편성한다.

● 직원(정원 외의 직원 포함) 1인당 이사비용은 화물 물량 기준으로 7.5톤을 상한으로 하되, 5톤까지는 실비, 5톤 초과분에 대해서는 실비의 50%를 지원할 수 있다.

● 사다리차 이용 비용도 지원할 수 있으며, 화물 물량의 이사비용 지원 기준을 동일하게 적용한다.

## (아) 2014년도 지침 2(방만 경영 정상화 계획 운용 지침)

### Ⅰ. 기본 방향

■ 본 지침은 「공공기관 관리 및 운영에 관한 법률」의 적용을 받는 모든 공공기관에 적용된다.

■ 중점관리기관은 2014년 1월 말까지, 그 외의 기관은 2014년 3월 말까지 각각 방만 경영 정상화 계획을 별첨 양식에 따라 작성하여 「공공기관 정상화협의회」에 제출하여야 한다.

* 중점관리기관은 「공공기관 정상화 대책」(2013.12.11.)의 부채 중점관리기관(18개)과 방만 경영 중점관리기관(20개)을 의미한다.

● 정상화 계획에는 2014년 12월 말까지 방만 경영을 해소할 수 있는 분기별 실행 계획을 포함한다.

● 공공기관은 방만 경영 정상화 계획을 제출하기 이전에 주무부처와 협의를 거쳐야 한다.

■ 기관별로 비상대책위원회를 구성하여 부채 관리와 함께 방만 경영 개선을 위한 자율적 추진 체계와 자체 모니터링 체계를 확립해야 한다.

■ 중점관리기관은 정상화 계획의 이행 실적을 '14년 3분기 말에 중간 평가하여 그 결과를 공

공기관 경영평가에 반영하고, 그 외의 기관은 '15년도에 실시하는 경영평가에 포함하여 평가한다.

- 다만 기타 공공기관 중 중점관리기관은 주무부처가 '14년 3분기 말에 중간평가하여 공공기관운영위원회에 보고하고, 그 외의 기타 공공기관은 주무부처가 '15년도에 평가하여 공공기관운영위원회에 보고한다.
- 이행실적 중간평가 및 반영 방법은 공공기관 경영평가편람을 통해 별도로 제시하고, 기타 공공기관의 경우에는 주무부처가 이를 준용하여 자체 평가편람을 작성하여 평가한다.

## II. 지침의 주요 내용

### 1. 기본 원칙

■ 사회통념상 과도한 복리후생은 지양하고, 과도한 복리후생 여부는 일차적으로 국가공무원의 복리후생 수준을 기준으로 판단한다.

■ 「공기업 · 준정부기관 예산편성지침」(이하 예산편성지침), 「공기업 · 준정부기관 예산집행지침」(이하 예산집행지침)을 위반하는 복리후생비 지급은 금지한다.

■ 공공기관의 복리후생 제도 중 국가 공무원에 대하여 운영되지 않는 제도(고용 세습 등)는 원칙적으로 폐지한다.

■ 동일 복리후생 항목에 대하여 예산과 사내근로복지기금을 중복적으로 지출하는 것은 원칙적으로 금지한다.

■ 기관이 기존에 운영하던 복리후생 항목을 정상화 계획에 따라 폐지한 경우, 이를 대체하는 유사한 복리후생 제도를 도입하지 않도록 한다.

## 2. 분야별 가이드라인

### (1) 퇴직금

■ 퇴직금은 예산편성지침과 관련 규정에 정해진 대로 운영하고, 근속연수에 따라 누진하여 지급하지 않도록 한다.

■ 업무상 부상 · 질병으로 인한 퇴직 또는 순직 시에는 「산업재해보상보험법」 등 관련 규정에 따른 위로보상금을 지급하고, 별도로 퇴직금을 가산하여 지급하지 않도록 한다.

- 업무상 순직의 경우 「산업재해보상보험법」 등 관련 규정에 따라 지급되는 유족 보상 외에 별도로 추가적인 유족 보상금과 장제비 등을 지급하지 않도록 한다.

■ 공상퇴직 및 순직직원 자녀에 대한 학자금, 장학금 등은 예산으로 지원하지 않도록 한다.

### (2) 교육비와 보육비

■ 임직원 자녀에 대한 학비 지원 범위 및 대상은 예산편성지침을 준수하여 과도하게 지원되지 않도록 한다.

- 초중고 자녀 학자금 지원은 「공무원 수당 등에 관한 규정」에 따라 안전행정부장관이 정하는 자녀학비보조수당 상한액을 초과하지 않도록 한다.
  * 의무교육 대상인 초등학교와 중학교의 학비, 방과후학교비 등은 지원하지 않도록 한다.
  * 해외 파견자 중고생 자녀 학비도 「공무원 수당 등에 관한 규정」에 따라 지급하도록 한다.
  * 자녀 영어 캠프비, 학원비 등 일체의 사교육비를 지원하지 않도록 한다.
- 대학생 자녀에 대한 학자금 무상지원을 폐지하고 대여 학자금으로 전환하며, 사내근로복지기금으로도 무상 지원하지 않도록 한다.
  * 예산으로 대학 장학금을 지원하여서는 아니 되며, 사내근로복지기금으로 지원하는 경

우에도 사회통념에 비추어 과도하지 않아야 한다.

* 대학 입학 축하금과 기타 이와 유사한 항목의 축하금은 폐지한다.

■ 영 · 유아 보육료 또는 양육수당(이하 보육료) 등은 기관 예산으로 지원하지 않는 것을 원칙으로 한다.

### (3) 의료비

■ 공공기관 임직원에 대한 의료비 지원은 과도하게 운영되지 않도록 한다.

- 기관 자체적으로 운영하는 직원에 대한 건강검진 지원은 원칙적으로 기관의 소속 직원만을 대상으로 하고, 1인당 연간 건강검진비를 과도하게 지원하지 않도록 한다.
- 업무와 관계없는 질병 · 부상 및 직원 가족에 대한 의료비 지원은 원칙적으로 금지하고 선택적 복지제도에 통합하여 운영하도록 한다.
- 대학병원과 병원을 운영하고 있는 공공기관의 경우 소속 직원 및 가족에 대한 본인 부담금 할인 기준은 국립대병원 진료비 감면에 관한 가이드라인*에 따른다.

* 「국립대병원 진료비 감면제도 개선방안」('13.07.25.)

### (4) 경조사비, 기념품 등

■ 결혼, 사망 조의금 등 경조사비를 예산으로 지원하는 것은 금지한다.

- 경조사비 등을 사내근로복지기금으로 지원하는 경우에도 지원 대상, 금액 등이 과다하지 않도록 하여야 한다.

■ 창립기념일, 근로자의 날 등 각종 기념일에 현금성 물품이나 고가의 기념품을 지급하지 않도록 한다.

- 기념품은 상품권, 선불카드 등 현금과 동일한 가치를 지니는 물품으로 지급해서는 안 된다.

■ 장기근속자에 대한 기념품 지급이나 포상 등은 원칙적으로 금지한다.

● 퇴직예정자를 대상으로 기념품을 지급하는 경우에도 순금, 건강검진권, 전자제품 등 고가의 기념품을 지급하지 않도록 한다.

### (5) 휴가 · 휴직 제도

■ 휴가 제도는 「근로기준법」과 「국가공무원복무규정」에 준하여 운영한다.

● 병가는 「국가공무원복무규정」 제18조의 규정에 따라 연 60일(업무상 질병 · 부상의 경우 연 180일) 한도 내에서 운영한다.

● 경조사휴가는 「국가공무원복무규정」 제20조와 별표 2의 기준에 따라 운영하여야 하며, 동 항목에 규정되지 않은 사유를 경조사휴가 기준에 포함하거나 통합휴가 항목으로 운영하여서는 아니 된다.

● 장기근속자에 대한 안식휴가는 운영하지 않도록 한다.

■ 휴직 제도는 「국가공무원법」과 관련 규정을 감안하여 휴직 사유와 기간, 휴직 기간 중 급여 등에 관한 기준을 합리적으로 설정하여야 한다.

● 휴직의 사유와 기간은 「국가공무원법」 제71조와 제72조의 규정에 따라 운영한다.

● 휴직 기간 중 보수 지급 기준은 「공무원 보수 등에 관한 규정」을 준용한다.

● 육아휴직 급여는 「고용보험법」 제70조와 시행령 제95조에 따라 지급하되, 법령에 규정된 상한액을 초과하여 지급하여서는 아니 된다.

■ 유급 안식년 휴직은 연구직에 한하여 예외적으로 운영한다.

### (6) 복무 행태

■ 체육행사, 문화 · 체육의 날 등은 과도하게 운영하지 않으며, 원칙적으로 근무시간 외에 운

영하도록 한다.

■ 「노동조합 및 노동관계 조정법」과 관련된 행정해석에 따라 근로시간면제자로 지정되지 않은 자의 조합 활동은 근무시간 외에 하여야 하고, 근무시간 중 행할 경우 무급을 원칙으로 한다.

● 근로시간 면제 대상 활동 등을 설정할 때는 「노동조합 및 노동관계조정법」에 따라 과도하게 설정하지 않도록 하여야 한다.

### (7) 유가족 특별채용

■ 업무상 재해로 인한 사망, 정년퇴직, 일반 사망 등 이유를 불문하고 직원 가족을 특별채용하는 것을 일절 금지한다.

■ 유가족 및 전직 직원의 자녀에 대해 공개경쟁 채용 시 가산점을 부여하거나 이와 유사한 우대 제도를 금지한다.

### (8) 경영 · 인사

■ 경영 · 인사에 관한 권한이 사용자에 있음을 양지하고, 경영 · 인사권을 본질적으로 제약할 수 있는 일체의 행위를 하여서는 아니 된다.

● 조합 간부나 조합원에 대한 징계 시 노동조합의 동의를 얻도록 하여서는 아니 되며, 노조의 동의가 없으면 징계위원회의 의결이 실질적으로 불가능하도록 운영하여서는 아니 된다.

● 노동조합의 동의가 없으면 직원의 채용 · 전보 및 구조조정 등이 실질적으로 불가능하도록 운영하여서는 아니 된다.

● 고용안정위원회 등은 구조조정에 관한 협의기관으로 운영하여야 하고, 구조조정에 관한 결정권을 갖도록 운영하여서는 아니 된다.

- 「노동조합 및 노동관계조정법」에 반하는 제도를 운영하여서는 아니 된다.
  - 「노동조합 및 노동관계조정법」 제2조에 따른 사용자 및 항상 사용자의 이익을 대표하여 행동하는 직원이 노동조합의 조합원으로 참여하도록 하여서는 아니 된다.

- 쟁의행위 기간 중에는 무노동 · 무임금 원칙을 적용하며, 위법한 쟁의행위에 대해서는 민형사상 책임을 부과하는 등 적절한 대응을 하여야 한다.

### (9) 기타

- 직원과 직원 가족을 대상으로 하는 단체 상해 · 화재 보험 등을 운영하고자 하는 경우에는 직원에게 지급되는 복지 포인트를 활용하도록 한다.

- 직원의 개인연금 비용을 보조하여서는 아니 된다.

- 재해부조금은 공무원연금법상 재해부조 지급률을 감안하여 과도하지 않은 수준으로 운영한다.

- 주택자금, 생활안정자금을 예산으로 융자하는 경우 대출 이자율은 시중금리 수준을 감안하여 결정하여야 하며, 무이자로 융자하는 것은 원칙적으로 금지한다.
- 업무상 부상 또는 질병에 대한 급여는 「산업재해보상보험법」에 따라 처리하도록 한다.
  - 「산업재해보상보험법」에 따라 지급되는 휴업급여 외에 급여의 보전을 목적으로 차액을 지급하지 않도록 한다.
  - 「산업재해보상보험법」에 따라 지급되는 장해급여 외에 기관에서 추가적으로 별도의 보상을 하지 않도록 한다.

# 5 준예산

## ◈ 준예산이란?

예산은 원칙적으로 회계연도 또는 사업연도가 시작하기 전에 편성하여 의결 기관의 승인을 받는 것이 원칙이다. 근로복지기본법과 같은법 시행령, 같은법 시행규칙, 사내근로복지기금 업무처리지침(고용노동부 예규) 상에는 예산편성 시기가 구체적으로 명시되어 있지 않고, 대부분 해당 사내근로복지금법인 정관에서 정하여 고용노동부장관 인가를 받고 시행하도록 하고 있다.

대부분의 사내근로복지기금법인 정관에서는 예산은 매 사업연도 종료일 이전에 익년도 예산을 편성하여 복지기금협의회 승인을 얻도록 명시하고 있다. 그러나 부득이한 사정으로 익년도 예산을 편성하지 못할 경우, 사업이나 비용 집행을 중단할 수 없으므로 당해연도 예산이 의결기관으로부터 승인받기 전까지 한시적으로 전년도 예산에 준하여 비용을 집행하겠다는 승인을 받고 집행하게 되는데, 이때 승인받는 예산이 준예산이다.

## ◈ 준예산 편성 시기

준예산은 익년도 예산이 회계연도 종료일까지 편성 내지는 의결기관에서 승인받지 못할 경우 임시로 긴급한 비용을 지출하기 위해 편성하게 된다. 사내근로복지기금의 경우 많은 회사들이 당해 회계연도에 기부금 손비 인정을 받기 위해 연말 부근에 추정 손익을 기준으로 사내근로복지기금을 출연하기 때문에, 수입예산 중에서 회사 사내근로복지기금의 비중이 큰 경우 회계연도 종료일 이전에 익년도 사업예산을 수립하여 확정하기가 어려운 실정이다.

준예산은 원칙적으로 회계연도 종료일 이전에 익년도 예산이 확정되지 않았을 경우 새로운 회계연도 개시 이전 또는 개시된 후 가급적 빠른 시일 내에 편성해야 한다.

## ◈ 준예산 편성 방법

준예산은 본예산이 승인받기 전까지 한시적으로 적용되므로 원칙적으로 전년도 예산에 준하여 편성하게 되고, 기존 목적사업의 증액이나 새로운 목적사업의 도입은 바람직하지 않다. 사내근로복지기금 정관에 회사 내규를 준용한다는 조문이 있다면 준예산 편성은 회사 내규를 준용하여 편성하면 된다.

## ◈ 준예산 유효 기간

준예산은 본예산이 의결기관에서 승인되면 자동 폐기된다. 준예산에 의해 집행된 실적은 본예산에 의해 집행된 것으로 자동 승계된다.

## ◈ 준예산 편성 사례

준예산 편성 사례는 다음과 같다.

### 제목 : 201X년 준예산 편성

1. 관련 근거

가. 사내근로복지기금정관 제00조(준용규정)

나. 사내근로복지기금 운영규정 제00조(회계), 제00조(보칙)

다. 회사 회계규정 제00조(준예산)

2. 준예산 편성 사유

가. 201X년 사내근로복지기금 예산 미확정

 1) 회사 임금협상 지연으로 기금에서 수행하는 목적사업 미확정

3. 준예산(안)

가. 201X년도(전년도) 편성예산 준용

 1) 손익예산

(단위 : 천원)

| 구 분 | 201X년(당해연도) | 201X년(전년) | 증감액 |
|---|---|---|---|
| 수 익 | 000,000 | 000,000 | 000,000 |
| 비 용 | 000,000 | 000,000 | 000,000 |
| 당기순이익 | 00,000 | 000,000 | 00,000 |

2013년도(당해연도) 준예산 : 별첨

4. 준예산 운용 방침

가. 손익예산

- ㅇ 노사합의에 의거 운용 중인 기존 사업비 중 집행이 불가피한 비용과
- ㅇ 제 법령이나 규정에 의한 필수적인 비용은 준예산 범위 내에서 집행하되, 본예산 확정 시까지 긴축 집행

나. 자본예산

- ㅇ 투자자산(생활안정자금, 주택구입자금)과 고정자산(공구와기구)은 201X년도 예산금액(000,000천원)에 준하여 지속적으로 대부를 실시함.

5. 시행일 : 201X. 1. 1부터 본예산 확정 시까지

첨부 : 1. 준예산 편성 관련 조문표 1부.

2. 201X년도 준예산서 1부. 끝.

## 첨부1. 준예산 편성 관련 조문

### 1. 00사내근로복지기금 정관

**제 00 조(예 산)**
이사회는 다음 각 호의 내용을 포함한 예산(사업계획)서를 매 회계연도 개시 전까지 작성하여 협의회의 승인을 얻어야 한다.

1. 예산 총칙
2. 목적사업계획서
3. 추정대차대조표
4. 추정손익계산서
5. 기금 운영계획서

**제 00 조(조직 및 운영)**
사무국의 조직 및 운영에 관하여는 기금 운영규정으로 정한다.

### 2. 00사내근로복지기금 운영규정

## 제0장 회 계

**제00조(회계)**
① 기금법인의 회계는 비영리법인의 회계, 근로복지기본법령, 사내근로복지기금 업무처리지침, 법인세법 등에 특별히 정하지 아니한 사항은 회사 회계규정과 세칙을 준용하고 회계관습에 의한다.
② 계정과목은 특별히 정하지 아니한 경우에는 회사 계정과목을 준용할 수 있다.

## 제0장 보 칙

**제00조(보칙)**
이 규정에서 특별히 정하지 아니한 사항 중 필요한 사항은 회사 관련 규정을 준용할 수 있다.

3. 00주식회사 회계규정

제00조(준예산)

① 사장은 천재지변 기타 부득이한 사유로 회계연도 개시 전까지 회사의 예산이 확정되지 아니한 경우에는 전년도 예산에 준하여 준예산을 편성, 운용할 수 있다.

② 준예산은 당해연도의 예산이 확정된 경우에는 그 효력을 잃는다. 이 경우 준예산에 의하여 집행된 예산은 이를 당해연도의 예산에 의하여 집행된 것으로 본다.

준예산서는 직전연도 예산서와 형식과 내용, 금액이 동일하기에 생략한다.

# 6 추경예산

## ◈ 추경예산이란?

추경예산이란 추가경정예산의 줄여 부르는 말로서 예산을 집행하다가 예기치 못한 지출요인이 발생할 때 이를 반영하여 예산을 수정하는 것을 말한다. 당해연도 사내근로복지기금 사업계획서(예산)는 복지기금협의회에서 이미 의결을 받아 시행중인데 수익이나 비용이 편성예산 한도를 초과할 경우 이를 집행하려면 추경예산을 편성해야 한다.

## ◈ 추경예산 편성 시기

기금법인에서 추경예산 편성하는 사유는 크게 두 가지가 있다. 첫째는 회계연도 중에 사내근로복지기금 출연이나 회사에서 시행 중인 복리후생제도를 사내근로복지기금으로 전환하여 실시하기로 노사가 합의하였다면 기금법인에서는 새로운 목적사업을 추가한 추경예산을 편성하여 복지기금협의회 의결을 받아야 한다. 둘째는 재난이 발생하여 특정 목적사업비 등이 기 편성된 예산을 초과하여 더 이상 가용재원이 없을 경우 해당 사업비를 집행하려면 해당 사업비 예산을 증액시켜야 한다.

## ◈ 추경예산 편성 방법

추경예산은 기존 예산에 새로운 수익이나 비용을 반영하여(새로운 목적사업 추가 또는 기존 사업비를 증액) 편성한다. 기금법인의 이사가 작성하여 복지기금협의회에 상정해야 한다.

## ◈ 추경예산 발효

추경예산은 복지기금협의회에 상정하여 의결이 되면 본예산으로서 효력을 가진다. 다만, 사내근로복지기금법인은 사업계획서가 변경되어도 주무관청에 보고 의무가 없다.

# 7 예산전용

## ◈ 예산전용이란?

예산전용이란 예산집행에 신축성을 부여함으로써 사업의 효율적인 추진과 예산의 적정한 사용을 도모하기 위한 제도이다. 예산은 목적 이외에 사용할 수 없다. 반면 예산은 예정적인 계획이므로 실제 집행과정에서는 계획의 변동이나 상황이나 여건의 변화 등으로 미처 계획에 반영하지 못한 사항으로 인해 지출요인이 발생할 경우 이를 반영하여 가용예산 범위 내에서 항목별 예산을 상호 증감을 통해 변경시키는 행위하고 할 수 있다.

## ◈ 예산전용 시기

기금법인에서 예산전용을 실시하는 시기는 주로 하반기이다. 회계연도 말이 가까워지면 목적사업비나 일반관리비가 예기지 않은 사유로 인해 비용이 편성예산을 초과할 경우 이를 집행하기 위해서는 예산을 증액해야 하는데 전체 예산액을 증액시키려면 추경예산을 편성해야 하지만 복지기금협의회에서 승인받은 당해연도 가용예산 범위 내에서 예산이 남는 계정과목에서 부족한 계정과목으로 계정과목간 예산을 조정할 수 있다.

## ◈ 예산전용 방법

예산전용은 특정 사업비 또는 일반관리비 계정과목 예산이 부족할 경우 예산이 남는 계정과목에서 감액하여 부족한 계정과목으로 예산을 증액시킨다. 예산전용은 예산의 증액이 아니기에 위임전결규정에서 이사회 전결사항으로 정해놓고 이사회에서 처리하면 된다.

## ◈ 전용예산 발효

예산전용은 위임전결 규정에 따라 위임전결권자가 처리하면 효력을 지니게 된다. 사내근로복지기금법인은 추경예산이나 예산전용 공히 변경되어도 주무관청에 보고 의무가 없다.

# PART 4

# 사내근로복지기금 예산편성 사례

# 1 이자소득만 있는 기금법인 (종업원대부사업 미실시)

## 가. 당해연도 설립 기금법인 1(기본재산 사용 않음)

사업계획서 및 예산서 작성을 위한 기본 조건은 다음과 같다.

甲주식회사는 사내근로복지기금을 설립하기로 노사가 합의하였다.

- 201X년 3월 말까지 사내근로복지기금을 설립하여 설립등기를 완료하고, 4월 1일 자로 10억원을 사내근로복지기금에 출연하기로 하였다. 정기예금 이자율은 연 3%, 이자 지급 방식은 월지급식으로 운용하되 정기예금이자 원천징수는 이자소득액의 14%이다.
- 기금법인에서 실시할 목적사업으로는 암치료비지원(2명에게 400만원 예상), 유치원교육비지원(10명에게 900만원 예상), 동호인회지원(4개 동호회 400만원 예상) 사업을 실시하기로 하였다.
- 운영경비는 기금 설립 및 변경 등기비 40만원, 세금과공과 10만원, 교육훈련비 50만원의 지출이 예상된다.
- 예비비는 100만원을 편성하다.

## 201X년도 사업계획 및 예산서(안)

201X년 4월

갑사내근로복지기금

PART 1
PART 2
PART 3
PART 4
부록

# 목 차

## Ⅰ. 201X년 사업계획 개요

### ■ 기 본 방 향

● 201X년도 사내근로복지기금 운영은 설립 및 운영 기반 조성, 기금 조성 방안에 중점을 두고

● 조성된 기금의 범위 안에서 실현 가능한 사업계획을 수립하여 운영토록 하여 사원 후생복지 증진에 기여

### ■ 추 진 방 향

● 기금 조성

– 201X년도 출연 규모 : 약 10억원

– 장기적 기금 조성 계획 수립하여 매년 세전이익의 일부를 출연

● 운영 기반 조성

– 별도 법인 설립에 따른 업무 추진 계획 수립

– 복리후생 증진의 기반 확립 및 기금업무 지원시스템 구축

### ■ 부문별 사업계획

| 사 업 명 | 세부 사업 내용 | 시 행 기 간 | | | | 비 고 |
|---|---|---|---|---|---|---|
| | | 1/4 | 2/4 | 3/4 | 4/4 | |
| 1. 기금 조성 | 201X년도 기금 출연 | | | | | |
| 2. 기금 운영 | 협의회 운영<br>이사회 운영 | | | | | |
| 3. 운영부서 확정 | 전담부서 및 사무요원 확보 | | | | | |
| 4. 사무기기 확보 | 사무기기, 회계프로 확보 | | | | | |
| 5. 기 타 | 각종 자료 및 사업계획 수립 | | | | | |

## II. 201X년 예산 편성(안)

■ 예산 총칙

### 예산 총칙

〈제1조〉 201X년도 추정대차대조표, 추정손익계산서 및 자본예산은 다음과 같다.

1. 추정대차대조표(재무상태표)

(단위 : 천원)

| 차변 | | 대변 | |
|---|---|---|---|
| 자산 | 순손실 | 부채 | 자본 |
| 1,003,500 | 0 | 3,500 | 1,000,000 |

2. 추정손익계산서

(단위 : 천원)

| 차변 | | 대변 | |
|---|---|---|---|
| 비용 | 순이익 | 수익 | 순손실 |
| 19,000 | 3,500 | 22,500 | 0 |

3. 자본예산

(단위 : 천원)

| 비유동자산 | 계 |
|---|---|
| 0 | 0 |

〈제2조〉 주임이사는 예산 집행상 불가피하다고 인정하는 경우에는 손익예산 및 자본예산의 항간 한도액 범위 내에서 예산을 전용할 수 있다. 단, 항간 한도액을 초과하여 집행하고자 할 때에는 이사회의 승인을 얻어야 한다.

〈제3조〉 주임이사는 다음의 비목에 대하여 예산에 불구하고 이를 초과 집행할 수 있다.

① 세금과공과 및 등기소송비

② 사업외비용 및 법인세비용

〈제4조〉 주임이사는 기금 출연 혹은 금리 변동으로 인하여 필요한 경우, 추정손익계산서, 추정대차대조표 및 자금운영 계획의 규모를 변경시킬 수 있다.

〈제5조〉 손익예산은 기금원금을 잠식하여 집행할 수 없다.

비용 집행을 위한 수익금 부족이 예상될 경우 주임이사는 법적 강제성 등을 감안하여 우선순위를 정하여 손익예산 및 자본예산을 집행할 수 있다.

〈제6조〉 예비비 사용

주임이사는 천재지변 기타 사전에 예측할 수 없는 상황이 발생했을 경우 이사회의 승인을 얻어 예비비를 사용할 수 있다.

〈제7조〉 예산은 익년도에 이월하여 집행할 수 없다.

다만 자본예산의 사업재원 중 지출원인행위를 한 공사비와 지출원인행위를 하지 아니한 그 부대경비는 이사회의 승인을 얻어 이월 사용할 수 있다.

## ■ 종합예산

### 1. 추정손익계산서

(단위 : 천원)

| 과 목 | 201X년 예산 | | | 비고 |
|---|---|---|---|---|
| | 목적사업회계 | 기금관리회계 | 계 | |
| 1.사업수익 | 0 | 22,500 | 22,500 | |
| 가.이자수익 | 0 | 22,500 | 22,500 | |
| 2.고유목적사업비 | 17,000 | 0 | 17,000 | |
| 가.암치료비지원<br>나.유치원교육비지원<br>다.동호인회지원 | 4,000<br>9,000<br>4,000 | 0<br>0<br>0 | 4,000<br>9,000<br>4,000 | |
| 3.사업총이익 | △17,000 | 22,500 | 5,500 | |
| 4.일반관리비 | 1,000 | 0 | 1,000 | |
| 가.등기소송비<br>나.세금과공과<br>다.교육훈련비 | 400<br>100<br>500 | 0<br>0<br>0 | 400<br>100<br>500 | |
| 5.사업이익 | △18,000 | 22,500 | 4,500 | |
| 6.사업외수익 | 19,000 | 0 | 19,000 | |
| 가.고유목적사업준비금1전입수입 | 19,000 | 0 | 19,000 | |
| 7.사업외비용 | 1,000 | 22,500 | 23,500 | |
| 가.고유목적사업준비금전입액<br>나.예비비 | 0<br>1,000 | 22,500<br>0 | 22,500<br>1,000 | |
| 8.법인세차감전순이익 | 0 | 0 | 0 | |
| 9.법인세비용 | 0 | 0 | 0 | |
| 10.당기순이익 | 0 | 0 | 0 | |

## 2. 추정대차대조표(추정재무상태표)

(단위 : 천원)

| 과 목 | 201X년 예산 | | | 비고 |
|---|---|---|---|---|
| | 목적사업회계 | 기금관리회계 | 계 | |
| 〈자 산〉<br>Ⅰ. 유동자산 | 0 | 1,003,500 | 1,003,500 | |
| 1. 당좌자산 | 0 | 1,003,500 | 1,003,500 | |
| 1)현금및현금성자산<br>2)단기예금<br>3)선급법인세 | 0<br>0<br>0 | 350<br>1,000,000<br>3,150 | 350<br>1,000,000<br>3,150 | |
| Ⅱ. 비유동자산 | 0 | 0 | 0 | |
| 1. 투자자산 | 0 | 0 | 0 | |
| 1)주택구입대부금 | 0 | 0 | 0 | |
| (자산 총계) | 0 | 1,003,500 | 1,003,500 | |
| Ⅰ. 유동부채 | 0 | 0 | 0 | |
| Ⅱ. 비유동부채 | 0 | 3,500 | 3,500 | |
| 1)고유목적사업준비금1<br>2)고유목적사업준비금2 | 0<br>0 | 3,500<br>0 | 3,500<br>0 | |
| (부채 총계) | 0 | 3,500 | 3,500 | |
| Ⅰ. 자본금 | 0 | 1,000,000 | 1,000,000 | |
| 1. 기본재산 | 0 | 1,000,000 | 1,000,000 | |
| Ⅱ. 이익잉여금 | 0 | 0 | 0 | |
| 1.차기이월잉여금 | 0 | 0 | 0 | |
| (자본 총계) | 0 | 1,000,000 | 1,000,000 | |
| (부채와자본 총계) | 0 | 1,003,500 | 1,003,500 | |

* 주1. 고유목적사업준비금1은 법인세법 제29조에 의한 준비금임.
  주2. 고유목적사업준비금2는 근로복지기본법 제62조제2항에 의한 준비금임.

## ■ 부문별 예산

### 1. 수익예산

(단위 : 천원)

| 관 | 항 | 목 | 금 액 | |
|---|---|---|---|---|
| 사업수익 | | | 22,500 | |
| | 이자수익 | | 22,500 | |
| | | 예금이자 | 22,500 | –1,000,000 × 3% × 9/12 = 22,500 |
| 사업외수익 | | | 0 | |
| | 사업외수익 | | 0 | |
| | | 고유목적사업준비금전입수입 | 0 | –당해연도 출연금 중 준비금사용액 |
| 계 | | | 22,500 | |

## 2. 비용예산

(단위 : 천원)

| 관 | 항 | 목 | 금 액 | 산 출 근 거 |
|---|---|---|---|---|
| 사업비용 | | | 17,000 | |
| | 고유목적 사업비 | | 17,000 | |
| | | 암치료비 | 4,000 | – 2명 × 2,000 = 4,000 |
| | | 유치원교육비 | 9,000 | – 10명 × 월 100 × 9월 = 9,000 |
| | | 동호인회지원 | 4,000 | – 4개 × 1,000 = 4,000 |
| 관리비용 | | | 1,000 | |
| | 관리비 | | 1,000 | |
| | | 등기소송비 | 400 | – 기금설립등기 외 400 |
| | | 세금과공과 | 100 | – 법인균등할주민세 외 100 |
| | | 교육훈련비 | 500 | – 외부 교육 참가 2회 × 250 = 500 |
| 예비비 | | | 1,000 | |
| | 예비비 | | 1,000 | |
| | | 예비비 | 1,000 | – 예비비 1,000 |
| 계 | | | 19,000 | |

◎ 당기순이익 : 수익 – 비용 = 22,500천원 – 19,000천원 = 3,500천원※

### 3. 자본예산

(단위 : 천원)

| 관 | 항 | 목 | 금액 | 산 출 근 거 |
|---|---|---|---|---|
| 비유동자산 | | | 0 | |
| | 투자자산 | | 0 | |
| | | 주택구입자금 | 0 | -없음 |
| | | 주택임차자금 | 0 | -없음 |
| | | 생활안정자금 | 0 | -없음 |
| 계 | | | 0 | |

# Ⅲ. 목적사업 계획서

## ■ 목적사업 계획서

(단위 : 천원)

| 사업명 | 목 적 | 산출 내역 | 금 액 | 지 원 방 법 |
|---|---|---|---|---|
| 암치료비 지원 | 근로자가 암으로 입원 시 치료비 지원을 통해 근로자 복지 증진과 생활 안정을 도모 | ㅇ2명× 2,000 천원 | 4,000 | 출연기금에서 발생한 수익금을 재원으로, 지원 사유가 발생한 근로자가 증빙을 첨부하여 신청 시 심사를 통하여 지원함 |
| 유치원교육비지원 | 회사 근로자의 자녀 유치원교육비 지원을 통해 근로의욕을 고취시키고, 생활 안정과 근로 복지 증진에 기여함 | ㅇ10명 × 월 100천원 × 9월 | 9,000 | 출연기금에서 발생한 수익금을 재원으로, 지원 사유가 발생한 근로자가 증빙을 첨부하여 신청 시 심사를 통하여 지원함 |
| 동호인회 지원 | 회사 내 비공식 조직인 동호인회 활동을 지원해서 회사 내 부서, 직종, 지역 간 교류 확대를 통해 상호 이해를 증진시킴으로써, 정서 안정과 명랑한 직장 분위기를 조성하고, 이를 통해 회사 조직 활성화와 기업 문화 창달에 기여함 | ㅇ4개 × 1,000 천원 | 4,000 | 출연기금에서 발생한 수익금을 재원으로, 활동 중인 동호인회가 전년도 활동 실적 및 당해연도 활동 계획을 첨부하여 지원금을 신청 시 심사를 통하여 지원함 |
| 계 | | | 17,000 | |

# Ⅳ. 기금운용 계획서

## ■ 기금운용 계획서

(단위 : 천원)

| 구분 | 내 역 | 금 액 | 비 고 |
|---|---|---|---|
| 조 달 | 1. 201X년도 수익 | 22,500 | |
| | 2. 이자수익 총액 | 22,500 | |
| | 3. 201X년 출연금 중 고유목적사업준비금 설정 | 0 | |
| | 합 계 | 22,500 | |
| 지출 | 1. 고유목적사업비 지출 | 17,000 | |
| | 2. 일반관리비 지출 | 1,000 | |
| | 3. 예비비 | 1,000 | |
| | 합 계 | 19,000 | |
| 과부족 | | 3,500 | |

PART 1
PART 2
PART 3
PART 4
부록

## 나. 당해연도 설립 기금법인 2(기본재산 사용)

사업계획서 및 예산서 작성을 위한 기본 조건은 다음과 같다.

乙(덧말:을)주식회사는 사내근로복지기금을 설립하기로 노사가 합의하였다.

- 201X년 3월 말까지 사내근로복지기금을 설립하여 설립등기를 완료하고, 4월 1일 자로 10억원을 사내근로복지기금에 출연하기로 하였음. 정기예금 이자율은 연 3%, 이자 지급 방식은 월지급식으로 운용하되 정기예금 이자소득 원천징수는 14%임.
- 근로복지기본법령에 따라 당해연도 출연금 중 복지기금협의회 의결로서 50%인 5억원을 고유목적사업에 사용하기로 결정함.
- 종업원대부사업은 실시하지 않기로 함.
- 기금법인에서 실시할 목적사업으로는 암치료비지원(2명에 500만원 예상), 유치원교육비지원(10명에 900만원 예상), 동호인회지원(4개 동호회 400만원 예상), 대학생 자녀 장학금지원 사업(20명에 1억 2000만원)을 실시하기로 하였음.
- 운영경비로는 기금 설립 및 변경 등기비 30만원, 세금과공과 10만원, 교육훈련비 60만원, 사내근로복지기금관리시스템 도입에 따른 지급수수료 300만원의 지출이 예상됨.
- 예비비는 100만원을 편성함

# 201X년도 사업계획 및 예산서(안)

201X년 4월

을사내근로복지기금

# 목 차

Ⅰ. 201X년 사업계획 개요

⊙ 기본 방향

⊙ 추진 방향

⊙ 부문별 사업계획

Ⅱ. 201X년 예산 편성(안)

⊙ 예산 총칙

⊙ 종합 예산

1. 추정손익계산서
2. 추정대차대조표

⊙ 부문별 예산

1. 수익예산
2. 비용예산
3. 자본예산

Ⅲ. 목적사업 계획서

⊙ 목적사업 계획서

Ⅳ. 기금운용 계획서

⊙ 기금운용 계획서

# Ⅰ. 201X년 사업계획 개요

## ■ 기 본 방 향

- 201X년도 사내근로복지기금 운영은 설립 및 운영 기반 조성, 기금 조성 방안에 중점을 두고
- 조성된 기금의 범위 안에서 실현 가능한 사업계획을 수립하여 운영토록 하여 사원 후생복지 증진에 기여

## ■ 추 진 방 향

- 기금 조성
  - 201X년도 출연 규모 : 약 10억원(50%인 5억원을 사용함)
  - 장기적 기금 조성 계획 수립하여 매년 세전이익의 5% 출연
- 운영 기반 조성
  - 별도 법인 설립에 따른 업무 추진 계획 수립
  - 복리후생 증진의 기반 확립 및 기금업무 지원시스템 구축

## ■ 부문별 사업계획

| 사 업 명 | 세부 사업 내용 | 시 행 기 간 | | | | 비 고 |
|---|---|---|---|---|---|---|
| | | 1/4 | 2/4 | 3/4 | 4/4 | |
| 1. 기금 조성 | 201X년도 기금 출연 | | | | | |
| 2. 기금 운영 | 협의회 운영 이사회 운영 | | | | | |
| 3. 운영부서 확정 | 전담부서 및 사무요원 확보 | | | | | |
| 4. 사무기기 확보 | 사무기기 및 회계프로 확보 | | | | | |
| 5. 기 타 | 각종 자료 및 사업계획 수립 | | | | | |

# Ⅱ. 201X년 예산 편성(안)

■ 예산 총칙

## 예산 총칙

〈제1조〉 201X년도 추정대차대조표, 추정손익계산서 및 자본예산은 다음과 같다.

● 추정대차대조표(재무상태표)

(단위 : 천원)

| 차변 | | 대변 | |
|---|---|---|---|
| 자산 | 순손실 | 부채 | 자본 |
| 876,125 | 0 | 376,125 | 500,000 |

● 추정손익계산서

(단위 : 천원)

| 차변 | | 대변 | |
|---|---|---|---|
| 비용 | 순이익 | 수익 | 순손실 |
| 143,000 | 376,125 | 519,125 | 0 |

● 자본예산

(단위 : 천원)

| 비유동자산 | 계 |
|---|---|
| 0 | 0 |

〈제2조〉 주임이사는 예산 집행상 불가피하다고 인정하는 경우에는 손익예산 및 자본예산의 항간 한도액 범위 내에서 예산을 전용할 수 있다. 단, 항간 한도액을 초과하여 집행하고자 할 때에는 이사회의 승인을 얻어야 한다.

〈제3조〉 주임이사는 다음의 비목에 대하여 예산에 불구하고 이를 초과 집행할 수 있다.

① 세금과공과 및 등기소송비

② 사업외비용 및 법인세비용

〈제4조〉 주임이사는 기금 출연 혹은 금리 변동으로 인하여 필요한 경우, 추정손익계산서, 추정대차대조표 및 자금운영 계획의 규모를 변경시킬 수 있다.

〈제5조〉 손익예산은 기금원금을 잠식하여 집행할 수 없다.

비용 집행을 위한 수익금 부족이 예상될 경우 주임이사는 법적 강제성 등을 감안하여 우선순위를 정하여 손익예산 및 자본예산을 집행할 수 있다.

〈제6조〉 예비비 사용

주임이사는 천재지변 기타 사전에 예측할 수 없는 상황이 발생했을 경우 이사회의 승인을 얻어 예비비를 사용할 수 있다.

〈제7조〉 예산은 익년도에 이월하여 집행할 수 없다.

다만 자본예산의 사업재원 중 지출원인행위를 한 공사비와 지출원인행위를 하지 아니한 그 부대경비는 이사회의 승인을 얻어 이월 사용할 수 있다.

## ■ 종합예산

### 1. 추정손익계산서

(단위 : 천원)

| 과 목 | 2014년 예산 | | | 비고 |
|---|---|---|---|---|
| | 목적사업회계 | 기금관리회계 | 계 | |
| 1.사업수익 | 0 | 19,125 | 19,125 | |
| 가.이자수익 | 0 | 19,125 | 19,125 | |
| 나.대부이자수익 | 0 | 0 | 0 | |
| 2.고유목적사업비 | 138,000 | 0 | 138,000 | |
| 가.암치료비지원 | 5,000 | 0 | 5,000 | |
| 나.유치원교육비지원 | 9,000 | 0 | 9,000 | |
| 다.동호인회지원 | 4,000 | 0 | 4,000 | |
| 라.장학금지원 | 120,000 | 0 | 120,000 | |
| 3.사업총이익 | △138,000 | 19,125 | △118,875 | |
| 4.일반관리비 | 4,000 | 0 | 4,000 | |
| 가.지급수수료 | 300 | 0 | 300 | |
| 나.세금과공과 | 100 | 0 | 100 | |
| 다.교육훈련비 | 600 | 0 | 500 | |
| 라.지급수수료 | 3,000 | 0 | 3,000 | |
| 5.사업이익 | △142,000 | 19,125 | △122,875 | |
| 6.사업외수익 | 143,000 | 0 | 143,000 | |
| 가.고유목적사업준비금1전입수입 | 19,125 | 0 | 19,125 | |
| 나.고유목적사업준비금2전입수입 | 123,875 | 0 | 123,875 | |
| 7.사업외비용 | 1,000 | 19,125 | 20,125 | |
| 가.고유목적사업준비금전입액 | 0 | 19,125 | 19,125 | |
| 나.예비비 | 1,000 | 0 | 1,000 | |
| 8.법인세차감전순이익 | 0 | 0 | 0 | |
| 9.법인세비용 | 0 | 0 | 0 | |
| 10.당기순이익 | 0 | 0 | 0 | |

## 2. 추정대차대조표(추정재무상태표)

(단위 : 천원)

| 과 목 | 2014년 예산 | | | 비 고 |
|---|---|---|---|---|
| | 목적사업회계 | 기금관리회계 | 계 | |
| 〈자 산〉 | | | | |
| Ⅰ. 유동자산 | 0 | 876,125 | 876,125 | |
| 1. 당좌자산 | 0 | 876,125 | 876,125 | |
| 1)현금및현금성자산 | 0 | 23,448 | 23,448 | |
| 2)단기금융상품 | 0 | 850,000 | 850,000 | |
| 3)선급법인세 | 0 | 2,677 | 2,677 | |
| Ⅱ. 비유동자산 | 0 | 0 | 0 | |
| 1. 투자자산 | 0 | 0 | 0 | |
| 1)주택구입대부금 | 0 | 0 | 0 | |
| (자산 총계) | 0 | 876,125 | 876,125 | |
| Ⅰ. 유동부채 | 0 | 0 | 0 | |
| Ⅱ. 비유동부채 | 0 | 376,125 | 376,125 | |
| 1)고유목적사업준비금1 | 0 | 0 | 0 | |
| 2)고유목적사업준비금2 | 0 | 376,125 | 376,125 | |
| (부채 총계) | 0 | 376,125 | 376,125 | |
| Ⅰ. 자본금 | 0 | 500,000 | 500,000 | |
| 1. 기본재산 | 0 | 500,000 | 500,000 | |
| Ⅱ. 이익잉여금 | 0 | 0 | 0 | |
| 1.차기이월잉여금 | 0 | 0 | 0 | |
| (자본 총계) | 0 | 500,000 | 500,000 | |
| (부채와자본 총계) | 0 | 876,125 | 876,125 | |

* 주1. 고유목적사업준비금1은 법인세법 제29조에 의한 준비금임.

주2. 고유목적사업준비금2는 근로복지기본법 제62조제2항에 의한 준비금임.

## ■ 부문별 예산

### 1. 수익예산

(단위 : 천원)

| 관 | 항 | 목 | 금 액 | 산 출 근 거 |
|---|---|---|---|---|
| 사업수익 | | | 19,125 | |
| | 이자수익 | | 19,125 | |
| | | 예금이자 | 19,125 | –850,000 × 3% × 9/12 = 19,125 |
| | 대부이자 수익 | | 0 | |
| | | 대부이자 | 0 | – |
| 사업외 수익 | | | 500,000 | |
| | 사업외수입 | | 500,000 | |
| | | 고유목적사업준비금전입수입 | 500,000 | –당해연도 출연금 10억원 중 협의회 의결로 50%인 5억원을 고유목적사업준비금으로 설정 |
| 계 | | | 519,125 | |

## 2. 비용예산

(단위 : 천원)

| 관 | 항 | 목 | 금액 | 산 출 근 거 |
|---|---|---|---|---|
| 사업비용 | | | 138,000 | |
| | 고유목적<br>사업비용 | | 138,000 | |
| | | 암치료비 | 5,000 | –직원 2명 × 2,500 = 5,000 |
| | | 유치원교육비 | 9,000 | –직원 10명 × 월 100 × 9월 = 9,000 |
| | | 동호인회지원 | 4,000 | –4개 × 1,000 = 4,000 |
| | | 장학금지원 | 120,000 | –직원 20명 × 3,000 × 2학기 = 120,000 |
| 관리비용 | | | 4,000 | |
| | 관리비 | | 4,000 | |
| | | 등기소송비 | 300 | –기금설립등기 1회 400 |
| | | 세금과공과 | 100 | –법인균등할주민세 외 100 |
| | | 교육훈련비 | 600 | –외부 교육 참가 2회 × 300 = 600 |
| | | 지급수수료 | 3,000 | –사내근로복지기금관리시스템 도입 3,000 |
| 예비비 | | | 1,000 | |
| | 예비비 | | 1,000 | |
| | | 예비비 | 1,000 | –예비비 1,000 |
| 계 | | | 143,000 | |

◎ 당기순이익 : 수익 – 비용 = 519,125천원 – 143,000천원 = 376,125천원※

## 3. 자본예산

(단위 : 천원)

| 관 | 항 | 목 | 금액 | 산 출 근 거 |
|---|---|---|---|---|
| 비유동자산 | | | 0 | |
| | 투자자산 | | 0 | |
| | | 주택구입자금 | 0 | – 없음 |
| | | 주택임차자금 | 0 | – 없음 |
| | | 생활안정자금 | 0 | – 없음 |
| 계 | | | 0 | |

# Ⅲ. 목적사업 계획서

## ■ 목적사업 계획서

(단위 : 천원)

| 사업명 | 목 적 | 산출 내역 | 금 액 | 지 원 방 법 |
|---|---|---|---|---|
| 암치료비 지원 | 근로자가 암으로 입원 시 치료비 지원을 통해 근로자 복지 증진과 생활 안정을 도모 | ㅇ2명 × 2,500천원 | 5,000 | 출연기금에서 발생한 수익금을 재원으로, 지원 사유가 발생한 근로자가 증빙을 첨부하여 신청 시 심사를 통하여 지원함 |
| 유치원교육비지원 | 회사 근로자의 자녀 유치원교육비 지원을 통해 근로의욕을 고취시키고, 생활 안정과 근로 복지 증진에 기여함 | ㅇ10명 × 월 100천원 × 9월 | 9,000 | 출연기금에서 발생한 수익금을 재원으로, 지원 사유가 발생한 근로자가 증빙을 첨부하여 신청 시 심사를 통하여 지원함 |
| 동호인회 지원 | 회사 내 비공식 조직인 동호인회 활동을 지원해서 회사 내 부서, 직종, 지역 간 교류 확대를 통해 상호 이해를 증진시킴으로써, 정서 안정과 명랑한 직장 분위기를 조성하고, 이를 통해 회사 조직 활성화와 기업문화 창달에 기여함 | ㅇ4개 × 1,000천원 | 4,000 | 출연기금에서 발생한 수익금을 재원으로, 활동 중인 동호인회가 전년도 활동 실적 및 당해연도 활동 계획을 첨부하여 지원금을 신청 시 심사를 통하여 지원함 |
| 장학금 지원 | 직원 대학생 자녀 학자금을 지원함으로써 직원 복지 증진과 재산 형성에 기여 | ㅇ20명 × 3,000천원 × 2학기 | 120,000 | 당해연도 출연금의 50%를 사용하여, 지원 사유가 발생한 근로자가 신청 시 심사를 통해 지급함 |
| 계 | | | 138,000 | |

# Ⅳ. 기금운용 계획서

## ■ 기금운용 계획서

(단위 : 천원)

| 구분 | 내 역 | 금 액 | 비 고 |
|---|---|---|---|
| 조 달 | 1. 2014년도 수익 | 19,125 | |
| | ㅇ이자수익 총액<br>ㅇ대부이자수익 총액 | 19,125<br>0 | |
| | 2. 2014년 출연금 중 고유목적사업준비금 설정 | 500,000 | |
| | 합 계 | 519,125 | |
| 지 출 | 1. 고유목적사업비 지출 | 138,000 | |
| | 2. 일반관리비 지출 | 4,000 | |
| | 3. 예비비 | 1,000 | |
| | 합 계 | 143,000 | |
| 과부족 | | 376,125 | |

## 다. 5차연도 기금법인(기본재산 사용)

사업계획서 및 예산서 작성을 위한 기본 조건은 다음과 같다.

丙(덧말:병)주식회사는 4년 전 사내근로복지기금을 설립하여 계속 운영하고 있다.

- 전년도 201X년 12월 말 병사내근로복지기금의 재무상태표(대차대조표)는 다음과 같다.
- 다음연도인 201X년 병주식회사는 4월 1일 자로 10억원을 기금에 출연하기로 하였다. 정기예금 이자율은 연 3%이고 이자 지급 방식은 월지급식으로 운용하되 이자수익 원천징수율은 14%이다.
- 근로복지기본법령에 따라 다음연도 회사 출연금 중 복지기금협의회 의결로서 50%인 5억원을 고유목적사업에 사용하기로 결정하였다.
- 정기예금 20억원 중 만기는 2월 1일 5억원, 7월 1일 10억원, 10월 1월 5억원이다. 다음연도 정기예금 이자율은 연 3%이며 월이자지급식으로 운용한다.
- 기금에서 실시할 목적사업으로는 암치료비지원(5명에 3000만원 예상), 유치원교육비지원(20명에 1,200만원 예상), 동호인회지원(5개 동호회 1000만원 예상), 장학금사업(30명에 1억 8000만원), 명절과 창립기념일, 본인 생일에 300명의 근로자에게 각각 10만원의 기념품 지급(1억 2000만원), 단체상해보험지원(300명, 1인당 30만원, 9000만원) 등이다.
- 운영경비로는 세금과공과 10만원, 사내근로복지기금 관리시스템 도입 등으로 지급수수료 570만원, 교육훈련비 120만원, 도서인쇄비 30만원이다.
- 예비비는 전체 목적사업비와 운영경비의 5%를 편성한다.

# 재무상태표(대차대조표)

제4기 : 201X년 12월 31일 현재

(병사내근로복지기금)　　　　　　　　　　　　　　　　(금액단위 : 원)

| 계 정 과 목 | 제 4 기 | |
|---|---|---|
| Ⅰ. 유동자산 | | 2,130,000,000 |
| 1. 당좌자산 | 2,130,000,000 | |
| 1) 현금및현금성자산<br>2) 단기예금<br>3) 선급법인세(미수금) | 121,770,000<br>2,000,000,000<br>8,230,000 | |
| Ⅱ. 비유동자산 | | 0 |
| (자산 총계) | | 2,130,000,000 |
| Ⅰ. 유동부채 | | 0 |
| Ⅱ. 비유동부채 | | 130,000,000 |
| 1) 고유목적사업준비금1<br>2) 고유목적사업준비금2 | 0<br>130,000,000 | |
| (부채 총계) | | 130,000,000 |
| Ⅰ. 자본금 | | 2,000,000,000 |
| 1. 기본재산 | 2,000,000,000 | |
| Ⅱ. 이익잉여금 | | 0 |
| 1. 미처분이익잉여금 | 0 | |
| (자본 총계) | | 2,000,000,000 |
| (부채와자본 총계) | | 2,130,000,000 |

* 주1. 고유목적사업준비금1은 법인세법 제29조에 의한 준비금임.

주2. 고유목적사업준비금2는 근로복지기본법 제62조제2항에 의한 준비금임.

# 201X년도 사업계획 및 예산서(안)

201X년 12월

병사내근로복지기금

# 목 차

# Ⅰ. 201X년 사업계획 개요

## ■ 기 본 방 향

- 201X년도 사내근로복지기금 운영은 기금 운영의 내실화와 목적사업의 확대에 중점을 두고
- 조성된 기금의 수익금 범위 안에서 실현 가능한 사업계획을 수립 · 운영함으로써 직원 생활 안정과 근로 복지 증진에 기여

## ■ 추 진 방 향

- 기금 조성
  - 201X년도 출연 규모 : 약 10억원(50%인 5억원을 사용)
  - 장기적 기금 조성 계획 수립(매년 10억원 규모의 기금 출연)

- 운영 기반 조성
  - 출연 확대에 따라 안정적인 기금 운용 계획 수립(안정성 중시)
  - 목적사업 및 수혜기준금액의 지속적인 확대 및 관리운영시스템 정비

## ■ 부문별 사업계획

| 사 업 명 | 세부 사업 내용 | 시 행 기 간 | | | | 비 고 |
|---|---|---|---|---|---|---|
| | | 1/4 | 2/4 | 3/4 | 4/4 | |
| 1. 기금 조성 | 201X년도 기금 출연 | | | | | |
| 2. 기금 운영 | 협의회 운영(연 2회)<br>이사회 운영(분기 1회) | | | | | |
| 3. 운영부서 확정 | – 가용재원 보고(분기별)<br>– 회사에서 실시하는 복지사업 기금으로 통합 운영 검토 작업 | | | | | |
| 4. 기 타 | – 회계처리시스템 정비<br>– 규정류 제 · 개정 작업(수시) | | | | | |

# Ⅱ. 201X년 예산 편성(안)

## ■ 예산 총칙

### 예산 총칙

〈제1조〉 201X년도 추정대차대조표, 추정손익계산서 및 자본예산은 다음과 같다.

● 추정대차대조표(재무상태표)

(단위 : 천원)

| 차변 | | 대변 | |
|---|---|---|---|
| 자 산 | 순손실 | 부 채 | 자 본 |
| 2,729,450 | 0 | 229,450 | 2,500,000 |

● 추정손익계산서

(단위 : 천원)

| 차변 | | 대변 | |
|---|---|---|---|
| 비 용 | 순이익 | 수 익 | 순손실 |
| 471,800 | 99,450 | 571,250 | 0 |

● 자본예산

(단위 : 천원)

| 비유동자산 | 계 |
|---|---|
| 0 | 0 |

〈제2조〉 주임이사는 예산 집행상 불가피하다고 인정하는 경우에는 손익예산 및 자본예산의 항간 한도액 범위 내에서 예산을 전용할 수 있다. 단, 항간 한도액을 초과하여 집행하고자 할 때에는 이사회의 승인을 얻어야 한다.

〈제3조〉 주임이사는 다음의 비목에 대하여 예산에 불구하고 이를 초과 집행할 수 있다.

① 세금과공과 및 등기소송비

② 사업외비용 및 법인세비용

〈제4조〉 주임이사는 기금 출연 혹은 금리 변동으로 인하여 필요한 경우, 추정손익계산서, 추정대차대조표 및 자금운영 계획의 규모를 변경시킬 수 있다.

〈제5조〉 손익예산은 기금원금을 잠식하여 집행할 수 없다.

비용 집행을 위한 수익금 부족이 예상될 경우 주임이사는 법적 강제성 등을 감안하여 우선 순위를 정하여 손익예산 및 자본예산을 집행할 수 있다.

〈제6조〉 예비비 사용

주임이사는 천재지변 기타 사전에 예측할 수 없는 상황이 발생했을 경우 이사회의 승인을 얻어 예비비를 사용할 수 있다.

〈제7조〉 예산은 익년도에 이월하여 집행할 수 없다.

다만 자본예산의 사업재원 중 지출원인행위를 한 공사비와 지출원인행위를 하지 아니한 그 부대경비는 이사회의 승인을 얻어 이월 사용할 수 있다.

## ■ 종합예산

### 1. 추정손익계산서

(단위 : 천원)

| 과 목 | 201X년 예산 | | | 비고 |
|---|---|---|---|---|
| | 목적사업회계 | 기금관리회계 | 계 | |
| 1.사업수익 | 0 | 71,250 | 71,250 | |
| 가.이자수익 | 0 | 71,250 | 71,250 | |
| 나.대부이자수익 | 0 | 0 | 0 | |
| 2.고유목적사업비 | 442,000 | 0 | 442,000 | |
| 가.암치료비지원 | 30,000 | 0 | 30,000 | |
| 나.유치원교육비지원 | 12,000 | 0 | 12,000 | |
| 다.동호인회지원 | 10,000 | 0 | 10,000 | |
| 라.장학금지원 | 180,000 | 0 | 180,000 | |
| 마.기념품지급 | 120,000 | 0 | 120,000 | |
| 바.단체상해보험지원 | 90,000 | 0 | 90,000 | |
| 3.사업총이익 | △442,000 | 71,250 | △370,750 | |
| 4.일반관리비 | 7,300 | 0 | 7,300 | |
| 가.지급수수료 | 5,700 | 0 | 5,700 | |
| 나.세금과공과 | 100 | 0 | 100 | |
| 다.교육훈련비 | 1,200 | 0 | 1,200 | |
| 라.도서인쇄비 | 300 | 0 | 300 | |
| 5.사업이익 | △449,300 | 71,250 | △378,050 | |
| 6.사업외수익 | 471,800 | 0 | 471,800 | |
| 가.고유목적사업준비금1전입수입 | 71,250 | 0 | 71,250 | |
| 나.고유목적사업준비금2전입수입 | 400,550 | 0 | 400,550 | |
| 7.사업외비용 | 22,500 | 71,250 | 93,750 | |
| 가.고유목적사업준비금전입액 | 0 | 71,250 | 71,250 | |
| 나.예비비 | 22,500 | 0 | 22,500 | |
| 8.법인세차감전순이익 | 0 | 0 | 0 | |
| 9.법인세비용 | 0 | 0 | 0 | |
| 10.당기순이익 | 0 | 0 | 0 | |

## 2. 추정대차대조표(추정재무상태표)

(단위 : 천원)

| 과 목 | 201X년 예산 | | | 비 고 |
|---|---|---|---|---|
| | 목적사업회계 | 기금관리회계 | 계 | |
| 〈자 산〉<br>Ⅰ. 유동자산 | 0 | 2,729,450 | 2,729,450 | |
| 1. 당좌자산 | 0 | 2,729,450 | 2,729,450 | |
| 1)현금및현금성자산<br>2)단기금융상품<br>3)선급법인세 | 0<br>0<br>0 | 219,470<br>2,500,000<br>9,980 | 219,470<br>2,500,000<br>9,980 | |
| Ⅱ. 비유동자산 | 0 | 0 | 0 | |
| 1. 투자자산 | 0 | 0 | 0 | |
| 1)주택구입대부금 | 0 | 0 | 0 | |
| **(자산 총계)** | **0** | **2,729,450** | **2,729,450** | |
| Ⅰ. 유동부채 | 0 | 0 | 0 | |
| Ⅱ. 비유동부채 | 0 | 229,450 | 229,450 | |
| 1)고유목적사업준비금1<br>2)고유목적사업준비금2 | 0<br>0 | 0<br>229,450 | 0<br>229,450 | |
| **(부채 총계)** | **0** | **229,450** | **229,450** | |
| Ⅰ. 자본금 | 0 | 2,500,000 | 2,500,000 | |
| 1. 기본재산 | 0 | 2,500,000 | 2,500,000 | |
| Ⅱ. 이익잉여금 | 0 | 0 | 0 | |
| 1.차기이월잉여금 | 0 | 0 | 0 | |
| **(자본 총계)** | **0** | **2,500,000** | **2,500,000** | |
| **(부채와자본 총계)** | **0** | **2,729,450** | **2,729,450** | |

* 주1. 고유목적사업준비금1은 법인세법 제29조에 의한 준비금임.
  주2. 고유목적사업준비금2는 근로복지기본법 제62조제2항에 의한 준비금임.

## ■ 부문별 예산

### 1. 수익예산

(단위 : 천원)

| 관 | 항 | 목 | 금액 | 산출근거 |
|---|---|---|---|---|
| 사업수익 | | | 71,250 | |
| | 이자수익 | | 71,250 | |
| | | 예금이자 | 71,250 | –1,000,000 × 3% × 12/12 = 30,000<br>–500,000 × 3% × 12/12 = 15,000<br>–500,000 × 3% × 12/12 = 15,000<br>–500,000 × 3% × 9/12 = 11,250 |
| | 대부이자수익 | | 0 | |
| | | 대부이자 | 0 | –없음 |
| 사업외수익 | | | 500,000 | |
| | 사업외수익 | | 500,000 | |
| | | 고유목적사업준비금전입수입 | 500,000 | –당해연도 출연금 10억원 중 협의회 의결로 50%인 5억원을 고유목적사업준비금으로 설정 |
| 계 | | | 571,250 | |

## 2. 비용예산

(단위 : 천원)

| 관 | 항 | 목 | 금액 | 산 출 근 거 |
|---|---|---|---|---|
| 사업비용 | | | 442,000 | |
| | 고유목적<br>사업비용 | | 442,000 | |
| | | 암치료비 | 30,000 | –직원 5명 × 6,000 = 30,000 |
| | | 유치원교육비 | 12,000 | –직원 10명 × 월 100 × 12월 = 12,000 |
| | | 동호인회지원 | 10,000 | –5개 × 2,000 = 10,000 |
| | | 장학금지원 | 180,000 | –직원 30명 × 3,000 × 2학기 = 180,000 |
| | | 기념품지급 | 120,000 | –직원 300명 × 100 × 4회 = 120,000 |
| | | 단체상해보험 | 90,000 | –직원 300명 × 300 = 90,000 |
| 관리비용 | | | 7,300 | |
| | 관리비 | | 7,300 | |
| | | 지급수수료 | 5,700 | –기금 임원변경등기 2회 × 250 = 500<br>–사내근로복지기금자문수수료 1,200<br>–사내근로복지기금관리시스템 등 4,000 |
| | | 세금과공과 | 100 | –법인균등할주민세 외 100 |
| | | 교육훈련비 | 1,200 | –기금교육(기본/회계/운영)3회×400= 1,200 |
| | | 도서인쇄비 | 300 | –사내근로복지기금 도서구입 300 |
| 예비비 | | | 22,500 | |
| | 예비비 | | 22,500 | |
| | | 예비비 | 22,500 | –예비비(442,000+7,300) × 5% = 22,500 |
| 계 | | | 471,800 | |

◎ 당기순이익 : 수익 – 비용 = 571,250천원 – 471,800천원 = 99,450천원※

## 3. 자본예산

(단위 : 천원)

| 관 | 항 | 목 | 금액 | 산 출 근 거 |
|---|---|---|---|---|
| 비유동자산 | | | 0 | |
| | 투자자산 | | 0 | |
| | | 주택구입대부금 | 0 | –없음 |
| 계 | | | 0 | |

# Ⅲ. 목적사업 계획서

## ■ 목적사업 계획서

(단위 : 천원)

| 사업명 | 목 적 | 산출 내역 | 금 액 | 지 원 방 법 |
|---|---|---|---|---|
| 암치료 비지원 | 근로자가 암으로 입원 시 치료비 지원을 통해 근로자 복지 증진과 생활 안정을 도모 | ○5명 × 6,000천원 | 30,000 | 출연기금에서 발생한 수익금을 재원으로, 지원 사유가 발생한 근로자가 증빙을 첨부하여 신청 시 심사를 통하여 지원함 |
| 유치원 교육비 지원 | 회사 근로자의 자녀 유치원 교육비 지원을 통해 근로의욕을 고취시키고, 생활 안정과 근로 복지 증진에 기여함 | ○10명 × 월 100천원 × 12월 | 12,000 | 출연기금에서 발생한 수익금을 재원으로, 지원 사유가 발생한 근로자가 증빙을 첨부하여 신청 시 심사를 통하여 지원함 |
| 동호인 회지원 | 회사 내 비공식 조직인 동호인회 활동을 지원해서 회사 내 부서, 직종, 지역 간 교류 확대를 통해 상호 이해를 증진시킴으로써, 정서 안정과 명랑한 직장 분위기를 조성하고, 이를 통해 회사 조직 활성화와 기업문화 창달에 기여 | ○5개 × 2,000천원 | 10,000 | 출연기금에서 발생한 수익금을 재원으로, 활동 중인 동호인회가 전년도 활동 실적 및 당해연도 활동 계획을 첨부하여 지원금을 신청 시 심사를 통하여 지원함 |
| 장학금 지원 | 직원 대학생 자녀 학자금을 지원함으로써 직원 복지증징과 재산형성에 기여 | ○30명 × 3,000천원 × 2학기 | 180,000 | 딩해연도 출연금의 50%를 사용하여, 지원 사유가 발생한 근로자가 신청 시 심사를 통해 지급함 |
| 기념품 지급 | 명절, 회사창립일, 본인 생일을 맞아 기념품을 지급하여 소속감과 근로의욕 제고 | ○300명 × 100천원 × 4회 | 120,000 | 지급기준일 회사에 재직 중인 근로자에게 기념품을 구입하여 지급 실시 |
| 단체상해보험 지원 | 불의의 사고 시 보장을 통해 근로 복지 증진 | ○300명 × 300천원 | 90,000 | 회사에 재직 중인 근로자를 대상으로 단체상해보험에 가입, 사고 시 보험금 수령 |
| 계 | | | 442,000 | |

# Ⅳ. 기금운용 계획서

## ■ 기금운용 계획서

(단위 : 천원)

| 구분 | 내 역 | 금 액 | 비고 |
|---|---|---|---|
| 조 달 | 1. 201X년도 수익 | 71,250 | |
| | ㅇ이자수익 총액<br>ㅇ대부이자수익 총액 | 71,250<br>0 | |
| | 2. 201X년 출연금 중 고유목적사업준비금 설정 | 500,000 | |
| | 합 계 | 571,250 | |
| 지 출 | 1. 고유목적사업비 지출 | 442,000 | |
| | 2. 일반관리비 지출 | 7,300 | |
| | 3. 예비비 | 22,500 | |
| | 합 계 | 471,800 | |
| 과부족 | | 99,450 | |

# 2 대부사업을 실시하는 기금법인 (종업원대부사업 미실시)

## 가. 당해연도 설립 기금법인 1(기본재산 사용 않음)

사업계획서 및 예산서 작성을 위한 기본 조건은 다음과 같다.

A주식회사는 사내근로복지기금을 설립하기로 노사가 합의하였다.

- ㅇ201X년 3월 말까지 사내근로복지기금을 설립하여 설립등기를 완료하고, 4월 1일 자로 10억원을 사내근로복지기금에 출연하기로 하였음. 정기예금 이자율은 연 3%, 이자 지급 방식은 월지급식으로 운용하되 정기예금이자 원천징수는 이자소득액의 14%임.
- ㅇ201X년 4월부터 주택구입자금과 생활안정자금을 각각 3억원씩 연리 3%로 대부를 실시함.(1인당 한도 3000만원)
- ㅇ당해연도 출연금은 사용하지 않기로 복지기금협의회에서 결정하였음.
- ㅇ기금법인에서 실시할 목적사업으로는 암치료비지원(2명에 400만원 예상), 유치원교육비지원(10명에 900만원 예상), 동호인회지원(2개 동호회 200만원 예상) 사업을 실시하기로 하였으며
- ㅇ운영경비는 기금 설립 및 변경 등기비 30만원, 세금과공과 10만원, 교육훈련비 60만원, 지급수수료 190만원, 도서인쇄비 10만원 지출이 예상됨.
- ㅇ예비비는 100만원을 편성함.

# 201X년도 사업계획 및 예산서(안)

201X년 4월

A사내근로복지기금

# 목 차

Ⅰ. 201X년 사업계획 개요

⊙기본 방향

⊙추진 방향

⊙부문별 사업계획

Ⅱ. 201X년 예산 편성(안)

⊙예산 총칙

⊙종합예산

1. 추정손익계산서

2. 추정대차대조표

⊙부문별 예산 세부 내역

1. 수익예산

2. 비용예산

3. 자본예산

Ⅲ. 목적사업 계획서

⊙목적사업 계획서

Ⅳ. 기금 운영 계획서

⊙기금 운영 계획서

PART 1
PART 2
PART 3
PART 4
부록

# Ⅰ. 201X년 사업계획 개요

## ■ 기 본 방 향

- 201X년도 사내근로복지기금 운영은 설립 및 운영 기반 조성, 기금 조성 방안에 중점을 두고
- 조성된 기금의 범위 안에서 실현 가능한 사업계획을 수립하여 운영토록 하여 사원 후생복지 증진에 기여

## ■ 추 진 방 향

- 기금 조성
  - 201X년도 출연 규모 : 약 10억원
  - 장기적 기금 조성 계획 수립 : 매년 세전이익의 5% 출연

- 운영기반 조성
  - 별도 법인 설립에 따른 업무 추진 계획 수립
  - 복리후생 증진의 기반 확립
  - 기금법인 운영을 위한 사내근로복지관리시스템, 대부시스템 조기 정착

## ■ 부문별 사업계획

| 사 업 명 | 세부 사업 내용 | 시 행 기 간 | | | | 비 고 |
|---|---|---|---|---|---|---|
| | | 1/4 | 2/4 | 3/4 | 4/4 | |
| 1. 기금 조성 | 201X년도 기금 출연 | | | | | |
| 2. 기금 운영 | 협의회 운영 이사회 운영 | | | | | |
| 3. 운영부서 확정 | 전담부서 및 사무요원 확보 | | | | | |
| 4. 사무기기 확보 | 사무기기 확보 | | | | | |
| 5. 기 타 | –각종 자료 및 사업계획 수립<br>–대부사업 운영규정 제정<br>–대부시스템 도입 & 대부실시 | | | | | |

# II. 201X년 예산 편성(안)

## ■ 예산 총칙

### 예산 총칙

〈제1조〉 201X년도 추정손익계산서, 추정대차대조표 및 자본예산은 다음과 같다.

● 추정대차대조표(재무상태표)

(단위 : 천원)

| 차변 | | 대변 | |
|---|---|---|---|
| 자 산 | 순손실 | 부 채 | 자 본 |
| 1,003,500 | 0 | 3,500 | 1,000,000 |

● 추정손익계산서

(단위 : 천원)

| 차변 | | 대변 | |
|---|---|---|---|
| 비 용 | 순이익 | 수 익 | 순손실 |
| 19,000 | 3,500 | 22,500 | 0 |

● 자본예산

(단위 : 천원)

| 비유동자산 | 계 |
|---|---|
| 600,000 | 600,000 |

〈제2조〉 주임이사는 예산 집행상 불가피하다고 인정하는 경우에는 손익예산 및 자본예산의 항간 한도액 범위 내에서 예산을 전용할 수 있다. 단, 항간 한도액을 초과하여 집행하고자 할 때에는 이사회의 승인을 얻어야 한다.

〈제3조〉 주임이사는 다음의 비목에 대하여 예산에 불구하고 이를 초과 집행할 수 있다.

① 세금과공과 및 등기소송비

② 사업외비용 및 법인세비용

〈제4조〉 주임이사는 기금 출연 혹은 금리 변동으로 인하여 필요한 경우, 추정손익계산서, 추정대차대조표 및 자금운영 계획의 규모를 변경시킬 수 있다.

〈제5조〉 손익예산은 기금원금을 잠식하여 집행할 수 없다.

비용 집행을 위한 수익금 부족이 예상될 경우 주임이사는 법적 강제성 등을 감안하여 우선순위를 정하여 손익예산 및 자본예산을 집행할 수 있다.

〈제6조〉 예비비 사용

주임이사는 천재지변 기타 사전에 예측할 수 없는 상황이 발생했을 경우 이사회의 승인을 얻어 예비비를 사용할 수 있다.

〈제7조〉 예산은 익년도에 이월하여 집행할 수 없다.

다만 자본예산의 사업재원 중 지출원인행위를 한 공사비와 지출원인행위를 하지 아니한 그 부대경비는 이사회의 승인을 얻어 이월 사용할 수 있다.

## ■ 종합예산

### 1. 추정손익계산서

(단위 : 천원)

| 과 목 | 201X년 예산 | | | 비고 |
|---|---|---|---|---|
| | 목적사업회계 | 기금관리회계 | 계 | |
| 1.사업수익 | 0 | 22,500 | 22,500 | |
| 가.이자수입 | 0 | 9,000 | 9,000 | |
| 나.대부이자수익 | 0 | 13,500 | 13,500 | |
| 2.고유목적사업비 | 15,000 | 0 | 15,000 | |
| 가.암치료비지원 | 4,000 | 0 | 4,000 | |
| 나.유치원교육비지원 | 9,000 | 0 | 9,000 | |
| 다.동호인회지원 | 2,000 | 0 | 2,000 | |
| | | | – | |
| 3.사업총이익 | △15,000 | 22,500 | 7,500 | |
| 4.일반관리비 | 3,000 | 0 | 3,000 | |
| 가.등기소송비 | 300 | 0 | 300 | |
| 나.세금과공과 | 100 | 0 | 100 | |
| 다.교육훈련비 | 600 | 0 | 600 | |
| 라.지급수수료 | 1,900 | 0 | 1,900 | |
| 마.도서인쇄비 | 100 | 0 | 100 | |
| 5.사업이익 | △18,000 | 22,500 | 4,500 | |
| 6.사업외수익 | 19,000 | 0 | 19,000 | |
| 가.고유목적사업준비금1전입수입 | 19,000 | 0 | 19,000 | |
| 7.사업외비용 | 1,000 | 22,500 | 23,500 | |
| 가.고유목적사업준비금전입액 | 0 | 22,500 | 22,500 | |
| 나.예비비 | 1,000 | 0 | 1,000 | |
| 8.법인세차감전순이익 | 0 | 0 | 0 | |
| 9.법인세비용 | 0 | 0 | 0 | |
| 10.당기순이익 | 0 | 0 | 0 | |

## 2. 추정대차대조표(추정재무상태표)

(단위 : 천원)

| 과 목 | 201X년 예산 | | | 비고 |
|---|---|---|---|---|
| | 목적사업회계 | 기금관리회계 | 계 | |
| 〈자 산〉 | | | | |
| Ⅰ. 유동자산 | 0 | 403,500 | 403,500 | |
| 1. 당좌자산 | 0 | 403,500 | 403,500 | |
| 1)현금및현금성자산 | 0 | 350 | 350 | |
| 2)단기예금 | 0 | 400,000 | 400,000 | |
| 3)선급법인세 | 0 | 3,150 | 3,150 | |
| Ⅱ. 비유동자산 | 0 | 600,000 | 600,000 | |
| 1. 투자자산 | 0 | 600,000 | 600,000 | |
| 1)주택구입대부금 | 0 | 300,000 | 300,000 | |
| 2)생활안정대부금 | 0 | 300,000 | 300,000 | |
| (자산 총계) | 0 | 1,003,500 | 1,003,500 | |
| Ⅰ. 유동부채 | 0 | 0 | 0 | |
| Ⅱ. 비유동부채 | 0 | 3,500 | 3,500 | |
| 1)고유목적사업준비금1 | 0 | 3,500 | 3,500 | |
| 2)고유목적사업준비금2 | 0 | 0 | 0 | |
| (부채 총계) | 0 | 3,500 | 3,500 | |
| Ⅰ. 자본금 | 0 | 1,000,000 | 1,000,000 | |
| 1. 기본재산 | 0 | 1,000,000 | 1,000,000 | |
| Ⅱ. 이익잉여금 | 0 | 0 | 0 | |
| 1.차기이월잉여금 | 0 | 0 | 0 | |
| (자본 총계) | 0 | 1,000,000 | 1,000,000 | |
| (부채와자본 총계) | 0 | 1,003,500 | 1,003,500 | |

* 주1. 고유목적사업준비금1은 법인세법 제29조에 의한 준비금임.
주2. 고유목적사업준비금2는 근로복지기본법 제62조제2항에 의한 준비금임.

## ■ 부문별 예산

### 1. 수익예산

(단위 : 천원)

| 관 | 항 | 목 | 금액 | 산출근거 |
|---|---|---|---|---|
| 사업수익 | | | 22,500 | |
| | 이자수익 | | 9,000 | |
| | | 예금이자 | 9,000 | -400,000 × 3% × 9/12 = 9,000 |
| | 대부이자 | | 13,500 | |
| | | 대부이자수익 | 13,500 | -주택자금 300,000 × 3% × 9/12 = 6,750<br>-생활안정 300,000 × 3% × 9/12 = 6,750 |
| 사업외수익 | | | 0 | |
| | 사업외수익 | | 0 | |
| | | 고유목적사업준비금전입수입 | 0 | -당해연도 출연금 중 준비금사용액 0 |
| 계 | | | 22,500 | |

## 2. 비용예산

(단위 : 천원)

| 관 | 항 | 목 | 금 액 | 산 출 근 거 |
|---|---|---|---|---|
| 사업비용 | | | 15,000 | |
| | 고유목적 사업비 | | 15,000 | |
| | | 암치료비 | 4,000 | –직원 2명 × 2,000 = 4,000 |
| | | 유치원교육비 | 9,000 | –직원 10명 × 월 100 × 9월 = 9,000 |
| | | 동호인회지원 | 2,000 | –2개 × 1,000 = 2,000 |
| 관리비용 | | | 3,000 | |
| | 관리비 | | 3,000 | |
| | | 등기소송비 | 300 | –기금설립등기비 300 |
| | | 세금과공과 | 100 | –법인균등할주민세 외 100 |
| | | 교육훈련비 | 600 | –외부 교육 참가 2회 × 300 = 600 |
| | | 지급수수료 | 1,900 | –사내근로복지기금관리시스템도입 1,900 |
| | | 도서인쇄비 | 100 | –사내근로복지기금도서구입 100 |
| 예비비 | | | 1,000 | |
| | 예비비 | | 1,000 | |
| | | 예비비 | 1,000 | –예비비 1,000 |
| 계 | | | 19,000 | |

◎ 당기순이익 : 수익 – 비용 = 22,500천원 – 19,000천원 = 3,500천원※

## 3. 자본예산

(단위 : 천원)

| 관 | 항 | 목 | 금액 | 산 출 근 거 |
|---|---|---|---|---|
| 비유동자산 | | | 600,000 | |
| | 투자자산 | | 600,000 | |
| | | 주택구입자금 | 300,000 | −10명 × 30,000천원 |
| | | 주택임차자금 | 0 | −없음 |
| | | 생활안정자금 | 300,000 | −10명 × 30,000천원 |
| 계 | | | 600,000 | |

# Ⅲ. 목적사업 계획서

## ■ 목적사업 계획서

(단위 : 천원)

| 사업명 | 목 적 | 산출 내역 | 금 액 | 지 원 방 법 |
|---|---|---|---|---|
| 암치료비 지원 | 근로자가 암으로 입원 시 치료비 지원을 통해 근로자 복지 증진과 생활 안정을 도모 | ○2명 × 2,000천원 | 4,000 | 출연기금에서 발생한 수익금을 재원으로, 지원 사유가 발생한 근로자가 증빙을 첨부하여 신청 시 심사를 통하여 지원함 |
| 유치원교육비지원 | 회사 근로자의 자녀 유치원교육비 지원을 통해 근로의욕을 고취시키고, 생활 안정과 근로 복지 증진에 기여함 | ○10명 × 월 100천원 × 9월 | 9,000 | 출연기금에서 발생한 수익금을 재원으로, 지원 사유가 발생한 근로자가 증빙을 첨부하여 신청 시 심사를 통하여 지원함 |
| 동호인회 지원 | 회사 내 비공식 조직인 동호인회 활동을 지원해서 회사 내 부서, 직종, 지역 간 교류 확대를 통해 상호 이해를 증진시킴으로써, 정서 안정과 명랑한 직장 분위기를 조성하고, 이를 통해 회사 조직 활성화와 기업문화 창달에 기여함 | ○2개 × 1,000천원 | 2,000 | 출연기금에서 발생한 수익금을 재원으로, 활동 중인 동호인회가 전년도 활동 실적 및 당해연도 활동 계획을 첨부하여 지원금을 신청 시 심사를 통하여 지원함 |
| 계 | | | 15,000 | |

# Ⅳ. 기금운용 계획서

## ■ 기금운용 계획서

(단위 : 천원)

| 구분 | 내 역 | 금 액 | 비 고 |
|---|---|---|---|
| 조 달 | 1. 201X년도 수입 | 22,500 | |
| | ㅇ이자수익<br>ㅇ대부이자수익 | 9,000<br>13,500 | |
| | 2. 201X년 출연금 중 고유목적사업준비금 설정 | 0 | |
| | 합 계 | 22,500 | |
| 지 출 | 1. 고유목적사업비 지출 | 15,000 | |
| | 2. 일반관리비 지출 | 3,000 | |
| | 3. 예비비 | 1,000 | |
| | 합 계 | 19,000 | |
| 과부족 | | 3,500 | |

## 나. 당해연도 설립 기금법인 2(기본재산 사용)

사업계획서 및 예산서 작성을 위한 기본 조건은 다음과 같다.

B주식회사는 사내근로복지기금을 설립하기로 노사가 합의하였다.

- 2014년 3월 말까지 사내근로복지기금을 설립하여 설립등기를 완료하고, 4월 1일 자로 10억원을 기금에 출연하기로 하였음. 예금이자율은 연 3%(3개월 이하 이자는 2% 적용)이고 이자 지급 방식은 월 지급식으로 운용하되 금융기관 원천징수율은 14%임.
- 근로복지기본법령에 따라 당해연도 출연금 중 기금협의회 의결로서 50%인 5억원을 고유목적사업준비금으로 설정하기로 결정함.
- 4월에는 1억원, 5월 2억원, 6월에는 2억원 총 5억원의 생활안정자금 대부를 실시할 계획임.(대부이율 4%, 대부금액 1인당 1000만원, 상환 조건 1년 거치 3년 분할 상환)
- 기금에서 실시할 목적사업으로는 암치료비지원(2명에 600만원 예상), 유치원교육비지원(20명에 1200만원 예상), 동호인회지원(2개 동호회 200만원 예상) 사업을 실시하기로 하였으며
- 운영경비로는 기금설립 등기비 30만원과 세금과공과 10만원, 교육훈련비 60만원,사내근로복지기금 관리시스템 도입에 따른 지급수수료 200만원, 도서인쇄비 20만원의 지출이 예상됨.
- 예비비는 100만원을 편성함.

# 201X년도 사업계획 및 예산서(안)

201X년 4월

B사내근로복지기금

# 목 차

PART 1
PART 2
PART 3
PART 4
부록

# Ⅰ. 201X년 사업계획 개요

## ■ 기본방향

- 201X년도 사내근로복지기금 운영은 설립 및 운영 기반 조성, 기금 조성 방안에 중점을 두고
- 조성된 기금의 범위 안에서 실현 가능한 사업계획을 수립하여 운영토록 하여 사원 후생 복지 증진에 기여

## ■ 추진방향

- 기금 조성
  - 201X년도 출연 규모 : 약 10억원
  - 장기적 기금 조성 계획 수립 : 매년 세전이익의 5% 출연
- 운영 기반 조성
  - 별도 법인 설립에 따른 업무 추진 계획 수립
  - 복리후생 증진의 기반 확립, 운영시스템 정착
  - 사내근로복지기금 회계처리 & 대부관리시스템 조기 도입

## ■ 부문별 사업계획

| 사업명 | 세부 사업 내용 | 시행기간 | | | | 비고 |
|---|---|---|---|---|---|---|
| | | 1/4 | 2/4 | 3/4 | 4/4 | |
| 1. 기금 조성 | 201X년도 기금 출연 | | | | | |
| 2. 기금 운영 | 협의회 운영 이사회 운영 | | | | | |
| 3. 운영부서 확정 | 전담부서 및 사무요원 확보 | | | | | |
| 4. 사무기기 확보 | 사무기기 확보 | | | | | |
| 5. 기타 | -기금관리시스템 도입<br>-운영규정(대부사업규정) 제정<br>-대부관리시스템 도입, 대부실시 | | | | | |

## Ⅱ. 201X년 예산 편성(안)

### ■ 예산 총칙

# 예산 총칙

〈제1조〉 201X년도 추정대차대조표, 추정손익계산서 및 자본예산은 다음과 같다.

#### ● 추정대차대조표(재무상태표)

(단위 : 천원)

| 차변 | | 대변 | |
|---|---|---|---|
| 자 산 | 순손실 | 부 채 | 자 본 |
| 1,000,290 | 0 | 500,290 | 500,000 |

#### ● 추정손익계산서

(단위 : 천원)

| 차변 | | 대변 | |
|---|---|---|---|
| 비 용 | 순이익 | 수 익 | 순손실 |
| 24,100 | 500,290 | 524,390 | 0 |

#### ● 자본예산

(단위 : 천원)

| 비유동자산 | 계 |
|---|---|
| 500,000 | 500,000 |

〈제2조〉 주임이사는 예산 집행상 불가피하다고 인정하는 경우에는 손익예산 및 자본예산의 항간 한도액 범위 내에서 예산을 전용할 수 있다. 단, 항간 한도액을 초과하여 집행하고자 할

때에는 이사회의 승인을 얻어야 한다.

〈제3조〉 주임이사는 다음의 비목에 대하여 예산에 불구하고 이를 초과 집행할 수 있다.

① 세금과공과 및 등기소송비

② 사업외비용 및 법인세비용

〈제4조〉 주임이사는 기금 출연 혹은 금리 변동으로 인하여 필요한 경우, 추정손익계산서, 추정대차대조표 및 자금운영 계획의 규모를 변경시킬 수 있다.

〈제5조〉 손익예산은 기금원금을 잠식하여 집행할 수 없다.

비용 집행을 위한 수익금 부족이 예상될 경우 주임이사는 법적 강제성 등을 감안하여 우선순위를 정하여 손익예산 및 자본예산을 집행할 수 있다.

〈제6조〉 예비비 사용

주임이사는 천재지변 기타 사전에 예측할 수 없는 상황이 발생했을 경우 이사회의 승인을 얻어 예비비를 사용할 수 있다.

〈제7조〉 예산은 익년도에 이월하여 집행할 수 없다.

다만 자본예산의 사업재원 중 지출원인행위를 한 공사비와 지출원인행위를 하지 아니한 그 부대경비는 이사회의 승인을 얻어 이월 사용할 수 있다.

## ■ 종합예산

### 1. 추정손익계산서

(단위 : 천원)

| 과 목 | 201X년 예산 | | | 비고 |
|---|---|---|---|---|
| | 목적사업회계 | 기금관리회계 | 계 | |
| 1.사업수익 | 0 | 24,390 | 24,390 | |
| 가.이자수입<br>나.대부이자수익 | 0<br>0 | 13,070<br>11,320 | 13,070<br>11,320 | |
| 2.사업비용 | 20,000 | 0 | 20,000 | |
| 가.암치료비지원<br>나.유치원교육비지원<br>다.동호인회지원 | 6,000<br>12,000<br>2,000 | 0<br>0<br>0 | 6,000<br>12,000<br>2,000 | |
| 3.사업총이익 | △20,000 | 24,390 | 4,390 | |
| 4.일반관리비 | 3,100 | 0 | 3,100 | |
| 가.등기소송비<br>나.세금과공과<br>다.교육훈련비<br>라.지급수수료<br>마.도서인쇄비 | 300<br>100<br>600<br>2,000<br>100 | 0<br>0<br>0<br>0<br>0 | 300<br>100<br>600<br>2,000<br>100 | |
| 5.사업이익 | △23,100 | 24,390 | 1,290 | |
| 6.사업외수익 | 24,100 | 0 | 24,100 | |
| 가.고유목적사업준비금1전입수입 | 24,100 | 0 | 24,100 | |
| 7.사업외비용 | 1,000 | 24,390 | 25,390 | |
| 가.고유목적사업준비금전입액<br>나.예비비 | 0<br>1,000 | 24,390<br>0 | 24,390<br>1,000 | |
| 8.법인세차감전순이익 | 0 | 0 | 0 | |
| 9.법인세비용 | 0 | 0 | 0 | |
| 10.당기순이익 | 0 | 0 | 0 | |

## 2. 추정대차대조표(추정재무상태표)

(단위 : 천원)

| 과 목 | 201X년 예산 | | | 비고 |
|---|---|---|---|---|
| | 목적사업회계 | 기금관리회계 | 계 | |
| 〈자 산〉 | | | | |
| Ⅰ. 유동자산 | 0 | 500,290 | 500,290 | |
| 1. 당좌자산 | 0 | 500,290 | 500,290 | |
| 1)현금및현금성자산 | 0 | 0 | 0 | |
| 2)단기금융상품 | 0 | 498,170 | 498,170 | |
| 3)선급법인세 | 0 | 1,830 | 1,830 | |
| Ⅱ. 비유동자산 | 0 | 500,000 | 500,000 | |
| 1. 투자자산 | 0 | 500,000 | 500,000 | |
| 1)생활안정대부금 | 0 | 500,000 | 500,000 | |
| (자산 총계) | 0 | 1,000,290 | 1,000,290 | |
| Ⅰ. 유동부채 | 0 | 0 | 0 | |
| Ⅱ. 비유동부채 | 0 | 500,290 | 500,290 | |
| 1)고유목적사업준비금1 | 0 | 290 | 290 | |
| 2)고유목적사업준비금2 | 0 | 500,000 | 500,000 | |
| (부채 총계) | 0 | 500,290 | 500,290 | |
| Ⅰ. 자본금 | 0 | 500,000 | 500,000 | |
| 1. 기본재산 | 0 | 500,000 | 500,000 | |
| Ⅱ. 이익잉여금 | 0 | 0 | 0 | |
| 1.차기이월잉여금 | 0 | 0 | 0 | |
| (자본 총계) | 0 | 500,000 | 500,000 | |
| (부채와자본 총계) | 0 | 1,000,290 | 1,000,290 | |

* 주1. 고유목적사업준비금1은 법인세법 제29조에 의한 준비금임.
  주2. 고유목적사업준비금2는 근로복지기본법 제62조제2항에 의한 준비금임.

## ■ 부문별 예산

### 1. 수익예산

(단위 : 천원)

| 관 | 항 | 목 | 금액 | 산출근거 |
|---|---|---|---|---|
| 사업수익 | | | 24,390 | |
| | 이자수익 | | 13,070 | |
| | | 예금이자 | 13,070 | −500,000 × 3% × 9/12 = 11,250<br>−100,000 × 2% × 1/12 = 160<br>−200,000 × 2% × 2/12 = 660<br>−200,000 × 2% × 3/12 = 1,000 |
| | 대부이자수익 | | 11,320 | |
| | | 대부이자수익 | 11,320 | −100,000 × 4.0% × 8/12 = 2,660<br>−200,000 × 4.0% × 7/12 = 4,660<br>−200,000 × 4.0% × 6/12 = 4,000 |
| 사업외수익 | | | 500,000 | |
| | 사업외수익 | | 500,000 | |
| | | 고유목적사업준비금전입수입 | 500,000 | −당해연도 출연금 10억원 중 협의회 의결로 50%인 5억원을 고유목적사업준비금으로 설정 |
| 계 | | | 524,390 | |

2. 비용예산

(단위 : 천원)

| 관 | 항 | 목 | 금액 | 산출근거 |
|---|---|---|---|---|
| 사업비용 | | | 20,000 | |
| | 고유목적 사업비 | | 20,000 | |
| | | 암치료비 | 6,000 | –직원 2명 × 3,000 = 6,000 |
| | | 유치원교육비 | 12,000 | –직원 20명 × 월 50 × 12월 = 12,000 |
| | | 동호인회지원 | 2,000 | –2개 × 1,000 = 2,000 |
| 관리비용 | | | 3,100 | |
| | 관리비 | | 3,100 | |
| | | 등기소송비 | 300 | –기금 설립등기 300 |
| | | 세금과공과 | 100 | –법인균등할주민세 외 100 |
| | | 교육훈련비 | 600 | –외부 교육 참가 2회 600 |
| | | 지급수수료 | 2,000 | –기금관리시스템&대부시스템 도입 2,000 |
| | | 도서인쇄비 | 100 | –사내근로복지기금도서 구입 |
| 예비비 | | | 1,000 | |
| | 예비비 | | 1,000 | |
| | | 예비비 | 1,000 | –예비비 1,000 |
| 계 | | | 24,100 | |

◎ 당기순이익 : 수익 – 비용 = 524,390천원 – 24,100천원 = 500,290천원※

## 3. 자본예산

(단위 : 천원)

| 관 | 항 | 목 | 금액 | 산 출 근 거 |
|---|---|---|---|---|
| 비유동자산 | | | 500,000 | |
| | 투자자산 | | 500,000 | |
| | | 생활안정대부 | 500,000 | –50명 × 10,000천원 |
| 계 | | | 500,000 | |

# Ⅲ. 목적사업 계획서

### ■ 목적사업 계획서

(단위 : 천원)

| 사업명 | 목 적 | 산출 내역 | 금 액 | 지 원 방 법 |
|---|---|---|---|---|
| 암치료비 지원 | 근로자가 암으로 입원 시 치료비 지원을 통해 근로자 복지 증진과 생활 안정을 도모 | ㅇ2명 × 3,000천원 | 6,000 | 출연기금에서 발생한 수익금을 재원으로, 지원 사유가 발생한 근로자가 증빙을 첨부하여 신청 시 심사를 통하여 지원함 |
| 유치원교육비지원 | 회사 근로자의 자녀 유치원교육비 지원을 통해 근로의욕을 고취시키고, 생활 안정과 근로 복지 증진에 기여함 | ㅇ20명 × 월 50천원 × 12월 | 12,000 | 출연기금에서 발생한 수익금을 재원으로, 지원 사유가 발생한 근로자가 증빙을 첨부하여 신청 시 심사를 통하여 지원함 |
| 동호인회 지원 | 회사 내 비공식 조직인 동호인회 활동을 지원해서 회사 내 부서, 직종, 지역 간 교류 확대를 통해 상호 이해를 증진시킴으로써, 정서 안정과 명랑한 직장 분위기를 조성하고 이를 통해 회사 조직 활성화와 기업문화 창달에 기여함 | ㅇ2개 × 1,000천원 | 2,000 | 출연기금에서 발생한 수익금을 재원으로, 활동 중인 동호인회가 전년도 활동 실적 및 당해연도 활동 계획을 첨부하여 지원금을 신청 시 심사를 통하여 지원함 |
| 계 | | | 20,000 | |

# Ⅳ. 기금운용 계획서

## ■ 기금운용 계획서

(단위 : 천원)

| 구분 | 내 역 | 금 액 | 비고 |
|---|---|---|---|
| 조 달 | 1. 201X년도 수입 | 24,390 | |
| | ㅇ이자수익 총액<br>ㅇ대부이자수익 총액 | 13,070<br>11,320 | |
| | 2. 201X년 출연금 중 고유목적사업준비금 설정 | 500,000 | |
| | 합 계 | 524,390 | |
| 지 출 | 1. 고유목적사업비 지출 | 20,000 | |
| | 2. 일반관리비 지출 | 3,100 | |
| | 3. 예비비 | 1,000 | |
| | 합 계 | 24,100 | |
| 과부족 | | 500,290 | |

## 다. 5차연도 기금법인 1(기본재산 사용 않음)

사업계획서 및 예산서 작성을 위한 기본 조건은 다음과 같다.

C주식회사는 4년 전 사내근로복지기금을 설립하여 계속 운영하고 있다.

- 전년도 201X년 12월 말 C사내근로복지기금의 재무상태표(대차대조표)는 다음과 같다.
- 다음연도인 201X년 C주식회사는 4월 1일 자로 10억원을 기금에 출연하기로 하였음.
- 복지기금협의회에서는 다음연도 회사 출연금에 대해 근로복지기본법령에 따른 고유목적사업준비금을 설정하지 않기로 결정하였다.
- 정기예금 20억원 중 만기는 2월 1일 5억원, 7월 1일 10억원, 10월 1월 5억원이다. 다음연도 정기예금 이자율은 1년 이자율은 연 3%이고, 6개월 이하는 연 2.0%를 적용한다. 이자 지급 방식은 월지급식으로 운용하되 이자수익 원천징수율은 14%이다.
- 4월에는 1억원, 5월 2억원, 6월에는 2억원 총 5억원의 생활안정자금 대부를 새로이 실시할 계획임(대부이율 4%, 대부금액 1인당 2000만원, 상환 조건 1년 거치 3년 분할 상환).
- 기금법인에서 실시할 목적사업으로는 암치료비지원(5명에 3000만원 예상), 유치원교육비지원(20명에 1200만원 예상), 동호인회지원(5개 동호회 1000만원 예상), 장학금사업(30명에 1억 8000만원 예상), 명절과 창립기념일, 본인 생일에 300명의 근로자에게 각각 10만원의 기념품 지급(1억 2000만원 예상), 단체상해보험지원(300명, 1인당 30만원, 9000만원 예상) 등이다.
- 운영경비로는 등기소송비 30만원, 세금과공과 10만원, 지급수수료 600만원, 교육훈련비 100만원, 도서인쇄비 20만원이다.
- 예비비는 전체 목적사업비와 운영경비의 5%를 편성한다.

# 재무상태표(대차대조표)

제4기 : 201X년 12월 31일 현재

(C사내근로복지기금) (금액단위 : 원)

| 계 정 과 목 | 제 4 기 | |
|---|---|---|
| Ⅰ. 유동자산 | | 2,130,000,000 |
| 1. 당좌자산 | 2,130,000,000 | |
| 1) 현금및현금성자산<br>2) 단기예금<br>3) 선급법인세(미수금) | 121,770,000<br>2,000,000,000<br>8,230,000 | |
| Ⅱ. 비유동자산 | | 0 |
| 1. 투자자산 | 0 | |
| 1) 생활안정대부금 | 0 | |
| (자산 총계) | | 2,130,000,000 |
| Ⅰ. 유동부채 | | 0 |
| Ⅱ. 비유동부채 | | 630,000,000 |
| 1) 고유목적사업준비금1<br>2) 고유목적사업준비금2 | 0<br>630,000,000 | |
| (부채 총계) | | 630,000,000 |
| Ⅰ. 자본금 | | 1,500,000,000 |
| 1. 기본재산 | 1,500,000,000 | |
| Ⅱ. 이익잉여금 | | 0 |
| 1. 미처분이익잉여금 | 0 | |
| (자본 총계) | | 1,500,000,000 |
| (부채와자본 총계) | | 2,130,000,000 |

* 주1. 고유목적사업준비금1은 법인세법 제29조에 의한 준비금임.

주2. 고유목적사업준비금2는 근로복지기본법 제62조제2항에 의한 준비금임.

# 201X년도 사업계획 및 예산서(안)

201X년 12월

C사내근로복지기금

# 목 차

# Ⅰ. 201X년 사업계획 개요

## ■ 기 본 방 향

● 201X년도 사내근로복지기금 운영은 기금 운영의 내실화와 목적사업의 확대에 중점을 두고

● 조성된 기금의 수익금 범위 안에서 실현 가능한 사업계획을 수립 · 운영함으로써 직원 생활 안정과 근로 복지 증진에 기여

## ■ 추 진 방 향

● 기금 조성

– 201X년도 출연 규모 : 약 10억원(50%인 5억원을 사용)

– 장기적 기금 조성 계획 수립(매년 10억원 규모의 기금 출연)

● 운영 기반 조성

– 출연 확대에 따라 안정적인 기금 운용 계획 수립(안정성 중시)

– 목적사업의 지속적인 확대 및 대부사업 신규 개시

– 기금법인 회계처리 및 대부관리시스템 도입, 기금업무 관리비용 절감

## ■ 부문별 사업계획

| 사 업 명 | 세부 사업 내용 | 시 행 기 간 | | | | 비 고 |
|---|---|---|---|---|---|---|
| | | 1/4 | 2/4 | 3/4 | 4/4 | |
| 1. 기금 조성 | 201X년도 기금 출연 | | | | | |
| 2. 기금 운영 | 협의회 운영(연 2회)<br>이사회 운영(분기 1회) | | | | | |
| 3. 목적사업 확대 | – 가용재원 보고(분기별)<br>– 회사에서 실시하는 복지사업 기금으로 통합 운영 검토 작업 | | | | | |
| 4. 기 타 | –기금관리&대부관리시스템 구축<br>–규정류 제 · 개정 작업(수시) | | | | | |

## Ⅱ. 201X년 예산 편성(안)

### ■ 예산 총칙

예산 총칙

〈제1조〉 201X년도 추정대차대조표, 추정손익계산서 및 자본예산은 다음과 같다.

● 추정대차대조표(재무상태표)

(단위 : 천원)

| 차변 | | 대변 | |
|---|---|---|---|
| 자 산 | 순손실 | 부 채 | 자 본 |
| 2,736,040 | 0 | 236,040 | 2,500,000 |

● 추정손익계산서

(단위 : 천원)

| 차변 | | 대변 | |
|---|---|---|---|
| 비 용 | 순이익 | 수 익 | 순손실 |
| 472,100 | 0 | 472,100 | 0 |

● 자본예산

(단위 : 천원)

| 비유동자산 | 계 |
|---|---|
| 500,000 | 500,000 |

〈제2조〉 주임이사는 예산 집행상 불가피하다고 인정하는 경우에는 손익예산 및 자본예산의

항간 한도액 범위 내에서 예산을 전용할 수 있다. 단, 항간 한도액을 초과하여 집행하고자 할 때에는 이사회의 승인을 얻어야 한다.

〈제3조〉 주임이사는 다음의 비목에 대하여 예산에 불구하고 이를 초과 집행할 수 있다.

① 세금과공과 및 등기소송비

② 사업외비용 및 법인세비용

〈제4조〉 주임이사는 기금 출연 혹은 금리 변동으로 인하여 필요한 경우, 추정손익계산서, 추정대차대조표 및 자금운영 계획의 규모를 변경시킬 수 있다.

〈제5조〉 손익예산은 기금원금을 잠식하여 집행할 수 없다.

비용 집행을 위한 수익금 부족이 예상될 경우 주임이사는 법적 강제성 등을 감안하여 우선순위를 정하여 손익예산 및 자본예산을 집행할 수 있다.

〈제6조〉 예비비 사용

주임이사는 천재지변 기타 사전에 예측할 수 없는 상황이 발생했을 경우 이사회의 승인을 얻어 예비비를 사용할 수 있다.

〈제7조〉 예산은 익년도에 이월하여 집행할 수 없다.

다만 자본예산의 사업재원 중 지출원인행위를 한 공사비와 지출원인행위를 하지 아니한 그 부대경비는 이사회의 승인을 얻어 이월 사용할 수 있다.

## ■ 종합예산

### 1. 추정손익계산서

(단위 : 천원)

| 과 목 | 201X년 예산 | | | 비고 |
|---|---|---|---|---|
| | 목적사업회계 | 기금관리회계 | 계 | |
| 1.사업수익 | 0 | 78,140 | 78,140 | |
| 가.이자수익 | 0 | 66,820 | 66,820 | |
| 나.대부이자수익 | 0 | 11,320 | 11,320 | |
| 2.고유목적사업비 | 442,000 | 0 | 442,000 | |
| 가.암치료비지원 | 30,000 | 0 | 30,000 | |
| 나.유치원교육비지원 | 12,000 | 0 | 12,000 | |
| 다.동호인회지원 | 10,000 | 0 | 10,000 | |
| 라.장학금지원 | 180,000 | 0 | 180,000 | |
| 마.기념품지급 | 120,000 | 0 | 120,000 | |
| 바.단체상해보험지원 | 90,000 | 0 | 90,000 | |
| 3.사업총이익 | △442,000 | 78,140 | △363,860 | |
| 4.일반관리비 | 7,600 | 0 | 7,600 | |
| 가.등기소송비 | 300 | 0 | 300 | |
| 나.세금과공과 | 100 | 0 | 100 | |
| 다.교육훈련비 | 1,000 | 0 | 1,000 | |
| 라.지급수수료 | 6,000 | 0 | 6,000 | |
| 마.도서인쇄비 | 200 | 0 | 200 | |
| 5.사업이익 | △449,600 | 78,140 | △371,460 | |
| 6.사업외수익 | 472,100 | 0 | 472,100 | |
| 가.고유목적사업준비금1전입수입 | 78,140 | 0 | 73,760 | |
| 나.고유목적사업준비금2전입수입 | 393,960 | 0 | 398,040 | |
| 7.사업외비용 | 22,500 | 78,140 | 100,640 | |
| 가.고유목적사업준비금전입액 | 0 | 78,140 | 78,140 | |
| 나.예비비 | 22,500 | 0 | 22,500 | |
| 8.법인세차감전순이익 | 0 | 0 | 0 | |
| 9.법인세비용 | 0 | 0 | 0 | |
| 10.당기순이익 | 0 | 0 | 0 | |

## 2. 추정대차대조표(추정재무상태표)

(단위 : 천원)

| 과　목 | 201X년 예산 | | | 비고 |
|---|---|---|---|---|
| | 목적사업회계 | 기금관리회계 | 계 | |
| 〈자　산〉<br>Ⅰ. 유동자산 | 0 | 2,236,040 | 2,236,040 | |
| 1. 당좌자산 | 0 | 2,236,040 | 2,236,040 | |
| 1)현금및현금성자산<br>2)단기금융상품<br>3)선급법인세 | 0<br>0<br>0 | 226,690<br>2,000,000<br>9,350 | 226,690<br>2,000,000<br>9,350 | |
| Ⅱ. 비유동자산 | 0 | 500,000 | 500,000 | |
| 1. 투자자산 | 0 | 500,000 | 500,000 | |
| 1)생활안정대부금 | 0 | 500,000 | 500,000 | |
| (자산 총계) | 0 | 2,736,040 | 2,736,040 | |
| Ⅰ. 유동부채 | 0 | 0 | 0 | |
| Ⅱ. 비유동부채 | 0 | 236,040 | 236,040 | |
| 1)고유목적사업준비금1<br>2)고유목적사업준비금2 | 0<br>0 | 0<br>236,040 | 0<br>236,040 | |
| (부채 총계) | 0 | 236,040 | 236,040 | |
| Ⅰ. 자본금 | 0 | 2,500,000 | 2,500,000 | |
| 1. 기본재산 | 0 | 2,500,000 | 2,500,000 | |
| Ⅱ. 이익잉여금 | 0 | 0 | 0 | |
| 1.차기이월잉여금 | 0 | 0 | 0 | |
| (자본 총계) | 0 | 2,500,000 | 2,500,000 | |
| (부채와자본 총계) | 0 | 2,736,040 | 2,736,040 | |

* 주1. 고유목적사업준비금1은 법인세법 제29조에 의한 준비금임.
  주2. 고유목적사업준비금2는 근로복지기본법 제62조제2항에 의한 준비금임.

## ■ 부문별 예산

### 1. 수익예산

(단위 : 천원)

| 관 | 항 | 목 | 금액 | 산출근거 |
|---|---|---|---|---|
| 사업수익 | | | 78,140 | |
| | 이자수익 | | 66,820 | |
| | | | 66,820 | −2,000,000 × 3%× 12/12 = 60,000<br>−500,000 × 2%× 6/12 = 5,000<br>−100,000 × 2%× 1/12 = 160<br>−200,000 × 2%× 2/12 = 660<br>−200,000 × 2%× 3/12 = 1,000 |
| | 대부이자 수입 | | 11,320 | |
| | | 대부이자 | 11,320 | −100,000× 4%× 8/12 = 2,660<br>−200,000× 4%× 7/12 = 4,660<br>−200,000× 4%× 6/12 = 4,000 |
| 사업외 수익 | | | 393,960 | |
| | 사업외수입 | | 393,960 | |
| | | 고유목적사업준비금전입수입 | 393,960 | −부족분 고유목적사업준비금2에서 전입수입처리 |
| 계 | | | 472,100 | |

## 2. 비용예산

(단위 : 천원)

| 관 | 항 | 목 | 금액 | 산출근거 |
|---|---|---|---|---|
| 사업비용 | | | 442,000 | |
| | 고유목적 사업비 | | 442,000 | |
| | | 암치료비 | 30,000 | –직원 5명 × 6,000 = 30,000 |
| | | 유치원교육비 | 12,000 | –직원 10명 × 월 100 × 12월 = 12,000 |
| | | 동호인회지원 | 10,000 | –5개 × 2,000 = 10,000 |
| | | 장학금지원 | 180,000 | –자녀30명 × 3,000 × 2학기 = 180,000 |
| | | 기념품지급 | 120,000 | –직원 300명 × 100 × 4회= 120,000 |
| | | 단체상해보험 | 90,000 | –직원 300명 × 300 = 90,000 |
| 관리비용 | | | 7,600 | |
| | 관리비 | | 7,600 | |
| | | 등기소송비 | 300 | –기금 임원변경등기 300 |
| | | 세금과공과 | 100 | –법인균등할주민세 외 100 |
| | | 교육훈련비 | 1,000 | –사내근로복지기금교육 3회 1,000 |
| | | 지급수수료 | 6,000 | –기금회계관리&대부관리시스템 도입 4,800<br>–사내근로복지기금자문수수료 1,200 |
| | | 도서인쇄비 | 200 | –사내근로복지기금도서구입 200 |
| 예비비 | | | 22,500 | |
| | 예비비 | | 22,500 | |
| | | 예비비 | 22,500 | –예비비(442,000+7,600) × 5% = 22,500 |
| 계 | | | 472,100 | |

◎ 당기순이익 : 수익 – 비용 = 472,100천원 – 472,100천원 = 0원※

## 3. 자본예산

(단위 : 천원)

| 관 | 항 | 목 | 금액 | 산 출 근 거 |
|---|---|---|---|---|
| 비유동자산 | | | 500,000 | |
| | 투자자산 | | 500,000 | |
| | | 생활안정대부금 | 500,000 | –25명 × 20,000천원 |
| 계 | | | 500,000 | |

# Ⅲ. 목적사업 계획서

## ■ 목적사업 계획서

(단위 : 천원)

| 사업명 | 목 적 | 산출 내역 | 금 액 | 지 원 방 법 |
|---|---|---|---|---|
| 암치료 비지원 | 근로자가 암으로 입원 시 치료비 지원을 통해 근로자 복지 증진과 생활 안정을 도모 | ○5명 × 6,000천원 | 30,000 | 출연기금에서 발생한 수익금을 재원으로, 지원 사유가 발생한 근로자가 증빙을 첨부하여 신청 시 심사를 통하여 지원함 |
| 유치원 교육비 지원 | 회사 근로자의 자녀 유치원 교육비 지원을 통해 근로의욕을 고취시키고, 생활 안정과 근로 복지 증진에 기여함 | ○10명 × 월 100천원 × 12월 | 12,000 | 출연기금에서 발생한 수익금을 재원으로, 지원 사유가 발생한 근로자가 증빙을 첨부하여 신청 시 심사를 통하여 지원함 |
| 동호인 회지원 | 회사 내 비공식 조직인 동호인회 활동을 지원해서 회사 내 부서, 직종, 지역 간 교류 확대를 통해 상호 이해를 증진시킴으로써, 정서 안정과 명랑한 직장 분위기를 조성하고, 이를 통해 회사 조직 활성화와 기업문화 창달에 기여 | ○5개 × 2,000천원 | 10,000 | 출연기금에서 발생한 수익금을 재원으로, 활동 중인 동호인회가 전년도 활동 실적 및 당해연도 활동 계획을 첨부하여 지원금을 신청 시 심사를 통하여 지원함 |
| 장학금 지원 | 직원 대학생 자녀 학자금을 지원함으로써 직원 복지 증진과 재산 형성에 기여 | ○30명 × 3,000천원 × 2학기 | 180,000 | 당해연도 출연금의 50%를 사용하여, 지원 사유가 발생한 근로자가 신청 시 심사를 통해 지급함 |
| 기념품 지급 | 명절, 회사창립일, 본인 생일을 맞이하여 기념품을 지급하여 소속감과 근로 의욕 제고 | ○300명 × 100천원 × 4회 | 120,000 | 지급기준일 회사에 재직 중인 근로자에게 기념품을 구입하여 지급 실시 |
| 단체상해보험 지원 | 불의의 사고 시 보장을 통해 근로자 복지 증진 | ○300명 × 300천원 | 90,000 | 회사에 재직 중인 근로자를 대상으로 단체상해보험에 가입, 사고 시 보험금 수령 |
| 계 | | | 442,000 | |

## Ⅳ. 기금운용 계획서

### ■ 기금운용 계획서

(단위 : 천원)

| 구분 | 내 역 | 금 액 | 비고 |
|---|---|---|---|
| 조 달 | 1. 201X년도 수입 | 78,140 | |
| | ㅇ이자수입 총액<br>ㅇ대부이자수입 총액 | 66,820<br>11,320 | |
| | 2. 이월고유목적사업준비금 중 부족분 전입수입 | 393,960 | |
| | ㅇ전기이월준비금(+) 630,000<br>ㅇ당기 준비금전입수입 처리(−) 393,960<br>ㅇ차기이월 준비금잔액 236,040 | | |
| | 합 계 | 472,100<br>(708,140) | |
| 지 출 | 1. 고유목적사업비 지출 | 442,000 | |
| | 2. 일반관리비 지출 | 7,600 | |
| | 3. 예비비 | 22,500 | |
| | 합 계 | 472,100 | |
| 과부족 | 당기순이익<br>(차기이월 고유목적사업준비금 잔액) | 0<br>(236,040) | |

## 라. 5차연도 기금법인 2(기본재산 사용)

사업계획서 및 예산서 작성을 위한 기본 조건은 다음과 같다.

D주식회사는 4년 전 사내근로복지기금을 설립하여 계속 운영하고 있다.

- 전년도 201X년 12월 말 D사내근로복지기금의 재무상태표(대차대조표)는 다음과 같다.
- 다음연도인 201X년 D주식회사는 4월 1일 자로 10억원을 기금에 출연하기로 하였음. 이 가운데 50%인 5억원을 복지기금협의회 의결로 고유목적사업준비금으로 설정하기로 결정하였음.
- 정기예금 20억원 중 만기는 2월 1일 5억원, 7월 1일 10억원, 10월 1월 5억원이다. 다음연도 정기예금 이자율은 1년 이자율은 연 3%이고, 6개월 이하는 연 2%를 적용한다. 이자 지급 방식은 월지급식으로 운용하되 이자수익 원천징수율은 14%이다.
- 4월에는 1억원, 5월 2억원, 6월에는 2억원 총 5억원의 생활안정자금 대부를 새로이 실시할 계획임(대부이율 4%, 대부금액 1인당 2000만원, 상환 조건 1년 거치 3년 분할 상환).
- 기금에서 실시할 목적사업으로는 암치료비지원(5명에 3000만원 예상), 유치원교육비지원(20명에 1200만원 예상), 동호인회지원(5개 동호회 1000만원 예상), 장학금사업(30명에 1억 8000만원 예상), 명절과 창립기념일, 본인 생일에 300명의 근로자에게 각각 10만원의 기념품 지급(1억 2000만원 예상), 단체상해보험지원(300명, 1인당 30만원, 9000만원 예상) 등이다.
- 운영경비로는 등기소송비 30만원, 세금과공과 10만원, 지급수수료 600만원, 교육훈련비 100만원, 도서인쇄비 20만원이다.
- 예비비는 전체 목적사업비와 운영경비의 5%를 편성한다.

# 재무상태표(대차대조표)

제4기 : 201X년 12월 31일 현재

(D사내근로복지기금) (금액단위 : 원)

| 계 정 과 목 | 제 4 기 | |
|---|---|---|
| Ⅰ. 유동자산 | | 2,130,000,000 |
| 1. 당좌자산 | 2,130,000,000 | |
| 1) 현금및현금성자산<br>2) 단기예금<br>3) 선급법인세(미수금) | 121,770,000<br>2,000,000,000<br>8,230,000 | |
| Ⅱ. 비유동자산 | | 0 |
| 1. 투자자산 | 0 | |
| 1) 생활안정대부금 | 0 | |
| (자산 총계) | | 2,130,000,000 |
| Ⅰ. 유동부채 | | 0 |
| Ⅱ. 비유동부채 | | 630,000,000 |
| 1) 고유목적사업준비금1<br>2) 고유목적사업준비금2 | 0<br>630,000,000 | |
| (부채 총계) | | 630,000,000 |
| Ⅰ. 자본금 | | 1,500,000,000 |
| 1. 기본재산 | 1,500,000,000 | |
| Ⅱ. 이익잉여금 | | 0 |
| 1. 미처분이익잉여금 | 0 | |
| (자본 총계) | | 1,500,000,000 |
| (부채와자본 총계) | | 2,130,000,000 |

* 주1. 고유목적사업준비금1은 법인세법 제29조에 의한 준비금임.

주2. 고유목적사업준비금2는 근로복지기본법 제62조제2항에 의한 준비금임.

# 201X년도 사업계획 및 예산서(안)

201X년 12월

D사내근로복지기금

# 목　　차

# Ⅰ. 201X년 사업계획 개요

## ■ 기 본 방 향

● 201X년도 사내근로복지기금 운영은 기금 운영의 내실화와 목적사업의 확대에 중점을 두고

● 조성된 기금의 수익금 범위 안에서 실현 가능한 사업계획을 수립 · 운영함으로써 직원 생활 안정과 근로 복지 증진에 기여

## ■ 추 진 방 향

● 기금 조성

– 201X년도 출연 규모 : 약 10억원(50%인 5억원을 사용)

– 장기적 기금 조성 계획 수립(매년 10억원 규모의 기금 출연)

● 운영 기반 조성

– 출연 확대에 따라 안정적인 기금 운용 계획 수립(안정성 중시)

– 목적사업의 지속적인 확대 및 대부사업 신규 개시

– 기금법인 회계시스템 및 대부사업 관리시스템 조기 구축

## ■ 부문별 사업계획

| 사 업 명 | 세부 사업 내용 | 시 행 기 간 | | | | 비 고 |
|---|---|---|---|---|---|---|
| | | 1/4 | 2/4 | 3/4 | 4/4 | |
| 1. 기금 조성 | 201X년도 기금 출연 | | | | | |
| 2. 기금 운영 | 협의회 운영(연 2회)<br>이사회 운영(분기 1회) | | | | | |
| 3. 목적사업 확대 | – 가용재원 보고(분기별)<br>– 회사에서 실시하는 복지사업 기금으로 통합 운영 검토 작업 | | | | | |
| 4. 기 타 | –기금관리&대부관리시스템 구축<br>–규정류 제 · 개정 작업(수시) | | | | | |

## Ⅱ. 201X년 예산 편성(안)

### ■ 예산 총칙

# 예산 총칙

〈제1조〉 201X년도 추정대차대조표, 추정손익계산서 및 자본예산은 다음과 같다.

● 추정대차대조표(재무상태표)

(단위 : 천원)

| 차변 | | 대변 | |
|---|---|---|---|
| 자 산 | 순손실 | 부 채 | 자 본 |
| 2,736,040 | 0 | 736,040 | 2,000,000 |

● 추정손익계산서

(단위 : 천원)

| 차변 | | 대변 | |
|---|---|---|---|
| 비 용 | 순이익 | 수 익 | 순손실 |
| 472,100 | 0 | 472,100 | 0 |

● 자본예산

(단위 : 천원)

| 비유동자산 | 계 |
|---|---|
| 500,000 | 500,000 |

〈제2조〉 주임이사는 예산 집행상 불가피하다고 인정하는 경우에는 손익예산 및 자본예산의 항간 한도액 범위 내에서 예산을 전용할 수 있다. 단, 항간 한도액을 초과하여 집행하고자 할 때에는 이사회의 승인을 얻어야 한다.

〈제3조〉 주임이사는 다음의 비목에 대하여 예산에 불구하고 이를 초과 집행할 수 있다.

① 세금과공과 및 등기소송비

② 사업외비용 및 법인세비용

〈제4조〉 주임이사는 기금 출연 혹은 금리 변동으로 인하여 필요한 경우, 추정손익계산서, 추정대차대조표 및 자금운영 계획의 규모를 변경시킬 수 있다.

〈제5조〉 손익예산은 기금원금을 잠식하여 집행할 수 없다.

비용 집행을 위한 수익금 부족이 예상될 경우 주임이사는 법적 강제성 등을 감안하여 우선순위를 정하여 손익예산 및 자본예산을 집행할 수 있다.

〈제6조〉 예비비 사용

주임이사는 천재지변 기타 사전에 예측할 수 없는 상황이 발생했을 경우 이사회의 승인을 얻어 예비비를 사용할 수 있다.

〈제7조〉 예산은 익년도에 이월하여 집행할 수 없다.

다만 자본예산의 사업재원 중 지출원인행위를 한 공사비와 지출원인행위를 하지 아니한 그 부대경비는 이사회의 승인을 얻어 이월 사용할 수 있다.

## ■ 종합예산

### 1. 추정손익계산서

(단위 : 천원)

| 과 목 | 201X년 예산 | | | 비고 |
|---|---|---|---|---|
| | 목적사업회계 | 기금관리회계 | 계 | |
| 1.사업수익 | 0 | 78,140 | 78,140 | |
| 가.이자수익 | 0 | 66,820 | 66,820 | |
| 나.대부이자수익 | 0 | 11,320 | 11,320 | |
| 2.고유목적사업비 | 442,000 | 0 | 442,000 | |
| 가.암치료비지원 | 30,000 | 0 | 30,000 | |
| 나.유치원교육비지원 | 12,000 | 0 | 12,000 | |
| 다.동호인회지원 | 10,000 | 0 | 10,000 | |
| 라.장학금지원 | 180,000 | 0 | 180,000 | |
| 마.기념품지급 | 120,000 | 0 | 120,000 | |
| 바.단체상해보험지원 | 90,000 | 0 | 90,000 | |
| 3.사업총이익 | △442,000 | 78,140 | △363,860 | |
| 4.일반관리비 | 7,600 | 0 | 7,600 | |
| 가.등기소송비 | 300 | 0 | 300 | |
| 나.세금과공과 | 100 | 0 | 100 | |
| 다.교육훈련비 | 1,000 | 0 | 1,000 | |
| 라.지급수수료 | 6,000 | 0 | 6,000 | |
| 마.도서인쇄비 | 200 | 0 | 200 | |
| 5.사업이익 | △449,600 | 78,140 | △371,460 | |
| 6.사업외수익 | 472,100 | 0 | 472,100 | |
| 가.고유목적사업준비금1전입수입 | 78,140 | 0 | 73,760 | |
| 나.고유목적사업준비금2전입수입 | 393,960 | 0 | 398,040 | |
| 7.사업외비용 | 22,500 | 78,140 | 100,640 | |
| 가.고유목적사업준비금전입액 | 0 | 78,140 | 78,140 | |
| 나.예비비 | 22,500 | 0 | 22,500 | |
| 8.법인세차감전순이익 | 0 | 0 | 0 | |
| 9.법인세비용 | 0 | 0 | 0 | |
| 10.당기순이익 | 0 | 0 | 0 | |

## 2. 추정대차대조표(추정재무상태표)

(단위 : 천원)

| 과 목 | 201X년 예산 | | | 비고 |
|---|---|---|---|---|
| | 목적사업회계 | 기금관리회계 | 계 | |
| 〈자 산〉 | | | | |
| Ⅰ. 유동자산 | 0 | 2,236,040 | 2,236,040 | |
| 1. 당좌자산 | 0 | 2,236,040 | 2,236,040 | |
| 1)현금및현금성자산 | 0 | 226,690 | 226,690 | |
| 2)단기금융상품 | 0 | 2,000,000 | 2,000,000 | |
| 3)선급법인세 | 0 | 9,350 | 9,350 | |
| Ⅱ. 비유동자산 | 0 | 500,000 | 500,000 | |
| 1. 투자자산 | 0 | 500,000 | 500,000 | |
| 1)생활안정대부금 | 0 | 500,000 | 500,000 | |
| (자산 총계) | 0 | 2,736,040 | 2,736,040 | |
| Ⅰ. 유동부채 | 0 | 0 | 0 | |
| Ⅱ. 비유동부채 | 0 | 736,040 | 736,040 | |
| 1)고유목적사업준비금1 | 0 | 0 | 0 | |
| 2)고유목적사업준비금2 | 0 | 736,040 | 736,040 | |
| (부채 총계) | 0 | 736,040 | 736,040 | |
| Ⅰ. 자본금 | 0 | 2,000,000 | 2,000,000 | |
| 1. 기본재산 | 0 | 2,000,000 | 2,000,000 | |
| Ⅱ. 이익잉여금 | 0 | 0 | 0 | |
| 1.차기이월잉여금 | 0 | 0 | 0 | |
| (자본 총계) | 0 | 2,000,000 | 2,000,000 | |
| (부채와자본 총계) | 0 | 2,736,040 | 2,736,040 | |

* 주1. 고유목적사업준비금1은 법인세법 제29조에 의한 준비금임.
주2. 고유목적사업준비금2는 근로복지기본법 제62조제2항에 의한 준비금임.

## ■ 부문별 예산

### 1. 수익예산

(단위 : 천원)

| 관 | 항 | 목 | 금 액 | |
|---|---|---|---|---|
| 사업수익 | | | 78,140 | |
| | 이자수익 | | 66,820 | |
| | | 예금이자 | 66,820 | –2,000,000 × 3%× 12/12 = 60,000<br>–500,000 × 2%× 6/12 = 5,000<br>–100,000 × 2%× 1/12 = 160<br>–200,000 × 2%× 2/12 = 660<br>–200,000 × 2%× 3/12 = 1,000 |
| | 대부이자수입 | | 11,320 | |
| | | 대부이자 | 11,320 | –100,000× 4%× 8/12 = 2,660<br>–200,000× 4%× 7/12 = 4,660<br>–200,000× 4%× 6/12 = 4,000 |
| 사업외수익 | | | 393,960 | |
| | 사업외수입 | | 393,960 | |
| | | 고유목적사업준비금전입수입 | 393,960 | –부족분 고유목적사업준비금2에서 전입수입처리 |
| 계 | | | 472,100 | |

## 2. 비용예산

(단위 : 천원)

| 관 | 항 | 목 | 금액 | 산 출 근 거 |
|---|---|---|---|---|
| 사업비용 | | | 442,000 | |
| | 고유목적 사업비 | | 442,000 | |
| | | 암치료비 | 30,000 | -직원 5명 × 6,000 = 30,000 |
| | | 유치원교육비 | 12,000 | -직원 10명 × 월 100 × 12월 = 12,000 |
| | | 동호인회지원 | 10,000 | -5개 × 2,000 = 10,000 |
| | | 장학금지원 | 180,000 | -자녀30명 × 3,000 × 2학기 = 180,000 |
| | | 기념품지급 | 120,000 | -직원 300명 × 100 × 4회= 120,000 |
| | | 단체상해보험 | 90,000 | -직원 300명 × 300 = 90,000 |
| 관리비용 | | | 7,600 | |
| | 관리비 | | 7,600 | |
| | | 등기소송비 | 300 | -기금 임원변경등기 300 |
| | | 세금과공과 | 100 | -법인균등할주민세 외 100 |
| | | 교육훈련비 | 1,000 | -사내근로복지기금교육 3회 1,000 |
| | | 지급수수료 | 6,000 | -기금회계관리&대부관리시스템 도입 4,800<br>-사내근로복지기금자문수수료 1,200 |
| | | 도서인쇄비 | 200 | -사내근로복지기금도서구입 200 |
| 예비비 | | | 22,500 | |
| | 예비비 | | 22,500 | |
| | | 예비비 | 22,500 | -예비비(442,000+7,600) × 5% = 22,500 |
| 계 | | | 472,100 | |

◎ 당기순이익 : 수익 - 비용 = 472,100천원 - 472,100천원 = 0원※

## 3. 자본예산

(단위 : 천원)

| 관 | 항 | 목 | 금액 | 산 출 근 거 |
|---|---|---|---|---|
| 비유동자산 | | | 500,000 | |
| | 투자자산 | | 500,000 | |
| | | 생활안정대부금 | 500,000 | –25명 × 20,000천원 |
| 계 | | | 500,000 | |

# Ⅲ. 목적사업 계획서

## ■ 목적사업 계획서

(단위 : 천원)

| 사업명 | 목 적 | 산출 내역 | 금 액 | 지 원 방 법 |
|---|---|---|---|---|
| 암치료비 지원 | 근로자가 암으로 입원 시 치료비 지원을 통해 근로자 복지 증진과 생활 안정을 도모 | ○5명 × 6,000천원 | 30,000 | 출연기금에서 발생한 수익금을 재원으로, 지원 사유가 발생한 근로자가 증빙을 첨부하여 신청 시 심사를 통하여 지원함 |
| 유치원교육비지원 | 회사 근로자의 자녀 유치원교육비 지원을 통해 근로의욕을 고취시키고, 생활 안정과 근로 복지 증진에 기여함 | ○10명 × 월 100천원 × 12월 | 12,000 | 출연기금에서 발생한 수익금을 재원으로, 지원 사유가 발생한 근로자가 증빙을 첨부하여 신청 시 심사를 통하여 지원함 |
| 동호인회 지원 | 회사 내 비공식 조직인 동호인회 활동을 지원해서 회사 내 부서, 직종, 지역 간 교류 확대를 통해 상호 이해를 증진시킴으로써, 정서 안정과 명랑한 직장 분위기를 조성하고, 이를 통해 회사 조직 활성화와 기업문화 창달에 기여 | ○5개 × 2,000천원 | 10,000 | 출연기금에서 발생한 수익금을 재원으로, 활동 중인 동호인회가 전년도 활동 실적 및 당해연도 활동 계획을 첨부하여 지원금을 신청 시 심사를 통하여 지원함 |
| 장학금 지원 | 직원 대학생 자녀 학자금을 지원함으로써 직원 복지 증진과 재산 형성에 기여 | ○30명 × 3,000천원 × 2학기 | 180,000 | 당해연도 출연금의 50%를 사용하여, 지원 사유가 발생한 근로자가 신청 시 심사를 통해 지급함 |
| 기념품 지급 | 명절, 회사창립일, 본인 생일을 맞이하여 기념품을 지급하여 소속감과 근로 의욕 제고 | ○300명 × 100천원 × 4회 | 120,000 | 지급기준일 회사에 재직 중인 근로자에게 기념품을 구입하여 지급 실시 |
| 단체상해보험지원 | 불의의 사고 시 보장을 통해 근로자 복지 증진 | ○300명 × 300천원 | 90,000 | 회사에 재직 중인 근로자를 대상으로 단체상해보험에 가입, 사고 시 보험금 수령 |
| 계 | | | 442,000 | |

# Ⅳ. 기금운용 계획서

## ■ 기금운용 계획서

(단위 : 천원)

| 구분 | 내 역 | 금 액 | 비고 |
|---|---|---|---|
| 조 달 | 1. 201X년도 수입 | 78,140 | |
| | ㅇ이자수입 총액<br>ㅇ대부이자수입 총액 | 66,820<br>11,320 | |
| | 2. 이월고유목적사업준비금 중 부족분 전입수입 | 393,960 | |
| | ㅇ전기이월준비금(+) 630,000<br>ㅇ당기설정준비금(+) 500,000<br>ㅇ당기 준비금전입수입 처리(–) 393,960<br>ㅇ차기이월 준비금잔액 736,040 | | |
| | 합 계 | 472,100<br>(1,208,140) | |
| 지 출 | 1. 고유목적사업비 지출 | 442,000 | |
| | 2. 일반관리비 지출 | 7,600 | |
| | 3. 예비비 | 22,500 | |
| | 합 계 | 472,100 | |
| 과부족 | 당기순이익<br>(차기이월 고유목적사업준비금 잔액) | 0<br>(736,040) | |

# 부록

# 1. 사내근로복지기금 계정과목 해설서

## Ⅰ. 개 요

본 계정과목 해설서는 기금이 부동산을 출연받거나 수익사업을 영위하게 될 경우에 대비하여 발생할 수 있는 다양한 계정과목을 열거했다. 또한 기업회계기준서상 계정과목 이외에 기금회계에서 중요하게 발생하는 주택구입자금대부금, 주택임차자금대부금, 생활안정자금대부금, 우리사주구입자금대부금, 고유목적사업준비금전입액, 고유목적사업준비금환입액, 고유목적사업준비금(1), 고유목적사업준비금(2) 등을 추가하였다. 기금회계에서 빈번하게 사용되는 계정과목은 계정과목명 뒤에 ★ 표시를, 경우에 따라 사용되는 계정과목은 ☆ 표시를 달아 구분하여 표시하였다.

## Ⅱ. 대차대조표 계정과목

### 1. 자 산★

자산은 조달 원천이 자기자본인지 타인자본인지 여부와 관계없이 자신(또는 기업)이 가지고 있는 재산의 총액을 말하며, 기업회계기준상 1년을 기준으로 1년 안에 현금으로 실현될 수 있으면 유동자산, 그렇지 않으면 비유동자산으로 분류한다.

#### 가. 유동자산★

유동자산이란 1년 이내에 현금화 또는 실현될 것으로 예상되는 자산으로서 당좌자산과 재고자산으로 분류된다.

### (1) 당좌자산★

당좌자산은 유동자산 중 판매 과정을 거치지 않고 현금화할 수 있는 자산으로서 현금 및 현금성자산, 단기투자자산, 매출채권, 선급비용, 이연법인세자산 등을 포함한다.

#### (가) 현금 및 현금성자산★

현금 및 현금성자산은 기업의 유동성 판단에 중요한 정보이므로 별도 항목으로 구분하여 표시한다.

① 현금

현금이란 수중에 있는 현금과 은행에 있는 현금인 예금으로 나뉜다. 전자는 통화 및 통화대용증권(타인발행수표 등)을 통칭하는 말이며, 후자는 당좌예금 및 보통예금, 기업자유예금 등의 요구불예금으로 현금으로 전환하는 데 지장이 없는 예금을 말한다.

② 현금성자산★★

현금성자산이란 큰 거래비용 없이 현금으로 전환이 용이하고, 이자율 변동에 따른 가치변동의 위험이 중요하지 않은 금융상품으로서, 취득 당시에 만기일이 3개월 이내에 도래하는 금융상품을 말한다.

#### (나) 단기예금★★

금융기관이 취급하는 정기예금 · 정기적금 · 사용이 제한되어 있는 예금 및 기타 정형화된 상품 등으로, 단기적 자금 운용 목적으로 소유하거나 기한이 1년 내에 도래하는 것이며, 사용이 제한되어 있는 예금에 대하여는 그 내용을 주석으로 기재한다. 기업회계기준에서는 기한이 1년 내에 도래하는 정기예금, 정기적금, 사용이 제한되어 있는 예금, 금전신탁, 양도성예금증서(CD), 어음관리구좌(CMA), 신종기업어음(CP), 환매채(RP)는 모두 단기금융상품으로 표기하도록 하고 있으나, 실무적으로는 위의 각 항목에 대하여 별도의 계정을 사용하기도 한다.

(다) 유가증권☆

유가증권은 그 가치를 법률상 보장받을 수 있는 증권으로서, 일반적으로 주식 · 사채 및 국 · 공채를 말한다. 그러나 이는 1년 내에 현금화가 가능해야 하며, 1년 이내에 현금화가 불가능한 유가증권은 투자유가증권으로 분류된다.

① 국 · 공채

② 특별한 법률에 의하여 설립된 법인이 발행한 채권

③ 사채권

④ 특별한 법률에 의해 설립된 법인이 발행한 출자증권

⑤ 주권 또는 신주인수권을 표시하는 증서

⑥ 외국인이나 외국법인이 발행한 증권 또는 증서로서 이상의 증권이나 증서의 성질을 구비한 것

⑦ 외국법인 등이 발행한 증권 또는 증서를 기초로 하여 증권예탁원이 발행한 유가증권예탁증서

⑧ 위의 ① 내지 ⑦의 증권 또는 증서와 유사하거나 이와 관련된 것으로서 다음에 정하는 것

㉮ 신탁회사나 투자신탁회사 및 외국투신사가 발행하는 수익증권

㉯ 증권투자신탁업법에 의하여 위탁회사가 발행하는 수익증권

㉰ 외국증권투자신탁업자(외국증권투자신탁관계법령에 의하여 외국에서 증권투자신탁업을 영위하는 자를 말한다)가 발행하는 수익증권

㉱ 기업이 자금 조달을 목적으로 발행하는 어음 중 재정경제부장관이 정하는 것

㉲ 한국증권거래소가 정하는 기준과 방법에 따라 당사가 일방의 의사표시에 의하여 당사자간에 다음에 해당하는 거래를 성립시킬 수 있는 권리(유가증권 옵션이라고 한다)

- 주권의 매매거래
- 사전에 설정된 유가증권의 지수의 수취와 차에 의하여 산출되는 금전을 수수하는 거래
- 유가증권 지수의 선물거래(유가증권 지수의 선물거래를 말한다)

(라) 매출채권

매출채권은 물건을 팔고 일정 기간이 지난 후에 돈을 받기로 하거나, 물건을 팔고 어음을 받았을 경우에 처리하는 계정과목이다. 기업회계기준에서는 어음거래와 외상거래를 모두 매출채권으로 계상하도록 하고 있으나, 실무에서는 기중에는 어음거래는 받을어음으로, 외상거래는 외상매출금으로 계상하였다가 재무제표 작성 시 이를 매출채권으로 통합 표시하는 것이 일반적이다.

(마) 단기대여금

단기대여금은 상대방에게 차용증서나 어음을 받고 금전을 빌려준 경우로서, 회수가 1년 이내에 가능한 경우를 말한다. 주주, 임원, 종업원에 대한 대여금, 어음단기대여금, 단기 주택자금 융자금 등이 있다.

(바) 미수금★

미수금은 기업의 고유한 사업 이외의 사업에서 발생되는 미수채권을 말한다(비교 : 기업 고유의 사업에서 발생하는 미수채권은 매출채권으로 처리한다). 고정자산 등의 매각대금 중 받지 못한 금액, 부가가치세 환급금 등이 이에 해당한다. 미수금은 외상매출금과 구분하여야 하는데, 외상매출금은 일반적 상거래에서 발생한 금액을 말하며, 미수금은 일반적 상거래 이외에서 발생한 금액을 말한다. 기금회계에서는 결산 시 고유목적사업준비금을 설정하고 원천징수당한 선급법인세를 연도 말에 미수금으로 계리한다.

(사) 미수수익

기업이 외부에 용역을 제공하고 그 대가로서 당기에 회수하여야 하는 수익 중 수취하지 못한 수익을 말한다. 예 · 적금 이자 미수액, 국공채 · 사채이자 미수액, 임대료 미수액 등이 있다.

(아) 선급금

선급금은 상품이나 제품 등의 재고자산 구입 시 납품에 앞서 대금의 일부 또는 전부를 선지급한 금액을 말한다. 상품이나 원재료 및 용역, 고정자산을 구입하고 대금을 먼저 지급한 경우 이를 선급금으로 계상한다.



(자) 선급비용

선급비용은 아직 제공받지 않은 용역에 대하여 미리 지급한 대가로서, 일정 기간 동안 특정 서비스를 받을 수 있는 권리 또는 청구권을 말한다. 보험료, 임차료, 지급이자, 보증료, 할인료, 광고료, 고용보험료 등의 기간미경과분 등이 이에 해당된다. 결산 시점에 결산 정리 사항으로 기간미경과분에 대한 선급비용 인식이 이루어져야 한다.

(차) 기타의 당좌자산

기타의 당좌자산은 위의 당좌자산에 포함되지 아니하는 당좌자산을 말한다. 부가가치세대급금, 선납세금 가지급금, 전도금 등이 여기에 해당된다. 부가가치세대급금은 부가가치세를 부담하는 일반과세자의 경우 물건이나 용역을 구입할 때 상대방에게 지불하는 부가가치세 부담분을 인식하는 계정과목이다.

(카) 선납세금 또는 선급법인세★

주로 소득세나 법인세의 중간예납세액을 처리하는 계정과목이다. 미수금으로 계리하기도 한다.

(타) 가지급금☆

주로 임직원의 가불 등 그 내용이 명확하지 아니한 가지급금액으로서, 계정이 밝혀지면 해당 계정으로 대체하여야 하며, 밝혀지지 않을 경우에는 가져간 사람의 단기대여금이 된다.

(파) 전도금

사업장이 다수인 경우 사업장의 운영비와 관련하여 지급하는 금액을 처리하는 계정이다(공장, 사무소, 대리점 등).

### (2) 재고자산

재고자산은 기업이 정상적인 영업 과정에서 판매를 목적으로 생산 중인 자산, 또는 생산을 위하여 직 · 간접으로 소비되는 자산 및 판매를 위하여 보유하고 있는 자산을 총칭하는 개념이다.

(가) 상품

판매를 목적으로 구입한 상품, 미착(도착하지 않은)상품, 적송품(판매를 위탁한 상품) 등을 말하며, 부동산매매업에 있어서 판매를 목적으로 소유하는 토지, 건물, 기타 이와 유사한 부동산은 상품으로 본다.

(나) 제품

판매를 목적으로 원재료를 가공하여 완성한 생산품을 말한다.

(다) 반제품

자가(직접) 제조한 중간 제품과 부분품 등으로 판매 가능한 상태를 말한다.

(라) 재공품

제품 또는 반제품의 생산을 위하여 제조 과정에 있는 것을 말한다.

(마) 원재료

제품을 만들기 위하여 소비되는 원료, 재료, 매입부분품, 미착 원재료 등을 말한다. 원재료 구입대금, 미착 원재료, 수출용 원자재 수입 시 납부한 관세, 의제매입세액 원재료 차감분은 원재료 원가의 구성 항목이다.

(바) 저장품

소모품, 소모공구기구비품, 수선용부분품 및 기타 저장품 등 제품 제조를 위하여 보조적으로 소비되는 원부재료 이외의 소모성 재료를 말한다.

※ 매입에누리, 매입환출, 매입할인은 재고자산(매입)의 차감항목이다

PART 1
PART 2
PART 3
PART 4
부록

## 나. 비유동자산

### (1) 투자자산☆

투자자산이란 타 기업 지배와 장기 시세차익 및 배당 등을 목적으로 장기간 보유하고 있는 자산으로서, 유형자산이나 무형자산에 속하지 않는 자산을 말한다.

(가) 장기금융상품☆

유동자산에 속하지 아니하는 금융상품으로, 사용이 제한되어 있는 예금에 대해서는 그 내용을 주석으로 기재한다. 정기예금, 정기적금, 사용이 제한되어 있는 예금, 금전신탁, 양도성예금증서(CD), 어음관리구좌(CMA), 신종기업어음(CP), 환매채(RP)로서 그 기간이 1년 이후에 도래하는 것 등이 있다. 장기금융상품 중 결산기말 현재 만기가 1년 이내에 도래하는 것은 단기금융상품으로 대체하는 회계처리를 하여야 한다.

(나) 투자유가증권

투자유가증권이란 유동자산에 속하지 아니하는 유가증권으로서, 투자 목적으로 소유하는 주식, 사채, 국 · 공채 및 출자금을 말한다.

① 국 · 공채

② 특별한 법률에 의하여 설립된 법인이 발행한 채권

③ 사채권

④ 특별한 법률에 의해 설립된 법인이 발행한 출자증권

⑤ 주권 또는 신주인수권을 표시하는 증서

⑥ 외국인이나 외국법인이 발행한 증권 또는 증서로서 이상의 증권이나 증서의 성질을 구비한 것

⑦ 외국법인 등이 발행한 증권 또는 증서를 기초로 하여 증권예탁원이 발행한 유가증권예탁증서

⑧ 위의 ① 내지 ⑦의 증권 또는 증서와 유사하거나 이와 관련된 것으로서 다음에 정하는 것

㉮ 신탁회사나 투자신탁회사 및 외국투신사가 발행하는 수익증권

㉯ 증권투자신탁업법에 의하여 위탁회사가 발행하는 수익증권

㉰ 외국증권투자신탁업자(외국증권투자신탁관계법령에 의하여 외국에서 증권투자 신탁업을 영위하는 자를 말한다)가 발행하는 수익증권

㉱ 기업이 자금 조달을 목적으로 발행하는 어음 중 재정경제부 장관이 정하는 것

㉲ 한국증권거래소가 정하는 기준과 방법에 따라 당사가 일방의 의사표시에 의하여 당사자 간에 다음에 해당하는 거래를 성립시킬 수 있는 권리(유가증권 옵션이라고 한다)

- 주권의 매매거래
- 사전에 설정된 유가증권의 지수의 수취와 차에 의하여 산출되는 금전을 수수 하는 거래
- 유가증권 지수의 선물거래(유가증권 지수의 선물거래를 말한다)로서 1년 이내에 현금화가 불가능한 유가증권. 유가증권 중 1년 이내에 현금화가 가능한 단기 보유 목적의 유가증권은 당좌자산 중 유가증권으로 처리하고, 1년 이후에 현금화가 불가능한 투자 목적의 유가증권은 투자유가증권으로 처리한다.

### (다) 장기대여금

기업의 여유자금을 타인에게 대여하는 경우, 그 회수 기간이 대차대조표일로부터 1년 이내에 도래하지 아니하는 것을 말한다. 주주, 임원, 종업원에 대한 대여금, 어음장기대여금, 장기 주택자금 융자 등이 이에 속한다. 회수 기간이 대차대조표일로부터 1년 이내에 도래하는 대여금에 대하여는 단기대여금으로 계정대체를 하여야 한다.

### (라) 장기성매출채권

장기성매출채권은 유동자산에 속하지 아니하는 일반적 상거래에서 발생한 장기의 외상매출금 및 받을어음을 말한다. 즉 어음의 만기일이 대차대조표일로부터 1년 이후에 도래하는 채권을 말한다. 기업회계기준에서는 어음거래와 외상거래를 모두 매출채권으로 계상하도록 하고

있으나, 실무에서는 어음거래는 받을어음으로, 외상거래는 외상매출금으로 처리한다.



(마) 투자부동산

투자부동산이란 투자의 목적 또는 비영업용으로 보유하고 있는 토지, 건물 및 기타의 부동산을 말한다.

(바) 주택구입자금대부금★

근복법에 따라 기금의 목적사업으로 근로자들에게 주택구입자금을 대부할 경우, 그 회수 기간이 대차대조표일로부터 1년 이내에 도래하지 아니하는 것을 말한다. 회수기간이 대차대조표일로부터 1년 이내에 도래하는 대부금에 대하여는 유동자산으로 계정대체를 하여야 한다.

(사) 주택임차자금대부금★

근복법에 따라 기금의 목적사업으로 근로자들에게 주택임차자금을 대부할 경우, 그 회수 기간이 대차대조표일로부터 1년 이내에 도래하지 아니하는 것을 말한다. 회수 기간이 대차대조표일로부터 1년 이내에 도래하는 대부금에 대하여는 유동자산으로 계정대체를 하여야 한다.

(아) 생활안정자금대부금★

근복법에 따라 기금의 목적사업으로 근로자들에게 생활안정자금을 대부할 경우, 그 회수 기간이 대차대조표일로부터 1년 이내에 도래하지 아니하는 것을 말한다. 회수 기간이 대차대조표일로부터 1년 이내에 도래하는 대부금에 대하여는 유동자산으로 계정대체를 하여야 한다.

(자) 우리사주구입자금대부금☆

근복법에 따른 기금의 목적사업으로 근로자들에게 우리사주구입자금을 대부할 경우, 그 회수 기간이 대차대조표일로부터 1년 이내에 도래하지 아니하는 것을 말한다. 회수 기간이 대차대조표일로부터 1년 이내에 도래하는 대부금에 대하여는 유동자산으로 계정대체를 하여야 한다.

(차) 보증금 또는 콘도회원권☆

보증금은 전세권, 전신전화가입권, 임차보증금 및 영업보증금 등을 계상하는 계정이다. 기금회계에서 근복법에 따라 수익금으로 콘도회원권을 구입했을 경우, 만기 시 돌려받는 회원제인 경우는 보증금으로, 등기제인 경우는 콘도회원권으로 표기함이 타당하다.

(카) 이연법인세차

이연법인세차는 법인세법 등의 법령에 의하여 납부하여야 할 금액이 법인세비용을 초과하는 경우, 그 초과하는 금액을 처리하는 계정을 말한다.

(타) 기타의 투자자산

위에 속하지 아니하는 투자자산으로 한다. 퇴직보험 등의 예치금이 있다.

### (2) 유형자산

유형자산이란 재화의 생산, 용역의 제공, 타인에 대한 임대 또는 자체적으로 사용할 목적으로 보유하는 물리적 형체가 있는 자산으로서, 1년을 초과하여 사용할 것으로 예상되는 자산이다.

(가) 토지

토지는 기업이 자신의 영업 목적을 위하여 영업용으로 사용하고 있는 부지로서 대지 · 임야 · 전답 · 잡종지 등을 말한다. 공장, 사무소, 주차장, 사택, 운동장 등의 부지가 있다.

(나) 건물

건물이란 토지 위에 건설된 공작물로서, 지붕이나 둘레벽을 갖추고 있는 사무소, 점포, 공장 및 냉난방 · 조명 · 통풍 및 이에 부수되는 설비도 포함한다.

(다) 구축물

구축물은 토지 위에 정착된 건물 이외에 선거 · 교량 · 안벽 · 부교 · 궤도 · 저수지 · 갱도 · 굴뚝 · 정원 설비 및 기타의 토목 설비 또는 공작물 등으로 한다. 화단, 가로등, 다리, 정원, 철탑, 포장도로 등이 있다.

(라) 기계장치

기계장치는 동력 등의 힘을 이용하여 물리적 · 화학적으로 원 · 부재료를 가공제품으로 변환시키는 각종 제조 설비 또는 작업 장치로서, 기계장치 운송 설비(컨베이어, 호이스트, 기중기 등)와 기타의 부속 설비로 한다.

(마) 선박

선박이란 일반적으로 여객선이나 화물선 및 어선 등의 수상운반구로서, 사람이나 물건 등을 실어 해상에서 운반하는 것들을 총칭한다.

(바) 차량운반구

철도차량, 자동차 및 기타의 육상운반구 등이 있으며 기차, 자동차 등을 포함한다.

(사) 건설중인자산

유형자산의 건설을 위한 재료비 노무비 및 경비로, 건설을 위하여 지출한 도급금액 또는 취득한 기계 등을 포함한다. 건설 목적으로 지출된 자재비, 노무비, 경비, 외주비 등을 포함한다.

(아) 기타의 유형자산

기타의 유형자산에 속하는 대표적인 것으로는 공구와 기구, 비품 등이 있다.

① 공구와 기구

생산을 원활하게 하기 위하여 사용하는 도구로서 금형, 검사공구, 오락공구 등이 있다.

② 비품

원활한 관리 활동을 위하여 주로 사무실 등에서 사용하는 도구로 에어컨, 금고, 시계, 복사기, 냉장고, 소프트웨어, 사무용 집기 등을 말한다.

### (3) 무형자산

무형자산이란 물리적 특성을 갖추고 있지 않으면서, 동 자산을 소유함으로써 기업이 상당한 기간 동안 수익력을 갖게 되는 권리 또는 사실상의 가치를 말한다.

(가) 영업권

영업권은 합병, 영업 양수 및 전세권 취득 등의 경우에 유상으로 취득한 것으로 한다. 합병 시 순자산가액 초과액이 이에 해당된다.

(나) 공업소유권

법률에 의하여 일정 기간 독점적 · 배타적으로 이용할 수 있는 권리로서 특허권, 실용신안권, 의장권 및 상표권 등이 있다.

(다) 광업권

광업법에 의하여 등록된 일정한 광구에서 등록한 광물 및 동 광산 중에 부존하는 다른 광물을 채굴하여 취득할 수 있는 권리를 말한다.

(라) 어업권

수산업법에 의하여 등록된 일정한 수면에서 어업을 경영할 권리를 말한다.

(마) 차지권

차지권이란 임차료 또는 지대를 지급하고 타인이 소유하는 토지를 사용 수익할 수 있는 권리를 말한다.

(바) 창업비

창업비란 회사의 설립을 위하여 소요되는 비용으로, 이에는 발기인의 보수, 법률상담비용, 정관작성비용, 설립등기비용, 회사설립 제 규칙의 작성비용, 주식모집비, 통신비, 사무실유지비, 창립총회비, 주식발행비 등이 있다.

(사) 개발비

개업비는 회사설립일로부터 영업개시일까지 지출한 개업 준비를 위한 제 비용으로서, 사무실 임차료, 광고비, 통신비, 종업원의 급여 등을 포함한다. 그러나 개업 이후에 발생한 이자비용은 영업외비용으로 처리하고, 정상적인 영업 활동을 개시한 후 업종을 추가하거나 다각화 및 인수합병을 행함으로써 발생하는 비용은 개업비에 해당되지 않는다. 동 금액은 개업연도부터 3년 이내의 기간에 매기 균등액을 상각한다. 사무실 임차료, 광고비, 통신비, 종업원의 급여 등이 있다.

## 2. 부 채☆

부채란 과거 거래나 사건의 결과로서 현재 기업 실체가 부담하고 있고, 미래에 자원의 유출 또는 사용이 예상되는 의무이다.

### 가. 유동부채

유동부채는 1년 혹은 정상영업주기 이내에 상환될 것으로 기대되는 채무를 말한다.

(1) 매입채무

매입채무는 기업이 일반적 상거래에서 재화와 용역 등을 외상으로 구입함으로써 발생한 채무이다. 매입채무에 대하여 기중에는 증서 없이 수수한 외상계정은 외상매입금으로 하고, 어음을 지급하고 외상으로 매입한 경우에 생긴 어음상의 채무는 지급어음으로 계상하다가, 결산기말에는 매입채무로 통합 표시하는 것이 일반적이다.

(2) 단기차입금

단기차입금은 금융기관 등으로부터 돈을 빌려 오고 사용 후 1년 이내에 갚아야 하는 돈을 말한다. 금융기관 차입금, 주주 · 임원 · 종업원의 단기차입금, 어음 단기차입금, 당좌차월 등이 있다. 1년 이내에 갚아야 하는 돈은 단기차입금으로, 1년 이후에 갚아야 하는 돈은 장기차입금으로 처리한다.

(3) 미지급금☆

외부와의 거래에서 구입한 재화나 용역에 대하여 아직 지급하지 않은 것으로, 상거래 외의 거래에서 발생한 것으로 한다. 고정자산의 구입과 관련하여 발생한 미지급채무가 여기에 속한다.

(4) 선수금

선수금은 수주공사 수주품 및 기타 일반적 상거래에서 발생한 선수액을 말한다. 즉, 일반적 상거래에서 미래에 상품 등을 제공받기로 하고 대금의 전부 또는 일부를 미리 수령한 것이다. 정상적으로 상거래가 진행된다면 화폐로 지급하지 않고 상품 등을 제공함으로써 거래가 완료될 것이므로, 선수금은 비화폐성부채로 분류한다.

(5) 예수금

예수금은 일반적 상거래가 아닌 거래에서 발생한 일시적 예수액을 말한다. 예약수행의 보증금을 고객에게 받거나 미래에 채무의 자금을 이행하겠다는 보증금 등으로 받은 금액으로서, 거래가 완료되거나 소정의 의무를 수행하면 반환하여야 할 것 등이 예수금에 해당한다. 회사가 부담할 세금이 아니지만 종업원이나 거래처 등으로부터 원천징수한 소득세 및 부가가치세, 국민연금, 건강보험료 예수금 등이 있다.



### (6) 미지급비용

미지급비용은 발생된 비용으로서 지급되지 않은 것을 말한다. 미지급비용은 발생주의회계를 채택한 결과 생겨나는 비용이다. 즉, 발생항목에 대한 기말 수정분개에서 미지급된 비용을 차기하고 이에 대한 부채를 대기하면서 생긴 부채항목이다. 여기에는 미지급임금, 미지급이자, 미지급보험료 등이 있다.

### (7) 미지급법인세

미지급법인세란 회계연도 말 현재 법인세 등의 미지급액을 말한다. 즉, 회계연도 말 현재 당해 회계연도에 부담하여야 할 법인세와 소득할주민세로서 미지급된 금액을 말한다. 그리고 기 납부한 중간예납세액이나 원천징수세액은 실무상 선급법인세계정이나 법인세비용계정으로 처리한다. 미지급법인세, 주민세, 농어촌특별세 등. 중간예납 법인세는 선납세금 처리를 한다.

### (8) 미지급배당금

미지급배당금은 이익잉여금처분계산서 상 현금배당액으로서, 기말에 주주 등으로부터 배당금지급청구가 없어 미지급 상태로 남아 있는 배당금이다.

### (9) 유동성장기부채

유동성장기부채란 고정부채 중 1년 내에 상환될 부채를 말한다. 즉, 장기부채 중 결산일로부터 1년 이내에 상환 기간이 도래하는 부채는 유동성장기부채로 대체하여야 한다.

### (10) 선수수익

선수수익은 기업이 일정 기간 계속적으로 용역을 제공하기로 약정하고 받은 수익 중 차기 이후에 속하는 금액을 말한다. 이것은 기말 수정분개에서 이연항목에 해당하는 것으로, 현금을 수취할 때 선수수익 계정에 대기하였다가 용역을 제공한 시점에 선수수익계정에 차기하고 수익을 인식한다.

(11) 단기부채성충당금

1년 내에 사용되는 충당금으로서, 그 사용목적을 표시하는 과목으로 기재한다.

(12) 기타의 유동부채

기타의 유동부채로는 가수금이 대표적이다. 그러나 이는 가계정으로서 결산 재무제표에는 표시하여서는 안 된다.(가수금 : 일시적으로 운영자금의 부족으로 임직원에게 자금을 빌리는 경우 이를 처리하는 계정이다.)

## 나. 비유동부채★

비유동부채는 만기가 1년 이후에 도래하는 부채를 말한다.

(1) 사채

사채는 회사가 일반 대중에게서 자금을 조달하기 위해, 지정한 기일에 정해진 원금과 이자를 지급하기로 약속한 사채증서를 발행하여 집단적이고 대규모로 부담한 채무이다.

(2) 장기차입금

장기차입금은 금융기관 등으로부터 돈을 빌려 오고 사용 후 1년이 지나서 갚아도 되는 돈을 말한다. 금융기관 차입금, 주주 · 임원 · 종업원의 장기차입금, 어음 단기차입금, 당좌차월 등이 이에 속한다. 1년 이내에 갚아야 하는 돈은 단기차입금으로, 1년 이후에 갚아야 하는 돈은 장기차입금으로 처리한다.

### (3) 장기성매입채무

장기성매입채무는 물건을 사고 일정 기간 후에 돈을 주기로 하거나 물건을 팔고 어음을 주었을 경우, 1년 이후에 지불해도 되는 매입채무를 말한다. 기업회계기준에서는 어음거래와 외상거래를 모두 매입채무로 계상하도록 하고 있으나, 실무에서는 어음거래는 지급어음으로, 외상거래는 외상매입금으로 처리한다.

### (4) 장기부채성충당금

1년 후에 사용되는 충당금으로서, 그 사용목적을 표시하는 과목으로 기재한다.

### (5) 이연법인세대

일시적 차이로 인하여 법인세비용이 법인세법 등의 법령에 의하여 납부하여야 할 금액을 초과하는 경우 그 초과하는 금액으로 한다.

### (6) 고유목적사업준비금(1)★

고유목적사업준비금(1)은 법인세법 제29조에 의거 설정되는 준비금을 말한다. 설정한 연도 이후부터 5년 이내에 사용해야 하는 의무 때문에 비유동부채로 분류하고 있으며, 사용 기한 내에 미사용 시는 고유목적사업준비금환입액으로 수입 처리되어 법인세비용 및 가산세를 부과받는다.

### (7) 고유목적사업준비금(2)★

고유목적사업준비금(2)는 근복법 제62조 및 동법 시행령 제46조에 의거, 기본재산에서 직접 차감하여 설정되는 준비금을 말한다. 법인세법 제29조에 의거 설정되는 고유목적사업준비금(1)과 달리 사용 기한이 없고, 사용하지 않아도 불이익이 없다. 또한 기금협의회 의결을 통해 기본재산으로의 전입이 가능하다.

## 3. 자 본★

자본이란 기업 실체의 자산에서 부채를 차감한 잔여지분으로, 소유자의 청구권을 말한다.

### 가. 자본금★

#### (1) 자본금 또는 기본재산★

자본금이란 주식회사의 경우 발행주식의 총액을 말하고, 개인 회사의 경우 개인이 납입한 총액을 말한다. 기금회계의 경우 근복법 제62조제2항에 따라 출연 받은 재산이나 기금협의회에서 출연재산으로 편입할 것을 의결한 재산은 기본재산으로 표기하도록 명시되어 있어, 기본재산으로 표기함이 타당할 것이다.

### 나. 자본잉여금

자본잉여금은 증자나 감자 등 자본거래에서 생긴다. 따라서 영업 활동에서 생기는 이익잉여금과 대비되며, 손익계산서를 거치지 않고 자본에 직접 가산된다.

#### (1) 주식발행초과금

회사가 신주를 발행하는 경우 발행의 방법에는 액면발행, 할인발행(발행가액보다 낮은 가액), 할증발행(발행가액보다 높은 가액) 등이 있는데, 이 중 할증발행 시 발행가액 중 액면가액을 초과하는 금액을 주식발행초과금이라고 한다.

#### (2) 감자차익

무상감자의 경우 감소시킨 자본금의 금액이 주주에게 되돌려준 회사자본을 초과하는 경우 그 차액을 말한다.

(3) 기타자본잉여금

자기주식처분이익으로서 자기주식처분손실을 차감한 금액과 그 밖의 기타자본잉여금으로 한다.

## 다. 이익잉여금☆

이익잉여금은 손익계산서 항목의 거래로 인하여 발생하는 이익을 말한다.

(1) 이익준비금

상법은 주식회사의 경우 자본금의 2분의 1에 달할 때까지, 매 결산기의 금전에 의한 이익배당액의 10분의 1 이상의 금액을 강제적으로 기업 내부에 유보하도록 하고 있는데, 이 규정에 의하여 적립한 준비금을 말한다.

(2) 기타 법정적립금

상법 이외의 법령 규정에 의하여 적립된 금액으로 한다.

(3) 임의적립금☆

정관의 규정 또는 주주총회의 결의로 적립된 금액으로서, 사업확장적립금, 감채적립금, 배당평균적립금, 결손보전적립금 및 법인세 등을 이연할 목적으로 적립하여 일정 기간이 경과한 후 환입될 준비금 등을 말한다.

(4)차기이월이익잉여금 또는 차기이월결손금☆

당기 이월이익잉여금처분계산서의 차기이월이익잉여금 또는 결손금처리계산서의 차기이월결손금으로 하고, 당기순이익 또는 당기순손실을 주기한다.

## 라. 자본조정

자본조정은 당해 항목의 성격상 주주와의 거래에 해당하나 최종 불입된 자본으로 볼 수 없거나, 자본의 차감 성격으로 자본금이나 자본잉여금으로 분류할 수 없는 항목을 말한다.

(1) 주식할인발행차금

주식을 액면가액 이하로 발행하는 경우 액면가액과 발행가액의 차이를 말한다.

(2) 배당건설이자

주식회사의 경우 원칙적으로 이익이 없으면 배당이 불가능하나, 이에 대한 예외로서 배당건설이자는 상법 제463조의 규정에 의하여 자본금에 대한 이자를 배당한 경우 그 금액을 말한다.

(3) 자기 주식

자기 회사가 발행한 주식을 말한다.

(4) 미교부주식배당금

이익잉여금의 배당 중 주식배당에 해당하는 배당금을 말한다.

(5) 투자주식평가손익

투자주식의 평가 시 시가와 원가의 차이에 의한 손익을 말한다.

(6) 해외사업환산차대

해외사업환산차(대)란 해외지점 또는 해외사업소의 외화표시 자산 및 부채의 환산 과정에서 발생하는 환산손익을 말한다.

# Ⅲ. 손익계산서 계정과목

## 1. 매출총이익(매출액 – 매출원가) 또는 사업총이익(사업수익 – 고유목적사업비용)★

매출총이익은 매출액에서 매출원가를 차감한 금액을 말한다. 기금회계는 일반적으로 매출이 발생하지 않으므로, 사업수익에서 고유목적사업비용을 차감한 금액을 매출총이익 과목 대신 사업총이익으로 표시함이 타당할 것이다. 다만, 사내근로복지기금이 대부사업 이외에 다른 수익사업을 영위하는 경우, 이자수익과 대부이자수익은 영업외수익으로 표시하는 것이 더 적합할 것으로 판단한다.

### 가. 매출액 또는 사업수익★

매출액은 기업이 사업목적으로 영위하는 재화나 용역을 일정 기간 동안 외부에 판매한 총액을 말한다. 그리고 매출에누리와 매출환입, 매출할인 등은 매출에서 차감한다. 기금회계에서는 매출이 발생하지 않으므로, 증식사업에서 발생하는 수익을 사업수익으로 표시하고자 한다.

#### (1) 이자수익★

금융회사에 예치한 예금, 금전을 대여한 결과 발생하는 이자수익을 말한다.

#### (2) 대부이자수익☆

근복법 제62조 및 동법 시행령 제46조에 의거, 기금의 목적사업으로 시행 중인 근로자대부사업에서 발생되는 제반 대부이자수익을 말한다.

### 나. 매출원가 또는 고유목적사업비용★

매출원가는 제품을 만들기 위하여 사용된 모든 비용을 말한다. 즉,「기초재고액 + 당기매입액 − 기말재고액」으로 매출원가를 계산한다. 기금회계에서는 매출원가가 발생하지 않으므로, 목적사업을 수행하는 과정에서 발생하는 고유목적사업비용을 사업비용으로 분류하고자 한다. 고유목적사업비용은 당해 기금에서 수행하는 목적사업에 따라 경조비지원, 장학금지원, 체육 · 문화활동지원, 근로자의날행사지원, 창립기념품지원, 의료비지원 등 다양한 계정과목이 발생할 수 있다.

## 2. 영업이익(매출총이익 − 판매비와관리비) 또는 사업이익(사업총이익 − 일반관리비)★

영업이익은 매출총이익에서 판매비와관리비를 차감한 금액이 (+)인 금액을 말한다. (−)인 경우는 영업손실이다. 기금회계는 영업행위가 발생하지 않으므로 영업이익 대신 사업이익으로 표기하고, 사업수익에서 고유목적사업비용을 차감한 금액을 표시하고자 한다.

### 가. 판매비와관리비 또는 일반관리비★

판매비와관리비는 제품의 판매 또는 관리를 위하여 사용된 비용을 말한다. 기금회계에서는 제품의 판매행위가 발생하지 않으므로 일반관리비로 표시하고자 한다.

#### (1) 급여

급여란 특정인에게 근로를 제공하고 이에 대한 대가로서 지급받는 제 금액으로서, 급여에는 임원 급여, 급료와 임금 및 제수당을 포함한다. 구체적으로는 임직원에게 지급하는 기본급, 제수당, 상여금 등이 있다. 일용직 근로자에게 지급하는 급여는 일반적으로 잡급으로 처리한다. 기금회계의 경우 기금 소속 자체 직원이 존재하는 경우 발생하게 된다. 참고로 근복법 제60조제1항에서는 협의회 위원이나 이사, 감사는 비상근 · 무보수로 하도록 규정되어 있다.

### (2) 퇴직급여

퇴직급여란 영업 기간 중 또는 영업연도 말 임원 또는 직원이 퇴사하는 경우에 자사의 퇴직금 지급규정에 의하여 지급하는 금액을 처리하기 위한 계정이다. 퇴직급여충당금이 설정되어 있는 경우 퇴직 시 퇴직급여충당금에서 우선 상계하고, 부족액을 퇴직급여로 처리한다. 기금회계에서는 기금 소속 자체 직원이 있는 경우 발생하게 된다.

### (3) 복리후생비

복리후생비란 종업원의 복리후생을 위하여 지출하는 비용으로서, 작업 능률의 향상을 기하기 위하여 간접적으로 부담하는 시설, 경비 등을 말한다. 간식비, 회사부담 보험금 등 임직원의 복리후생을 위하여 지출한 비용이 이에 해당된다. 기금회계에서는 기금 소속 자체 직원이 있는 경우 발생하게 되며, 회사 소속 직원들에게 목적사업으로 지급하는 금품은 복리후생비가 아닌 고유목적사업비용으로 처리해야 한다.

### (4) 임차료

임차료는 부동산 또는 동산의 임대차 계약에 따라 지급하는 비용을 말한다. 사무실 임차료, 복사기 · 팩스 임차료, 차량 렌탈비, 창고 · 주차장 임차료 등이 있다.

### (5) 접대비

접대비란 일반적으로 회사의 영업과 관련하여 타인에게 금전을 제외한 재화나 기타 서비스를 제공하는 데 소요되는 비용을 말한다. 거래처에 지출한 주대, 차대, 선물비용, 경조사비 등이 있다.

### (6) 감가상각비

유형자산이 시간이 지남에 따라 가치가 점차 감소하는 것을, 그 자산의 내용연수에 따라 비용화해주는 것을 말한다.

### (7) 세금과공과★

세금과공과 계정은 기업에 대하여 국가 또는 지방자치단체가 부과하는 조세와, 공공적 지출에 충당할 목적으로 동업조합, 상공회의소 등의 각종 공공단체가 부과하는 부과금 및 벌금, 과료, 과태료 등의 특정 행위의 제재를 목적으로 하는 과징금을 처리하는 계정과목이다. 회사 명의의 자동차세, 재산세, 사업소세, 적십자사 회비, 상공회의소회비, 국민연금 회사부담분, 벌금, 인지대 등이 있다. 국민연금 회사부담분은 일부 회사에서 복리후생비로 처리하고 있으나 이는 문제가 되지 않는다. 그러나 여기서 세금과공과로 처리한 이유는 세법상 국민연금 회사부담분을 세금과공과로 분류하고 있기 때문이다. 기금회계에서는 법인균등할주민세와 임원변경등기 시 등록세 감면에 따른 농어촌특별세를 부담하기 때문에 매년 발생하는 계정과목이다.

### (8) 광고선전비

광고선전비란 재화 또는 용역의 판매 촉진이나 기업 이미지 개선 등의 선전 효과를 위하여 불특정 다수인을 대상으로 지출하는 비용을 말한다. 광고물구입비, 광고제작의뢰비, 광고물배포비, 간판제작비, 법인결산공고료 등이 있다. 소비성서비스업의 경우 일정 비율을 초과하면 비용으로 인정받지 못한다.

### (9) 경상개발비

경상개발비란 경상적으로 발생하는 연구개발비로서, 여기서 연구개발비란 신제품 · 신기술의 연구 또는 개발 활동과 관련하여 지출한 비용을 말한다.

### (10) 대손상각비

대손상각비란 거래처의 파산 · 행방불명 등의 사유로 채권의 회수가 불가능하게 된 경우 회수

불능채권을 비용으로 처리하기 위한 계정이다.

(11) 여비교통비

여비교통비라 함은 판매 및 관리 활동에 종사하는 종업원 및 임원에 관한 여비 및 교통비를 처리하는 계정이다. 여기에는 교통비, 항공료, 출장 일당, 숙박료, 식사대, 주차료, 통행료, 지하철 회수권 등이 포함된다.

(12) 차량유지비

유류대, 차량수선비, 주차료, 안전협회비, 검사비, 통행료 등이 있다.

(13) 통신비☆

통신비는 전화료, 등기우편료, 우표, 엽서 등의 사용 유지를 위하여 지출되는 비용을 처리하는 계정이다.

(14) 교육훈련비☆

임직원의 교육을 위하여 지출한 비용을 처리하는 계정으로 강사초청료, 연수원임차료, 학원연수료, 위탁교육훈련비 등이 이에 해당한다.

(15) 수선비

유형자산의 원상회복이나 기능 유지를 위하여 지출하는 비용으로, 이에는 건물수선비, 기계수선비, 공기구수선비, 비품수선비, 유지보수료(금액이 100만원 이상인 것은 자본적 지출임) 등이 있다.

(16) 수도광열비

이는 수도, 전기, 가스료를 지불할 때 처리하는 계정으로 상하수도요금, 도시가스료, 가스대금, 난방용 유류대 등이 있다.

(17) 도서인쇄비☆

도서인쇄비는 도서대나 인쇄요금을 지불할 때 사용하는 계정으로 신문구독료, 도서대금, 인쇄대금, 사진현상대금, 복사대금, 명함인쇄비용 등이 이에 해당한다.

(18) 포장비

상품이나 제품 등의 포장 과정에서 발생하는 비용으로 외주포장비, 박스 비용 등이 이에 해당한다.

(19) 소모품비☆

소모자재대금으로서 이에는 복사기 및 팩스 부품교체비, 건전지, 전구 등의 구입비용이 해당된다.

(20) 지급수수료☆

지급수수료는 용역을 제공받고 이에 대한 대가로 지불하는 비용으로서 세무수수료, 특허권사용료, 법률자문비, 임원변경등기 대행수수료, 회계 프로그램 월 유지보수료 등이 이에 해당한다.

(21) 보험료

산재보험료, 자동차보험료, 보증보험료, 책임보험료, 고용보험료(의료보험은 해당하지 아니함), 화재보험료, 손해보험료 등을 처리하는 계정이다.

(22) 외주비

외주비는 외주용역비와 외주가공비를 지출할 때 사용하는 계정으로, 지급수수료의 일종이다.

(23) 보관료

보관료란 상품, 제품, 원재료, 부산물 등을 창고에 보관하는 데 소요되는 비용을 처리하는 계정이다.

### (25) 견본비

견본비란 상품, 제품 등의 품질 향상을 알리기 위하여 해당 상품을 시험 삼아 사용시킬 목적으로 제공하는 데 따르는 비용을 말한다.

### (26) 운반비

운반비란 판매와 관련하여 회사의 상품이나 제품을 거래처에 운반해주는 과정에서 발생하는 비용을 말하며, 판매 시의 선박운임, 항공운임, 상하차비, 택배비용, 퀵서비스비용 등을 처리하는 계정이다.

### (27) 판매수수료

판매수수료란 판매 활동과 관련하여 거래처 등에 지급하는 수수료를 말한다.

### (28) 회의비☆

회의비는 회의 시 소요되는 비용으로서, 회의 시 식대 및 차대, 회의용 소모품비 등을 처리하는 계정이다. 기금회계에서는 이사회나 복지기금협의회 개최에 따른 비용을 처리하는 계정이다.

### (29) 수출제비용

수출제비용은 상품, 제품 등을 수출하는 경우 계약 체결 때부터 물품 선적에 이르기까지 수출과정에서 소요되는 비용을 처리하는 계정으로서, 수출 시의 포장비, 운반비, 보관료, 선적 때부터 해상운임, 해상보험료, 검사료, 통관비 등을 처리하는 계정이다.

### (30) 잡비

잡비란 오물수거비, 방범비 등과 같이 비용항목 중에서 빈번하게 발생하지 않고 금액적으로 중요성이 없는 것 또는 다른 계정과목에 포함시키는 것이 적절하지 않은 비용을 처리하는 계정과목이다.

## 3. 법인세차감전손익(영업이익 + 영업외수익 – 영업외비용) 또는 법인세차감전손익(사업이익 + 사업외수익 – 사업외비용) ★

법인세비용차감전순손익은 영업손익에 영업외이익을 가산하고 영업외비용을 차감하여 표시한다. 여기서 영업외란 기업의 정관에 기재된 고유목적사업 이외의 사업을 말한다. 예를 들어 일반 회사가 증권을 매매하고 차손익이 생기면 영업외손익인 반면, 증권회사의 경우 그 회사의 고유업무이므로 이는 매출액이 되는 것이다. 기금회계에서도 증식사업이나 목적사업에서 발생한 수익이나 비용은 사업수익이나 고유목적사업비용으로 분류하고, 이 이외에 발생한 수익은 사업외수익, 비용은 사업외비용으로 분류한다.

### 가. 영업외수익 또는 사업외수익★

영업외수익이란 기업 고유의 영업활동 이외의 활동을 통하여 발생한 이익을 말한다. 기금회계에서는 기금 고유의 증식사업활동 이외의 활동을 통하여 발생한 이익을 말한다.

(1) 이자수익

돈을 빌려주고 받는 이자를 말한다. 예적금, 국공채, 사채, 대여금, 대표이사 가지급금이자 등이 있다. 기금회계에서는 증식사업과 목적사업으로 실시되는 주수입이기에 사업수익으로 분류하고 있으며, 이자수익이나 대부이자수익 이외의 법인세법상 명시된 수익사업을 영위할 경우에는 영업외수익으로 분류함이 타당하다.

(2) 배당금수익

기업의 주식을 보유함으로써 받게 되는 현금배당 등을 말한다. 현금배당, 주식배당, 의제배당 등이 있다.

PART 1
PART 2
PART 3
PART 4
부록

(3) 임대료수익

부동산 또는 동산을 임대하고 타인으로부터 지대, 집세, 사용료 등의 대가로 수취하는 금액을 말한다.

(4) 유가증권처분이익☆

유가증권을 살 때 지불한 돈보다 더 많은 돈을 받고 판 경우 그 차액을 말한다. 주식처분이익, 국공채처분이익, 사채처분이익 등이 있다. 유가증권평가이익은 유가증권은 결산 시 현재의 시가로 평가하도록 되어 있는데, 이때의 시가가 취득 시 또는 전기에 평가한 시가보다 상승한 경우 그 차액을 말한다. 주식, 국공채, 사채 평가이익 등이 있다.

(5) 외환차익

외환차익이란 외화자산을 상환받을 때 원화로 받는 수취가액이 외화자산의 장부가액보다 큰 경우와, 외화부채를 원화로 상환하는 금액이 외화부채의 장부가액보다 작은 경우 동 차액을 처리하는 외환 결제로 인한 이익을 말한다.

(6) 외화환산이익

외화환산이익이란 기업이 외국통화를 보유하고 있거나 외화로 표시된 채권 · 채무를 가지고 있는 경우, 이것을 기말 결산할 때 원화로 환산 평가함에 있어서 취득 당시 또는 발생 당시의 외국환시세와 결산일의 외국환시세가 변동하였기 때문에 발생하는 외환평가로 인한 이익을 말한다.

(7) 지분법평가이익

지분법평가이익은 피투자회사의 순이익(내부거래 제외)에 대한 투자회사의 지분 취득 시점에 피투자회사의 순장부가액과 취득원가의 차액을 상각한 금액 투자회사의 내부거래에 따른 손익을 말한다.

### (8) 투자유가증권감액손실환입

투자주식 또는 채권의 공정가액이 하락하여 회복할 가능성이 없어 투자주식감액손실로 처리했는데 순자산가액이 회복된 경우, 감액된 장부가액을 한도로 하여 회복된 금액을 처리하는 계정을 말한다.

### (9) 자산처분이익

투자자산의 처분 시 투자자산의 처분가액이 장부가액을 초과하는 경우 동 차액을 말한다.

### (10) 유형자산처분이익

유형자산의 처분 시 유형자산의 처분가액이 장부가액(취득가액 감가상각누계액)을 초과하는 경우 동 차액을 말한다.

### (11) 사채상환이익

사채의 상환 시 사채의 장부가액에 미달하여 상환가액을 지급하는 경우 동 차액을 처리하는 계정을 말한다.

### (12) 법인세환급액

법인세환급액은 법인세의 납부액이 정부의 경정 또는 결정에 의한 법인세액을 초과하게 되는 경우에 납세의무자에게 돌려주는 금액을 말한다. 다만, 기금회계에서 원천징수당한 법인세에 대해 정당하게 과세표준신고를 하여 환급받는 법인세환급액은 수익이 아닌 자산계정 중 선급법인세(회계연도 말에 미수금으로 설정해두었을 경우에는 미수금) 계정과 상계처리하여야 한다.

### (13) 자산수증이익

자산수증이익이란 대주주나 대표이사 등 외부로부터 자산을 무상으로 증여받는 경우 생기는 이익을 말한다.

(14) 채무면제이익

채무면제이익이란 채권자로부터 채무를 면제받음으로써 생긴 이익을 말한다.

(15) 보험차익

보험차익이란 재해 등 보험사고 시 수령한 보험금액이 피해 자산의 장부가액보다 많은 경우 그 차액을 말한다.

(16) 잡이익

영업외수익 중 금액적으로 중요하지 않거나 그 항목이 구체적으로 밝혀지지 않은 수익을 말한다. 기금회계에서는 이자수익 중 단수 처리 시 발생하기도 한다.

(17) 고유목적사업준비금환입액☆

고유목적사업준비금을 법인세법에서 정한 사용 기한 내에 사용하지 아니하였거나 고유목적사업준비금으로 지출한 비용이 환입될 경우 발생하는 수익을 말한다.

(18) 고유목적사업준비금전입수입★

법인세법 제113조에 의거 기 설정된 고유목적사업준비금을 수입 처리하여 목적사업회계(또는 비수익사업회계)에서 발생한 고유목적사업비용과, 고유목적사업을 수행하는 과정에서 발생한 일반관리비를 대응시키기 위한 수입계정이다.

## 나. 영업외비용 또는 사업외비용★

영업외비용이란 기업 고유의 영업활동 이외의 활동을 통하여 발생한 비용을 말한다. 기금회계에서는 기금법령 또는 정관에 규정된 고유목적사업과 이를 수행하기 위한 필요경비 이외의 활동에서 발생한 비용을 말한다.

(1) 이자비용

남에게 돈을 빌려 쓰고 지불하는 이자를 말한다. 기금회계에서는 근복법 제64조제2항에 따라 자금차입이 금지되어 있어 발생하지 않는 계정과목이다.

(2) 기타의 대손상각비

기타의 대손상각비 계정은 기업의 주요 영업활동 이외의 영업활동으로 인하여 발생한 채권에 대한 대손상각을 처리하는 계정이다. 즉, 매출채권 이외의 채권인 대여금, 미수금, 미수수익, 선수금 등에 대한 대손액을 처리하는 계정이다.

(3) 유가증권처분손실

부동산 또는 동산을 임대하고 타인으로부터 지대, 집세, 사용료 등의 대가로 수취하는 금액을 말한다.

(4) 유가증권처분이익☆

유가증권을 팔 때 취득 시보다 더 적은 금액을 받은 경우 그 차액을 말한다.

(5) 유가증권평가손실

유가증권은 결산 시 현재의 시가로 평가하도록 되어 있는데, 이때의 시가가 취득 시 또는 전기에 평가한 시가보다 낮은 경우 동 차액을 말한다.

(6) 재고자산평가손실

재고자산을 기말에 평가하는 경우 취득 시의 원가보다 시가가 더 하락하여 발생하는 차액을 말한다.

(7) 외환차손

외환차손이란 외화자산을 상환받을 때 원화로 받는 수취가액이 외화자산의 장부가액보다 작은 경우와, 외화부채를 원화로 상환하는 금액이 외화부채의 장부가액보다 큰 경우 동 차액을 처리하는 계정을 말한다.



(8) 외화환산손실

외화환산손실이란 기업이 외국통화를 보유하고 있거나 외화로 표시된 채권 · 채무를 가지고 있는 경우, 이를 기말 결산 시 원화로 환산 평가할 때 취득 당시 또는 발생 당시의 외국환시세와 결산일의 외국환시세가 변동하였기 때문에 발생하는 차손을 말한다.

(9) 기부금

기부금이란 기업의 정상적인 영업활동과 관계없이 금전, 기타의 자산 등의 경제적인 이익을 타인에게 무상으로 제공하는 경우 당해 금전 등의 가액을 말한다.

(10) 지분법평가손실

지분법평가손실은 피투자회사의 순이익(내부거래 제외)에 대한 투자회사의 지분 취득시점의 피투자회사의 순장부가액과 취득원가의 차액을 상각한 금액, 투자회사의 내부거래에 따른 손익을 말한다.

(11) 투자유가증권감액손실

투자유가증권감액손실은 투자주식 또는 채권의 공정가액이 하락하여 회복할 가능성이 없는 경우 당해 투자주식의 장부가액과 공정가액의 차액을 말한다.

(12) 투자자산처분손실

투자자산의 처분 시 투자자산의 처분가액이 장부가액에 미달하는 경우 동 차액을 말한다.

(13) 유형자산처분손실

유형자산의 처분 시 유형자산의 처분가액이 장부가액(취득가액 감가상각누계액)에 미달하는 경우

동 차액을 말한다.

(14) 사채상환손실

사채상환손실이란 사채의 상환 시 사채의 장부가액을 초과하여 상환가액을 지급하는 경우 동 차액을 처리하는 계정을 말한다.

(15) 법인세추납액

법인세추납액은 납부해야 할 세액이 신고 · 납부할 세액에 미달하는 경우 동 금액을 말한다.

(16) 잡손실

영업외수익 중 금액적으로 중요하지 않거나 그 항목이 구체적으로 밝혀지지 않은 비용으로서 교통사고배상금, 계약위반배상금, 가산세, 가산금 등을 말한다.

(17) 고유목적사업준비금전입액★★

법인세법 제29조에 의거 이자수익과 배당수익, 신탁분배금, 대부이자수익 등을 고유목적사업준비금으로 설정 시 비용처리하는 계정과목이며, 비영리내국법인에서만 볼 수 있는 계정과목이다.

## 4. 당기순손익(법인세비용차감전순이익 – 법인세비용)

당기순손익은 법인세비용차감전순손익에서 법인세비용을 차감하여 산정한다.

### 가. 법인세비용

법인세비용은 법인세비용차감전순이익에 법인세법 등의 법령에 의하여 과세하였거나 과세할 세율을 적용하여 계산한 금액으로 하며, 법인세에 부가하는 세액(주민세, 농어촌특별세 등)을 포함한다.

# 2. 사내근로복지기금 회계처리 실태



## 1. 조사 개요

### 1) 질문 항목 작성

이번 연구용역 질문서의 질문 항목은 사내근로복지기금의 회계처리로 철저히 국한했다. 질문 항목을 작성하여 공동 연구 진행자인 인덕회계법인 이용기 공인회계사님과 두 번의 회의를 거쳐 별지의 '사내근로복지기금 회계처리실태 조사용 질문지'를 확정지었다. 질문 항목은 다음과 같이 크게 21개로 나눌 수 있다.

가) 사내근로복지기금 전담 부서 또는 직원 유무

나) 결산 시 작성하는 재무제표 종류

다) 작성하는 재무제표 유형 및 계정과목 명칭

라) 법인세법상 고유목적사업준비금제도 설정 및 활용 여부

마) 출연원금의 사용 여부를 인지하고 활용하고 있는지 여부

바) 기금원금을 사용할 경우 회계처리 방법과 시기를 알고 있는지 여부

사) 사내근로복지기금 회계처리 시 도움을 받는 곳

아) 구분경리 방법과 실시 여부

자) 회계별(수익사업, 비수익사업) 통합재무제표 작성 여부

차) 예산과 결산의 연계 관계

카) 기본재산과 보통재산의 회계처리

타) 법인세 세무조정신고

파) 회계감사 실시 여부

하) 잉여금의 처분 여부

거) 근로자대부사업 실시 여부

너) 회계처리 방식

더) 회계처리 시 가장 어려움을 겪는 사항

러) 결산을 실시하는 방법

머) 회계처리를 위해 가장 시급하다고 생각하는 사항

버) 최근 3년간 기금 출연 비율

서) 사내근로복지기금 회계처리 개선을 위한 제언

## 2) 질문지 발송 및 회수 현황

질문지는 2009년 말 사내근로복지기금이 설치된 전국 1,220개 사내근로복지기금에, 2010년 10월 13일부터 10월 20일까지 우편으로 발송하였다. 2010년 11월 30일까지 회수된 질문지는 총 172개(회수율 14.1%)였다.

〈표〉 응답 기업의 특성

| 종 업 원 수 | 응답 수 | 비율 |
|---|---|---|
| 99인 이하 | 43 | 25.0 |
| 100 ~ 299인 | 50 | 29.1 |
| 300 ~ 999인 | 48 | 27.9 |
| 1,000인 이상 | 31 | 18.0 |
| 전 체 | 172 | 100.0 |

응답에 참가한 기금을 종업원 수로 분류해본 결과 99인 이하가 43곳(25.0%), 100인~ 299인이 50곳(29.1%), 300인~ 999인이 48곳(27.9%), 1,000인 이상인 기금이 31곳(18.0%)으로 나타났다.

## 2. 회계처리 실태(2차 질문지를 중심으로)



### 가) 사내근로복지기금 전담 부서 또는 직원 유무

(1) 전담 부서 또는 직원 유무

| 구 분 | 응답 수 | 비율 |
|---|---|---|
| 있 다 | 40 | 23.3 |
| 없 다 | 132 | 76.7 |
| 전 체 | 172 | 100.0 |

기금 업무만을 전담하는 부서 또는 직원이 있느냐는 질문에 '있다'가 40곳(23.3%), '없다' 132곳(76.7%)으로 나타났다. 2003년 노동부 연구용역 자료에서는 '전담 부서와 전담 직원 있다'가 11.1%, '부서는 없지만 전담 직원은 있다'가 28.2%로 나타나 전담 직원이 있는 경우가 39.3%로 조사되었던 것에 비해 기금 업무 전담 비율이 하락했다고 볼 수 있다.

(2) 전담 부서 또는 직원이 있을 경우 인원수

| 구 분 | 응답 수 | 비율 |
|---|---|---|
| 1인 | 32 | 80.0 |
| 2인 | 5 | 12.5 |
| 3인 | 1 | 2.5 |
| 4인 이상 | 2 | 5.0 |
| 전 체 | 40 | 100.0 |

기금 업무를 전담하는 직원 수는 1인이 32곳(80.0%)으로 가장 많았다.

(3) 전담 부서 또는 직원이 없는 이유

| 구 분 | 응답 수 | 비율 |
|---|---|---|
| 기금 규모가 작고, 수행 사업도 많이 않아서 | 112 | 84.8 |
| 마땅한 적임자를 구하지 못해서 | 0 | – |
| 회사 내 인력이 부족하여 | 19 | 14.4 |
| 기 타 | 1 | 0.8 |
| 전 체 | 132 | 100.0 |

기금 업무 전담 부서 또는 직원이 없는 이유는 '기금 규모가 작고 수행 사업도 많지 않아서'가 112곳(84.8%), 다음으로 '회사 내 인력이 부족하여'가 19곳(14.4%)을 차지했다.

## 나) 결산 시 작성하는 재무제표 종류

| 재무제표 종류 | 응답 수 | 비율 |
|---|---|---|
| 손익계산서 | 172 | 100.0 |
| 대차대조표 | 172 | 100.0 |
| 이익잉여금처분(결손금처리)계산서 | 93 | 54.1 |
| 현금흐름표 | 24 | 14.0 |
| 자본변동표 | 3 | 1.7 |
| 전 체 | 172 | 100.0 |

전 기금이 손익계산서와 대차대조표는 작성하고 있었고, 이익잉여금처분(결손금처리)계산서는 93곳(54.1%), 현금흐름표와 자본변동표를 작성한 기금도 각각 24곳(14.0%)과 3곳(1.7%)이었다. 특히 재무제표 서식을 제출한 106개 기금 중에서 '대차대조표'라는 명칭 대신에 '재무상태표'라는 명칭을 사용한 기금이 4곳 있었다.

## 다) 작성하는 재무제표 유형 및 계정과목 명칭

(1) 사용하는 재무제표 유형

| 구 분 | 응답 수 | 비율 |
|---|---|---|
| 계정식 | 30 | 17.4 |
| 보고식 | 140 | 81.4 |
| 기 타 | 2 | 1.2 |
| 전 체 | 172 | 100.0 |

작성하는 재무제표 유형은 계정식 30곳(17.4%), 보고식 140곳(81.4%), 기타 2곳(1.2%)이었다. 기타는 회사 실정에 맞춰 재산 현황을 보고하는 단순한 형식이었다.

(2) 사용하는 계정과목명

| 구 분 | | 계정과목명 |
|---|---|---|
| 대차대조표 | 자산 | 현금및현금등가물, 현금및현금성자산, 단기금융상품, 기업자유예금, 보통예금, 정기예금, MMF, 양도성예금증서(CD), 제 예금, 수익증권, 금전신탁, 선급법인세, 미수금, 미수수익, 매도가능증권, 만기보유증권, 단기예금, 유가증권, 투자유가증권, 단기매매증권, 선납세금, 장기금융상품, 신탁예금, 대출금, 미수이자, 종업원장단기대여금, 생활안정자금대부금, 주택구입자금대부금, 주택임차자금대부금, 종업원학자금대부금, 장기대여금, 재난자금대출금, 의료자금대출금, 보험예치금, 공구와기구, 콘도회원권, 토지, 건물, 감가상각충당금, 선급부가세, 부가세대급금, 선급금, 투자회원가입권, 콘도시설유지관리비, 가지급금 등 |
| | 부채 | 미지급금, 미지급비용, 가수금, 미지급법인세, 매입채무, 예수금, 고유목적사업준비금1, 고유목적사업준비금2, 지급준비금, 부가세예수금, 퇴직충당금 |
| | 자본 | 자본금, 기본재산, 기금, 출자금, 출연기금, 기금원금, 특별적립금, 콘도회원권, 사용한 준비금, 목적사업지급준비금, 지급준비금 |
| | 수익 | 이자수익, 대부이자수익, 잡이익, 배당수익, 금융기관예치이자, 고유목적사업준비금환입액, 고유목적사업준비금전입수입<br>유가증권처분이익, 유가증권평가이익, 수입수수료, 대여이자, 법인세환급금, 수익사업전입금 등 |
| | 비용 | 고유목적사업비, 제비용, 경조비지원, 장학금, 보험료, 복리후생비, 대학생학자금, 선택적복지비, 체육문화활동원, 동호인회지원, 입원위로금, 장기근속자지원, 재난구호금, 자녀출산지원금, 근로자의날기념품, 명절기념품, 휴양시설운영지원금, 창립기념품지원, 체육행사비, 복지카드, 건강검진지원, 육아휴직지원, 유치원자녀지원금, 대학생 자녀학자금, 하계휴양소지원, 보증보험료, 경조비지원, 장제용품구입지원, 출산보조금, 의료비, 개인연금지원, 세금과공과, 교육훈련비, 도서구입비, 지급수수료, 여비교통비, 임원등기비, 기부금, 유가증권평가손, 유가증권처분손, 고유목적사업준비금전입액, 지급이자, 기부금, 잡비, 법인세비용 |

기업회계기준에 없는 다양한 계정과목들을 사용하고 있었다. 목적사업비용을 복리후생비로 처리한 기금도 많았고, 대부금을 종업원장단기대여금으로 처리한 기금도 있었다. 기금은 자금차입이 금지되어 있음에도 매입채무라는 계정과목과 지급이자가 있는 기금도 있었다.

## 라) 법인세법상 고유목적사업준비금제도 설정 및 활용 여부

(1) 직전연도 원천징수당한 선급법인세 환급 여부

| 구 분 | 응답 수 | 비율 |
|---|---|---|
| 환급받고 있다 | 147 | 85.5 |
| 환급받지 못하고 있다 | 22 | 12.8 |
| 기 타 | 3 | 1.7 |
| 전 체 | 172 | 100.0 |

직전연도 원천징수당한 선급법인세를 환급받는 기금이 147곳(85.5%), 환급받지 못하는 기금이 22곳(12.8%), 기타(2009년 말 설립되어 원천징수 실적이 없는 경우) 3곳(1.7%)으로 나타났다.

(2) 직전연도 결산 시 고유목적사업준비금 설정 여부

| 구 분 | 응답 수 | 비율 |
|---|---|---|
| 설정했다 | 150 | 87.2 |
| 설정하지 않았다 | 22 | 12.8 |
| 전 체 | 172 | 100.0 |

직전연도 원천징수당한 선급법인세를 환급받지 못한 사유를 알아보기 위해 직전연도 결산 시 고유목적사업준비금 설정 여부를 알아본 결과 22곳(12.8%)이 '설정하지 않았다'로 대답했다.

### (3) 고유목적사업준비금을 설정하지 못한 이유

| 구 분 | 응답 수 | 비율 |
|---|---|---|
| 설정해야 한다는 사실과 설정하는 방법을 몰라서 | 10 | 45.5 |
| 귀찮아서 또는 상급자의 지시가 없어서 | 0 | – |
| 설정하지 않아도 불이익이 크지 않아서 | 5 | 22.7 |
| 당해연도 수입을 전액 당기에 지출하므로 준비금 설정의 필요성을 느끼지 못해서 | 6 | 27.3 |
| 기 타 | 1 | 4.5 |
| 전 체 | 22 | 100.0 |

고유목적사업준비금을 설정하지 못한 가장 큰 이유는 '설정해야 한다는 사실과 설정하는 방법을 몰라서' 10곳(45.5%), 2위는 '당해연도 수입을 전액 당기에 지출하므로 준비금 설정의 필요성을 느끼지 못해서' 6곳(27.3%), 3위는 '설정하지 않아도 불이익이 크지 않아서' 5곳(22.7%)으로 나타났다.

### (4) 고유목적사업준비금의 인지와 활용 여부

| 구 분 | 응답 수 | 비율 |
|---|---|---|
| 알고 있으며 설정하여 활용하고 있다 | 135 | 78.5 |
| 알고는 있으나 활용하고 있지 않다 | 22 | 12.8 |
| 잘 모르고 활용하지도 않는다 | 15 | 8.7 |
| 전 체 | 172 | 100.0 |

고유목적사업준비금을 인지와 활용 여부에는 '알고 있으며 설정하여 활용하고 있다'가 135곳(78.5%), '알고는 있으나 활용하고 있지 않다' 22곳(12.8%), '잘 모르고 활용하지도 않는다'가 15곳(8.7%)으로 나타났다.

(5) 고유목적사업준비금을 인지하게 된 계기(일부 복수 응답)

| 구 분 | 응답 수 | 비율 |
|---|---|---|
| 외부 교육이나 인터넷(사내근로복지기금 카페 등)을 통해서 | 62 | 38.3 |
| 전임자의 업무 인수인계를 통해서 | 52 | 32.1 |
| 고용노동부 책자(사내근로복지기금제도 안내)를 통해서 | 27 | 16.7 |
| 세무전문가(회계법인 등)를 통해서 | 19 | 11.7 |
| 기 타 | 2 | 1.2 |
| 전 체 | 162 | 100.0 |

고유목적사업준비금을 인지하게 된 계기는 '외부 교육이나 인터넷(사내근로복지기금 카페 등)을 통해서'가 가장 많은 62곳(38.3%), '전임자의 업무 인수인계를 통해서'가 52곳(32.1%), '고용노동부 책자를 통해서'가 27곳(16.7%), '세무전문가(회계법인)를 통해서'가 19곳(11.7%), '기타'(스스로의 노력에 의해서 알게 되었다)가 2곳(1.2%)으로 나타났다.

(6) 고유목적사업준비금을 인지하지 못한 이유(일부 복수 응답)

| 구 분 | 응답 수 | 비율 |
|---|---|---|
| 고유목적사업준비금제도가 무엇인지를 잘 몰라서 | 4 | 21.1 |
| 알려주는 사람이나 기관이 없어서 | 2 | 10.5 |
| 겸직 업무라 기금 업무에는 신경을 쓸 여유가 없어서 | 13 | 68.4 |
| 전 체 | 19 | 100.0 |

고유목적사업준비금을 인지하지 못하여 설정하지 못했다고 응답한 15명을 대상으로 그 이유를 질문한 결과 '겸직 업무라 기금 업무에는 신경을 쓸 여유가 없어서'가 가장 많은 13곳(68.4%), '고유목적사업준비금제도가 무엇인지를 잘 몰라서'가 4곳(21.1%), '알려주는 사람이나 기관이 없어서'가 2곳(10.5%)으로 나타났다.

(7) 법인세법상 고유목적사업준비금 설정한도액을 인지하고 활용 여부

| 구 분 | 응답 수 | 비율 |
|---|---|---|
| 알고 있으며 가능한 전액을 설정하고 있다 | 119 | 69.2 |
| 잘 모르지만 수입금액 전액으로 설정하고 있다 | 32 | 18.6 |
| 잘 모른다 | 21 | 12.2 |
| 전 체 | 172 | 100.0 |

고유목적사업준비금 설정 한도액에 대한 인지도와 활용도는 '알고 있으며 가능한 전액을 설정하고 있다'가 119곳(69.2%), '잘 모르지만 수입금액 전액으로 설정하고 있다'가 32곳(18.6%), '잘 모른다'가 21곳(12.2%)으로 나타났다.

## 마) 출연원금의 사용 여부를 인지하고 활용하고 있는지 여부

(1) 사내근로복지기금법상 출연금을 사용할 수 있다는 사실을 인지 및 활용 여부

| 구 분 | 응답 수 | 비율 |
|---|---|---|
| 인지하고 있으며 활용하고 있다 | 120 | 69.8 |
| 인지하고는 있으나 활용하고 있지 않다 | 48 | 27.9 |
| 인지하지 못해서 활용하지 않았다 | 4 | 2.3 |
| 전 체 | 172 | 100.0 |

출연원금을 사용할 수 있다는 사실을 인지하고 있는 곳이 168곳(97.7%), 인지하지 못한 곳이 4곳(2.3%)으로 나타났다.

(2) 출연금을 사용할 수 있다는 사실을 인지하게 된 계기(일부 복수 응답)

| 구 분 | 응답 수 | 비율 |
|---|---|---|
| 외부 교육이나 인터넷(사내근로복지기금 카페 등)을 통해서 | 64 | 44.4 |
| 전임자의 업무 인수인계를 통해서 | 44 | 30.6 |
| 고용노동부 책자(사내근로복지기금제도 안내)를 통해서 | 33 | 22.9 |
| 기 타 | 3 | 2.1 |
| 전 체 | 144 | 100.0 |

출연금을 사용할 수 있다는 사실을 인지하게 된 계기는 '외부 교육이나 인터넷(사내근로복지기금 카페 등)을 통해서'가 64곳(44.4%), '전임자의 업무 인수인계를 통해서'가 44곳(30.6%), '고용노동부 책자를 통해서'가 33곳(22.9%), 기타 3곳(2.1%) 순이었다.

(3) 출연금을 사용할 수 있다는 사실을 인지하였으나 활용하지 못한 이유

| 구 분 | 응답 수 | 비율 |
|---|---|---|
| 어떻게 설정하고 처리해야 하는지 구체적인 방법과 절차를 몰라서 | 5 | 10.4 |
| 노사 간 원금 사용을 반대하여 | 9 | 18.8 |
| 원금 사용에 대한 필요성을 느끼지 못하여 | 28 | 58.4 |
| 사용 절차가 번거롭기 때문(기금협의회 의결) | 3 | 6.2 |
| 기 타 | 3 | 6.2 |
| 전 체 | 48 | 100.0 |

출연금을 사용할 수 있다는 사실을 인지하였으나 활용하지 못한 이유로는 '원금 사용에 대한 필요성을 느끼지 못하여'가 28곳(58.4%), '노사 간 원금 사용을 반대하여'가 9곳(18.8%), '어떻게 설정하고 처리해야 하는지 구체적인 방법과 절차를 몰라서'가 5곳(10.4%), '사용 절차가 번거롭기 때문'과 '기타'가 각각 3곳(6.2%) 순이었다.

(4) 출연금을 사용할 수 있다는 사실을 인지하지 못하였고 활용하지 못한 이유

| 구 분 | 응답 수 | 비율 |
|---|---|---|
| 알려주는 사람이나 기관이 없어서 | 1 | 25.0 |
| 사내근로복지기금 업무가 겸직 업무라 별 관심이 없어서 | 0 | – |
| 사내근로복지기금 업무 전담자가 없어서 | 3 | 75.0 |
| 기 타 | 0 | – |
| 전 체 | 4 | 100.0 |

출연금을 사용할 수 있는 사실을 인지하지 못하였고 활용하지 못한 이유로는 '사내근로복지기금 업무 전담자가 없어서'가 3곳(75.0%), '알려주는 사람이나 기관이 없어서'가 1곳(25.0%)으로 나타났다.

(5) 기금원금(기본재산)을 사용할 수 있는 금액한도 인지 여부

| 구 분 | 응답 수 | 비율 |
|---|---|---|
| 알고 있으며 가능한 전액을 설정하여 활용하고 있다 | 119 | 69.2 |
| 잘 모른다 | 43 | 25.0 |
| 기 타 | 10 | 5.8 |
| 전 체 | 172 | 100.0 |

기금원금을 사용할 수 있는 금액한도를 알고 있는지에 대한 질문에는 '알고 있으며 가능한 전액을 설정하여 활용하고 있다'가 119곳(69.2%), '잘 모른다'가 43곳(25.0%)으로 응답했다. '기타'(알고는 있으나 활용하고 있지 않은 경우)는 10곳(5.8%)이었다.

(6) 기금원금을 사용할 경우 회계처리 방법과 시기를 알고 있는지 여부

| 구 분 | 응답 수 | 비율 |
|---|---|---|
| 잘 알고 있다 | 70 | 40.7 |
| 대충 알고 있다 | 68 | 39.5 |
| 잘 모르겠다 | 34 | 19.8 |
| 전 체 | 172 | 100.0 |

기금원금을 사용할 경우 회계처리 방법과 시기를 알고 있는지 여부에는 '잘 알고 있다' 70곳(40.7%), '대충 알고 있다' 68곳(39.5%), '잘 모르겠다'가 34곳(19.8%)으로 나타나, 기금원금 사용에 대한 회계처리와 시기에 대한 적극적인 홍보가 요구된다.

## 사) 사내근로복지기금 회계처리 시 도움을 받는 곳(일부 복수 응답)

| 구 분 | 응답 수 | 비율 |
|---|---|---|
| 회사 회계부서의 도움을 받는다 | 48 | 20.8 |
| 조세전문가(공인회계사, 세무사)의 도움을 받는다 | 39 | 16.9 |
| 사내근로복지기금 도서를 구입하거나 외부 교육에 참석한다 | 73 | 31.6 |
| 주무관청에 질의한다 | 19 | 8.2 |
| 커뮤니티(사내근로복지기금 카페)에서 도움을 받는다 | 49 | 21.2 |
| 기 타 | 3 | 1.3 |
| 전 체 | 231 | 100.0 |

회계처리 도움을 받는 곳으로 '사내근로복지기금 도서를 구입하거나 외부 교육에 참석한다'가 73곳(31.6%)으로 가장 많았고, '커뮤니티(사내근로복지기금 카페)에서 도움을 받는다'가 49곳(21.2%), '회사 회계부서의 도움을 받는다'가 48곳(20.8%), '조세전문가의 도움을 받는다'가 39곳(16.9%), '주무관청에 질의한다'가 19곳(8.2%), '기타'(본인 노력으로 해결한다)가 3곳(1.3%)으로 나타났다.

## 아) 구분경리 방법과 실시 여부

(1) 사내근로복지기금 구분경리를 해야 함을 인지 여부

| 구 분 | 응답 수 | 비율 |
|---|---|---|
| 알고 있다 | 141 | 82.0 |
| 모른다 | 31 | 18.0 |
| 전 체 | 172 | 100.0 |

구분경리는 인지도가 비교적 높았다. '알고 있다'가 141곳(82.0%), '모른다'가 31곳(18.0%)이었다. 그러나 실시 방법과 실시 여부, 회계별 통합재무제표 작성 여부로 갈수록 실시하거나 작성하여 활용하고 있다는 응답이 현저하게 낮게 나타났다.

(2) 구분경리 방법 인지 여부

| 구 분 | 응답 수 | 비율 |
|---|---|---|
| 알고 있다 | 118 | 68.6 |
| 모른다 | 54 | 31.4 |
| 전 체 | 172 | 100.0 |

(3) 구분경리 실시 여부

| 구 분 | 응답 수 | 비율 |
|---|---|---|
| 실시한다. | 97 | 56.4 |
| 실시하지 않는다 | 75 | 43.6 |
| 전 체 | 172 | 100.0 |

## (자) 회계별(수익사업, 비수익사업) 통합재무제표 작성 여부

| 구 분 | 응답 수 | 비율 |
|---|---|---|
| 작성하고 있다 | 73 | 42.4 |
| 작성하지 않고 있다 | 99 | 57.6 |
| 전 체 | 172 | 100.0 |

## (차) 예산과 결산의 연계 관계

### (1) 결산을 실시하는 주기

| 구 분 | 응답 수 | 비율 |
|---|---|---|
| 월 단위로 결산을 하여 보고한다 | 31 | 18.0 |
| 분기 단위로 결산을 하여 보고한다 | 7 | 4.1 |
| 반기 단위로 결산을 하여 보고한다 | 16 | 9.3 |
| 연 단위로 결산을 하여 보고한다 | 118 | 68.6 |
| 전 체 | 172 | 100.0 |

결산을 실시하는 주기는 '연차결산'이 118건(68.6%), '월차결산'이 31건(18.0%), '반기결산'이 16곳(9.3%), '분기결산'이 7곳(4.1%)으로 나타났다.

### (2) 예산과 결산을 연계하여 관리 여부

| 구 분 | 응답 수 | 비율 |
|---|---|---|
| 관리하고 있다 | 105 | 61.0 |
| 관리하지 않는다 | 67 | 39.0 |
| 전 체 | 172 | 100.0 |

예산과 결산을 연계하여 '관리하고 있다'라는 응답이 105곳(61.0%), '관리하지 않는다'는 67곳(39.0%)으로 나타났다.

(3) 회계연도 중 새로운 목적사업 추가 시나 예산 부족 시 처리하는 형태

| 구 분 | 응답 수 | 비율 |
|---|---|---|
| 추경예산을 편성하여 기금협의회에서 의결 후 집행한다 | 87 | 50.6 |
| 추경예산을 편성하지만 기금협의회 의결은 거치지 않는다 | 4 | 2.3 |
| 추경예산을 편성하지 않고 집행한다 | 31 | 18.0 |
| 기타 1(해당 없음) | 39 | 22.7 |
| 기타 2(사업 중지) | 2 | 1.2 |
| 무응답 | 9 | 5.2 |
| 전 체 | 172 | 100.0 |

회계연도 중 새로운 목적사업을 추가하거나 예산이 부족할 때 처리하는 형태를 알아본 결과 '추경예산을 편성하여 기금협의회에서 의결 후 집행한다'가 87곳(50.6%), '추경예산을 편성하지 않고 집행한다'가 31곳(18.0%), '추경예산을 편성하지만 기금협의회 의결은 거치지 않는다'가 4곳(2.3%), '기타 1'(해당 없음)이 39곳(22.7%), '기타 2'(사업 중지)가 2곳(1.2%), 무응답 또한 9곳(5.2%)으로 나타났다.

(4) 결산 시 예산 대비 집행(또는 달성) 현황 관리 여부

| 구 분 | 응답 수 | 비율 |
|---|---|---|
| 작성하여 관리하고 있다 | 71 | 41.3 |
| 필요성은 느끼지만 아직 실시하지 않고 있다 | 64 | 37.2 |
| 하지 않는다 | 37 | 21.5 |
| 전 체 | 172 | 100.0 |

결산 시 예산 대비 집행 현황 관리 여부는 '관리하지 않는다'가 101곳(58.7%)으로, '관리하고 있다' 71곳(41.3%)보다 많았다.

## 카) 기본재산과 보통재산의 회계처리

(1) 회사에서 출연기금 계정과목 처리

| 구 분 | 응답 수 | 비율 |
|---|---|---|
| 자본금으로 계리한다 | 64 | 37.2 |
| 기본재산으로 계리한다 | 56 | 32.6 |
| 출자금 또는 출연금으로 계리한다 | 49 | 28.5 |
| 기 타 | 3 | 1.7 |
| 전 체 | 172 | 100.0 |

출연재산에 대한 계정과목은 '자본금'이 64곳(37.2%), '기본재산'이 56곳(32.6%), '출자금 또는 출연금'이 49곳(28.5%), 기타 3곳(1.7%) 순이었다.

(2) 기금에서 관리하는 보통재산 유무

| 구 분 | 응답 수 | 비율 |
|---|---|---|
| 있 다 | 24 | 14.0 |
| 없 다 | 148 | 86.0 |
| 전 체 | 172 | 100.0 |

기금에서 관리하는 보통재산의 유무에 대해서는 '없다'가 148곳(86.0%), '있다'가 24곳(14.0%)으로 나타났다.

(3) 기금에서 관리하는 보통재산 종류(일부 복수 응답)

| 구 분 | 응답 수 | 비율 |
|---|---|---|
| 부동산 | 8 | 30.8 |
| 공구와기구(복사기, pc 등) | 5 | 19.2 |
| 기 타(콘도회원권) | 13 | 50.0 |
| 전 체 | 26 | 100.0 |

보통재산은 기타(콘도회원권)가 13곳(50.0%), 부동산 8곳(30.8%), 공구와기구 5곳(19.2%)으로 나타났다.

### 타) 법인세 세무조정신고

(1) 결산 시 미수수익이나 상각비(감가상각비, 대손상각비) 설정 여부

| 구 분 | 응답 수 | 비율 |
|---|---|---|
| 설정하고 있다 | 43 | 25.0 |
| 설정하지 않고 있다 | 129 | 75.0 |
| 전 체 | 172 | 100.0 |

결산 시 미수수익이나 감가상각비를 설정하는 기금이 43곳(25.0%)이었으며, 이 중에서 세무조정을 실시하는 기금이 35곳(81.4%), 실시하지 않는 기금이 8곳(18.6%)로 나타났다. 세무조정을 실시하지 않는 이유는 '미수수익이나 상각비를 전액 당기 준비금 설정이나 지출로 처리하고 있다' 5곳(62.5%), '잘 몰라서'가 3곳(37.5%)이었다.

(2) 미수수익이나 상각비 설정 시 세무조정 실시 여부

| 구 분 | 응답 수 | 비율 |
|---|---|---|
| 실시하고 있다 | 34 | 81.0 |
| 실시하지 않고 있다 | 8 | 19.0 |
| 전 체 | 42 | 100.0 |

결산 시 미수수익이나 상각비를 설정하는 기금에 대해 세무조정 실시 여부를 조사한 결과 '실시하고 있다'가 34곳(81.0%), '실시하지 않고 있다'가 8곳(19.0%)으로 나타났다.

(3) 미수수익이나 상각비 설정 시 세무조정을 실시하지 않는 이유

| 구 분 | 응답 수 | 비 율 |
|---|---|---|
| 미수수익이나 상각비를 전액 당기 준비금 설정이나 지출로 처리하고 있다 | 5 | 62.5 |
| 잘 몰라서 | 3 | 37.5 |
| 전 체 | 8 | 100.0 |

결산 시 미수수익이나 감가상각비를 설정한 경우에 세무조정을 실시하지 않는 이유는 '미수수익이나 상각비를 전액 당기 준비금 설정이나 지출로 처리하고 있다'가 5곳(62.5%), '잘 몰라서'가 3곳(37.5%)으로 나타났다.

(4) 법인세신고 시 예금이자소득 이외 소득이 있는 비영리법인은 직전연도 소득이 3억원 이상일 경우 세무전문가가 작성한 세무조정계산서를 첨부해야 하는 사실 인지 여부

| 구 분 | 응답 수 | 비 율 |
|---|---|---|
| 알고 있다 | 91 | 52.9 |
| 모른다 | 81 | 47.1 |
| 전 체 | 172 | 100.0 |

법인세신고 시 예금이자소득 이외 소득이 있는 기금은 직전연도 소득이 3억원 이상일 경우 세무전문가가 작성한 세무조정계산서를 첨부해야 함에도, 이를 알지 못하는 기금이 81곳(47.1%)으로 조사되었다.

(5) 국세청에 법인세신고 실시 여부

| 구 분 | 응답 수 | 비 율 |
|---|---|---|
| 신고를 하고 있다 | 151 | 87.8 |
| 신고하지 않는다 | 21 | 12.2 |
| 전 체 | 172 | 100.0 |

결산을 실시한 후 국세청에 법인세과세표준 신고하는지 여부에는 '신고한다'가 151곳(87.8%), '신고하지 않는다'가 21곳(12.2%)으로 나타났다.

(6) 국세청에 법인세신고 시 누가 하는지 여부

| 구 분 | 응답 수 | 비 율 |
|---|---|---|
| 기금 실무자가 직접 홈택스에 접속하여 신고한다 | 86 | 57.0 |
| 회사 회계부서에 의뢰하여 신고한다 | 21 | 13.9 |
| 세무전문가에게 위탁하여 신고한다 | 44 | 29.1 |
| 전 체 | 151 | 100.0 |

법인세신고 방법은 '기금 실무자가 직접 홈택스에 접속하여 신고'가 86곳(57.0%), '세무전문가에게 위탁하여 신고'가 44곳(29.1%), '회사 회계부서에 의뢰하여 신고'가 21곳(13.9%)으로 나타났다.

## 파) 회계감사 실시 여부

(1) 회계감사 실시 형태

| 구 분 | 응답 수 | 비율 |
|---|---|---|
| 노사 양측의 감사가 자체적으로 실시 | 164 | 95.3 |
| 외부 감사기관에 의뢰하여 실시 | 7 | 4.1 |
| 기 타 | 1 | 0.6 |
| 전 체 | 172 | 100.0 |

회계감사는 '노사 양측의 감사가 자체적으로 실시'가 164곳(95.3%)으로 주류를 이루었고, '외부 감사기관에 의뢰하여 실시'가 7곳(4.1%), 기타(미실시)가 1곳(0.6%)으로 나타났다.

(2) 외부감사 실시 주기

| 구 분 | 응답 수 | 비율 |
|---|---|---|
| 매년 실시 | 6 | 85.7 |
| 격년에 한 번 실시 | 0 | - |
| 필요성이 있을 때만 실시 | 1 | 14.3 |
| 전 체 | 7 | 100.0 |

외부 회계감사를 실시하는 기금 7곳의 회계감사 실시 주기는 '매년 실시'가 6곳(85.7%), '필요성이 있을 때만 실시'가 1곳(14.3%)으로 나타났다.

(3) 외부감사의 필요성 인지 여부

| 구 분 | 응답 수 | 비율 |
|---|---|---|
| 필요하다 | 37 | 21.5 |
| 불필요하다 | 135 | 78.5 |
| 전 체 | 172 | 100.0 |

외부 회계감사의 필요성은 '불필요하다'가 135곳(78.5%), '필요하다'가 37곳(21.5%)으로 조사되었다.

## 하) 잉여금의 처분 여부

(1) 기금에서 잉여금이 발생한 경우 처분

| 구 분 | 응답 수 | 비 율 |
|---|---|---|
| (결손 보전 後) 기금원금 전입 | 18 | 10.5 |
| (결손 보전 後) 특별적립금으로 처분 | 11 | 6.4 |
| (결손 보전 後) 목적사업준비금으로 사용 | 122 | 70.9 |
| 기 타 | 21 | 12.2 |
| 전 체 | 172 | 100.0 |

잉여금의 처분 방법은 결손을 보전 후 '목적사업준비금으로 사용'이 122곳(70.9%), '기금원금 전입' 18곳(10.5%), '특별적립금으로 처분'이 11곳(6.4%)으로 나타났고, 기타(잉여금이 발생하지 않는다)가 21곳(12.2%)이었다.

## 거) 근로자대부사업 실시 여부

(1) 근로자 대상 대부사업 실시 여부

| 구 분 | 응답 수 | 비 율 |
|---|---|---|
| 하고 있다 | 126 | 73.3 |
| 하고 있지 않다 | 46 | 26.7 |
| 전 체 | 172 | 100.0 |

근로자 대상 대부사업은 '실시하고 있다'가 126곳(73.3%), '하고 있지 않다'가 46곳(26.7%)으로 나타났다.

(2) 근로자대부 대부이율

| 구 분 | 응답 수 | 비 율 |
|---|---|---|
| 무이자 | 1 | 0.8 |
| 0.1 ~ 1.0% 미만 | 0 | - |
| 1.0% 이상 2.0% 미만 | 8 | 6.3 |
| 2.0% 이상 3.0% 미만 | 19 | 15.1 |
| 3.0% 이상 4.0% 미만 | 51 | 40.5 |
| 4.0% 이상 5.0% 미만 | 23 | 18.3 |
| 5.0% 이상 6.0% 미만 | 15 | 11.9 |
| 6.0% 이상 | 9 | 7.1 |
| 전 체 | 126 | 100.0 |

대부이율은 '3.0% 이상 4.0% 미만'이 51곳(40.5%), '4.0% 이상 5.0% 미만'이 23곳(18.3%), '2.0% 이상 3.0% 미만'이 19곳(15.1%), '5.0% 이상 6.0% 미만'이 15곳(11.9%), '6.0% 이상'이 9곳(7.1%), 무이자도 1곳(0.8%) 있었다.

(3) 대부사업 재원 결정

| 구 분 | 응답 수 | 비 율 |
|---|---|---|
| 기본재산 금액 이내에서 기금협의회에서 비율을 정하여 실시 | 84 | 66.7 |
| 기본재산 금액으로 실시하되 기금협의회에서 한도를 정하지 않았다 | 34 | 27.0 |
| 기본재산을 초과하여 목적사업준비금까지 활용하고 있다 | 8 | 6.3 |
| 전 체 | 126 | 100.0 |

대부사업 재원은 '기본재산 금액 이내에서 기금협의회에서 비율 결정'이 84곳(66.7%), '기본재산 내에서 기금협의회에서 한도를 정하지 않고 실시'가 31곳(27.0%), '기본재산을 초과하여 준비금까지 활용'이 8곳(6.3%)이었다.

(4) 전체 재산 중 현재 대부사업으로 집행된 금액(잔액 기준) 비율은

| 구 분 | 응답 수 | 비 율 |
|---|---|---|
| 50% 미만 | 72 | 57.1 |
| 50% 초과 70% | 26 | 20.7 |
| 70% 초과 100% | 28 | 22.2 |
| 100% 초과 | 0 | - |
| 전 체 | 126 | 100.0 |

기본재산 중 대부금으로 집행된 금액 비율은 '50% 미만'이 72곳(57.1%), '70% 초과 100% 이하'가 28곳(22.2%), '50% 초과 70% 이하'가 26곳(20.7%)으로 나타났다.

(5) 대부사업 채권 확보 방식(복수 응답)

| 구 분 | 응답 수 | 비 율 |
|---|---|---|
| 보증보험증권 징구 | 63 | 38.0 |
| 퇴직금 담보 | 64 | 38.6 |
| 인보증(직원 보증) | 19 | 11.4 |
| 대부금에서 일정액씩을 떼어 안전기금을 조성하여 활용 | 1 | 0.6 |
| 상기 방법을 혼용하여 사용하고 있다 | 16 | 9.6 |
| 기 타 | 3 | 1.8 |
| 전 체 | 166 | 100.0 |

대부사업 채권 확보 방법은 '퇴직금 담보'가 64곳(38.6%), '보증보험증권 징구'가 63곳(38.0%), '인보증' 19곳(11.4%), '상기 방법을 혼용'이 16곳(9.6%), '안전기금 활용'이 1곳(0.6%), 기타(부동산 근저당 또는 차용증 공증)가 3곳(1.8%)으로 나타났다.

(6) 대부사업을 실시하면서 원금 손실이 발생한 경우가 있는지 여부

| 구 분 | 응답 수 | 비 율 |
|---|---|---|
| 있 다 | 8 | 6.3 |
| 없 다 | 118 | 93.7 |
| 전 체 | 126 | 100.0 |

대부사업을 실시하면서 원금 손실이 발생한 경우가 있는지 여부에는 '없다'가 118곳(93.7%), '있다'가 8곳(6.3%)으로 나타났다.

(7) 대부사업을 실시하면서 원금 손실이 발생한 경우 처리 방법

| 구 분 | 응답 수 | 비 율 |
|---|---|---|
| 대손상각비로 결손처리하고 있다 | 3 | 37.5 |
| 목적사업준비금으로 지출처리하고 있다 | 2 | 25.0 |
| 대부금으로 보유 중이며 회계처리 방법을 몰라 고민하고 있다 | 3 | 37.5 |
| 기 타 | 0 | – |
| 전 체 | 8 | 100.0 |

원금손실이 발생한 경우 처리 방법은 '대손상각비로 결손처리'와 '대부금으로 보유 중이며 회계처리 방법을 몰라 고민 중'이 각각 3곳(37.5%), '목적사업준비금으로 지출처리'가 2곳(25.0%)으로 나타났다.

## 너) 회계처리 방식

(1) 사내근로복지기금 회계처리 방식

| 구 분 | 응답 수 | 비 율 |
|---|---|---|
| 기업회계원칙을 준용한다 | 34 | 19.8 |
| 비영리법인의 회계처리 방법을 준용한다 | 72 | 41.9 |
| 기업회계원칙과 비영리법인 회계처리 방법을 혼용하여 처리한다 | 59 | 34.3 |
| 법인세법을 준용하여 임의의 방법으로 하고 있다 | 6 | 3.5 |
| 기 타 | 1 | 0.5 |
| 전 체 | 172 | 100.0 |

기금 회계처리 방식은 '비영리법인의 회계처리 방법을 준용한다'가 72곳(41.9%), '기업회계원칙과 비영리법인 회계처리 방법을 혼용하여 처리한다'가 59곳(34.3%), '기업회계원칙을 준용한다'가 34곳(19.8%), '법인세법을 준용하여 임의의 방법으로 하고 있다'가 6곳(3.5%), '기타(잘 모르

겠다)'가 1곳(0.5%)으로 나타났다.

### 더) 회계처리 시 가장 어려움을 겪는 사항

(1) 사내근로복지기금 회계처리 시 겪는 가장 큰 어려움(일부는 복수 응답)

| 구 분 | 응답 수 | 비 율 |
|---|---|---|
| 사내근로복지기금 회계처리기준이 없다 | 59 | 29.5 |
| 사내근로복지기금 회계처리에 참고할 도서나 자료가 절대적으로 미흡하다 | 84 | 42.0 |
| 사내근로복지기금 전용 회계 프로그램이 없다 | 40 | 20.0 |
| 어려움이 없다 | 14 | 7.0 |
| 기 타 | 3 | 1.5 |
| 전 체 | 200 | 100.0 |

기금 회계처리 시 겪는 어려움으로는 '사내근로복지기금 회계처리에 참고할 도서나 자료가 절대적으로 미흡하다'가 84곳(42.0%), '사내근로복지기금 회계처리기준이 없다'가 59곳(29.5%), '사내근로복지기금 전용 회계 프로그램이 없다'가 40곳(20.0%), '어려움이 없다'가 14곳(7.0%), 기타(상담할 곳이나 기관이 없다, 영리법인 회계 시스템과 달라 혼선이 생긴다) 3곳(1.5%)으로 나타났다.

### 러) 결산을 실시하는 방법

(1) 사내근로복지기금 결산 작업 방법

| 구 분 | 응답 수 | 비 율 |
|---|---|---|
| 시중에서 판매되는 사내근로복지기금 전용 회계 프로그램을 사용하고 있다 | 12 | 7.0 |
| 회사 자체에서 개발하여 사용하고 있다 | 13 | 7.6 |
| 기업회계용 상용 프로그램을 수정하여 사용하고 있다 | 28 | 16.3 |
| 엑셀 프로그램을 이용하여 수작업으로 진행하고 있다 | 106 | 61.6 |
| 세무전문가 또는 회계법인에 위탁(아웃소싱)하고 있다 | 12 | 7.0 |
| 기 타 | 1 | 0.5 |
| 전 체 | 172 | 100.0 |

기금 결산 방법으로는 '엑셀 프로그램을 이용하여 수작업으로 진행하고 있다'가 106곳(61.6%), '기업회계용 상용 프로그램을 수정하여 사용하고 있다'가 28곳(16.3%), '회사 자체에서 개발하여 사용하고 있다'가 13곳(7.6%), '시중에서 판매되는 사내근로복지기금 전용 회계 프로그램을 사용하고 있다'와 '세무전문가 또는 회계법인에 위탁(아웃소싱)하고 있다'가 각각 12곳(7.0%), 기타(국세청 법인세신고양식을 다운받아 활용한다)가 1곳(0.5%)으로 나타났다.

### 머) 회계처리를 위해 가장 시급하다고 생각하는 사항

(1) 사내근로복지기금 회계처리 시 겪는 가장 큰 어려움(일부는 복수 응답)

| 구 분 | 응답 수 | 비율 |
|---|---|---|
| 사내근로복지기금 회계기준 제정 | 80 | 37.9 |
| 사내근로복지기금 전용 회계 프로그램 개발 보급 | 49 | 23.2 |
| 사내근로복지기금 실무자 회계 교육 실시 | 49 | 23.2 |
| 사내근로복지기금 회계실무 도서 발간 보급 | 33 | 15.7 |
| 기 타 | 0 | – |
| 전 체 | 211 | 100.0 |

사내근로복지기금 회계처리 시 겪는 가장 큰 고충으로 '사내근로복지기금 회계기준 제정' 80곳(37.9%), '사내근로복지기금 전용 회계 프로그램 개발 보급'과 '사내근로복지기금 실무자 회계 교육 실시'가 각각 49곳(23.2%), '사내근로복지기금 회계실무 도서 발간 보급' 33곳(15.7%) 순이었다.

### 버) 최근 3년간 기금 출연 비율

(1) 2008년 세전이익 5% 이상을 출연한 회사 – 4개 사

| 회사명 | 세전이익 대비 출연 비율 | 종업원 수 | 비고 |
|---|---|---|---|
| U제약 | 29.7% | 220 | 중소기업 |
| S제약 | 25.88% | 35 | 중소기업 |
| W양행 | 11.6% | 52 | 중소기업 |
| J사 | 10.0% | 40 | 중소기업 |

(2) 2009년 세전이익 5% 이상을 출연한 회사 – 10개 사

| 회사명 | 세전이익 대비 출연 비율 | 종업원 수 | 비고 |
|---|---|---|---|
| U제약 | 33.5% | 220 | 중소기업 |
| S전기 | 28.0% | 390 | 중소기업 |
| N사 | 26.0% | 67 | 중소기업 |
| M사 | 20.0% | 147 | 중소기업 |
| H사 | 14.0% | 187 | 중소기업 |
| J사 | 10.0% | 40 | 중소기업 |
| N사 | 8.6% | 102 | 중소기업 |
| S사 | 7.5% | 110 | 중소기업 |
| S사 | 5.5% | 313 | 대기업 |
| B사 | 5.28 | 604 | 대기업 |

(3) 2010년 세전이익 5% 이상을 출연한 회사 – 2개 사

| 회사명 | 세전이익 대비 출연 비율 | 종업원 수 | 비고 |
|---|---|---|---|
| B사 | 5.28 | 604 | 대기업 |
| J사 | 10.0% | 40 | 중소기업 |

2010년은 2개 사에 그쳤다. 기금 출연이 절세 측면에서 연도 말에 집중적으로 이루어지고 있어, 2010년 출연 현황 조사는 시기적으로 이른 감이 있다.

## 서) 사내근로복지기금 회계처리 개선을 위한 제언

| 구 분 | 응답 수 | 주요내용 |
|---|---|---|
| 기금회계기준 제정 | 18 | – 기금 회계처리기준 제정 |
| 프로그램 개발 | 13 | – 기금 전용 회계 프로그램 개발<br>– 무상(정부) 내지는 저렴하게 보급 |
| 관련 도서 발간 보급 | 12 | – 회계처리 관련 도서 발간 보급<br>– 회계처리 샘플 제시 요망<br>– 기금 운영처리지침과 매뉴얼 발간 보급(무상) |
| 담당자 직무교육 실시 | 10 | – 기금 담당자 회계 교육 실시 요망<br>– 기금 교육을 고용보험환급 과정으로 개설 요망 |
| 법인세신고 | 9 | – 대부이자소득 기금 간편신고토록 개선<br>– 업종코드가 불합리(금융업)<br>– 고유목적사업준비금명세서 작성이 어렵다<br>– 구분경리가 복잡하고 어렵다 |
| 기금제도 홍보 강화 | 5 | – 기금제도 홍보를 강화해줄 것<br>– 법령 개정 사항 및 제도 변경 사항 홍보 요망 |
| 기금업무 상담처 개설 | 4 | – 기금회계처리 관련 상담할 곳이 없다.<br>– 주무관청에 회계처리 상담 전문가 배치 요망 |
| 운영관리 | 3 | – 일정 규모 이상 시 회계 담당자를 의무화<br>– 회계부서와 운영부서 분리 제도화<br>– 주식 직접 투자 허용 |
| 기금 출연 건 | 2 | – 기금 출연을 강제화하는 방안 요망<br>– 공기업 예산편성지침이 부당하다 |
| 기타 | 2 | – 세제 지원 강화<br>– 중소기업 지원 강화(임원변경등기 시 혜택) |
| 전체 | 78 | |

## 3. 문제점 및 대책(*출처: 2010년 근로복지공단 연구용역 결과 – 사내근로복지기금 회계처리 문제점)

### 1. 회계기준 부재에 따른 문제점

#### 가. 결산 방법 혼재

기금 회계기준이 제정되어 있지 아니하므로 '비영리법인 회계처리 방법'(41.9%), '기업회계원칙'(19.8%), '기업회계와 비영리법인회계 혼용'(34.3%) 등 크게 3가지 방법으로 회계처리를 하며 결산이 이루어지고 있다. 이는 재무제표 서식에서도 통일을 이루지 못하여 계정식과 보고식으로 양분되어 있다. 결산 작업도 전용 회계 프로그램이 개발 및 보급되지 아니하여 엑셀을 이용한 수작업으로 이루어지고 있는 열악한 환경이다. 기업회계기준 제정과 사내근로복지기금 전용 회계 프로그램 개발 · 보급이 절실한 실정이다.

#### 나. 계정과목 혼재

같은 성격을 가진 계정과목들을 혼합하여 각각 사용하고 있다. 대표적인 계정과목으로 기업회계기준서상 '현금및현금성자산'의 경우 현금및현금등가물, 현금, 보통예금, 기업자유예금, 요구불예금 등으로 각각 열거하여 사용되고 있다.

종업원대부금도 종업원장단기대여금, 대여금, 대출금, 장기대여금, 주택자금대출금, 주택자금대여금, 생활안정대출금, 생활안정대부금 등 여러 가지 명칭으로 혼용 사용되고 있다. 종업원대부금은 근복법령 및 정관 목적사업에 명시된 항목대로 주택구입지금대부금, 주택임차자금대부금, 생활안정자금대부금 등으로, 대부자금 성격에 따라 독립된 개별 계정과목으로 사용함이 바람직하다.

자본금 계정명칭도 자본금, 기본재산, 기금, 출자금, 출연금, 출연기금, 기금원금, 기금(기본재산), 자본금(기금) 등 다양하게 사용되고 있는데, 근복법 제62조(기금법인의 사업) 제2항에 기본재산에 대한 용어 정의가 명시되어 있으므로 [② 기금법인은 제61조제1항 및 제2항에 따라 출연 받은 재산 및 복지기금협의회에서 출연재산으로 편입할 것을 의결한 재산(이하 '기본재산'이라 한다) 중에서 대통령령으로 정하는 바에 따라 산정되는 금액을 제1항 각 호의 사업(이하 '사내근로복지기금사업'이라 한다)에 사용할 수 있다. 이 경우 기금법인의 사업을 제82조제3항에 따라 선택적 복지제도를 활용하여 운영할 때에는 대통령령으로 정하는 범위에서 정관으로 정하는 바에 따라 그 산정되는 금액을 높일 수 있다] 기본재산으로 사용함이 바람직하다고 생각된다.

고유목적사업준비금 명칭도 고유목적사업준비금, 지급준비금, 목적사업준비금, 고유목적준비금, 목적준비금 등 자유롭게 사용하고 있는데, 법인세법 제29조에 의한 고유목적사업준비금으로 통일해야 할 것이다. 특히 고유목적사업준비금은 기업회계기준서에는 없고 법인세법상 비영리법인에만 주어진 조세특례로 만들어진 계정과목인 만큼, 결산서에서는 별도 주석으로 표시해줌이 바람직하다.

## 다. 회계처리 방법 미숙

목적사업비를 기업회계기준서 방식대로 복리후생비로 처리하는 기금들이 다수 나타났는데 이러한 처리 방식은 문제가 있다. 비영리법인은 고유목적사업 수행을 위해 주무관청의 인가를 받아 설립된 만큼, 정관에 목적사업으로 명시하고 실시하는 사업의 비용은 목적사업명을 계정과목으로 사용함이 타당하다. 기금의 경우 회사 근로자들은 당해 기금 소속의 근로자가 아닌 만큼 기금의 복리후생비로 처리함은 바람직하지 않다. 참고로 기금에서 회사 근로자들에게 목적사업으로 지급하는 금품은 조세법에서는 근로소득이 아닌 상속세및증여세법상 증여소득으로 분류하여 과세하고 있다.

부가가치세 관련 계정과목의 미숙함도 드러났다. 사용하는 계정과목 중에서 부가세대급금, 선급부가세, 미지급부가세 등이 나타났는데, 영리법인이나 법인세법상 수익사업으로 명시된 수익사업을 영위하는 기금은 부가가치세 납부의무가 있으므로 세금계산서를 발급받으면 부가가치세를 분개하여 매입분과 매출분에 대한 정산을 거쳐야 하지만, 수익사업을 영위하지 아니하는 기금은 매입부가세를 환급받지 못하기 때문에 선수부가세를 별도로 분류하지 않고 물대에 합산하여 처리하기에 부가세 관련 계정과목은 나타내지 않는 것이 바람직하다.

### 나. 기금 회계처리 원칙 위반 사항

기금은 근복법 제64조(사내근로복지기금의 회계) 제2항에 의거 자금차입이 금지되어 있다(② 기금법인은 자금차입을 할 수 없다). 그러나 기금이 사용하는 계정과목 중에서 부채계정에 매입채무와 손익계산서 비용 항목에 지급이자가 있는 것으로 조사되었는데, 이는 자금차입 금지 원칙을 위반한 경우이다.

또 손익계산서 비용항목 중에서 기부금도 발생해서는 안 되는 계정과목이다. 기금은 당해 사업체의 근로자들의 재산 형성과 근로 복지 증진을 위한 사업 수행을 목적으로 주무관청의 인가를 받고 설립된 만큼 수혜 대상이 철저히 당해 사업체 근로자들로 제한되기에, 당해 사업체 이외의 근로자들에 대해 혜택을 주는 기부금사업은 근복법령상 수혜 대상과 목적사업에 적합하지 않다.

## 2. 법인세신고 미숙

원천징수당한 선급법인세를 환급받지 못하는 기금이 22곳(12.8%)으로 나타났는데, 주요인은 고유목적사업준비금제도를 인식 및 활용하지 못한 것으로 밝혀졌다. 이번 실태 조사에서 고유목적사업준비금을 활용하지 못한 경우가 21.5%(인지하였으나 활용하지 못했다 12.8%, 인지하여 못하여 활용하지 못했다 8.7%)에 달해, 기금 담당자들에 대한 주기적인 회계처리 교육이 요망된다. 이는 사내근로복지기금 회계처리 개선을 위한 제언에서 '회계처리 관련 도서(매뉴얼, 회계처리 샘플) 발간 보급' 요청 12건, '기금 담당자 직무(회계) 교육 실시' 요청 10건으로 나타났다.

## 3. 예산 기능 소홀히 취급

사내근로복지기금법이 근로복지기본법으로 전부 개정되면서 협의회 기능 중에서 중요한 변화는 사업계획서가 새로이 추가되었다는 점이다. 근복법 제56조(복지기금협의회의 기능) 제1항제3호에 '사업계획서 및 감사보고서의 승인'이 있다. 비영리법인에는 예산 기능 비중이 그만큼 크기 때문에 시행령에 있는 내용을 법으로 올린 것이다. 비영리법인은 정부가 수행해야 하는 것과 유사한 공익적 사업을 담당하고 있어 각종 세제 혜택을 받는 만큼, 편성된 예산이나 사업계획서를 준수해야 한다.

결산 주기도 연차결산이 주류(68.6%)이고 '예산과 결산을 연계하지 않는다'(39.0%)가 뒤를 이었으며, 목적사업 추가 시나 예산 부족 시에는 추경예산을 편성하여 협의회에서 의결해야 하지만 20.3%가 이를 준수하지 않는 것으로 나타났다. '예산 대비 집행 현황 실적 관리를 실시하지 않는다'라는 응답이 무려 58.7%로 나타나 우려를 자아낸다.

## 4. 회계감사 필요성

회계감사는 노사 양측 간 자율적으로 실시하는 것으로 나타났으며(95.3%), 이에 반해 자발적으로 외부 회계감사를 받는 기금도 7곳(4.1%)이 있었다. 외부감사의 필요성에 대해서는 자발적으로 외부 회계감사를 받는 기금 수보다 훨씬 많은 37곳(21.5%)이 공감대를 보여주었는데, 공금횡령 사고가 자주 언론 보도에 오르내리는 요즘 기금도 일정 규모(예: 기본재산 500억) 이상일 경우에는 의무적으로 외부 회계감사를 받도록 제도적으로 규정하는 적극적인 장치도 필요하다. 비용 부담 때문에 매년 실시가 부담스럽다면 격년 또는 3년 주기로 실시하는 방안도 있다.

## 5. 잉여금 처분 건

근로복지기본법 제64조(사내근로복지기금의 회계) 제3항에 따르면 기금에 잉여금이 발생할 경우에는 이월손실금을 보전한 후 사내근로복지기금에 전입하도록 명시되어 있다.(③ 매 회계연도의 결산 결과 사내근로복지기금의 손실금이 발생한 경우에는 다음 회계연도로 이월하며, 잉여금이 발생한 경우에는 이월손실금을 보전한 후 사내근로복지기금에 전입한다.) 그러나 이번 실태 조사 결과 이를 준수하는 경우는 18곳(10.5%)에 불과했다. '(결손을 보전 후) 목적사업준비금으로 사용'이 122곳(70.9%), '(결손을 보전 후) 특별적립금으로 처분' 11곳(6.4%) 등으로 나타나 실무에서는 근로복지기본법과 배치된 회계처리를 하고 있음을 알 수 있다. 근로복지기본법 제62조(기금법인의 사업) 제2항에서는 기본재산을 사용하여 기금법인의 사업을 할 수 있도록 허용하고 있는바, 법인세를 납부한 잉여금 또한 획일적으로 기금원금으로 전입하는 것이 아니라, 대부사업에서 발생할지 모르는 손실이나 목적사업 확대를 위한 수단으로 고유목적사업준비금으로 사용하도록 잉여금 처분 방법을 정관으로 위임해주는 것도 한 가지 방법이라고 생각한다.

# 비영리조직회계기준 공개초안

의견 조회 기간: '13년 11월 14일 ~ '14년 1월 15일

2013. 11. 8

한국회계기준원

회계기준위원회

# 목 차

제22조(제약없는순자산)

제23조(일시제약순자산)

제24조(영구제약순자산)

제25조(구분된 순자산의 명칭, 순서 및 세분)

**제3장 운영성과표**

제26조(운영성과표의 목적과 작성단위)

제27조(운영성과표 작성 기준)

제28조(사업수익)

제29조(기부금 등의 수익인식과 측정)

제30조(정부보조금의 수익인식)

제31조(사업비용)

제32조(공통비용 배분)

제33조(사업외수익)

제34조(사업외비용)

제35조(고유목적사업준비금전입액과 환입액)

제36조(일시제약이 해제된 순자산)

제37조(제약없는순자산의 증가(감소))

제38조(일시제약순자산의 증가(감소))

제39조(영구제약순자산의 증가(감소))

제40조(순자산의 증가(감소))

**제4장 현금흐름표**

제41조(현금흐름표의 목적과 작성단위)

제42조(현금흐름표 작성 기준)

제43조(사업활동 현금흐름)

제44조(사업활동 현금흐름의 표시 방법)

제45조(투자활동 현금흐름)

제46조(재무활동 현금흐름)

**제5장 자산 · 부채의 평가**

제47조(자산의 평가 기준)

제48조(미수금, 매출채권 등의 평가)

제49조(유형자산과 무형자산의 평가)

제50조(유형자산의 재평가)

제51조(투자유가증권의 평가)

제52조(퇴직급여충당부채의 평가)

**제6장 주석**

제53조(주석의 정의)

제54조(필수적 주석기재사항)

제55조(선택적 주석기재사항)

제56조(주석기재 방법)

**부칙**

제1조(시행일)

## 「비영리조직회계기준 공개초안」

## 제1장 총칙

**제1조(목적)** 비영리조직회계기준(이하 '이 기준'이라 한다)은 비영리조직이 일반정보이용자가 쉽게 이해할 수 있는 일반목적 재무제표를 작성하는 데 적용되는 기준을 제시하는 데 목적이 있다.

**제2조(적용)** 이 기준은 법인격의 유무와 관계없이 영리를 목적으로 하지 않고 사회 전체의 이익이나 공동의 이익을 목적으로 하는 모든 형태의 비영리조직에 적용한다.

**제3조(보고실체)** 이 기준에 따라 재무제표를 작성할 때에는 비영리조직 전체를 하나의 보고실체로 하여 작성한다.

**제4조(복식부기와 발생주의)**

① 이 기준에 따라 재무제표를 작성할 때에는 복식부기회계와 발생주의회계를 적용한다.

② '복식부기'란 비영리조직의 자산, 부채, 순자산의 증감 및 변화하는 과정과 그 결과를 계정과목을 통하여 대변과 차변으로 구분하여 이중기록 · 계산이 되도록 하는 부기 형식을 말한다.

③ '발생주의'란 현금의 수수와는 관계없이 수익은 실현되었을 때 인식하고 비용은 발생되었을 때 인식하는 개념으로서, 기간손익을 계산할 때 수익과 비용을 경제가치량의 증가 또는 감소의 사실이 발생한 때를 기준으로 하여 인식하는 것을 말한다.

**제5조(재무제표 작성의 목적)** 이 기준에 따라 비영리조직이 재무제표를 작성하는 목적은 이를 외부에 보고하여 기부자, 조직의 구성원(예: 회원), 채권자 및 그 밖의 비영리조직에 자원을 제공하는 주체(예: 보조금을 제공하는 정부)의 의사결정에 유용한 정보를 제공함으로써, 이들 이해관계자들이 비영리조직이 제공한 서비스, 이러한 서비스를 지속적으로 제공할 수 있는 가능성 및 비영리조직의 관리자들이 관리자로서의 책임을 적절하게 수행하였는지 등을 평가할 때 도움을 주는 데 있다.

**제6조(재무제표)**

① 이 기준에서 재무제표는 다음 각 호의 서류로 구성된다.

1. 재무상태표
2. 운영성과표

3. 현금흐름표

4. 위 제1호부터 제3호까지의 서류에 대한 주석

② 비영리조직이 수지계산서를 작성하고 있는 경우에는 현금흐름표를 작성하지 않음에 따라 소실되는 정보의 양이 중요하지 않다면 수지계산서로 현금흐름표를 갈음할 수 있다. 이 경우 수지계산서란 수입과 지출의 결과를 집계한 표를 말한다.

**제7조(회계정책의 결정)** 이 기준에서 특별히 정하고 있지 않는 거래나 사건의 인식과 측정, 재무제표 표시 및 주석기재에 대해서는 일반기업회계기준에 따라 회계정책을 결정한다.

**제8조(회계정책, 회계추정의 변경 및 오류)**

① 재무제표를 작성할 때 채택한 회계정책이나 회계추정은 비슷한 종류의 사건 또는 거래의 회계처리에도 동일하게 적용한다.

② '회계정책의 변경'이란 재무제표의 작성에 적용하던 회계정책을 다른 회계정책으로 바꾸는 것을 말한다. 이 경우 회계정책의 변경에는 재고자산의 단위원가결정방법 변경 등이 포함된다.

③ 이 기준에서 변경을 요구하거나, 회계정책의 변경을 반영한 재무제표가 신뢰성 있고 더 목적적합한 정보를 제공하는 경우에만 회계정책을 변경할 수 있다.

④ '회계추정의 변경'이란 환경의 변화, 새로운 정보의 입수 또는 경험의 축적에 따라 회계적 추정치의 근거와 방법 등을 바꾸는 것을 말한다. 이 경우 회계추정에는 대손의 추정, 재고자산의 진부화 여부에 대한 판단과 평가, 충당부채의 추정, 감가상각자산에 내재된 미래경제적효익의 예상되는 소비형태의 유의적인 변동, 감가상각자산의 내용연수 또는 잔존가치의 추정 등이 포함된다.

⑤ 변경된 회계정책은 소급하여 적용하며 소급적용에 따른 수정 사항을 반영하여 비교재무제표를 재작성한다.

⑥ 회계추정의 변경은 전진적으로 회계처리하여 그 효과를 당기와 당기 이후의 기간에 반영한다.

⑦ ‘오류수정’이란 전기 또는 그 이전 회계연도의 재무제표에 포함된 회계적 오류를 당기에 발견하여 수정하는 것을 말한다.

⑧ 당기에 발견한 전기 또는 그 이전 회계연도의 오류는 당기 운영성과표에 사업외손익 중 전기오류수정손익으로 보고한다. 다만, 전기 이전 기간에 발생한 중대한 오류의 수정은 비교재무제표를 재작성하여 반영한다.

**제9조(재무제표의 구분 · 통합 표시)**

① 중요한 항목은 재무제표의 본문 또는 주석에 그 내용을 가장 잘 나타낼 수 있도록 구분하여 표시한다.

② 재무제표상의 표시와 관련하여 재무제표 본문과 주석에 적용하는 중요성 기준은 서로 다를 수 있다. 예를 들어, 재무제표 본문에는 통합하여 표시한 항목이라 할지라도 주석에는 이를 구분하여 표시할 만큼 중요한 항목이 될 수 있다. 이러한 경우에는 재무제표 본문에 통합 표시한 항목의 세부 내용을 주석으로 기재한다.

③ 이 기준과 일반기업회계기준에서 재무제표의 본문 또는 주석에 구분 표시하도록 정한 항목이라 할지라도 그 성격이나 금액이 중요하지 아니한 것은 성격 또는 기능이 유사한 항목에 통합하여 표시할 수 있고, 주석의 구분 표시도 생략할 수 있다.

**제10조(비교재무제표의 작성)**

① 재무제표의 기간별 비교 가능성을 제고하기 위하여 전기 재무제표상의 모든 계량정보를 당기와 비교하는 형식으로 표시한다.

② 전기 재무제표상의 비계량정보가 당기 재무제표를 이해하는 데 관련된 경우에는 이를 당기의 정보와 비교하여 주석으로 기재한다.

## 제2장 재무상태표

### 제11조(재무상태표의 목적과 작성단위)

① 재무상태표의 주된 목적은 특정 시점에서 비영리조직의 자산, 부채 및 순자산에 대한 정보를 제공하는 것으로 재무상태표에서는 비영리조직에 대한 기부자, 조직의 구성원, 채권자 및 그 밖의 정보이용자들에게 다음 각 호의 정보를 제공한다.

1. 비영리조직이 서비스를 지속적으로 제공할 수 있는 능력
2. 비영리조직의 유동성, 재무적인 신축성 및 채무를 상환할 수 있는 능력
3. 외부에서 차입을 통해 자금을 조달해야 할 필요성

② 재무상태표는 비영리조직 전체를 하나의 재무제표 작성단위로 보아 작성하고 비영리조직 전체의 자산, 부채 및 순자산의 내용과 금액을 표시하여야 한다. 다만, 비영리조직의 특성과 필요에 따라 재무상태표에 고유목적사업부문과 수익사업부문 별로 열을 구분하고, 자산, 부채, 순자산의 금액을 각 열에 배분하는 방식으로 표시할 수 있다.

### 제12조(재무상태표 작성기준)

① 재무상태표에는 회계연도 말 현재의 모든 자산, 부채 및 순자산을 적정하게 표시한다. [별지 제1호 서식 참조]

② 재무상태표 구성요소의 정의는 다음 각 호와 같다.

1. '자산'이란 과거의 거래나 사건의 결과로 현재 비영리조직이 통제하고 미래에 경제적 효익을 창출할 것으로 예상되는 자원을 말한다.
2. '부채'란 과거의 거래나 사건의 결과로 현재 비영리조직이 부담하고 있고 미래에 자원이 유출되거나 사용될 것으로 예상되는 의무를 말한다.
3. '순자산'이란 비영리조직의 자산 총액에서 부채 총액을 차감한 잔여 금액을 말한다.

③ 자산과 부채는 각각 다음 각 호의 조건을 충족하는 경우에 재무상태표에 인식한다.

1. 자산: 해당 항목에서 발생하는 미래경제적 효익이 비영리조직에 유입될 가능성이 매우 높고, 그 원가를 신뢰성 있게 측정할 수 있다.

2. 부채: 해당 의무를 이행하기 위하여 경제적 자원이 유출될 가능성이 매우 높고, 의무의 이행에 소요되는 금액을 신뢰성 있게 측정할 수 있다.

④ 자산, 부채 및 순자산은 다음 각 호에 따라 구분한다.

1. 자산은 회계연도 말부터 1년 이내에 현금화되거나 실현될 것으로 예상되면 유동자산으로, 그 밖의 경우는 비유동자산으로 구분하고, 유동자산과 비유동자산은 다음 각 목과 같이 구분한다.

가. 유동자산: 당좌자산, 재고자산

나. 비유동자산: 투자자산, 유형자산, 무형자산, 기타비유동자산

2. 부채는 회계연도 말부터 1년 이내에 상환 등을 통하여 소멸할 것으로 예상되면 유동부채로, 그 밖의 경우는 비유동부채로 구분한다. 비영리조직이 제35조제3항에 따라 고유목적사업준비금을 인식하는 회계정책을 선택하는 경우에는 해당 고유목적사업준비금을 유동부채 및 비유동부채와 구별하여 표시한다.

3. 순자산은 제약없는순자산, 일시제약순자산과 영구제약순자산으로 구분한다.

⑤ 자산과 부채는 유동성이 높은 항목부터 배열한다.

⑥ 자산과 부채는 상계하여 표시하지 않는다.

### 제13조(당좌자산)

① '당좌자산'이란 재고자산에 속하지 않는 유동자산을 말한다.

② 당좌자산에는 현금및현금성자산, 단기투자자산, 매출채권, 선급비용, 미수수익, 미수금과 선급금 등이 포함된다.

③ 매출채권, 미수금 등에 대한 대손충당금은 해당 자산의 차감계정으로 재무상태표에 표시한다.

### 제14조(재고자산)

① '재고자산'이란 일상적인 사업 과정에서 판매하기 위하여 보유하거나 생산 과정에 있는 자산과 생산 또는 용역 제공 과정에 투입될 자산을 말한다.

② 재고자산에는 상품, 제품, 재공품, 원재료와 저장품 등이 포함된다.

③ 재고자산평가충당금은 재고자산 각 항목의 차감계정으로 재무상태표에 표시한다.

### 제15조(투자자산)

① '투자자산'이란 장기적인 투자 등과 같은 활동의 결과로 보유하는 자산을 말한다.

② 투자자산에는 장기성예적금, 투자유가증권과 장기대여금 등이 포함된다.

③ 투자유가증권은 국공채, 회사채, 수익증권, 주식으로 구분하여 재무상태표 본문에 표시하거나 주석으로 기재한다.

### 제16조(유형자산)

① '유형자산'이란 재화를 생산하거나 용역을 제공하기 위하여, 또는 타인에게 임대하거나 직접 사용하기 위하여 보유한 물리적 형체가 있는 자산으로, 1년을 초과하여 사용할 것으로 예상되는 자산을 말한다.

② 유형자산에는 토지, 건물, 구축물, 기계장치, 차량운반구와 건설중인자산 등이 포함된다.

③ 유형자산의 감가상각누계액과 손상차손누계액은 유형자산 각 항목의 차감계정으로 재무상태표에 표시한다.

④ 유형자산을 폐기하거나 처분하는 경우 그 자산을 재무상태표에서 제거하고 처분금액과 장부금액의 차액을 유형자산처분손익으로 인식한다.

### 제17조(무형자산)

① '무형자산'이란 재화를 생산하거나 용역을 제공하기 위하여, 또는 타인에게 임대하거나 직접 사용하기 위하여 보유한 물리적 형체가 없는 비화폐성자산을 말한다.

② 무형자산에는 지식재산권, 개발비, 컴퓨터소프트웨어, 광업권, 임차권리금 등이 포함된다.

③ 무형자산은 상각누계액과 손상차손누계액을 취득원가에서 직접 차감한 잔액으로 재무상태표에 표시한다.

④ 무형자산을 처분하는 경우 그 자산을 재무상태표에서 제거하고 처분금액과 장부금액의 차액을 무형자산처분손익으로 인식한다.

**제18조(기타비유동자산)**

① '기타비유동자산'이란 투자자산, 유형자산 및 무형자산에 속하지 않는 비유동자산을 말한다.

② 기타비유동자산에는 임차보증금, 장기선급비용과 장기미수금 등이 포함된다.

**제19조(유동부채)**

① '유동부채'란 회계연도 말부터 1년 이내에 상환 등을 통하여 소멸할 것으로 예상되는 부채를 말한다.

② 유동부채에는 단기차입금, 매입채무, 미지급비용, 미지급금, 선수금, 선수수익, 예수금과 유동성장기부채 등이 포함된다.

**제20조(비유동부채)**

① '비유동부채'란 유동부채를 제외한 모든 부채를 말한다.

② 비유동부채에는 장기차입금, 임대보증금과 퇴직급여충당부채 등이 포함된다.

③ 확정급여형퇴직연금제도와 관련하여 별도로 운용되는 자산은 하나로 통합하여 '퇴직연금운용자산'으로 표시하고, 퇴직급여충당부채에서 차감하는 형식으로 표시한다. 퇴직연금운용자산의 구성 내역은 주석으로 기재한다.

**제21조(고유목적사업준비금)** 비영리조직이 제35조제3항에 따라 고유목적사업준비금을 인식하는 회계정책을 선택하는 경우에는 해당 고유목적사업준비금을 유동부채 및 비유동부채와 구별하여 표시한다.

**제22조(제약없는순자산)** '제약없는순자산'이란 기부자(보조금을 제공하는 정부 등을 포함한다. 이하

동일하다)가 사용이나 처분에 대해 제약을 가하지 않은 순자산을 말한다.



### 제23조(일시제약순자산)

① '일시제약순자산'이란 기부자가 사용이나 처분을 일시적으로 제약한 순자산을 말한다. 이러한 순자산은 기부자가 명시한 용도로 사용하거나 일정 기간이 경과함으로써 제약이 소멸된다.

② '일시적인 제약이 있는 경우'란 특정 비용을 집행하는 데에만 사용하거나, 투자자산에 투자하여 특정 기간 보유하거나, 경제적 내용연수가 유한한 유형자산을 취득하여 그 내용연수 동안 보유 · 사용하여야 하는 경우 등을 말한다.

### 제24조(영구제약순자산)

① '영구제약순자산'이란 기부자가 가한 제약이 소멸될 수 없는 순자산을 말한다.

② '영구적인 제약이 있는 경우'란 토지를 취득하여 영구적으로 보유하여 특정 목적에 사용하거나, 투자자산에 투자하여 영구적으로 보유하여야 하는 경우 등을 말한다.

### 제25조(구분된 순자산의 명칭, 순서 및 세분)

① 관행과 여건을 고려할 때 필요하다고 판단하는 경우 제약없는순자산, 일시제약순자산, 영구제약순자산 대신 다른 명칭을 사용할 수 있다. 이 경우 각 명칭별로 제약의 유무와 성격에 관한 설명을 주석으로 기재한다.

② 구분된 순자산은 제약없는순자산, 일시제약순자산, 영구제약순자산의 순으로 배열한다. 다만, 관행과 여건을 고려할 때 필요하다고 판단하는 경우 그 반대의 순서로 배열할 수도 있다.

③ 제1항과 제2항에 따라 구분된 순자산은 더 세분하여 그 정보를 재무상태표 본문에 표시하거나 주석으로 기재할 수 있다. 예를 들어, 비영리조직의 의사결정기구가 자율적으로 제약하는 순자산에 관한 정보를 제약없는순자산 내에서 추가로 구분하여 재무상태표 본문에 표시하거나 주석으로 기재할 수 있다.

## 제3장 운영성과표

### 제26조(운영성과표의 목적과 작성단위)

① 운영성과표의 주된 목적은 순자산의 변화를 초래하는 거래와 사건의 영향 및 상호관계, 각종 활동이나 서비스 제공을 위한 자원의 사용 등에 대한 유용한 정보를 제공하는 것으로, 운영성과표에서는 비영리조직에 대한 기부자, 조직의 구성원, 채권자 및 그 밖의 정보이용자들에게 다음 각 호의 정보를 제공한다.

1. 일정 기간 비영리조직의 성과
2. 서비스 제공 활동과 서비스의 지속적인 제공 능력
3. 관리자의 책임 수행 정도

② 운영성과표는 비영리조직 전체를 하나의 재무제표 작성단위로 보아 작성한다. 다만, 비영리조직의 특성과 필요에 따라 운영성과표에 고유목적사업부문과 수익사업부문 별로 열을 구분하고, 수익과 비용의 금액을 각 열에 배분하는 방식으로 표시할 수 있다.

### 제27조(운영성과표 작성 기준)

① 운영성과표에는 그 회계연도에 속하는 모든 수익 및 이에 대응하는 모든 비용과 그 밖의 순자산 증감을 적정하게 표시한다. [별지 제2호서식 참조]

② 운영성과표는 다음 각 호에 따라 작성한다.

1. 모든 수익 및 비용과 그 밖의 순자산 증감은 그것이 발생한 회계연도에 배분되도록 회계처리한다. 이 경우 발생한 원가가 자산으로 인식되는 경우를 제외하고는 비용으로 인식한다.
2. 수익 및 비용과 그 밖의 순자산 증감은 그 발생 원천에 따라 명확하게 분류하고, 수익항목과 이에 관련되는 비용항목은 대응하여 표시한다.
3. 수익 및 비용과 그 밖의 순자산 증감은 총액으로 표시한다.
4. 운영성과표는 다음 각 목과 같이 구분하여 표시한다.
   가. 사업수익

나. 사업비용

다. 사업이익(손실)

라. 사업외수익

마. 사업외비용

바. 고유목적사업준비금전 제약없는순자산의 증가(감소)

사. 고유목적사업준비금전입액

아. 고유목적사업준비금환입액

자. 일시제약이 해제된 순자산

차. 제약없는순자산의 증가(감소)

카. 일시제약순자산의 증가(감소)

타. 영구제약순자산의 증가(감소)

파. 순자산의 증가(감소)

하. 기초 순자산

거. 기말 순자산

**제28조(사업수익)**

① '사업수익'은 고유목적사업과 그에 부대하는 수익사업의 결과 경상적으로 발생하는 순자산의 증가를 말한다.

② 사업수익은 고유목적사업수익과 수익사업수익으로 구분하여 표시한다. 다만, 하나의 활동과 관련된 사업수익에 고유목적사업성격과 수익사업성격이 혼재되어 구분이 어렵거나 구분정보의 유용성이 없는 예외적인 경우에는 구분하여 표시하지 않고 전액 고유목적사업수익으로 표시할 수 있다.

③ 고유목적사업수익은 비영리조직의 업종별 특성을 반영하여 기부금수익, 보조금수익, 회비수익, 등록금수익, 공연수익, 환자진료수익 등으로 구분하여 표시한다.

④ 수익사업수익은 더 상세하게 구분하여 표시할 것이 요구되지 않지만 비영리조직이 필요하다고 판단하는 경우에는 그 구분정보를 주석으로 기재할 수 있다.

⑤ 투자자산에서 발생하는 이자수익이나 배당수익, 평가손익과 처분손익이 고유목적사업활동의 주된 원천이 되는 경우에는 사업수익에 포함한다. 다만, 해당 손익에 사용이나 처분에 관한 일시제약이나 영구제약이 있는 경우에는 일시제약순자산의 증가(감소) 또는 영구제약순자산의 증가(감소)로 인식한다.

### 제29조(기부금 등의 수익인식과 측정)

① 현금이나 현물을 기부받을 때에는 실제 기부를 받는 시점에 수익으로 인식한다.

② 현물을 기부받을 때에는 수익금액을 공정가치로 측정한다.

③ 실제 기부를 받지 않았더라도 증거력이 충분한 기부약정과 납부가 강제되는 회비 등에 대해서는 발생주의에 따라 회수가 확실해지는 시점에 수익을 인식한다.

④ 기부금에 기부자가 제약을 가한 경우에는 사업수익으로 인식하지 않고, 그 제약의 성격에 따라 일시제약순자산의 증가 또는 영구제약순자산의 증가로 인식한다.

### 제30조(정부보조금의 수익인식)

① 비영리조직이 정부보조금을 받는 경우에는 일반기업회계기준 제17장 '정부보조금의 회계처리'의 자산관련보조금과 수익관련보조금에 관한 기준을 적용하지 않는다.

② 정부보조금에 제약이 없는 경우 해당 정부보조금은 사업수익으로 인식한다. 정부보조금에 제약이 있는 경우에는 제약의 성격에 따라 일시제약순자산의 증가나 영구제약순자산의 증가로 인식한다.

### 제31조(사업비용)

① '사업비용'은 고유목적사업과 그에 부대하는 수익사업의 결과 경상적으로 발생하는 순자산의 감소를 말한다.

② 사업비용은 고유목적사업비용과 수익사업비용으로 구분하여 표시한다. 다만, 하나의 활동에서 발생하는 사업비용에 고유목적사업성격과 수익사업성격이 혼재되어 구분이 어렵거나 구분정보의 유용성이 없는 예외적인 경우에는 구분하여 표시하지 않고 전액 고유목

적사업비용으로 표시할 수 있다.

③ 고유목적사업비용은 다음 각 호와 같이 사업수행비용, 일반관리비용, 모금비용으로 구분하여 표시한다. 다만, 모금비용이 없거나 중요하지 않은 비영리조직은 모금비용을 일반관리비용에 통합하여 표시할 수 있다.

1. '사업수행비용'은 비영리조직이 추구하는 본연의 임무나 목적을 달성하기 위해 수혜자, 고객, 회원 등에게 재화나 용역을 제공하는 활동에서 발생하는 비용을 말한다.
2. '일반관리비용'은 기획, 인사, 재무, 감독 등 제반 관리활동에서 발생하는 비용을 말한다.
3. '모금비용'은 모금행사, 기부자리스트 관리, 모금고지서 발송 등의 모금활동에서 발생하는 비용을 말한다.

④ 사업수행비용은 세부 사업별로 추가 구분한 정보를 운영성과표 본문에 표시하거나 주석으로 기재할 수 있다.

⑤ 사업수행비용, 일반관리비용, 모금비용에 대해서는 각각 다음 각 호와 같이 인력비용, 시설비용, 기타비용으로 구분하여 분석한 정보를 운영성과표 본문에 표시하거나 주석으로 기재한다. 다만, 비영리조직이 필요하다고 판단하는 경우에는 더 세분화된 정보를 본문에 표시하거나 주석으로 기재할 수 있다.

1. '인력비용'은 비영리조직에 고용된 인력과 관련된 비용으로서 급여, 상여금, 퇴직급여, 복리후생비, 교육훈련비 등을 포함한다.
2. '시설비용'은 비영리조직의 운영에 사용되는 토지, 건물, 구축물, 차량운반구 등 시설과 관련된 비용으로서 감가상각비, 지급임차료, 시설보험료, 시설유지관리비 등을 포함한다.
3. '기타비용'은 인력비용과 시설비용 외의 비용으로서 여비교통비, 소모품비, 수도광열비, 제세공과금, 지급수수료, 용역비, 업무추진비, 회의비, 대손상각비 등을 포함한다. 이 경우 사회복지기관이 저소득층, 노인, 장애인 등 수혜자들에게 지급하는 지원금, 학술장학기관이 저소득층 학생 등 수혜자들에게 지급하는 장학금, 의료기관이 지출하는 재료비(약품비와 진료재료비) 등 각 비영리조직의 특성에 따라 금액이 중요한 기타비용 항목은 별도로 구분하여 운영성과표 본문에 표시하거나 주석으로 기재한다.

⑥ 위 제3항에도 불구하고 고유목적사업비용을 인력비용, 시설비용, 기타비용으로 구분하여 운영성과표 본문에 표시할 수도 있다. 이 경우 인력비용, 시설비용, 기타비용에 대해서 각각 사업수행비용, 일반관리비용, 모금비용으로 구분하여 분석한 정보를 주석으로 기재한다.

⑦ 수익사업비용은 더 상세하게 구분하여 표시할 것이 요구되지 않지만 비영리조직이 필요하다고 판단하는 경우에는 그 구분정보(예: 매출원가, 판매관리비 등)를 주석으로 기재할 수 있다. 다만, 수익사업비용을 인력비용, 시설비용, 기타비용으로 구분하여 분석한 정보는 운영성과표 본문에 표시하거나 주석으로 기재한다.

**제32조(공통비용 배분)** 어떤 비용항목이 복수의 활동에 관련되는 경우에는 활동 간에 비용을 배분한다. 이 경우 다음 각 호와 같이 비영리조직의 사업성격 및 운영 방법에 맞추어 합리적인 배분 기준을 수립하여 일관되게 적용한다.

1. 인력비용의 경우 해당 인력이 각 활동별로 투입한 업무시간에 기초하여 배분한다.
2. 시설비용은 각 활동별로 관련되는 시설 면적이나 사용빈도를 직접적으로 구분할 수 있다면 그 면적 및 사용빈도 기준에 따라 배분하며, 직접적으로 구분할 수 없다면 다른 적절한 배분 기준을 수립하여 적용한다.
3. 기타비용은 각 활동별 인력비용이나 시설비용에 대체로 비례하는 항목들은 그 기준에 따라 배분하며, 그 밖에는 다른 적절한 배분 기준을 수립하여 적용한다.

**제33조(사업외수익)**

① '사업외수익'은 사업수익이 아닌 수익을 말한다.

② 사업외수익에는 이자수익, 배당수익, 투자자산 평가이익과 처분이익, 유형 · 무형자산손상차손환입, 유형 · 무형자산처분이익 등을 포함한다. 다만, 다음 각 호의 경우에는 사업외수익에 포함하지 않는다.

  1. 투자자산에서 발생하는 이자수익이나 배당수익, 평가이익과 처분이익이 고유목적사업활동의 주된 원천이 되기 때문에 제28조제5항에 따라 사업수익에 포함한 경우

2. 투자자산에서 발생하는 이자수익이나 배당수익, 평가이익과 처분이익에 사용이나 처분에 관한 일시제약이나 영구제약이 있기 때문에 일시제약순자산의 증가 또는 영구제약순자산의 증가로 인식하는 경우

③ 유형자산재평가이익이 발생하는 경우 해당 재평가이익에 사용이나 처분에 관한 제약이 없는 한 사업외수익에 포함한다. 다만, 해당 재평가이익에 사용이나 처분에 관한 일시제약이나 영구제약이 있는 경우에는 일시제약순자산의 증가 또는 영구제약순자산의 증가로 인식한다.

**제34조(사업외비용)**

① '사업외비용'은 사업비용이 아닌 비용을 말한다.

② 사업외비용은 이자비용, 투자자산 평가손실과 처분손실, 유형 · 무형자산손상차손, 유형 · 무형자산처분손실 등을 포함한다. 다만, 다음의 경우에는 사업외비용에 포함하지 않는다.

1. 투자자산에서 발생하는 평가손실과 처분손실이 고유목적사업활동의 주된 원천이 되기 때문에 제28조제5항에 따라 사업수익에 반영된 경우
2. 투자자산에서 발생하는 평가손실과 처분손실에 사용이나 처분에 관한 일시제약이나 영구제약이 있기 때문에 일시제약순자산의 감소 또는 영구제약순자산의 감소로 인식하는 경우

③ 유형자산재평가손실이 발생하는 경우 해당 재평가손실에 사용이나 처분에 관한 제약이 없는 한 사업외비용에 포함한다. 다만, 해당 재평가손실에 사용이나 처분에 관한 일시제약이나 영구제약이 있는 경우에는 일시제약순자산의 감소 또는 영구제약순자산의 감소로 인식한다.

**제35조(고유목적사업준비금전입액과 환입액)**

① '고유목적사업준비금전입액'이란 비영리조직이 수익사업에 대한 법인세 과세대상소득금액을 계산할 때 법인세법 제29조에 따라 각 사업연도에 그 조직의 고유목적사업이나 지정기

부금에 지출하기 위하여 손금으로 계상한 경우 그 금액을 말한다. 고유목적사업준비금전입액을 비용으로 인식하는 경우 이에 상응하여 동일한 금액을 부채에 '고유목적사업준비금'이라는 과목으로 인식한다.

② '고유목적사업준비금환입액'이란 고유목적사업준비금이 고유목적사업에 사용되어 비용이 인식되는 경우 기존에 비용으로 인식된 고유목적사업준비금이 이중으로 계상되지 않도록 해당 사용액만큼을 수익으로 인식한 금액을 말한다.

③ 비영리조직은 고유목적사업준비금과 그 전입액을 재무제표에 인식하는 회계정책과 인식하지 않는 회계정책 중 하나를 선택할 수 있다.

**제36조(일시제약이 해제된 순자산)** 일시제약순자산에 대한 제약이 사업수행이나 시간경과 등에 따라 해제되는 경우에는 일시제약순자산에서 차감하고 같은 금액을 제약없는순자산의 증가로 인식한다.

**제37조(제약없는순자산의 증가(감소))**

① 제약없는순자산의 증가(감소)는 다음 제1호에서 제2호를 차감하여 계산한다.

1. 사업수익, 사업외수익, 고유목적사업준비금환입액, 일시제약이 해제된 순자산을 합한 수익 합계금액
2. 사업비용, 사업외비용, 고유목적사업준비금전입액을 합한 비용 합계금액

② 관행과 여건을 고려할 때 필요하다고 판단하는 경우 제약없는순자산의 증가(감소) 대신 '당기순이익(손실)'이라는 명칭을 사용할 수 있다.

③ 고유목적사업준비금과 그 전입액을 재무제표에 인식하는 회계정책을 선택한 비영리조직은 제약없는순자산의 증가(감소)의 세부 항목 중 사업수익과 사업외수익, 사업비용, 사업외비용만을 가감하여 고유목적사업준비금전 제약없는순자산의 증가(감소)로 표시한다. 다만, 관행과 여건을 고려할 때 필요하다고 판단하는 경우 고유목적사업준비금전 제약없는순자산의 증가(감소) 대신 '고유목적사업준비금전이익(손실)'이라는 명칭을 사용할 수 있다.

**제38조(일시제약순자산의 증가(감소))** 일시제약순자산의 증가(감소)는 사용이나 처분에 일시적 제약이 있는 기부금수익, 투자자산 이자수익 · 배당수익, 투자자산 평가손익 · 처분손익, 유형자산재평가손익 등을 포함한다. 일시제약순자산에 대한 제약이 사업수행에 따라 해제되거나 시간 경과에 따라 해제되는 경우에는 이를 일시제약순자산에서 차감한다.

**제39조(영구제약순자산의 증가(감소))** 영구제약순자산의 증가(감소)는 사용이나 처분에 영구적 제약이 있는 기부금수익, 투자자산 이자수익 · 배당수익, 투자자산 평가손익 · 처분손익, 유형자산재평가손익 등을 포함한다.

**제40조(순자산의 증가(감소))** 제약없는순자산의 증가(감소), 일시제약순자산의 증가(감소) 및 영구제약순자산의 증가(감소)를 합하여 순자산의 증가(감소)로 표시한다.

## 제4장 현금흐름표

**제41조(현금흐름표의 목적과 작성단위)**

① 현금흐름표는 일정 기간에 걸쳐 현금의 유입과 유출에 대한 정보를 제공하는 것을 목적으로 한다.

② 현금흐름표는 비영리조직 전체를 하나의 재무제표 작성단위로 보아 작성한다.

**제42조(현금흐름표 작성 기준)** 현금흐름표는 현금흐름을 사업활동, 투자활동 및 재무활동 현금흐름으로 구분하여 표시하고, 이 세 가지 활동의 순현금흐름에 기초의 현금을 가산하여 기말의 현금을 산출하는 형식으로 표시한다. [별지 제3호와 제4호 서식 참조]

**제43조(사업활동 현금흐름)** 사업활동은 투자활동 또는 재무활동에 속하지 아니하는 모든 거래와 사건을 포함한다.

① 사업활동 현금유입에는 제약 없는 기부금 수입, 보조금 수입, 회비 수입, 등록금 수입, 공연 수입, 환자진료 수입, 수익사업 수입 등이 포함된다.

② 사업활동 현금유출에는 인력비용 지출, 시설비용 지출, 기타비용 지출, 수익사업비용 지출 등이 포함된다.

**제44조(사업활동 현금흐름의 표시 방법)** 사업활동 현금흐름은 직접법 또는 간접법으로 표시한다.

① '직접법'이란 현금을 수반하여 발생한 수익 또는 비용 항목을 총액으로 표시하되, 현금유입액은 원천별로, 현금유출액은 용도별로 분류하여 표시하는 방법을 말한다.

② '간접법'이란 제약없는순자산의 증가(감소)[또는 당기순이익(손실)]에 현금의 유출이 없는 비용 등을 가산하고 현금의 유입이 없는 수익 등을 차감하며, 사업활동으로 인한 자산 · 부채의 변동을 가산하거나 차감하여 표시하는 방법을 말한다.

1. '현금의 유출이 없는 비용 등'이란 현금의 유출이 없는 비용, 투자활동과 재무활동으로 인한 비용을 말한다.
2. '현금의 유입이 없는 수익 등'이란 현금의 유입이 없는 수익, 투자활동과 재무활동으로 인한 수익을 말한다.
3. '사업활동으로 인한 자산 · 부채의 변동'이란 사업활동과 관련하여 발생한 유동자산 및 유동부채의 증가 또는 감소를 말한다.

**제45조(투자활동 현금흐름)**

① '투자활동'이란 현금의 대여와 회수활동, 투자자산, 유형자산 및 무형자산의 취득과 처분활동 등을 말한다.

② 투자활동 현금유입에는 투자자산, 유형자산, 무형자산의 처분 등이 포함된다.

③ 투자활동 현금유출에는 투자자산, 유형자산, 무형자산의 취득 등이 포함된다.

**제46조(재무활동 현금흐름)**

① '재무활동'이란 현금의 차입 및 상환, 일시제약 또는 영구제약 기부금 수입 등 부채 및 제

약순자산계정에 영향을 미치는 거래를 말한다.

② 재무활동 현금유입에는 일시제약 또는 영구제약 기부금 수입, 단기차입금 · 장기차입금의 차입 등이 포함된다.

③ 재무활동 현금유출에는 단기차입금 · 장기차입금의 상환 등이 포함된다.



## 제5장 자산 · 부채의 평가

### 제47조(자산의 평가 기준)

① 자산은 최초에 취득원가로 인식한다.

② 교환, 현물출자, 증여, 그 밖에 무상으로 취득한 자산은 공정가치(합리적인 판단력과 거래 의사가 있는 독립된 당사자 사이의 거래에서 자산이 교환되거나 부채가 결제될 수 있는 금액을 말한다. 이하 같다)를 취득원가로 한다.

③ 이 기준에서 별도로 정하는 경우를 제외하고는, 자산의 진부화 및 시장가치의 급격한 하락 등으로 인하여 자산의 회수가능액이 장부금액에 중요하게 미달되는 경우에는 장부금액을 회수가능액으로 조정하고 그 차액을 손상차손으로 처리한다. 이 경우 회수가능액은 다음 제1호와 제2호 중 큰 금액으로 한다.

1. 순공정가치: 합리적인 판단력과 거래 의사가 있는 독립된 당사자 사이의 거래에서 자산의 매각으로부터 수취할 수 있는 금액에서 처분부대원가를 차감한 금액
2. 사용가치: 자산에서 창출될 것으로 기대되는 미래 현금흐름의 가치

④ 과거 회계연도에 인식한 손상차손이 더 이상 존재하지 않거나 감소하였다면 자산의 회수가능액이 장부금액을 초과하는 금액은 손상차손환입으로 인식한다. 다만, 손상차손환입으로 증가된 장부금액은 과거에 손상차손을 인식하기 전 장부금액의 감가상각 또는 상각 후 잔액을 초과할 수 없다.

### 제48조(미수금, 매출채권 등의 평가)

① 원금이나 이자 등의 일부 또는 전부를 회수하지 못할 가능성이 있는 미수금, 매출채권 등은 합리적이고 객관적인 기준에 따라 대손추산액을 산출하여 대손충당금으로 설정하고, 기존 대손충당금 잔액과의 차이는 대손상각비로 인식한다.

② 미수금, 매출채권 등의 원금이나 이자 등의 일부 또는 전부를 회수할 수 없게 된 경우, 대손충당금과 상계하고, 대손충당금이 부족한 경우에는 그 부족액을 대손상각비로 인식한다.

③ 미수금과 매출채권에 대한 대손상각비는 사업비용(고유목적사업비용이나 수익사업비용 중 관련이 되는 것)의 대손상각비로, 그 밖의 채권에 대한 대손상각비는 사업외비용의 기타의대손상각비로 구분한다.

### 제49조(유형자산과 무형자산의 평가)

① 유형자산과 무형자산의 취득원가는 구입 가격 또는 제작 원가와 의도하는 방식으로 자산을 가동하는 데 필요한 장소와 상태에 이르게 하는 데 직접 관련되는 원가를 포함한 금액을 말한다.

② 최초 인식 후에 유형자산과 무형자산의 장부금액은 다음 각 호에 따라 결정한다.

1. 유형자산: 취득원가(자본적 지출을 포함한다. 이하 이 조에서 같다)에서 감가상각누계액과 손상차손누계액을 차감한 금액
2. 무형자산: 취득원가에서 상각누계액과 손상차손누계액을 차감한 금액

③ 취득원가에서 잔존가치를 차감하여 결정되는 유형자산의 감가상각대상금액과 무형자산의 상각대상금액은 해당 자산을 사용할 수 있는 때부터 내용연수에 걸쳐 배분하여 상각한다.

④ 유형자산과 무형자산의 내용연수는 자산의 예상 사용 기간이나 생산량 등을 고려하여 합리적으로 결정한다.

⑤ 유형자산의 감가상각 방법과 무형자산의 상각 방법은 다음 각 호에서 자산의 경제적효익이 소멸되는 형태를 반영한 합리적인 방법을 선택하여, 소멸 형태가 변하지 않는 한 매기 계속 적용한다.

1. 정액법

2. 정률법

3. 연수합계법

4. 생산량비례법

⑥ 전시 · 교육 · 연구 등의 목적으로 보유 중인 예술작품 및 유물과 같은 역사적 가치가 있는 유형자산은 일반적으로 시간이 경과하더라도 가치가 감소하지 않으므로 감가상각을 적용하지 아니한다.

**제50조(유형자산의 재평가)**

① 최초 인식 후에 공정가치를 신뢰성 있게 측정할 수 있는 유형자산은 재평가를 할 수 있다. 이 경우 재평가일의 공정가치에서 이후의 감가상각누계액과 손상차손누계액을 차감한 재평가금액을 장부금액으로 한다.

② 유형자산을 재평가할 때, 재평가 시점의 총장부금액에서 기존의 감가상각누계액을 제거하여 자산의 순장부금액이 재평가금액이 되도록 수정한다.

③ 재평가를 실시하여 발생한 재평가차액은 그 사용이나 처분에 제약이 있지 않는 한 운영성과표에 사업외수익이나 사업외비용으로 인식한다. 재평가차액의 사용이나 처분에 제약이 있는 경우에는 운영성과표에 제약의 성격에 따라 일시제약순자산의 증가(감소) 또는 영구제약순자산의 증가(감소)로 인식한다.

④ 재평가차액 누적금액은 그 사용이나 처분에 제약이 있는지 여부에 따라 재무상태표상 해당 순자산 분류(제약없는순자산, 일시제약순자산, 영구제약순자산) 내에서 세부 항목으로 별도 표시하거나 주석으로 기재한다.

**제51조(투자유가증권의 평가)**

① 신뢰성 있는 공정가치를 쉽게 얻을 있는 투자유가증권은 공정가치로, 그렇지 않은 투자유가증권은 취득원가로 평가한다.

② 공정가치로 평가된 투자유가증권에 대해서는 재무제표 본문에 표시된 공정가치를 취득원가와 비교하는 정보를 주석으로 기재한다. 이 경우 제15조제3항에 따라 구분된 국공채, 회

사채, 수익증권, 주식 별로 공정가치를 취득원가와 비교하는 정보를 주석으로 기재한다.

**제52조(퇴직급여충당부채의 평가)**

① 퇴직급여충당부채는 재무상태표일 현재 전임 직원이 일시에 퇴직할 경우 지급하여야 할 퇴직금에 상당하는 금액으로 한다.

② 확정기여형퇴직연금제도를 설정한 경우에는 퇴직급여충당부채 및 관련 퇴직연금운용자산을 인식하지 않는다. 다만 해당 회계 기간에 대하여 비영리조직이 납부하여야 할 부담금을 퇴직급여(비용)로 인식하고, 미납부액이 있는 경우 미지급비용(부채)으로 인식한다.

## 제6장 주석

**제53조**(주석의 정의) '주석'이란 재무제표 본문[재무상태표, 운영성과표, 현금흐름표(또는 이에 갈음하는 수지계산서)를 말한다]의 전반적인 이해를 돕는 일반 사항에 관한 정보, 재무제표 본문에 표시된 항목을 구체적으로 설명하거나 세분화하는 정보, 재무제표 본문에 표시할 수 없는 회계사건 및 그 밖의 사항으로 재무제표에 중요한 영향을 미치거나 재무제표의 이해를 위하여 필요하다고 판단되는 정보를 재무제표 본문에 추가하여 기재하는 것을 말한다.

**제54조(필수적 주석기재사항)** 비영리조직은 이 기준의 다른 조항에서 주석으로 기재할 것을 요구하거나 허용하는 사항 외에 다음 각 호의 사항을 주석으로 기재한다.

1. 비영리조직의 개황 및 주요 사업 내용
2. 비영리조직이 채택한 회계정책(자산 · 부채의 평가 기준 및 수익과 비용의 인식 기준을 포함한다)
3. 사용이 제한된 현금및현금성자산의 내용
4. 차입금 등 현금 등으로 상환하여야 하는 부채의 주요 내용
5. 현물기부의 내용
6. 제공한 담보 · 보증의 주요 내용

7. 특수관계인(법인세법 시행령 제87조의 정의에 따른다)과의 중요한 거래의 내용
8. 타인으로부터 제기된 회계연도 말 현재 진행 중인 소송 사건의 내용, 소송금액, 진행 상황 등
9. 그 밖에 일반기업회계기준에 따라 주석기재가 요구되는 사항

**제55조(선택적 주석기재사항)** 이 기준과 일반기업회계기준에서 요구하는 주석기재사항 외에도 재무제표의 유용성을 제고하고 공정한 표시를 위하여 필요한 정보는 재무제표 작성자의 판단과 책임하에서 자발적으로 주석을 기재할 수 있다. 예를 들어, 비영리조직이 감독목적 또는 내부관리목적으로 복수의 구분된 단위로 회계를 하는 경우 각 회계단위별로 작성된 재무제표의 전부 또는 일부를 주석으로 기재할 수 있다.

**제56조(주석기재 방법)** 주석기재는 재무제표 이용자의 이해와 편의를 도모하기 위하여 다음 각 호에 따라 체계적으로 작성한다.

1. 재무제표상의 개별항목에 대한 주석 정보는 해당 개별항목에 기호를 붙이고 별지에 동일한 기호를 표시하여 그 내용을 설명한다.
2. 하나의 주석이 재무제표상 둘 이상의 개별항목과 관련된 경우에는 해당 개별항목 모두에 주석의 기호를 표시한다.
3. 하나의 주석에 포함된 정보가 다른 주석과 관련된 경우에도 해당되는 주석 모두에 관련된 주석의 기호를 표시한다.

## 부 칙 (2014. X. X.)

**제1조(시행일)** 이 기준은 2015년 1월 1일 이후 최초로 시작되는 회계연도부터 적용한다. 다만, 2014년 1월 1일 이후 최초로 시작되는 회계연도부터 적용할 수 있다.

[별지 제1호서식]

# 재무상태표

제×기 20××년×월×일 현재
제×기 20××년×월×일 현재

비영리조직명 (단위 : 원)

| 과 목 | 당 기 | | 전 기 | |
|---|---|---|---|---|
| 자 산 | | | | |
| 유동자산 | | ××× | | ××× |
| 당좌자산 | ××× | ××× | ××× | ××× |
| 현금및현금성자산 | ××× | | ××× | |
| 단기투자자산 | ××× | | ××× | |
| 매출채권 | (×××) | | (×××) | |
| (−) 대손충당금 | ××× | | ××× | |
| 선급비용 | ××× | | ××× | |
| 미수수익 | ××× | | ××× | |
| 미수금 | (×××) | | (×××) | |
| (−) 대손충당금 | ××× | | ××× | |
| 선급금 | ××× | | ××× | |
| …… | | | | |
| 재고자산 | | ××× | | ××× |
| 상품 | ××× | | ××× | |
| 제품 | ××× | | ××× | |
| 재공품 | ××× | | ××× | |
| 원재료 | ××× | | ××× | |
| 저장품 | ××× | | ××× | |
| …… | ××× | | ××× | |
| 비유동자산 | | ××× | | ××× |
| 투자자산 | | | | |
| 장기성예적금 | | ××× | | ××× |
| 투자유가증권 | | | | |
| 국공채 | ××× | | ××× | |
| 회사채 | ××× | | ××× | |
| 수익증권 | ××× | | ××× | |
| 주식 | ××× | | ××× | |

| | | | | |
|---|---|---|---|---|
| 장기대여금 | ×××| | ××× | |
| ...... | ××× | | ××× | |
| 유형자산 | | ××× | | ××× |
| 토지 | ××× | | ××× | |
| 건물 | ××× | | ××× | |
| (−) 감가상각누계액 | ××× | | ××× | |
| 구축물 | (×××) | | (×××) | |
| (−) 감가상각누계액 | ××× | | ××× | |
| 기계장치 | (×××) | | (×××) | |
| (−) 감가상각누계액 | ××× | | ××× | |
| 차량운반구 | (×××) | | (×××) | |
| (−) 감가상각누계액 | ××× | | ××× | |
| 건설중인자산 | (×××) | | (×××) | |
| ...... | ××× | | ××× | |
| 무형자산 | | ××× | | ××× |
| 지식재산권 | ××× | | ××× | |
| 개발비 | | | | |
| 컴퓨터소프트웨어 | | | | |
| 광업권 | ××× | | ××× | |
| 임차권리금 | ××× | | ××× | |
| ...... | ××× | | ××× | |
| 기타비유동자산 | | ××× | | ××× |
| 임차보증금 | ××× | | ××× | |
| 장기선급비용 | ××× | | ××× | |
| 장기미수금 | ××× | | ××× | |
| ...... | ××× | | ××× | |
| 자 산 총 계 | | | | |
| 부　채 | | | | |
| 유동부채 | | ××× | | ××× |
| 단기차입금 | ××× | | ××× | |
| 매입채무 | ××× | | ××× | |
| 미지급비용 | ××× | | ××× | |
| 미지급금 | ××× | | ××× | |
| 선수금 | ××× | | ××× | |
| 선수수익 | ××× | | ××× | |
| 예수금 | ××× | | ××× | |
| 유동성장기부채 | ××× | | ××× | |
| ...... | ××× | | ××× | |

| | | | | |
|---|---|---|---|---|
| 비유동부채 | | ××× | | ××× |
| 장기차입금 | ××× | | ××× | |
| 임대보증금 | ××× | | ××× | |
| 퇴직급여충당부채 | ××× | | ××× | |
| (-) 퇴직연금운용자산 | (×××) | | (×××) | |
| …… | ××× | | ××× | |
| 고유목적사업준비금*1 | | | | |
| 부 채 총 계 | | ××× | | ××× |
| 순 자 산*3 | | | | |
| 제약없는순자산*2 | | ××× | | ××× |
| 일시제약순자산*2 | | ××× | | ××× |
| 영구제약순자산*2 | | ××× | | ××× |
| 순 자 산 총 계 | | ××× | | ××× |
| **부채 및 순자산 총계** | | ××× | | ××× |

*1 고유목적사업준비금은 비영리조직이 비영리조직회계기준 제35조제3항에 따라 고유목적사업준비금과 그 전입액(환입액)을 재무제표에 인식하지 않는 회계정책을 채택하는 경우에는 표시하지 않는다.

*2 비영리조직회계기준 제25조제1항에 따르면 비영리조직은 관행과 여건을 고려할 때 필요하다고 판단할 경우 제약없는순자산, 일시제약순자산, 영구제약순자산 대신 다른 명칭을 사용할 수 있다. 이 경우 다음의 예와 같이 각 명칭별로 제약의 유무와 성격에 관한 설명을 주석으로 기재한다.

## 〈주석기재 예시〉

주석 YY. 순자산 구성

1. 재무상태표의 순자산에 표시된 기본금, 적립금, 이익잉여금은 다음과 같이 기부자 또는 관련 법령에 의해 가해진 사용과 처분에 관한 제약의 유무와 정도에 따라 구분됩니다.

(1) 기본금: 영구적으로 보유하여 특정 목적에 사용하여야 하며 처분을 할 수 없는 순자산

(2) 적립금: 사용 목적이나 사용 기간 등에 제약이 있으며 동 목적이 충족되거나 기간이 경과되면 처분이 가능한 순자산

(3) 이익잉여금: 사용과 처분에 관한 제약이 없는 순자산

*3 비영리조직이 순자산 구성항목을 더 세분하고자 할 경우 다음의 예와 같이 그 내용을 주석으로 기재하거나 재무상태표 본문에 직접 표시한다.

---

## 〈주석기재 예시〉

※ 비영리조직이 기본 순자산 구성항목의 명칭을 위 *1과 같이 사용한다고 가정

주석 YY. 순자산 구성, 계속

2. 기본금, 적립금, 이익잉여금 별로 세부 항목과 그 금액은 다음과 같습니다.

(1) 기본금
① 설립자기본금: 비영리조직 설립자가 출연한 재산으로서 영구적으로 보유하여 특정 목적에 사용하여야 하며 처분을 할 수 없는 순자산
② 원금보존기본금: 기부자가 기부한 재산으로서 영구적으로 투자하여 그 원금을 보존하여야 하며 처분을 할 수 없는 순자산(그 투자수익에는 사용과 처분 제약이 없음)

(2) 적립금
① 투자적립금: 기부자가 기부한 재산으로서 일정 기간 동안 투자하여 그 원금을 보존하여야 하며 그 기간이 경과한 후에는 처분할 수 있는 순자산
② 시설적립금: 기부자가 기부한 시설(경제적 내용연수가 유한한 유형자산)로서 경제적 내용연수 동안 사용하여야 하며 내용연수 동안 처분이 불가능한 순자산

(3) 이익잉여금
① 임의적립금: 비영리조직 이사회의 결의로 연구, 장학, 건축, 퇴직 등 특정 목적에의 사용을 위해 내부 유보된 순자산
② 기타이익잉여금

| 순자산 구분 | | 금액 | |
|---|---|---|---|
| 기본금 | | | xxx |
| | 설립자기본금 | xxx | |
| | 원금보존기본금 | xxx | |
| 적립금 | | | xxx |
| | 투자적립금 | xxx | |
| | 시설적립금 | xxx | |
| 이익잉여금 | | | xxx |
| | 임의적립금 | xxx | |
| | 기타이익잉여금 | xxx | |

*1 투자자산수익(이자수익과 배당금수익), 투자자산 평가손익과 처분손익을 포함하며 고유목적사업활동의 주된 원천이 되는 경우에 한하여 사업수익으로 표시한다. 이러한 구분 내용을 운영성과표 본문에서 표시하거나 주석으로 기재할 수 있다.

*2-1 사업비용의 기능별 구분과 성격별 구분에 관한 매트릭스 형태의 정보를 아래와 같이 주석으로 기재한다.

[별지 제2호서식]

# 운영성과표

제×기 20××년×월×일부터 20××년×월×일까지
제×기 20××년×월×일부터 20××년×월×일까지

비영리조직명 (단위 : 원)

| 과 목 | 당 기 | | 전 기 | |
|---|---|---|---|---|
| 제약없는순자산의 변동 | | | | |
| 사업수익 | | ××× | | ××× |
| 고유목적사업수익 | ××× | | ××× | |
| 기부금수익 | ××× | | ××× | |
| 보조금수익 | ××× | | ××× | |
| 회비수익 | ××× | | ××× | |
| 등록금수익 | ××× | | ××× | |
| 투자자산 관련 손익*1 | ××× | | ××× | |
| 공연수익 | ××× | | ××× | |
| 환자진료수익 | ××× | | ××× | |
| ...... | ××× | | ××× | |
| 수익사업수익 | ××× | | ××× | |
| 사업비용*2 | | ××× | | ××× |
| 고유목적사업비용 | ××× | | ××× | |
| 사업수행비용 | ××× | | ××× | |
| ○○사업수행비용 | ××× | | ××× | |
| △△사업수행비용 | ××× | | ××× | |
| ...... | ××× | | ××× | |
| 일반관리비용 | ××× | | ××× | |
| 모금비용*3 | ××× | | ××× | |
| 수익사업비용*4 | ××× | | ××× | |
| 사업이익(손실) | | ××× | | ××× |
| 사업외수익 | | ××× | | ××× |
| 이자수익 | ××× | | ××× | |
| 배당수익 | ××× | | ××× | |
| 투자자산평가이익 | ××× | | ××× | |
| 투자자산처분이익 | ××× | | ××× | |
| 유형자산손상차손환입 | ××× | | ××× | |
| 유형자산처분이익 | ××× | | ××× | |
| 유형자산재평가이익*5 | ××× | | ××× | |

| | | | | |
|---|---|---|---|---|
| 무형자산손상차손환입 | ××× | | ××× | |
| 무형자산처분이익 | ××× | | ××× | |
| 외환차익 | ××× | | ××× | |
| 외화환산이익 | ××× | | ××× | |
| ...... | ××× | | ××× | |
| 사업외비용 | | ××× | | ××× |
| 이자비용 | ××× | | ××× | |
| 기타의대손상각비 | ××× | | ××× | |
| 투자자산평가손실 | ××× | | ××× | |
| 투자자산처분손실 | ××× | | ××× | |
| 유형자산손상차손 | ××× | | ××× | |
| 유형자산처분손실 | ××× | | ××× | |
| 유형자산재평가손실*5 | ××× | | ××× | |
| 무형자산손상차손 | ××× | | ××× | |
| 무형자산처분손실 | ××× | | ××× | |
| 외환차손 | ××× | | ××× | |
| 외화환산손실 | ××× | | ××× | |
| ...... | ××× | | ××× | |
| 고유목적사업준비금전 제약없는순자산의 증가(감소)<br>(또는 고유목적사업준비금전이익(손실)) | | ××× | | ××× |
| 고유목적사업준비금전입액*6 | | ××× | | ××× |
| 고유목적사업준비금환입액*6 | | ××× | | ××× |
| 일시제약이 해제된 순자산 | | ××× | | ××× |
| 사업수행에 따른 해제 | ××× | | ××× | |
| 시간경과에 따른 해제 | ××× | | ××× | |
| ...... | ××× | | ××× | |
| 제약없는순자산의 증가(감소)<br>(또는 당기순이익(손실)) | | ××× | | ××× |
| 일시제약순자산의 변동 | | | | |
| 기부금수익 | ××× | | ××× | |
| 이자수익 | ××× | | ××× | |
| 배당수익 | ××× | | ××× | |
| 투자자산평가손익 | ××× | | ××× | |
| 투자자산처분손익 | ××× | | ××× | |
| 유형자산재평가손익 | ××× | | ××× | |
| ...... | ××× | | ××× | |
| 일시제약해제 | (×××) | | (×××) | |

| | | | | |
|---|---|---|---|---|
| 일시제약순자산의 증가(감소) | | ××× | | ××× |
| 영구제약순자산의 변동 | | | | |
| 기부금수익 | ××× | | ××× | |
| 이자수익 | ××× | | ××× | |
| 배당수익 | ××× | | ××× | |
| 투자자산평가손익 | ××× | | ××× | |
| 투자자산처분손익 | ××× | | ××× | |
| 유형자산재평가손익 | ××× | | ××× | |
| ...... | ××× | | ××× | |
| 영구제약순자산의 증가(감소) | | ××× | | ××× |
| 순자산의 증가(감소) | | ××× | | ××× |
| 기초 순자산 | | ××× | | ××× |
| 기말 순자산 | | ××× | | ××× |

또는 비영리조직이 선택하기에 따라서는 위 매트릭스 정보를 운영성과표 본문에 다음과 같이 직접 표시할 수도 있다.

## 〈주석기재 예시〉

주석 YY. 사업비용의 성격별 구분

운영성과표에는 사업비용이 기능별로 구분되어 표시되어 있습니다. 이를 다시 성격별로 구분한 내용은 다음과 같습니다.

| | 인력비용 | 시설비용 | 기타비용 | 합계 |
|---|---|---|---|---|
| 고유목적사업비용 | xxx | xxx | xxx | xxx |
| 사업수행비용 | xxx | xxx | xxx | xxx |
| 일반관리비용 | xxx | xxx | xxx | xxx |
| 모금비용 | xxx | xxx | xxx | xxx |
| 수익사업비용 | xxx | xxx | xxx | xxx |
| 합계 | xxx | xxx | xxx | xxx |

이 경우에도 고유목적사업비용의 기능별 구분과 성격별 구분에 관한 매트릭스 형태의 정보를 아래와 같이 주석으로 기재한다.

| 구분 | | | |
|---|---|---|---|
| **고유목적사업비용** | | | (xxx) |
| 사업수행비용 | | (xxx) | |
| 인력비용 | (xxx) | | |
| 시설비용 | (xxx) | | |
| 기타비용 | (xxx) | | |
| 일반관리비용 | | (xxx) | |
| 인력비용 | (xxx) | | |
| 시설비용 | (xxx) | | |
| 기타비용 | (xxx) | | |
| 모금비용 | | (xxx) | |
| 인력비용 | (xxx) | | |
| 시설비용 | (xxx) | | |
| 기타비용 | (xxx) | | |
| 수익사업비용 | | (xxx) | |
| 인력비용 | (xxx) | | |
| 시설비용 | (xxx) | | |
| 기타비용 | (xxx) | | |

*2-2 운영성과표에 고유목적사업비용을 다음과 같이 성격별로 구분하여 표시할 수도 있다.

| 구분 | | |
|---|---|---|
| 고유목적사업비용 | | (xxx) |
| **인력비용** | (xxx) | |
| **시설비용** | (xxx) | |
| **기타비용** | (xxx) | |
| 수익사업비용 | | (xxx) |

이 경우에도 고유목적사업비용의 기능별 구분과 성격별 구분에 관한 매트릭스 형태의 정보를 아래와 같이 주석으로 기재한다.

## 〈주석기재 예시〉

주석 YY. 고유목적사업비용의 기능별 구분과 수익사업비용의 성격별 구분

운영성과표에는 고유목적사업비용이 성격별로 구분되어 표시되어 있습니다. 이를 다시 기능별로 구분한 내용과 수익사업비용을 성격별로 구분한 내용은 다음과 같습니다. (이하 위 *2-1의 표와 동일)

*3 모금비용이 없거나 중요하지 않은 비영리조직은 일반관리비용에 통합하여 표시할 수 있다.

*4 비영리조직회계기준 제31조제7항에 따라 수익사업비용을 더 상세하게 구분한 정보를 주석으로 기재할 수 있다. 예를 들어, 수익사업비용을 매출원가와 판매관리비로 구분하여 주석으로 기재할 수 있다.

*5 유형자산재평가이익(손실)은 재평가차액에 가해진 제약이 없는 경우에 사업외수익(비용)으로 표시한다.

*6 고유목적사업준비금전입액과 환입액은 비영리조직이 비영리조직회계기준 제35조제3항에 따라 고유목적사업준비금과 그 전입액(환입액)을 재무제표에 인식하지 않는 회계정책을 채택하는 경우에는 표시하지 않는다.

*7 비영리조직의 여건(일시제약 또는 영구제약 순자산이 없음)과 회계정책(고유목적사업준비금과 그 전입액(환입액)을 인식하지 않음)에 따라서는 위 운영성과표에서 음영으로 표시된 부분은 운영성과표에 표시할 필요가 없다.

[별지 제3호서식]

# 현금흐름표(직접법)

제×기 20××년×월×일부터 20××년×월×일까지
제×기 20××년×월×일부터 20××년×월×일까지

비영리조직명 (단위 : 원)

| 과 목 | 당 기 | | 전 기 | |
|---|---|---|---|---|
| 사업활동 현금흐름 | | ××× | | ××× |
| 사업활동 현금유입 | ××× | | ××× | |
| 제약 없는 기부금 수입 | ××× | | ××× | |
| 보조금 수입 | ××× | | ××× | |
| 회비 수입 | ××× | | ××× | |
| 등록금 수입 | ××× | | ××× | |
| 투자자산 수입*1 | ××× | | ××× | |
| 공연 수입 | ××× | | ××× | |
| 환자진료 수입 | ××× | | ××× | |
| ...... | ××× | | ××× | |
| 수익사업 수입 | ××× | | ××× | |
| 사업활동 현금유출 | ××× | | ××× | |
| 인력비용 지출 | ××× | | ××× | |
| 시설비용 지출 | ××× | | ××× | |
| 기타비용 지출 | ××× | | ××× | |
| ...... | ××× | | ××× | |
| 수익사업비용 지출 | ××× | | ××× | |
| 투자활동 현금흐름 | | ××× | | ××× |
| 투자활동 현금유입 | ××× | | ××× | |
| 투자자산 처분 | ××× | | ××× | |
| 유형자산 처분 | ××× | | ××× | |
| 무형자산 처분 | ××× | | ××× | |
| ...... | ××× | | ××× | |
| 투자활동 현금유출 | ××× | | ××× | |
| 투자자산 취득 | ××× | | ××× | |
| 유형자산 취득 | ××× | | ××× | |
| 무형자산 취득 | ××× | | ××× | |
| ...... | ××× | | ××× | |

| | | |
|---|---|---|
| 재무활동 현금흐름 | ×××<br><br>재무활동 현금유입 ×××<br>일시제약 또는 영구제약 기부금 수입 ×××<br>단기차입금 차입 ×××<br>장기차입금 차입 ×××<br>...... ×××<br><br>재무활동 현금유출 ×××<br>단기차입금 상환 ×××<br>장기차입금 상환 ×××<br>...... ××× | ×××<br><br>×××<br>×××<br>×××<br>×××<br>×××<br><br>×××<br>×××<br>×××<br>××× |
| 현금의 증가(감소) | ××× | ××× |
| 기초의 현금 | ××× | ××× |
| 기말의 현금 | ××× | ××× |

*1 투자자산으로부터 유입되는 이자와 배당금 수입을 말한다.

[별지 제4호서식]

# 현금흐름표(간접법)

제×기 20××년×월×일부터 20××년×월×일까지
제×기 20××년×월×일부터 20××년×월×일까지

비영리조직명 (단위 : 원)

| 과 목 | 당 기 | | 전 기 | |
|---|---|---|---|---|
| 사업활동 현금흐름 | | ××× | | ××× |
| 제약없는순자산의 증가(감소)*1 | ××× | | ××× | |
| 현금의 유출이 없는 비용 등의 가산 | ××× | | ××× | |
| 대손상각비 | ××× | | ××× | |
| 감가상각비 | ××× | | ××× | |
| 고유목적사업준비금전입액 | ××× | | ××× | |
| 투자자산평가손실 | ××× | | ××× | |
| 투자자산처분손실 | ××× | | ××× | |
| 유형자산처분손실 | ××× | | ××× | |
| 유형자산재평가손실 | ××× | | ××× | |
| ...... | ××× | | ××× | |
| 현금의 유출이 없는 수익 등의 차감 | ××× | | ××× | |
| 고유목적사업준비금환입액 | ××× | | ××× | |
| 투자자산평가이익 | ××× | | ××× | |
| 투자자산처분이익 | ××× | | ××× | |
| 유형자산처분이익 | ××× | | ××× | |
| 유형자산재평가이익 | ××× | | ××× | |
| ...... | ××× | | ××× | |
| 사업활동으로 인한 자산?부채의 변동 | ××× | | ××× | |
| 매출채권의 감소(증가) | ××× | | ××× | |
| 선급비용의 감소(증가) | ××× | | ××× | |
| 미수수익의 감소(증가) | ××× | | ××× | |
| 미수금의 감소(증가) | ××× | | ××× | |
| 선급금의 감소(증가) | ××× | | ××× | |
| 매입채무의 증가(감소) | ××× | | ××× | |
| 미지급비용의 증가(감소) | ××× | | ××× | |
| 미지급금의 증가(감소) | ××× | | ××× | |
| 선수금의 증가(감소) | ××× | | ××× | |
| 선수수익의 증가(감소) | ××× | | ××× | |
| 예수금의 증가(감소) | ××× | | ××× | |
| ...... | ××× | | ××× | |

| | | | | |
|---|---|---|---|---|
| 투자활동 현금흐름 | | ××× | | ××× |
| 투자활동 현금유입 | ××× | | ××× | |
| 투자자산 처분 | ××× | | ××× | |
| 유형자산 처분 | ××× | | ××× | |
| 무형자산 처분 | ××× | | ××× | |
| …… | ××× | | ××× | |
| 투자활동 현금유출 | ××× | | ××× | |
| 투자자산 취득 | ××× | | ××× | |
| 유형자산 취득 | ××× | | ××× | |
| 무형자산 취득 | ××× | | ××× | |
| …… | ××× | | ××× | |
| 재무활동 현금흐름 | | ××× | | ××× |
| 재무활동 현금유입 | ××× | | ××× | |
| 일시제약 또는 영구제약 기부금 수입 | ××× | | ××× | |
| 단기차입금 차입 | ××× | | ××× | |
| 장기차입금 차입 | ××× | | ××× | |
| …… | ××× | | ××× | |
| 재무활동 현금유출 | ××× | | ××× | |
| 단기차입금 상환 | ××× | | ××× | |
| 장기차입금 상환 | ××× | | ××× | |
| …… | ××× | | ××× | |
| 현금의 증가(감소) | | ××× | | ××× |
| 기초의 현금 | | ××× | | ××× |
| 기말의 현금 | | ××× | | ××× |

*1 비영리조직회계기준 제37조제2항에 따라 운영성과표에서 '당기순이익(손실)'이라는 명칭을 사용한 경우에는 이에 따른다.

# 비영리조직회계기준 공개초안에 대한 논점검토보고서

2013. 11. 8.

한국회계기준원 조사연구실

# 목 차

## Ⅰ. 배경

■ **(사회적 요구)** 비영리조직의 공익사업 활성화와 이를 뒷받침하는 건전한 기부문화 조성을 위해서는 비영리조직의 회계투명성 제고가 필요하다는 사회적 인식

■ **(비영리조직 회계투명성 제고정책)** 공익사업을 영위하는 비영리조직의 재무제표 공시와 외부회계감사를 의무화하는 제도가 이미 마련되어 시행 중이나 그 기초가 되어야 할 회계기준은 부재

- (결산서류공시 의무화) 공익사업을 영위하는 비영리조직(공익법인)이 사업연도 종료일로부터 4개월 이내에 국세청 인터넷 홈페이지에 스스로 결산서류(대차대조표와 손익계산서를 포함)를 등록하고 일반인이 그 결과를 열람할 수 있도록 제도화(상속세및증여세법 제50조의 3, '07년 말 신설)
- (외부회계감사 의무화) 대차대조표상 자산총액이 100억원 이상인 공익법인은 '주식회사의 외부감사에 관한 법률'에 따른 감사인에게 회계감사를 받아야 함(상속세및증여세법 제50조, '07년 말 신설)
- (공익법인회계기준은 부재) '07. 6월, 국무조정실이 '공익법인의 회계 · 공시 등에 관한 법률' 제정안 초안을 마련하여 공익법인 결산서류공시 의무화 및 외부회계감사 의무화와 함께 '공익법인회계기준' 제정도 시도하였으나 결실을 맺지는 못함
  - 공익법인 결산서류공시 의무화 및 외부 회계감사 의무화만 상속세및증여세법에서 근거 마련
  - 회계기준원은 당시 금융감독위원회의 요청으로 공익법인회계기준(안)을 마련하여 제출('07. 9월)

* 이에 앞서 '03. 3월 회계기준원은 비영리조직의 재무제표가 일반 정보이용자들에게 이미 익숙한 기업재무제표와 같이 이해하기 쉽게 작성되도록 돕는 한편, 비영리조직이 갖는 특수성에 관한 유용한 정보를 제공할 수 있도록 돕기 위해, '비영리조직의 재무제표 작성과 표시 지침서'를 제정하여 공표한 바 있음. 그러나 회계기준위원회가 법적 제정권한에 근거하여 제정 · 공표한 기준이 아니므로 적용이 의무화되지는 못함

■ **(비영리조직회계기준의 필요성)** 법적 근거*를 바탕으로 모든 비영리조직에 일반적으로 적용이 의무화되는 통일된 비영리조직회계기준이 제정될 필요

* 회계기준원은 금융위원회와 협력하여 비영리조직회계기준 법적 근거 마련을 위한 작업을 현재 진행 중임

- 현재 회계기준 사각지대에 있는 다수 비영리조직의 재무제표를 양지로 이끌어낼 필요성
- 작성되는 비영리조직 재무제표가 기업재무제표에 익숙한 일반 정보이용자에게 쉽게 이해될 수 있고, 서로 다른 비영리조직들 간에 비교 가능하도록 할 필요성
- 이미 시행 중에 있는 비영리조직 재무제표 '공시' 및 '외부 회계감사' 제도와 더불어 회계 투명성의 담보 장치를 완성할 필요

■ **(비영리조직회계기준 제정 경과)** 회계기준원은 위와 같은 사회적 요구에 부응하기 위해 비영리조직회계기준 제정 작업에 착수하고 다음과 같이 제정 작업을 진행

- (회계선진화포럼) 회계학회 주최로 열린 회계선진화포럼에서 회계기준원은 비영리조직회계기준 제정의 기본 방향을 제시('13년 3월 21일)
- (비영리조직회계기준제정팀 조직) 회계기준원 내 비영리조직회계기준 제정을 전담하는 팀을 신설('13년 4월 25일)
- (회계기준자문위원회 자문) 회계기준원의 자문기구인 회계기준자문위원회에 안건을 상정하여 의견을 구함('13년 5월 23일)
- (2013년 투명회계 심포지엄 – 비영리조직의 회계투명성) 한국회계학회와 한국공인회계사회가 공동으로 주최한 '2013년 투명회계 심포지엄'에서 회계기준원의 기준 제정 관점을 제시('13년 5월 30일)
- (업종별 현장방문) 비영리조직회계기준의 본격적인 개발에 앞서 각 업종별로 대표적 기관의 현장을 방문하여 업종별 회계실무와 이슈를 파악하고 의견을 청취('13년 5월 7일부터 6월 5일까지 다양한 업종에 걸쳐 총 7개 기관을 방문)
- (비영리조직회계기준전문위원회) 정보이용자, 업종별 작성자, 회계감사인, 학계 등을 망라하여 총 13인으로 구성된 비영리조직회계기준전문위원회를 조직하고, 회계기준원이

마련한 비영리조직회계기준 시안에 대해 논의하기 위해 두 번에 걸친 대면회의를 개최함('13년 6월 25일, 10월 2일)

- (현장테스트) 전문위원회 회의에서 일부 제안에 대해 실무 적용 가능성이 있는지 우려가 제기됨에 따라 '13. 7월에 사회복지기관을 방문하여 적용 가능성을 테스트
- (비영리조직회계기준 기초안 발표) 회계기준원 개원 14주년 기념 세미나에서 비영리조직회계기준 기초안 발표('13년 8월 29일)
- (회계기준위원회 심의) 회계기준위원회는 비영리조직회계기준 기초안에 대한 주요이해관계자로부터의 의견 수렴 결과를 고려하여 공개초안을 심의하고 의결('13년 10월 28일, 11월 8일)
- (비영리조직회계기준 공개초안 발표) 비영리조직회계기준 공개초안을 발표하여 일반이해관계자들을 대상으로 '14. 1. 15.까지 의견 조회 실시('13년 11월 14일)

■ **(향후 계획)** 회계기준원은 비영리조직회계기준 공개초안에 대해 일반이해관계자들로부터 의견을 수렴한 후 계속해서 다음과 같이 제정 작업을 수행

- (회계기준위원회 재심의) 공개초안에 대해 일반이해관계자들로부터 접수된 의견을 검토 · 반영하여 비영리조직회계기준 제정안을 마련한 후 이를 회계기준위원회에 재심의 안건으로 상정
- (의결 및 공표) 회계기준위원회가 비영리조직회계기준을 의결하고 이를 공표
  - '14. 1사분기 중 공표 예정

■ **(법적 근거 마련 작업)** 금융위원회는 '회계투명성 제고를 위한 회계제도 개혁방안'을 발표하고 비영리조직에 적용될 표준회계기준 제정을 예고*('13년 10월 28일)

* '13.10.28. 금융위원회 보도자료 참조

- 이번 공개초안은 이 개혁방안에 부응하는 것임

- 개혁방안에 따라 현행 '주식회사의 외부감사에 관한 법률'이 가칭 '영리법인 등의 회계 및 외부감사에 관한 법률'로 확대 개편되면 비영리조직회계기준(회계기준원 제정)의 법적 근거도 동 법률에 마련
- 비영리조직의 다양성을 감안, 비영리조직회계기준(회계기준원 제정)의 적용 여부는 비영리조직 감독부처에서 결정토록 하되, 단계적으로 적용 권고

## Ⅱ. 해외 사례

| | 미국 | 영국 | 캐나다 | 호주 | 일본 | 독일 |
|---|---|---|---|---|---|---|
| 일반적 비영리회계기준 존재 여부 | ○ | ○ | ○ | ○ | 일반기준은 없으며 종류별로 산재<br><br>- 공익법인<br>- NPO법인<br>- 사회복지법인<br>- 학교법인<br>- 종교법인 등 | 일반기준은 없으며 업종별 지침 존재 |
| 일반적 비영리회계기준 명칭 | 재무회계 기준 958 (FASB ASC* 958)<br>* Accounting Standards Codification | 재무보고 기준 102 (FRS* 102)<br>* Financial Reporting Standard | 캐나다 공인회계사회 편람 제3편 (CICA Handbook : Part III) | 호주회계기준 (AASs*)<br>* Australian Accounting Standards | | |
| 회계기준 구성 | 영리기업 회계기준 바탕<br>+<br>비영리조직 특수기준 추가 | 영리기업 회계기준 바탕<br>+<br>비영리조직 특수기준 추가 | 영리기업 회계기준 바탕<br>+<br>비영리조직 특수기준 추가<br><br>* 바탕이 되는 영리기업회계기준으로는 다음 중 하나 선택 가능:<br>- IFRS (Part Ⅰ)<br>- 비상장기업기준 (Part Ⅱ) | 영리기업 회계기준 바탕<br>+<br>비영리조직 특수기준 추가<br><br>* 바탕이 되는 영리기업회계기준으로는 다음 중 하나 선택 가능:<br>- IFRS (AASs)<br>- 비상장기업기준 (AASs - Reduced Disclosure Requirements) | 민간에서 제정된 NPO법인회계기준('10년)의 경우 명시적 참조 규정은 없지만 영리기업 회계기준에 바탕을 두고 있는 것으로 보이며, 다음과 같은 비영리조직 특수기준 추가<br><br>- 고유목적사업과 비고유목적 사업의 구분<br>- 비영리조직의 특수거래<br>- 사업비와 관리비의 구분 | |
| 회계기준 제정기구 | 재무회계 기준위원회 (FASB) Financial Accounting Standards Board | 재무보고 위원회(FRC) Financial Reporting Council | 회계기준 위원회(AcSB) Accounting Standards Board | 호주회계 기준위원회 (AASB) Australian Accounting Standards Board | 종류별로 각기 다른 주체가 제정<br>* NPO법인회계기준은 민간협의체인 NPO법인회계기준 협의회가 제정 | 업종별 지침은 독일회계사회가 제정 |
| 재무제표 종류 | - 재무상태표<br>- 활동계산서 (Statement of Activities)<br>×<br>- 현금흐름표 | - 재무상태표<br>- 손익(또는 포괄손익)계산서<br>- 자본변동표<br>- 현금흐름표 | - 재무상태표<br>- 운영계산서 (Statement of Operations)<br>- 순자산변동표<br>- 현금흐름표 | - 재무상태표<br>- 포괄손익 계산서<br>- 자본변동표<br>- 현금흐름표 | - 대차대조표<br>- 활동계산서<br>↑<br>NPO법인 회계기준 | - |

## ■ 각국의 '비영리조직'에 대한 정의

| 국가 | 용어와 출처 | 정의 |
|---|---|---|
| 미국 | 비영리실체<br>(Not-for-Profit Entity)<br>(Master Glossary of Accounting Standards Codification) | 비영리실체는 다음의 특징을 보유함:<br><br>a. 자원제공자가 유의적인 금액의 자원을 기부하며, 자원제공자는 이에 준하는 금전적인 보상을 기대하지 않음<br><br>b. 이윤목적의 재화 판매나 용역 제공이 아닌 다른 사업목적을 갖고 있음<br><br>c. 영리기업과 같은 소유지분은 존재하지 않음<br><br>이러한 정의에 명백하게 부합되지 않는 실체들은 다음과 같음:<br><br>a. 투자자 소유 실체<br><br>b. 그 실체의 소유자, 회원이나 참여자 등에게 배당, 원가 할인 혜택 또는 기타 경제적 혜택을 직접적으로 그리고 비례적으로 제공하는 실체(예: 상호보험회사, 신용협동조합, 농장 및 농촌전기협동조합, 종업원급여제도) |
| 영국 | 공익실체<br>public benefit entity<br>(Glossary of FRS 102) | 실체의 주목적은 일반 대중이나 지역사회 또는 사회적 혜택을 위하여 재화나 용역을 제공하는 데 있으며, 자본을 제공받는 경우 그 목적은 주주나 회원들에게 재무적인 보상을 제공하는 것이 아니라 그 실체의 주목적을 지원하는 데 있음<br><br>공익실체가 되려면, 실체의 목적이 대중 전체의 혜택일 필요는 없음. 예를 들면, 비록 사회 전체적으로 간접적인 혜택을 동시에 받을 수 있지만, 다수의 공익실체는 특정 집단의 직접적인 혜택을 위해 존재함. 여기서 중요한 사항은 실체의 주목적이 무엇인지와 그 실체가 경제적인 혜택을 투자자들에게 제공하기 위해서 존재하는 것은 아니라는 것임. 상호보험회사, 기타상호협동조합, 클럽과 같은 조직은 그들의 소유자, 회원이나 참여자들에게 배당이나 기타 경제적 혜택을 직접적으로 그리고 비례적으로 제공하므로 공익실체에 해당하지 않음 |
| 캐나다 | 비영리조직<br>not-for-profit organizations<br>(CICA Handbook) | 조직은 일반적으로 이전 가능한 소유지분을 가지고 있지 않으며, 사회, 교육, 전문업, 종교, 건강, 자선이나 기타 비영리목적으로만 설립되어 운영됨. 비영리조직의 회원, 기부자, 기타 자원 제공자는 조직으로부터 금전적인 보상을 직접적으로 받지 않음 |
| 호주 | 비영리실체<br>not-for-profit entity<br>(AASB 102 Inventories) | 주목적이 이윤 창출이 아닌 실체. 비영리실체는 단일의 실체이거나 지배실체와 각 종속실체로 구성된 집단일 수 있음 |

## II-2. 특기 사항

■ **(미국)** '87년 감가상각에 관한 회계기준 제정을 필두로, '93년에 비영리조직의 기부금 수익 인식기준 및 재무제표 작성과 표시 회계기준이 제정되었고, '95년에 비영리조직 보유 투자자산 회계처리기준 등이 제정됨

- 현행 US GAAP(Accounting Standards Codification; ASC)상 비영리조직회계기준은 일반기준인 영리기업회계기준에 추가되는 특정산업기준(a specific industry guidance)의 하나(ASC 958)로서 규정되어 있음
- 미국 비영리조직 특수기준의 주요 예는 다음과 같음

> – 재무제표 범위와 표시: 재무상태표, 활동계산서, 현금흐름표
> – 기부금 수익인식
> – 고정자산 감가상각
> – 보유투자자산의 측정 및 평가손익의 회계처리:
>   • 공정가치 측정. 단, 공정가치를 구할 수 없는 주식은 예외
>   • 평가손익은 원칙적으로 제약 없는 순자산의 증가(감소)로 회계처리

■ **(영국)** '13년 3월에 영리기업회계기준(일반기준)과 비영리조직회계기준(특수기준)을 한데 묶은 회계기준(FRS 102)을 새로 제정하였고 '15년 1월 1일부터 시행 예정

- FRS 102가 근간으로 하고 있는 영리기업회계기준은 비상장기업(IFRS 미적용 기업)에 적용되는 기준임
- FRS 102 내에서 비영리조직에만 적용되는 특수기준은 'PBE'라는 문단으로 별도 표시
- 영국 비영리조직 특수기준의 주요 예는 다음과 같음

- 저리대여금(concessionary loans): 공정가치 또는 현금수수액으로 측정
- 사회복지목적으로 보유하고 있는 부동산(Property held for the provision of social benefits): 투자부동산이 아닌 유형자산으로 분류
- 비영리조직 간 합병: 상황에 따라 매수법(acquisition method) 또는 기부취득(donations of assets)으로 회계처리
- 자산손상: 사용목적 자산의 회수가능액 산정 시 사용가치(value in use, 현금흐름평가치) 대신 용역잠재력평가치(a service potential driven valuation) 사용 가능
- 자금제공약정(funding commitment): 비영리조직이 무조건적으로 자금제공약정을 한 경우 부채 인식
- 기부 · 증여 등 비교환거래로부터의 수익인식

- 일부 업종의 경우 관련 정부기관이나 위원회가 제정한 업종별 회계기준에 대해 영국회계기준위원회(Accounting Standards Board; ASB)가 검토하고 인증

① (자선단체) 자선단체의 회계 및 보고에 관한 실무지침서[Accounting And Reporting By Charities: Statement Of Recommended Practice (revised 2005, Charity Commission for England and Wales)]

- 정부기관인 자선단체위원회(Charity Commission)가 제정한 회계기준으로서, 관련 법규에서는 실무지침서(SORP)에 따라 재무제표를 작성하도록 자선단체에 요구

* 동 실무지침서에서 규정하는 업종별 회계기준은 영국회계기준위원회가 제정한 일반적 회계기준(UK GAAP)에 추가 또는 보완하는 지침의 성격을 지님(동 실무지침서 문단 61)

### 〈실무지침서 도입부 일부 발췌〉

Statement by the Charity Commission for England and Wales

The accounting recommendations of this SORP are based on Financial Reporting Standards currently in issue and have been developed in conjunction with the Charities SORP committee, an advisory committee made up of charity finance directors, charity auditors, academics, charity advisers and charity regulators. The committee is also structured to reflect the different charity jurisdictions of the UK.

- 영국회계기준위원회가 인증하였으며, 실무지침서 도입부에서 그러한 인증이 있었음을 다음과 같이 밝힘

"영국회계기준위원회는 실무지침서가 동 위원회의 실무규약을 따랐고, 회계실무에서 수용될 수 없는 원칙을 담고 있지 않으며, 영국회계기준위원회가 제정한 회계기준과 상충되지도 않는다고 결론을 내렸다."

* 영국 ASB는 '12년 조직 개편을 통해 모기관인 FRC(Financial Reporting Council)의 일부로 통폐합됨

**〈실무지침서 도입부 일부 발췌〉**

Statement by the Accounting Standards Board on the SORP 'Accounting and Reporting by Charities: Statement of Recommended Practice'

The aims of the Accounting Standards Board (the ASB) are to establish and improve standards of financial accounting and reporting, for the benefit of users, preparers, and auditors of financial information. To this end, the ASB issues accounting standards that are primarily applicable to general purpose company financial statements. In particular industries or sectors, further guidance may be required in order to implement accounting standards effectively. This guidance is issued, in the form of Statements of Recommended Practice (SORPs), by bodies recognised for the purpose by the ASB.

The Charity Commission has confirmed that it shares the ASB's aim of advancing and maintaining standards of financial reporting in the public interest and has been recognised by the ASB for the purpose of issuing SORPs. As a condition of recognition, the Commission has agreed to follow the ASB's code of practice for bodies recognised for issuing SORPs.

The code of practice sets out procedures to be followed in the development of SORPs. These procedures do not include a comprehensive review of the proposed SORP by the ASB, but a review of limited scope is performed.

On the basis of its review, the ASB has concluded that the SORP has been developed in accordance with the ASB's code of practice and does not appear to contain any fundamental points of principle that are unacceptable in the context of accounting practice or to conflict with an accounting standard or the ASB's plans for future standards.

Dated 28 February 2005

– 위 자선단체 실무지침서(SORPs for Charities)에서는 다음의 재무제표 작성을 요구하고 있음

* 재무활동계산서(Statement of Financial Activities)

* 대차대조표(Balance Sheet)

* 현금흐름표(Cash Flow Statement)

* 현금흐름표의 경우 일정 규모 이상의 자선단체에 대해서만 작성이 요구됨

– 자선단체 실무지침서는 새로 제정된 FRS 102와 일관되도록 하기 위해 조만간 개정될 예정임

② **(대학)** 고등교육회계 실무지침서[Statement Of Recommended Practice: accounting for further and higher education (July 2007, Universities UK)]

– 대학회계실무자, 회계전문가, 관련 협회, 영국회계기준제정기구 등이 참여한 고등교육 실무지침위원회(HE/FE SORP Board)가 제정

* 동 실무지침서에서 규정하는 업종별 회계기준은 영국회계기준제정기구가 제정한 일반적 회계기준(UK GAAP)에 추가 또는 보완하는 지침의 성격을 지님(동 실무지침서 문단 6)

**〈실무지침서 도입부 일부 발췌〉**

Foreword

As previously, the SORP combines the requirements of institutions of both further and higher education throughout the United Kingdom, reflecting the collaboration between the key stakeholders – the Higher and Further Education Funding Councils, the representative bodies, accounting practitioners and the Accounting Standards Board – all of whom are represented on the HE/FE SORP Board.

– 영국회계기준제정기구(Accounting Standards Board; ASB)가 인증하였으며 실무지침서 도입부에서 그러한 인증이 있었음을 다음과 같이 밝힘

“영국회계기준위원회는 실무지침서가 동 위원회의 실무규약을 따랐고, 회계실무에서 수용될 수 없는 원칙을 담고 있지 않으며, 영국회계기준위원회가 제정한 회계기준과 상충되지도 않는다고 결론을 내렸다.”

〈실무지침서 도입부 일부 발췌〉

Statement by the Accounting Standards Board (ASB)

The aims of the Accounting Standards Board (the ASB) are to establish and improve standards of financial accounting and reporting, for the benefit of users, preparers, and auditors of financial information. To this end, the ASB issues accounting standards that are primarily applicable to general purpose company financial statements. In particular industries or sectors, further guidance may be required in order to implement accounting standards effectively. This guidance is issued, in the form of Statements of Recommended Practice, by bodies recognised for this purpose by the ASB.
The HE/FE SORP Board (the SORP Board) has confirmed that it shares the ASB's aim of advancing and maintaining standards of financial reporting in the public interest and has been recognised by the ASB for the purpose of issuing SORPs. As a condition of recognition, the SORP Board has agreed to follow the ASB's Code of Practice for bodies recognised for issuing SORPs.

The Code of Practice sets out procedures to be followed in the development of SORPs. These procedures do not include a comprehensive review of the proposed SORP by the ASB, but a review of limited scope is performed.

On the basis of its review, the ASB has concluded that the SORP has been developed in accordance with the ASB's Code of Practice and does not appear to contain any fundamental points of principle that are unacceptable in the context of present accounting practice or to conflict with an accounting standard or the ASB's plans for future standards.

28 June 2007
Accounting Standards Board

– 위 대학 실무지침서(SORPs for Universities)에서는 다음의 재무제표 작성을 요구하고 있음

* 수익과비용계산서(Income and Expenditure account)

* 역사적원가기준잉여금(결손금)계산서(Statement of historical cost surpluses and deficits)

* 대차대조표(Balance Sheet)

* 현금흐름표(Cash Flow Statement)

* 인식이익과손실계산서(Statement of total recognised gains and losses) – 유형자산재평가적립금이나

확정급여퇴직금제도의 보험수리적손익이 있을 때 작성이 요구됨



■ **(캐나다)** '10년 9월에 비영리조직회계기준의 체제를 재정비

- 비영리조직이 다음 둘 중 하나의 회계기준을 선택하여 적용할 수 있도록 함
  - 비영리조직에만 적용되는 특수기준(캐나다공인회계사회편람 제3편)을 적용하되, 동 특수기준에서 별도로 정하고 있지 않는 사항에 대해서는 비상장기업회계기준(캐나다공인회계사회편람 제2편)을 적용하는 경우

  * 따라서 비영리조직 특수기준 그 자체로서는 완비(stand-alone)된 회계기준이 아님

  - 국제회계기준(IFRS, 캐나다공인회계사회편람 제1편)을 적용하는 경우

  * 비영리조직 특수기준(캐나다공인회계사회편람 제3편)은 적용할 수 없음

- 캐나다 비영리조직 특수기준의 주요 예는 다음과 같음

**무형자산**

**금융상품(Financial Instruments):**

- '매도가능(Available For Sale)' 분류 삭제. 따라서 평가손익은 순자산변동표가 아닌 운영계산서에 표시
- 비영리조직의 선택에 따라 모든 금융상품을 취득 후 공정가치로 평가 가능. 비영리조직이 그러한 선택을 하지 않는 경우, 시장성 있는 채권은 상각후원가로 평가하는 것이 원칙이며, 시장성 있는 주식은 공정가치로 평가하는 것이 원칙

**거래원가: 상각후원가로 측정되는 금융상품의 취득원가에 가산**

※ 과거에는 비영리조직의 선택에 따라 현금흐름표를 작성하지 않을 수도 있었으나 '10년 9월 기준 재정비를 통해 현금흐름표 작성이 의무화됨

■ **(호주)** '10년 6월에 비영리조직회계기준의 체제를 재정비

- 호주 GAAP은 두 개의 층으로 구성

– Tier 1: 호주회계기준(Australian Accounting Standards)

* 국제회계기준(IFRS)을 수용하였으며 비영리조직에만 적용되는 특수기준을 추가
* 상장기업에 의무적용, 비상장기업과 비영리조직에는 선택적용

– Tier 2: 호주회계기준 – 주석사항 경감(Australian Accounting Standards – Reduced Disclosure Requirements)

* 국제회계기준(IFRS)을 바탕으로 하되 일부 주석기재사항을 경감
* 비상장기업과 비영리조직에 적용 가능

- 호주 GAAP이 두 개의 층으로 구성되었지만 별도 set의 기준이 각각 존재하는 것은 아니며, 국제회계기준(IFRS)을 바탕으로 하는 하나의 회계기준체제 내에 주석기재경감에 관한 특별규정과 비영리조직 특수기준을 'Aus'라는 문단으로 별도 표시하여 추가

- 비영리조직이 다음 둘 중 하나의 회계기준을 선택하여 적용할 수 있도록 함
  – (기본) Tier 2: 비상장기업회계기준(주석기재 경감된 IFRS) + 비영리조직 특수기준
  – (선택) Tier 1: 국제회계기준(IFRS) + 비영리조직 특수기준

- 호주 비영리조직 특수기준의 주요 예는 다음과 같음

**자산손상**: 사용목적 자산의 회수가능액 산정 시 사용가치(value in use, 현금흐름평가치) 대신 상각대체원가(Depreciated Replacement Cost) 사용

**무상으로 배포하기 위해 보유하고 있는 재고자산**(Inventories held for distribution): 저가법을 적용하지 않고 취득원가로 평가

■ **(일본)** 통일된 비영리조직회계기준은 없으며 비영리조직 종류별로 회계기준이 산재해 있는바, 그 현황은 다음과 같음

| | 공익법인(사단, 재단) | NPO법인 | 사회복지법인 | 학교법인 | 종교법인 |
|---|---|---|---|---|---|
| 기준명 | 공익법인 회계기준 | NPO법인 회계기준 | 사회복지법인 회계기준 | 학교법인 회계기준 | 종교법인 회계지침 |
| 제정 주체 | 정부 (내각부 공익인정 등위원회) | 민간협의체 (NPO법인 회계기준협의회) | 정부 (후생노동성) | 정부 (문부과학성) | 일본공인 회계사회 |
| 재무 제표 | • 대차대조표<br>• 순자산증감계산서<br>• 캐시플로계산서 | • 대차대조표<br>• 활동계산서 | • 대차대조표<br>• 사업활동계산서<br>• 자금수지계산서 | • 대차대조표<br>• 사업활동수지계산서<br>• 자금수지계산서 | • 대차대조표<br>• 순자산증감계산서<br>• 수지계산서 |

- (비영리법인회계기준) NPO법인회계기준은 법률에 의해 강제 적용되는 회계기준이 아니며 비영리조직의 선택에 따라 적용
  - 정부가 회계기준을 책정하면 NPO법인에 필요 이상의 지도적 효과를 미칠 우려가 있어 회계기준의 책정은 민간의 자주적인 대처에 맡겨야 한다는 인식이 있었기 때문에, 정부가 나서지 않고 민간협의체(NPO법인회계기준협의회)에 의해 제정
  - 핵심 내용은 다음과 같음

> – 작은 단체도 무리 없이 적용할 수 있도록 배려
> – 현물 기부와 봉사 등 비영리 특유의 현상을 반영
> – 기존의 '수지계산서'에서 '활동계산서'로 양식이 변경
> – 비용에 대해서는 '사업비'와 '관리비'로 구분하도록 요구
> – 복식부기 기반의 발생주의 회계를 적용

■ **(독일)** 일반적으로 적용되는 비영리조직회계기준은 없으며, 법률상 의무가 없어 실제 비영리조직의 재무제표 공시도 제대로 이루어지고 있지 않은 실정임. 다만 대형 비영리조직은 자율적으로 재무제표를 공시하기도 하는데 통일된 회계기준이 없어 조직 간 비교 가능성이 낮음

- 강제성이 있는 것은 아니지만 다음과 같이 독일회계사회가 제정한 업종별 회계지침이 있음
  - 재단과 신탁의 재무보고[Financial reporting by foundations and trusts (IDW RS HFA 5)]
  - 비법인협회의 재무보고[Financial reporting by unincorporated associations (IDW RS HFA 14)]
  - 모금활동조직의 재무보고[Specifics in financial reporting by fund raising organisations (IDW RS HFA 21)]

■ **(개선 작업)** 여러 국가에서 비영리조직회계기준에 대한 재정비 작업이 진행 중

- (미국) '11년 11월 미국재무회계기준위원회(FASB)는 비영리자문위원회(Not-for-Profit Advisory Committee; NAC)의 권고를 받아 들여 비영리조직회계기준 개선 작업에 착수
  - 전면 개정은 아니며 일부 측면에 국한된 개선 작업

- (캐나다) '12년에 비영리조직회계기준에 대하여 일부 개정 작업을 하였고, '13년에 별도의 개정 작업이 진행 중

- (호주) 현재 연결재무제표 관련 국제회계기준인 IFRS 10에 관한 비영리조직 특수기준을 마련하고 있는 중

- (일본) 현재 업종별로 산재된 비영리조직회계기준을 하나로 통합하기 위한 움직임이 있음
  - '13.7월 일본공인회계사회(JICPA)는 '비영리조직의 회계 시스템 구축을 위해'라는 제목의 연구보고서를 발표

# Ⅲ. 비영리조직회계기준 제정에 대한 기본 접근 방법

## Ⅲ-1. 일반목적 재무제표

- **(현황)** 현재 비영리조직의 재무제표 작성목적이 감독기관에 대한 제출 용도에 치중되어 있으며, 감독기관은 비영리조직의 재무제표 작성을 돕기 위하여 개별적으로 규칙을 제정하여 비영리조직에게 제공하고 있으므로 일반목적의 재무제표는 실제 작성되지 아니하는 실정임

| 구분 | 회계규칙 | 근거법률 |
|---|---|---|
| 사학기관 | 사학기관 재무 · 회계 규칙에 대한 특례규칙 | 사립학교법 |
| 사회복지기관 | 사회복지법인 및 사회복지시설 재무 · 회계 규칙 | 사회복지사업법 |
| 의료기관 | 의료기관 회계기준 규칙 | 의료법 |
| 학술장학기관 | N/A | 공익법인의 설립 · 운영에 관한 법률*1 |
| 문화예술단체*2 | N/A | N/A |
| 종교단체(기독교) | 교회회계기준*3 | N/A |

*1 학자금 · 장학금 지급, 학술 및 자선에 관한 사업을 목적으로 하는 법인을 '공익법인'으로 규정(제2조). 동법 시행령에서는 동 시행령에서 특별히 규정하는 경우를 제외하고는 기업회계의 원칙에 따라 처리하도록 회계원칙을 설정(제22조)

*2 '12년 문화부가 예술경영지원센터와 공동으로 외부 전문가에게 관련 회계기준연구용역을 의뢰하여 최종보고서를 접수하였으나, 아직 정부 차원에서의 회계기준 발표는 없는 실정임

*3 대한예수교장로회총회가 제정하였으나 회계실무에서의 활용도는 낮은 실정임

- 상속세및증여세법에서 위와 같은 비영리조직(동법에서는 '공익법인'이라 칭함)이 국세청 인터넷 홈페이지에 표준화된 양식에 따라 작성된 결산서류(대차대조표와 손익계산서를 포함)

를 공시하고 일반인이 그 결과를 열람할 수 있도록 제도를 규정하고 있는바, 이 제도에 따라 공시되는 재무제표는 관할 감독기관의 정보수요에 구속되는 것이 아니므로 일반목적 재무제표에 가까운 성격을 지닌다고 볼 수도 있음

- 그러나 세법에 규정된 제도이므로 세무당국의 정보수요에 치중한 측면(예: 고유목적사업 재무제표와 수익사업 재무제표를 별도 작성)이 있어 완전한 형태의 일반목적 재무제표라 하기 어려우며,
- 재무제표 작성의 근거가 되는 회계기준이 규정되지 않아 실제 충실한 재무제표 작성과 공시가 이루어지지 못하고 있는 실정임

■ **(회계기준위원회의 제정 관점)** 회계기준위원회의 비영리조직회계기준 제정목적은 일반목적의 재무보고도 함께 이루어지도록 하기 위해 모든 비영리조직에 공통적으로 적용 가능한 회계기준을 제시하는 데 있음(제1조, 제2조, 제5조)

• 현행의 비영리조직 재무보고는 감독기관이나 정보분석력이 있는 고액 기부자의 정보수요를 충족시키는 데 치중되어 있지만, 비영리조직에 금전을 대여하거나, 재화나 용역을 공급하거나, 소액 기부금이나 회비를 납부하거나, 심지어 비영리조직 취직에 관심이 있는 이 등 여러 종류의 이해관계자들도 재무정보의 이용자가 될 수 있으므로, 이들 이해관계자들의 정보수요를 공통적으로 충족시킬 수 있는 필요 최소한의 기본정보를 체계적이고 이해 가능한 방식으로 제공하는 데 초점을 맞춘 일반목적 재무보고 또한 필요

• 비영리조직의 활동 내용을 하나에서부터 열까지 세세하게 보고하는 재무보고는 일반정보이용자에게 유용한 정보가 되기 어려우며, 대신 재무보고가 일반정보이용자에게 비영리조직 활동의 전반적인 그림(overall picture)을 그려주면서 중요 사항을 강조(highlight)하는 식으로 간단명료화될 필요

• 간단명료한 정보를 제공하기 위해서는 자산, 부채, 순자산, 수익, 비용 등에 관한 정보를 적절한 수준에서 합리적 기준을 갖고 분류(classify) · 통합(aggregate)하고 구분(disaggregate)

하는 것이 필요

- 일반목적의 재무보고를 추가로 요구하는 것이므로 일반정보이용자의 정보수요와 회계 실무에서의 작성비용 간에 적절한 균형 달성 필요
  - 작성자 입장에서는 추가 비용만 들고 효익은 얻지 못한다는 불만이 있을 수 있으나, 일반목적 재무보고를 통해 재무정보 전달의 범위를 넓히고 효과성을 증진할 수 있는 효익이 있음도 고려할 필요

■ **(해외 사례)** 미국, 영국, 캐나다, 호주의 경우 모든 종류의 비영리조직에 적용되는 일반회계기준이 존재하는바, 이들 기준은 일반목적 재무제표 작성을 전제로 하고 있음(위 Ⅱ-1 참조)

## Ⅲ-2. 조직 전체에 대한 재무제표

■ **(현황)** 많은 비영리조직이 회계단위를 구분하여 재무제표를 작성하고 있는바, 감독기관의 감독목적이나 비영리조직 내부관리목적으로는 활용도가 있으나 일반목적의 재무보고 시 회계단위를 구분할 경우 오히려 정보이용자의 혼란을 가중시킬 수 있음

- 예를 들어 사립대학은 '법인회계 – 학교회계 – 수익사업회계'로 구분, 사회복지기관은 '법인회계 – 시설회계 – 수익사업회계'로 구분

- 사립대학의 경우 사학기관 재무 · 회계 규칙에 대한 특례규칙(제36조~38조)에서 모든 회계단위를 아우르는 대학 전체의 '종합재무제표' 작성에 관한 규정을 두고 있으나, 감독기관(교육부)에 제출되는 결산서에는 포함되지 않아(동 규칙 제42조) 실제 종합재무제표 작성이 강제되지는 않음

■ **(회계기준위원회의 제정 관점)** 감독목적 재무보고에서 비영리조직 내 회계단위가 복수로 구분되는 것은 존중될 필요가 있지만, 일반목적 재무보고에서는 비영리조직 전체에 대한 재무제표를 제공함으로써 일반정보이용자의 이해가능성과 비영리조직 간 비교가능성을 제고시킬 수 있음(제3조)

- 필요하다면 기존에 구분된 회계단위별 재무보고 정보도 영리기업의 부문별 공시와 마찬가지로 비영리조직의 일반목적 재무보고에서 주석으로 기재될 수 있을 것임
  - 영리기업의 경우에는 회계단위를 구분하지는 않지만 내부적인 관리회계 영역에서 사업부별 예산 관리 및 사업부별 성과 관리 등을 지속적으로 이용하고 있으며, 재무회계 영역에서도 사업부별 재무 상태와 성과 내역을 재무제표의 주석을 이용하여 표시하고 있음

- 실무적으로 동일한 비영리조직 내 회계단위별로 적용되는 회계처리 기준이 상이(복식부기 기반의 발생주의회계 vs 단식부기 기반의 현금주의회계)할 수 있으므로, 상이한 기준에 따라 작성된 회계단위별 재무제표를 합산하는 방식이 아니라, 원천 재무 자료를 통합하여 단일 보고단위의 재무제표를 작성할 수 있도록 기술적인 노력이 필요함

- 다만, 세무신고목적을 고려할 때 전통적으로 회계실무에서는 고유목적사업과 수익사업 구분을 중요시해왔기에, 이에 대해서는 뒤에서 별도로 고려하기로 함(아래 Ⅳ-5의 (3) 참조)

■ **(해외 사례)** 미국, 영국, 캐나다, 호주의 비영리조직회계기준도 비영리조직 전체에 대해 재무제표 작성을 요구하고 있음(위 Ⅱ-1 참조)

## Ⅲ-3. 복식부기 기반의 발생주의회계

■ **(현황)** 사회복지기관의 경우 관련 법규상 복식부기가 의무화되지 아니하여 단식부기를 기반으로 현금주의에 따라 결산업무를 수행하는 기관이 많으며, 종교단체(기독교)의 경우 복

식부기를 기반으로 교회회계기준이 마련되어 있으나 실무에서 널리 적용되지 않고 있는 실정임

- 업무 프로세스가 비교적 간단하고 규모가 영세하게 운영되는 비영리조직의 경우, 쉽고 간편하다는 점과 비영리회계의 특수성을 이유로 단식부기를 선호할 수 있으나, 조직이 일정 규모를 초과할 경우 단식부기 기반에서 생산되는 재무정보는 관리목적(부외자산 관리, 채권채무 관리, 적절한 기간손익 확인 등)상으로도 한계가 있음

■ **(회계기준위원회의 제정 관점)** 재무제표 공시에 의한 재무보고를 위해서는 복식부기 기반의 발생주의회계 채택이 불가피함(제4조)

- 다만, 비영리조직회계기준에서 일정 기준에 따라 영세 비영리조직을 적용 제외함으로써 사실상 단식부기에 의한 현금주의회계를 허용할 여지는 있음

  * 예를 들어, 법인격이 없거나 국세기본법에 따라 법인으로 간주하지도 않는 비영리조직을 비영리조직회계기준 적용 대상에서 제외하는 것을 고려할 수 있음(아래 Ⅳ-1 참조)

■ **(해외 사례)** 미국, 영국, 캐나다, 호주, 일본(NPO법인회계기준)의 비영리조직회계기준도 복식부기 기반의 발생주의회계 적용을 요구(위 Ⅱ-1 참조)

## Ⅲ-4. 재무제표 종류와 명칭 통일

■ **(현황)** 각 업종별로 작성하는 재무제표의 종류가 서로 상이하여 업종 간 재무제표의 비교가능성이 원천적으로 어려움

- 같은 성격의 재무제표라 하더라도 명칭과 포맷 등이 상이

| 사학기관 | 사회복지법인 | 의료기관 | 종교단체 | 학술장학기관 | 공익법인(상증법) |
|---|---|---|---|---|---|
| 대차대조표<br>운영계산서<br>자금계산서<br>부속명세서<br>주기, 주석 | 대차대조표<br>수지계산서<br>기타부속명세서 | 대차대조표<br>손익계산서<br>기본금변동계산서<br>현금흐름표 | 재무상태표<br>예산대수지계산서<br>잉여금처분명세서<br>순자산증감조정명세서<br>부속명세서 | 대차대조표<br>손익계산서 | 대차대조표<br>손익계산서 |

- **(회계기준위원회의 제정 관점)** 재무상태표, 운영성과표, 현금흐름표로 통일할 필요(제6조)
  - 영리기업이 재무상태표, 손익계산서, 자본변동표, 현금흐름표를 작성하는 것과 일관됨
    - 당기순이익이라는 '단일의 경영 성과 측정치'가 중요성을 갖는 영리기업과 달리 비영리조직의 경우 '고유목적사업활동의 내용'이 중요하므로 손익계산서라는 명칭 대신에 '운영성과표'가 더 적절하며,
    - 자본의 구성이 다양한 영리기업과 달리 비영리조직의 경우 순자산 구성이 상대적으로 단순하며 순자산별 변동 내용을 운영성과표에 함께 나타낼 수 있으므로 비영리조직에서 자본변동표는 불필요함

  - 재무제표의 명칭 통일은 재무제표 이용자 입장에서 비교가능성을 확보할 수 있는 중요한 사항이므로 일반목적 재무보고 시 재무제표의 명칭 통일은 필수

  - 모든 비영리조직에 대해 현금흐름표가 요구되어야 하는지에 대해서는 별도 논의가 필요(아래 Ⅳ-2 참조)

- **(해외 사례)** 미국의 비영리조직회계기준은 비영리조직에 대해 재무상태표, 활동계산서(손익계산서와 순자산변동표가 융합된 성격), 현금흐름표 작성을 요구(위 Ⅱ-1 참조)
  - 영국, 캐나다, 호주의 비영리조직회계기준은 이에 더해 순자산변동표(자본변동표) 작성을 요구

  - 일본의 NPO법인회계기준은 현금흐름표 작성을 요구하지 않음

## Ⅲ-5. 기업회계기준 바탕 위에 비영리조직회계 특수성 가미

- **(현황)** 관련 회계규칙을 정하는 법규에서 기업회계기준을 참조하는 경우로는 공익법인의 설립 · 운영에 관한 법률 시행령(제22조)과 의료기관 회계기준 규칙(재무제표세부작성방법고시 I-2-(1))이 있고, 그 외 법규에서는 기업회계기준을 명시적으로 참조하고 있지 않음
  - 기업회계기준을 명시적으로 참조하고 있지 않더라도 자산, 부채, 수익, 비용에 관한 회계처리 중 많은 부분이 사실상 기업회계기준에 기초하고 있음

- **(회계기준위원회의 제정 관점)** 비영리조직회계기준에서는 '비영리조직의 재무제표 작성 및 표시에 관한 기준과 비영리조직 회계에서 특별히 고려되어야 할 사항'*에 대해서만 자세한 기준을 규정하고, 그 외 자산, 부채, 수익, 비용의 인식과 측정에 관한 회계처리는 대략적인 원칙(발생주의, 손상 등)만 제시하고 구체적인 회계처리 방법은 기업회계기준을 참조(cross-reference)하도록 함(제7조)

* 아래 'Ⅳ. 주요 논점별 검토'에서 다루어짐

  - 다만, 비영리조직회계기준을 적용하는 비영리조직이 실제 기업회계기준을 참조해야 할 필요성을 최소화하도록 가능한 한 자세하게 규정

  - 현행 기업회계기준은 기업의 상장 여부 및 외부감사 여부에 따라 3층으로 구분되어 있는바, 비영리조직회계기준에서는 이 중 일반기업회계기준을 참조하도록 함

| 기업회계기준 | 적용대상 |
|---|---|
| 한국채택국제회계기준(K-IFRS) | 상장기업 |
| 일반기업회계기준 | 외부감사 의무 있는 비상장기업 |
| 중소기업회계기준 | 외부감사 의무 없는 비상장기업 |

- 비영리회계실무에서는 오래전부터 기업회계기준을 참고하는 것이 관행이었는바, IFRS 도입 이전의 기업회계기준을 계승한 일반기업회계기준을 비영리조직회계기준에서 참조함으로써 실무 부담을 최소화할 수 있음
- IFRS는 자본시장이 국제화됨에 따라 상장기업 재무제표의 국제적 비교가능성을 제고하고 자본조달비용을 절감하기 위해 채택되었는바, 비영리조직의 경우 그러한 유인이 미미한 데다 IFRS 적용에 따른 실무 부담이 과도할 우려가 있음
- 중소기업회계기준은 회계역량이 상대적으로 부족한 중소기업들의 부담을 경감하는 데 초점을 맞춘 기준인바, 규모가 큰 비영리조직들이 참조하여 적용하기에는 부적합함

■ **(해외 사례)** 미국, 영국, 캐나다, 호주의 비영리조직회계기준도 기업회계기준을 바탕으로 하되 비영리조직회계의 특수성을 반영(위 Ⅱ-1 참조)

- 영국, 캐나다, 호주의 경우 기본 바탕이 되는 기업회계기준을 '비상장기업회계기준'으로 설정
  - 다만, 캐나다와 호주는 비영리조직이 IFRS를 채택할 수 있도록 허용

## Ⅲ-6. 조문식 회계기준

■ **(현황)** 기업회계기준(중소기업회계기준 제외)은 기업에 일어날 수 있는 모든 유형의 거래와 사건에 대한 회계처리를 상세하게 다루기 위해 각 주제(예: 유형자산, 리스 등)별로 분절된 기준서(한국채택국제회계기준 제xxxx호) 또는 장(일반기업회계기준 제xx장)을 만들어 설명식으로 기준을 제시

- '03년 3월에 회계기준원이 발표한 '비영리조직의 재무제표 작성과 표시 지침서'도 설명식으로 기준을 제시
  - 결론 도출 근거 및 재무제표 예시를 포함하여 총 79페이지로 구성

- 비영리조직에서 일어나는 거래와 사건의 유형이 영리기업에 비하면 단순하다는 점을 고려할 때 불필요한 내용이 많고 지나치게 분량이 많아 오히려 이해가능성을 저해하는 것으로 지적됨

■ **(회계기준위원회의 제정 관점)** 비영리조직회계기준을 조문식으로 제정

- 설명식보다는 조문식이 더 간단명료하게 기준을 제시할 수 있음

- 비영리조직 재무제표 작성자들은 관련 법규 등에서 제시한 조문식 회계규칙에 익숙하므로, 비영리조직회계기준도 조문식으로 제정된다면 이들의 회계기준 이해도를 높일 수 있을 것으로 기대

# Ⅳ. 주요 논점별 검토

## Ⅳ-1. 회계기준 적용 대상 비영리조직의 범위

■ **(현황)** 일반적으로 이해되는 비영리조직의 범위와 각종 법률에서 정의하는 비영리조직의 범위들 간에는 차이가 존재

- (일반적 정의) 비영리조직(또는 비영리단체, 비영리기관)은 소유주나 주주를 위해서 자본의 이익을 추구하지 않는 대신에 그 자본으로 어떠한 목적을 달성하는 조직으로서 다음 두 가지 유형으로 나눌 수 있음(출처: 위키백과)
  - 영리를 목적으로 하지 않고, 또한 사회 전체의 이익을 목적으로 하는 단체
  
  * 조직 예: 사회적지원활동단체, 학교 · 병원 · 간호시설 · 직업훈련시설 · 묘지 등의 운영단체 등

* 법인 예: 재단법인, 사단법인, 학교법인, 사회복지법인, 직업훈련법인, 종교법인 등

* 단, 실질적으로 공동의 이익을 목적으로 하는 동창회 · 사업자단체 등에 대해서도, 공익성을 주장하여 재단법인 · 사단법인 등으로 된 사례도 다수 존재

– 영리를 목적으로 하지 않고, 공동의 이익을 목적으로 하는 단체

* 조직 예: 동창회, 동호회, 사업자단체 등

* 법인 예: 중간법인(中間法人), 의료법인, 사업조합 등

• (민법 – 비영리법인) 학술, 종교, 자선, 기예, 사교, 기타 영리 아닌 사업을 목적으로 하는 사단 또는 재단으로서 주무관청의 허가를 얻고 그 주된 사무소의 소재지에서 설립등기를 함으로써 성립한 법인(제32조와 제33조)

• (법인세법 – 비영리법인) 다음 중 하나에 해당하는 내국법인(제1조제2호)

– 민법 제32조에 따라 설립된 법인

– 사립학교법이나 그 밖의 특별법에 따라 설립된 법인으로서 민법 제32조에 규정된 목적과 유사한 목적을 가진 법인(대통령령으로 정하는 조합법인 등이 아닌 법인으로서 그 주주 · 사원 또는 출자자에게 이익을 배당할 수 있는 법인은 제외)

– 국세기본법 제13조제4항에 따른 법인으로 보는 단체

* 법인이 아닌 사단, 재단, 그 밖의 단체 중 주무관청의 허가 또는 인가를 받아 설립되어 법령에 따라 주무관청에 등록하였지만 법인으로 등기는 되지 아니한 것

* 법인이 아닌 사단, 재단, 그 밖의 단체 중 주무관청의 허가 · 인가 · 등록도 필하지는 않았지만 소정의 요건을 충족하고 대표자나 관리인이 관할 세무서장에게 신청하여 승인을 받은 것

• (상속세및증여세법 – 공익법인) 다음 중 하나의 사업을 영위하는 법인(동법시행령 제12조)

| 공익유형 | 설립근거법 |
|---|---|
| 교육 | 사립학교법 등 |
| 학술 · 장학 | 공익법인의 설립 · 운영에 관한 법률 |
| 사회복지 | 사회복지사업법 |
| 의료 | 의료법 |
| 문화예술 | 문화예술진흥법 |
| 종교 | 민법, 기타 특별법 등 |

- 상속세및증여세법에서는 사업연도 종료일로부터 4개월 이내에 국세청 인터넷 홈페이지에 스스로 결산서류(대차대조표와 손익계산서를 포함)를 공시하고 일반인이 그 결과를 열람할 수 있도록 제도화(제50조의3, '07년 말 신설)
- 동법에서는 결산서류공시의무가 있는 공익법인(이하 '공시의무 공익법인'이라 함)을 다음으로 한정(동법 시행령 제43조의3)

* 대차대조표상 자산총액이 10억원 이상인 법인

* 총수입금액과 출연재산가액 합계가 5억원 이상인 법인

* 종교사업을 영위하는 공익법인은 제외

- (공익법인의 설립 · 운영에 관한 법률 – 공익법인) 재단법인이나 사단법인으로서 사회 일반의 이익에 이바지하기 위하여 학자금 · 장학금 또는 연구비의 보조나 지급, 학술, 자선에 관한 사업을 목적으로 하는 법인(제2조)
- 위 정의들 간의 차이를 도식화하면 다음과 같음

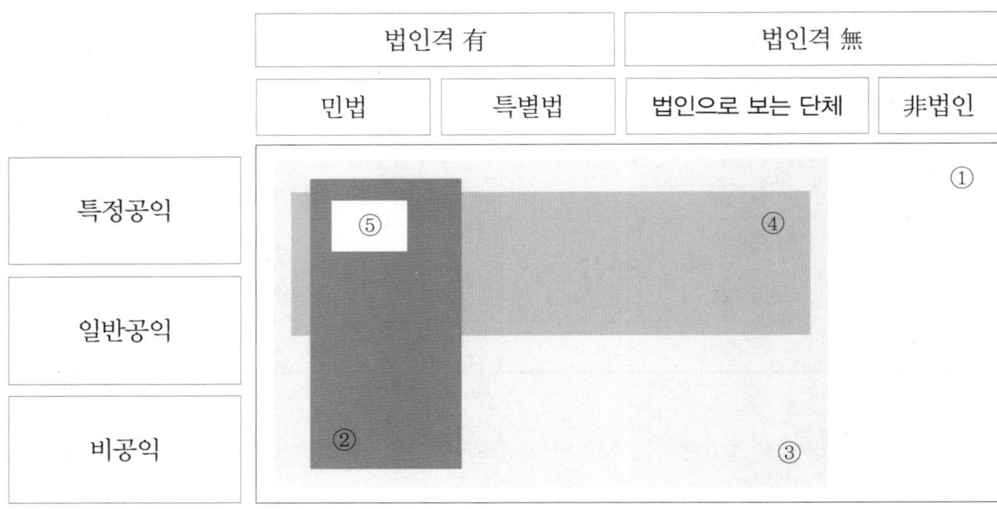


① 일반적 정의

② 민법상 비영리법인

③ 법인세법상 비영리법인

④ 상속세및증여세법상 공익법인

⑤ 공익법인의 설립 · 운영에 관한 법률상 공익법인

- **(원칙)** 이번에 제정되는 비영리조직회계기준은 종류에 관계없이 모든 비영리조직에 공통적으로 적용되는 일반원칙을 수립하는 데 의의가 있음을 고려할 때, 특정 법률의 정의에 얽매일 필요 없이 비영리 특성을 갖는 모든 조직이 적용할 수 있도록 하는 것이 바람직하므로 회계기준 적용 대상 비영리조직의 범위를 '일반적 정의'에 근거하여 설정(제2조)
  - (법제화 시 고려 사항) 다만, 비영리조직회계기준의 근거를 법률에 마련하여 적용을 의무화할 때에는 적용 대상 비영리조직의 범위를 명확히 정의할 필요가 있는바, 이 경우 비영리조직의 범위를 특정 법률에 맞추어 설정하는 것을 고려할 수 있음
    - 현행 상속세및증여세법은 공익법인 결산서류공시제도에 대해서 규정하고 있지만 정작 그 재무제표 작성의 근거가 되는 회계기준은 제시하고 있지 않는바, 이러한 회계기준의 공백은 이번에 제정되는 비영리조직회계기준으로써 보완될 수 있을 것으로 기대되므로, 비영리조직회계기준 의무적용 대상 비영리조직의 범위를 상속세및

증여세법상 공익법인으로 설정하는 것을 우선적으로 고려할 수 있음

- 상속세및증여세법에서는 결산서류공시의무가 있는 공익법인을 일정 규모 이상이고 특정 업종이 아닌 공익법인으로 한정하고 있지만, 소규모 공익법인이 성장하여 의무적용 대상으로 전환될 가능성에 대비할 필요가 있다는 점, 그리고 일반원칙으로서의 회계기준을 적용함에 있어서 업종 간에 차별을 둘 근거가 없다는 점을 고려하여 비영리조직회계기준에서는 업종 및 규모*에 관계없이 모든 공익법인에 적용하도록 하는 것이 바람직할 것임

* 법인격이 없거나 국세기본법에 따라 법인으로 간주하지도 않는 비영리조직은 적용 대상에서 제외되는바, 이들 대부분이 영세 비영리조직임을 감안하면 실질적으로 규모 기준이 일부 감안됨(다수의 교회가 이에 해당)

## Ⅳ-2. 현금흐름표 작성 여부

■ **(현황)** 현금흐름표는 일정 기간에 걸쳐 현금의 유입과 유출에 대한 정보를 제공하는 것을 목적으로 하는 재무제표로서, 관련 법규에 회계규칙이 있고 그 회계규칙에 재무제표 범위가 정해져 있는 비영리조직(사학기관, 사회복지법인, 의료기관) 중 현금흐름표 작성이 요구되는 비영리조직은 의료기관뿐임

- (의료기관) 의료기관 회계기준 규칙 별지 제4호 서식에서 현금흐름표 양식을 제시하고 있는바, 영리기업과 다르지 않음
  - 사립학교법상 학교법인의 부속병원의 경우 '자금수지계산서'로 갈음

- (사학기관) 현금흐름표는 아니지만 이와 유사한 재무제표로서 '자금계산서'를 작성
  - 자금수입예산 및 자금지출예산이 실제의 자금수입 및 자금지출의 내용과 명백하게 대비되도록 표시하는 재무제표
  - '자금'이라 함은 현금, 예금, 수표 및 우편환 등을 말함

* 사학기관 재무 · 회계 규칙에 대한 특례규칙의 별지 제3호서식에서 자금계산서 양식을 제시

- (사회복지법인) 단식부기 기반의 현금주의회계에 의한 손익계산서와 현금흐름표가 융합된 형태의 재무제표로서 '수지계산서'를 작성
  - 사회복지법인 및 사회복지시설 재무 · 회계 규칙에서 대차대조표와 함께 작성할 것을 요구하고 있으나 복식부기를 사용하는 경우로만 한정하고 있어 단식부기를 사용할 경우 작성이 불필요
  - 실제로 대부분의 사회복지법인은 수지계산서를 작성하고 있지 않음

  * 사회복지법인 및 사회복지시설 재무 · 회계 규칙의 별지 제3호 서식에서 수지계산서 양식을 제시

■ **(유사재무제표 – 수지계산서)** 수입과 지출의 계산 결과를 집계한 표로서 손익계산서와 유사한 개념으로 사용되고 있으나, 수지계산서는 일반적으로 수지장기에 의한 단식부기 방식에 따라 수입과 지출을 표시하고, 이에 따라 비영리법인 등이 주로 이용하고 있는 계산서임(국세청 용어사전)

- 용어 및 다음의 점에서 차이가 있기는 하지만 기본적으로는 위에서 언급한 수지계산서(사회복지법인), 자금계산서(사학기관), 자금수지계산서(학교법인 부속병원)가 모두 이에 해당
  - 자금계산서(사학기관)와 자금수지계산서(학교법인 부속병원)는 예산액과 결산액을 비교하여 그 증감액을 표시
  - 관련 회계규칙에서 제시하는 각각의 양식은 다음과 같음

# 사회복지기관

수지계산서

(201X년 X월 X일부터 201X년 X월 X일까지)

| 과목 | 금액 |
|---|---|
| Ⅰ. 수입 | |
| 재산수입<br>기본재산수입<br>재산매각대 | |
| 사업수입<br>과년도수입<br>보조금수입<br>정부보조금<br>후원금 | |
| 차입금 | |
| 이월금<br>잡수입<br>물품매각대<br>예금이자<br>잡수입 | |
| 수입합계 | |
| Ⅱ. 지출<br>사무비<br>인건비<br>물건비<br>......<br>제세공과금<br>차량비<br>재산조성비 | |
| 시설비 | |
| 재산관리비<br>수익사업비<br>과년도지출 | |
| 상환금 | |
| 사업비<br>잡지출<br>예비비 | |
| 지출합계 | |
| Ⅲ. 당기잉여금 | |

# 사학기관

자금계산서

(201X년 X월 X일부터 201X년 X월 X일까지)

## 1. 자금수입

| 과목 | 예산액 | 결산액 | 증감액 |
|---|---|---|---|
| 등록금수입 | | | |
| 　　등록금수입 | | | |
| 　　수강료수입 | | | |
| 기부수입 | | | |
| 　　기부금수입 | | | |
| 　　국고보조금수입 | | | |
| 교육부대수입 | | | |
| 　　입시수수료수입 | | | |
| 　　증명 · 사용료수입 | | | |
| 　　기타교육부대수입 | | | |
| 교육외수입 | | | |
| 　　예금이자수입 | | | |
| 　　기타교육외수입 | | | |
| 　　수익재산수입 | | | |
| 투자와기타자산수입 | | | |
| 　　투자자산수입 | | | |
| 　　　　투자유가증권매각대 | | | |
| 　　　　...... | | | |
| 　　기타자산수입 | | | |
| 　　　　임차보증금회수 | | | |
| 　　　　...... | | | |
| 　　...... | | | |
| 고정자산매각수입 | | | |
| 　　유형고정자산매각수입 | | | |
| 　　무형고정자산매각수입 | | | |
| 유동부채입금 | | | |
| 　　단기차입금 | | | |
| 고정부채입금 | | | |
| 　　장기차입금 | | | |
| 　　기타고정부채 | | | |
| 합계 | | | |
| 미사용전기이월자금 | | | |
| **자금수입총계** | | | |

## 2. 자금지출

| 과목 | 예산액 | 결산액 | 증감액 |
|---|---|---|---|
| 보수 | | | |
| 교원보수 | | | |
| 직원보수 | | | |
| 관리운영비 | | | |
| 시설관리비 | | | |
| 일반관리비 | | | |
| 운영비 | | | |
| 연구?학생경비 | | | |
| 연구비 | | | |
| 학생경비 | | | |
| 입시관리비 | | | |
| 교육외비용 | | | |
| 지급이자 | | | |
| 기타교육외비용 | | | |
| 투자와기타자산지출 | | | |
| 투자자산지출 | | | |
| 투자유가증권매입대 | | | |
| ...... | | | |
| 기타자산지출 | | | |
| 임차보증금지출 | | | |
| ...... | | | |
| ...... | | | |
| 고정자산매입비 | | | |
| 유형고정자산매입지출 | | | |
| 무형고정자산취득비 | | | |
| 유동부채상환 | | | |
| 단기차입금상환 | | | |
| 고정부채입금상환 | | | |
| 장기차입금상환 | | | |
| 기타고정부채상환 | | | |
| 합계 | | | |
| 미사용차기이월자금 | | | |
| **자금지출총계** | | | |

- 수지계산서에는 복식부기 손익계산서의 수익과 비용에 해당하는 수입과 지출뿐만 아니라 고정자산(투자자산, 유 · 무형자산) 매각과 취득, 차입금 차입과 상환으로부터 발생하는 수입과 지출도 포함하기 때문에, 복식부기하의 손익계산서와 현금흐름표가 융합된 것에 비유될 수 있음
  - 다만, 각 업종별로 작성이 요구되는 재무제표 범위에 따라 수지계산서가 손익계산서를 갈음하는 것으로 보기도 하고 현금흐름표를 갈음하는 것으로 보기도 함
  - 즉, 사회복지법인의 경우 복식부기 사용 시 대차대조표와 수지계산서 작성이 요구되므로 손익계산서에 대응하는 개념으로 해석되며, 사학기관과 학교법인 부속병원의 경우 운영계산서나 손익계산서가 별도로 작성되므로 자금계산서(사학기관)와 자금수지계산서(학교법인 부속병원)가 현금흐름표에 대응하는 개념으로 해석됨

- (현금흐름표와의 차이) 수지계산서의 수입과 지출을 현금흐름표의 현금유입과 현금지출에 대응하는 개념으로 보면, 표시되는 개별 항목 측면에서는 수지계산서와 현금흐름표 간에 근본적인 차이는 없음

  * 현금흐름표 양식은 아래 Ⅳ-7의 (3) 참조

  - 다만, 현금흐름표에 있는 다음의 정보가 수지계산서에는 표시되지 않음

  ① 사업활동 현금유입 및 현금유출의 각 합계액과 그 순액
  ② 투자활동 현금유입 및 현금유출의 각 합계액과 그 순액
  ③ 재무활동 현금유입 및 현금유출의 각 합계액과 그 순액
  ④ 기초 현금에서 당기 현금의 증감액을 가감한 기말 현금

- (실무 관행) 사회복지기관이나 사학기관 외에도 다수의 비영리조직이 실무편의성 때문에 재무보고 용도로 수지계산서를 작성하고 있는바, 비영리조직회계기준의 실무 수용성을 높이기 위해서는 현금흐름표 작성을 요구하는 대신 수지계산서로 갈음할 수 있도

록 해야 한다는 의견이 있음

- **(원칙)** 영리기업과 마찬가지로 비영리조직의 경우에도 재무 상태와 운영 성과를 나타내는 재무제표에 더하여 현금의 유출입에 관한 정보를 제공하는 재무제표가 일반정보이용자에게 제공된다면 의사결정에 유용한 정보를 제공할 수 있으므로, 원칙적으로 현금흐름표 작성을 요구하고 영리기업과 마찬가지로 비영리조직이 직접법과 간접법 중에서 선택할 수 있도록 함(제6조, 제41조, 제44조)
  - 현금흐름표는 다른 재무제표와 같이 사용되는 경우 순자산의 변화, 재무구조(유동성과 지급 능력 포함), 그리고 변화하는 상황과 기회에 적응하기 위하여 현금흐름의 금액과 시기를 조절하는 능력을 평가하는 데 유용한 정보를 제공함

  - 직접법과 간접법에 의한 현금흐름표는 다음과 같은 차이가 있음
    - (직접법) 사업활동으로 인한 현금을 증가시키는 개별 수익항목에서 현금을 감소시키는 개별 비용항목을 차감하여 사업활동으로 인한 현금흐름을 구하는 방법. 직접법에 의하여 사업활동으로 인한 현금흐름을 구하기 위해서는 발생주의 손익계산서 대신 현금주의 손익계산서를 이용
    - (간접법) 사업활동으로 인한 현금흐름을 운영성과표의 제약없는순자산의 증감(또는 당기순이익)에서 사업현금흐름과 관련이 없는 손익항목을 제거하고, 사업활동과 관련된 자산 및 부채의 순증감액을 가감하여 구하는 방법. 사업현금흐름과 관련이 없는 손익항목으로는 현금의 유입과 유출이 없는 손익(감가상각비 등)과 투자 및 재무활동과 관련된 손익(투자자산처분손익, 부채상환손익 등)이 있음

  - (수지계산서 허용) 다만, 아직 우리나라 비영리회계실무에서 특히 소규모 비영리조직들은 현금흐름표가 아직 생소하여 작성에 부담을 느끼고 있는 것이 현실이므로, 이들이 정보소실(사업활동, 투자활동, 재무활동 현금유출입에 대한 합계정보 등)로 인한 비용과 실무 편익을 함께 고려하여 수지계산서로써 현금흐름표를 갈음할 수 있도록 허용할 필요(제6조)

## Ⅳ-3. 순자산 구분 - 재무상태표

■ (현황) 비영리조직마다 순자산을 구분하여 표시하는 방법이 제각각

- 영리기업의 순자산 구분표시 방법을 답습하여 '자본금 - 자본잉여금 - 이익잉여금'으로 구분하여 표시하는 경우

- 비영리조직 각각의 규제 환경에 맞추거나 스스로 선택한 방법에 따라 구분표시하는 경우

  * (예) 사학기관은 '출연기본금 - 원금보존적립금 - 임의적립금 - 운영차액'으로 구분하여 표시

■ **(원칙)** 제약의 유무와 정도에 따라 순자산을 다음과 같이 세 가지로 구분(제12조, 제22조~제24조)

① 제약이 없는 순자산

② 일시적 제약이 있는 순자산: 특정 비용을 집행하는 데에만 사용하거나, 투자자산에 투자하여 특정 기간 보유하거나, 경제적 내용연수가 유한한 유형자산을 취득하여 그 내용연수 동안 보유 · 사용하여야 하는 등의 제약이 있는 경우

③ 영구적 제약이 있는 순자산: 토지를 취득하여 영구적으로 보유하여 특정 목적에 사용하거나, 투자자산에 투자하여 영구적으로 보유하여야 하는 등의 제약이 있는 경우

- 기부금이나 보조금 · 지원금 등을 받을 때 이를 제공한 자나 관련 법률에 의해 사용 및 처분에 제약이 가해지는 경우가 있는바, 이에 관한 정보는 비영리조직이 단기적인 공익사업 수요에 적시성 있게 대처할 능력이 얼마나 있는지, 장기적인 공익사업을 안정적으로 수행할 능력이 확보되어 있는지 등을 정보이용자에게 알릴 수 있어 유용

■ **(적용 방법)** 순자산을 위와 같이 세 가지 '성격'으로 구분한다는 원칙 아래 실무적으로는 다음과 같이 융통성 있게 적용할 수 있을 것임(제25조)

- (명칭) 제약이 없는 순자산, 일시적 제약이 있는 순자산, 영구적 제약이 있는 순자산을 각각 '제약없는순자산, 일시제약순자산, 영구제약순자산'으로 명명하는 것을 모범실무(best practice)로 제시하되, 비영리조직의 기존 관행을 고려하여 다르게 명명하는 것도 가능하도록 허용
  - 예를 들어, 제약없는순자산을 '이익잉여금'으로, 일시제약순자산을 '적립금'으로, 영구제약순자산을 '기본금'으로 명명하는 것도 가능
  - 다만, 모범실무와 다르게 명명할 경우 그 내용을 주석으로 기재하는 것이 필요
  - 최소한 순자산에 대해서는 '순자산'이라는 명칭으로 통일할 필요가 있으며, '자본'과 같은 다른 명칭으로 사용할 수 없도록 하는 것이 최소한의 비교가능성 제고를 위해 바람직

- (순서) 순자산의 세 가지 구분을 나열하는 순서는 '제약없는순자산 – 일시제약순자산 – 영구제약순자산'으로 하는 것을 모범실무로 제시하되, 비영리조직의 기존 관행을 고려하여 반대 순서로 나열하는 것도 허용
  - 예를 들어, '기본금 – 적립금 – 이익잉여금' 순으로 나열하는 것도 가능

- (세분) 비영리조직의 필요에 따라서는 각 구분 내에서 추가적인 계정 구분을 하여 재무제표 본문에 표시하거나 주석으로 기재하는 것이 가능
  - 예를 들어, 기본금(영구제약순자산)을 설립자기본금, 원금보존기본금 등으로 추가 구분하여 재무제표 본문에 표시하거나 주석으로 기재하는 것이 가능
  - 제약없는순자산의 경우, 비영리조직의 의사결정기구가 자율적으로 제약을 가한 순자산에 관한 정보를 추가로 구분하여 본문 표시 또는 주석기재 가능

    * 예를 들어, 임의연구적립금, 임의장학적립금 등으로 정보를 세분해서 본문 표시 또는 주석기재할 수 있음

## Ⅳ-4. 기능별 비용 보고 - 운영성과표

■ **(현황)** 비영리조직은 영리기업처럼 단일의 성과지표(당기순이익)를 산출해내는 것이 중요한 것이 아니라, 고유목적사업에 대한 활동 노력과 그 성과에 관한 정보(service efforts and accomplishments), 즉 비용 집행 내용을 공시하는 것이 더 중요

- 비영리조직의 감독관청은 통제를 용이하게 할 목적으로 비영리조직이 예산 수립 시 사용할 계정과목을 성격별*로 구분하여 제시하는 것이 일반적인바, 현행 비영리회계실무에서는 결산을 할 때에도 그러한 예산계정과목에 따라 하는 것이 관행이므로, 비영리조직의 활동 노력과 그 성과에 관한 정보가 충실하게 제공되지 못하고 있는 실정

  * 성격별 비용구분은 급여, 교육훈련비, 임차료, 지급수수료 등과 같이 지급되는 비용 자체의 성격에 따른 비용구분을 말함. 일반적으로 비영리조직의 감독관청은 '관 - 항 - 목' 순으로 세부화된 계정과목을 제시함(예: 사무비 - 인건비 - 급여)

  - 일반정보이용자의 관점에서는 비영리조직이 순수 고유목적사업을 수행하는 데 지출되는 비용과 이를 지원하는 활동(일반관리활동 및 모금활동)에 지출되는 비용을 구분하는 정보, 즉 기능별* 비용구분 정보를 얻을 경우 비영리조직의 효율성과 효과성을 판단하여 의사결정을 하는 데 유용한 정보가 되므로 이러한 정보를 필요로 함

    * 기능별 비용구분은 비영리조직의 고유목적사업활동(또는 기능)을 사업수행활동, 일반관리활동, 모금활동으로 구분하고, 지급되는 비용이 그중 어떠한 활동과 직접 또는 간접적으로 관련되어 있는지를 결정하여 각 활동별로 분류한 비용구분을 말함(아래 Ⅳ-5의 (3)에서는 수익사업비용도 기능별 비용구분의 하나로 추가)

- 현재 각 업종별로 관련 회계규칙에서 정하고 있는 고유목적사업의 비용계정과목표를 비교하면 다음과 같음

| 사립대학 | 사회복지법인 | 의료기관 | 종교단체 |
|---|---|---|---|
| 사학기관 재무 · 회계 규칙에 대한 특례규칙 | 사회복지법인 및 사회복지시설 재무 · 회계규칙 | 의료기관 회계기준 규칙, 재무제표 세부작성방법 고시 | 교회회계기준 |

<table>
<tr>
<td>보수<br>교원보수<br>직원보수<br>관리운영비<br>시설관리비<br>건축물관리비<br>......<br>보험료<br>리스 · 임차료<br>......<br>일반관리비<br>여비교통비<br>......<br>제세공과금<br>지급수수료<br>운영비<br>복리후생비<br>교육훈련비<br>업무추진비<br>......<br>감가상각비<br>연구 · 학생경비<br>연구비<br>학생경비<br>장학금<br>......<br>입시관리비</td>
<td>사무비<br>인건비<br>업무추진비<br>운영비<br>여비<br>......<br>제세공과금<br>......<br>재산조성비<br>시설비<br>시설비<br>자산취득비<br>시설장비유지비<br>사업비<br>운영비<br>......<br>수용기관경비<br>직업재활비<br>......<br>교육비<br>수업료<br>......<br>급식비<br>......<br>ㅇㅇ사업비<br>의료재활사업비<br>......<br>교육재활사업비<br>직업재활사업비<br>......</td>
<td>인건비<br>급여<br>퇴직급여<br>재료비<br>약품비<br>진료재료비<br>급식재료비<br>관리운영비<br>복리후생비<br>여비교통비<br>......<br>감가상각비<br>......<br>대손상각비<br>.......</td>
<td>사업비<br>인건비<br>예배비<br>선교비<br>교육비<br>봉사비<br>운영관리비<br>관리비<br>사택관리비<br>수도광열비<br>......<br>수선유지비<br>운영비<br>목회활동비<br>......<br>홍보비<br>사무비<br>......</td>
</tr>
</table>

■ **(원칙)** 비영리조직의 고유목적사업과 관련된 비용은 아래와 같이 최소한 '사업수행비용'과 '지원비용'은 서로 구분하며, 지원비용 중에서도 '모금비용'이 중요한 부분을 차지한다면 '일반관리비용'과 별도로 구분하여 정보를 제공(아래 괄호 안에 병기된 영문 명칭은 미국회계기준에서 제시한 것임)(제31조)

- 사업수행비용(program service expense): 비영리조직이 추구하는 본연의 임무나 목적을 달성하기 위해 수혜자, 고객, 회원 등에게 재화나 용역을 제공하는 활동에서 발생

하는 비용

- 지원비용(supporting activities expense): 사업수행과 직접 관련되어 있지는 않지만 이를 지원하는 활동에서 발생하는 비용
  - 일반관리비용(management and general activities expense): 기획, 인사, 재무, 감독 등 제반 관리 활동에서 발생하는 비용
  - 모금비용(fund-raising activities expense): 모금행사, 기부자리스트 관리, 모금고지서 발송 등의 모금활동에서 발생하는 비용

■ **(적용 방법)** 사업수행비용과 지원비용을 서로 구분한다는 원칙 아래 실무적으로는 다음과 같이 융통성 있게 적용할 수 있을 것임(제31조)

- (2구분 또는 3구분) 모금비용 금액의 중요성이 있는 비영리조직인 경우 비용을 '사업수행비용 – 일반관리비용 – 모금비용'으로 3구분하며, 모금비용 금액의 중요성이 없는 비영리조직인 경우 '사업수행비용 – 일반관리비용(모금비용 포함)'으로 2구분

- (세분) 비영리조직의 필요에 따라서는 사업수행비용 내에서 세부 사업별로 계정구분을 하여 재무제표 본문에 표시하거나 주석으로 기재하는 것이 가능
  - 예를 들어, 각 업종별로 다음과 같이 사업수행비용 세분이 가능할 수 있음

| 문화예술단체 | 사립대학 | 사회복지기관 | 의료기관 | 종교단체 | 학술장학기관 |
|---|---|---|---|---|---|
| · 공연<br>· 전시<br><br><br>⋮ | · 강의<br>· 연구<br>· 환자진료<br>· 학생서비스<br>⋮ | · 여성복지<br>· 노인복지<br>· 장애인복지<br><br>⋮ | · 환자진료<br>· 연구<br><br><br>⋮ | · 목회<br>· 교육<br>· 자선<br><br>⋮ | · 멘토링<br>· 배움터지원<br>· 글로벌장학<br><br>⋮ |

- (보완적 정보) 위 '현황'에서 언급한 바와 같이 현행 비영리회계실무에서는 비용을 성격별로 상세하게 구분하여 표시하는 것이 일반적인 관행임. 따라서 기능별로 구분된 비용

에 추가하여 성격별로 구분된 비용 정보도 함께 제공(주석으로 기재)한다면 정보이용자가 비영리조직의 활동 내용을 더 입체적으로 이해할 수 있는 장점이 있음. 따라서 성격별로 최소한 다음 세 가지로 구분된 비용정보도 함께 제공하도록 요구할 필요가 있음

① 인력비용: 급여, 상여금, 퇴직급여, 복리후생비 등

② 시설비용: 감가상각비, 지급임차료, 건물수리비 등

③ 기타비용: 지급수수료, 세금과공과, 회의비, 소모품비, 대손상각비 등

- 현행 비영리회계실무에서 제공되는 성격별 비용구분은 지나치게 상세하여 일반정보이용자에게는 유용성이 떨어지며, 오히려 정보 과다로 인하여 이해가능성을 저하시킬 수 있으므로 위와 같이 비용항목들을 적절한 수준으로 묶어서(aggregation) 표시하는 것이 정보의 관련성을 더 높일 수 있음
- 다만, 비영리조직의 필요에 따라서는 인력비용, 시설비용, 기타비용보다 더 세분화된 계정구분을 하여 정보를 제공하는 것이 가능
- 예를 들어, 각 비영리조직의 특수성에 따라 기타비용 중 다음 항목이 중요한 부분을 차지하는 경우가 있는바, 이를 별도로 분리하여 적절한 항목 명칭을 부여하여 표시하는 것이 가능하며 권장됨

* 사회복지기관: 저소득층, 노인, 장애인 등 수혜자들에게 지급하는 지원금 등

* 학술장학기관: 저소득층 학생 등 수혜자들에게 지급하는 장학금 등

* 의료기관: 재료비(약품비, 진료재료비 등)

- (재무제표 본문 표시 vs 주석기재) 결국 기능별 비용구분(사업수행비용 – 일반관리비용 – 모금비용)과 성격별 비용구분(인력비용 – 시설비용 – 기타비용)에 관한 정보가 함께 제공되어야 하는데, 기능별 비용구분이 일반정보이용자에게 더 유용한 정보라고 보이므로 이를 재무제표 본문에 표시하고, 성격별 비용구분은 주석으로 기재하는 것을 모범실무(best practice)로 제시함. 그러나 비영리조직의 판단에 따라서는 성격별 비용구분을 재무제표

본문에 표시하고 기능별 비용구분은 주석으로 기재하는 것도 가능하도록 허용하는 것이 필요함

- 위 기준에 따라 기능별 비용구분과 성격별 비용구분에 관한 정보를 제공하려면 사실상 다음과 같은 매트릭스가 산출되어야 할 것인바, 둘 중 어느 하나의 구분정보를 재무제표 본문에 표시함에 따라 다른 구분정보를 주석으로 기재할 때 다음과 같은 매트릭스 형태로 '주석기재'할 것을 요구하는 것이 가능

| | 인력비용 | 시설비용 | 기타비용 | 합계 |
|---|---|---|---|---|
| 사업수행비용 | xxx | xxx | xxx | xxx |
| 일반관리비용 | xxx | xxx | xxx | xxx |
| 모금비용 | xxx | xxx | xxx | xxx |
| 합계 | xxx | xxx | xxx | xxx |

* 위 표는 비영리조직의 고유목적사업에서 발생하는 비용에 대해서만 표시하고 있으며, 수익사업에서 발생하는 비용을 함께 고려할 경우에는 Ⅳ-5의 (3) 참조

- 비영리조직이 모범실무에 따라 운영성과표에 기능별 비용구분을 표시하는 경우 위 매트릭스 정보를 아래와 같이 직접 운영성과표 본문에 표시하는 것도 가능

| 사업수행비용 | (xxx) |
|---|---|
| 인력비용 | (xxx) |
| 시설비용 | (xxx) |
| 기타비용 | (xxx) |
| 일반관리비용 | (xxx) |
| 인력비용 | (xxx) |
| 시설비용 | (xxx) |
| 기타비용 | (xxx) |
| 모금비용 | (xxx) |
| 인력비용 | (xxx) |
| 시설비용 | (xxx) |
| 기타비용 | (xxx) |

- (공통비용 배분) 어떤 비용항목이 하나의 특정 활동에만 직접 관련된 경우에는 비용구분이 용이하지만, 복수의 활동에 관련되는 경우에는 활동 간 비용 배분이 필요할 수 있음 (제32조)
  - (가상의 공통 비용 배분 예)
  - * 사회복지기관이 노인에게 지급하는 지원금은 해당 프로그램의 사업수행활동과 직접 관련되므로 전액 사업수행비용으로 분류
  - * 사회복지지관의 한 직원이 노인에게 지원금을 지급하고 안부를 살피기 위해 가가호호 방문을 하는 것을 주된 업무로 하지만, 당해 기관의 경리업무와 모금업무도 함께 하는 경우, 당해 직원의 인건비는 사업수행비용, 일반관리비용, 모금비용 간에 배분되어야 함
  - * 어떤 지역의 사회복지기관이 지역 내 노인들을 위한 특별 건강검진 프로그램을 마련하고 노인들의 검진 참여를 독려하기 위해 각 개인에게 우편물을 발송하면서 후원금 모집을 위해 지로납부용지를 함께 첨부한 경우, 동 우편물 발송에 관련된 비용은 사업수행비용과 모금비용 간에 배분되어야 함

  - 공통 비용을 여러 활동들 간에 배분하기 위해서는 각 비영리조직의 사업성격 및 운영 방법에 맞추어 합리적인 배분 기준을 수립하고 일관되게 적용하는 것이 중요
  - * 인력비용의 경우 당해 인력이 각 활동별로 투입한 업무시간에 기초하여 배분하는 것이 적절하며, 이를 위해서는 적절한 수준에서의 업무시간 기록 자료를 만들어 관리하는 것이 필요
  - * 시설비용은 각 활동별로 관련되는 시설 면적이나 사용빈도가 직접적으로 구분될 수 있다면 그 면적이나 사용빈도 기준에 따라 배분하며, 직접적으로 구분될 수 없다면 다른 적절한 배분 기준을 수립할 필요(예: 각 활동별 인력비용에 비례하여 배분)
  - * 기타비용은 각 활동별 인력비용이나 시설비용에 대체로 비례하는 항목들은 그 기준에 따라 배분하며 그 외에는 다른 적절한 배분기준을 수립할 필요

- **(적용 예)** 위에서 제시한 원칙과 모범실무를 실제 재무제표 사례*에 적용한 결과 예상되는 변화는 다음과 같음
  - * 법률에 의해 요구되는 것은 아니지만 자율적으로 일반목적 재무제표를 작성하여 외부 회계감사를 받는 한 사회복지기관의 재무제표 사례

| 현행 재무제표(손익계산서) | 새 원칙 적용 | 운영성과표(기능별 분류) | |
|---|---|---|---|
| ⋮ | | ⋮ | |
| Ⅱ. 사업비용*1 | | Ⅱ. 사업비용 | |
| 국내사업비*2 | 사업수행비용으로 통합 | 고유목적사업비용 | 필수 본문 표시 사항 |
| 해외사업비*2 | | 사업수행비용 | 필수 본문 표시 사항 |
| 북한사업비*2 | | 국내사업비 | 선택적 본문 표시 또는 주석기재 사항 |
| 선교사업비*2 | | 해외사업비 | |
| 후원개발사업비*2 | 모금비용으로 명칭 변경 | 북한사업비 | |
| 기획홍보사업비*2 | 일반관리비용에 포함 | 선교사업비 | |
| ⋮ | | 기타사업비 | |
| 급여 | 일반관리비용으로 통합 | 일반관리비용 | 필수 본문 표시 사항 |
| 복리후생비 | | 모금비용 | 필수 본문 표시 사항 |
| 업무추진비 | | **사업수행비용, 일반관리비용, 모금비용을 각각 성격별로 구분한 정보를 아래와 같이 주석으로 기재** | |
| 여비 | | | |
| 수용비*3 | 일반관리비용과 모금비용으로 배분 | | |
| 제세공과금 | 일반관리비용으로 통합 | | |
| 차량유지비 | | | |
| 건물유지관리비 | | | |
| 수도광열비 | | | |
| 감가상각비 | | | |
| 지급수수료 | | | |
| 기타사업비 | 사업수행비용에 포함 | | |
| 현물기부원가*4 | 사업수행비용에 포함 | | |

| | 인력비용 | 시설비용 | 기타비용 | 합계 |
|---|---|---|---|---|
| 사업수행비용 | xxx | xxx | xxx | xxx |
| 일반관리비용 | xxx | xxx | xxx | xxx |
| 모금비용 | xxx | xxx | xxx | xxx |
| 합계 | xxx | xxx | xxx | xxx |

*1 손익계산서에서 고유목적사업과 수익사업을 별개의 열로 구분하여 각 항목별로 금액을 구분 표시

*2 관련 인건비와 경비를 포함하고 있음. 그러나 관련 감가상각비는 포함하고 있지 않음. 왜냐하면 사업수행을 하는 개별 사회복지시설의 회계에서 유형자산 취득 즉시 비용처리하고 감가상각을 하지 않기 때문임

*3 모금활동 관련 자동이체수수료, 우편료, 행정수수료와 일반 소모품비용 등

*4 현물기부금수입(Gift-In-Kind)에 대응하는 비용

- 비용항목들을 사업수행비용, 일반관리비용, 모금비용으로 분류하고 각 분류의 합계를 표시

- 복수의 기능과 관련된 비용항목(위 예에서는 수용비)을 각 기능에 배분

- 사업수행비용, 일반관리비용, 모금비용을 성격별(인건비용, 시설비용, 기타비용)로 구분한 정보를 주석으로 기재
  - 일반관리비용의 경우 현행 재무제표에 이미 상세하게 표시되어 있으므로 이를 적절히 분류하기만 하면 됨
  - 사업수행비용과 모금비용의 경우 성격별 비용구분 정보를 별도로 생산할 필요

■ 일반정보이용자의 관점에서 성격별 비용보고와 기능별 비용보고의 정보유용성을 가상 사례를 통하여 비교하면 다음과 같음

- (가상 사례)

---

**배경 정보**

일반 상황

- 사회복지법인 A와 B는 매년 동일한 금액의 기부금을 받아 사회복지사업을 운영하며 똑같이 3명의 직원이 사업에 종사
- 사회복지법인 A와 B는 똑같이 두 종류의 사업(노인복지, 장애인복지)을 수행

인력

- 사회복지법인 A에서는 1명의 직원이 사업 수행을 도맡아서 하고(노인복지사업과 장애인복지사업을 균등한 비율로 수행), 나머지 직원 2명은 각각 일반관리업무와 모금업무를 전담
- 사회복지법인 B에서는 1명의 직원이 사업 수행을 도맡아서 함(노인복지사업과 장애인복지사업을 균등한 비율로 수행). 그리고 다른 직원 1명은 노인복지사업수행과 일반관리업무를 반반씩 하고, 나머지 직원 1명도 장애인복지사업수행과 모금업무를 반반씩 함
- 직원 3명의 연봉은 각각 4,000원으로 동일

시설

- 사회복지법인 A와 B는 매년 건물임차료로 6,000원을 지출
- 사회복지법인 A는 노인복지관과 장애인복지관을 위한 건물임차료로 각각 2,000원씩을 지출하고 일반관리 및 모금업무를 위한 사무실임차료로 2,000원을 지출. 일반관리와 모금업무 간에 임차료가 균등하게 배분된다고 가정
- 사회복지법인 B는 노인복지관과 장애인복지관을 위한 건물임차료로 각각 3,500원과 1,500원을 지출하고 일반관리 및 모금업무를 위한 사무실임차료로 1,000원을 지출. 일반관리와 모금업무 간에 임차료가 균등하게 배분된다고 가정

복지지원금

- 사회복지법인 A와 B는 매년 복지지원금으로 매년 4,000원을 지출
- 사회복지법인 A는 노인과 장애인들에게 지원금으로 각각 2,000원씩을 지급
- 사회복지법인 B는 노인과 장애인들에게 지원금으로 각각 1,000원과 3,000원을 지급

복지강좌

- 사회복지법인 A와 B는 매년 노인과 장애인들을 대상으로 복지강좌를 시행하는바 총 4,000원을 지출
- 사회복지법인 A는 노인복지강좌를 시행하기 위해 강사료로 3,000원을 지출하고 장애인복지강좌를 시행하기 위해 강사료로 1,000원을 지출
- 사회복지법인 B는 노인복지강좌를 시행하기 위해 강사료로 1,000원을 지출하고 장애인복지강좌를 시행하기 위해 강사료로 3,000원을 지출

비용보고 방식 비교

성격별 비용보고

| 비용*1 | A법인 | B법인 |
|---|---|---|
| 인건비 | 12,000 | 12,000 |
| 시설비 | 6,000 | 6,000 |
| 복지지원금 | 4,000 | 4,000 |
| 복지강좌비 | 4,000 | 4,000 |
| | | |
| | | |
| 총계 | 26,000 | 26,000 |

→

기능별 비용보고*2

| 비용 | A법인 | B법인 |
|---|---|---|
| 사업수행비 | | |
| 노인복지 | 9,000 | 9,500 |
| 장애인복지 | 7,000 | 11,500 |
| 소계 | 16,000 | 21,000 |
| 일반관리비 | 5,000 | 2,500 |
| 모금비 | 5,000 | 2,500 |
| 총계 | 26,000 | 26,000 |

*1 실제 재무제표에서는 인건비를 급여와 퇴직급여로 구분하는 등 성격별로 더 세분화하여 비용을 표시하지만 여기서는 편의상 축약된 형태로 제시하기로 함

*2 기능별 비용은 다음과 같이 산정됨

| A법인 | 인건비 | 시설비 | 복지지원금 | 복지강좌비 | 합계 |
|---|---|---|---|---|---|
| 사업수행비 | | | | | |
| 노인복지 | 2,000 | 2,000 | 2,000 | 3,000 | 9,000 |
| 장애인복지 | 2,000 | 2,000 | 2,000 | 1,000 | 7,000 |
| 소계 | 4,000 | 4,000 | 4,000 | 4,000 | 16,000 |
| 일반관리비 | 4,000 | 1,000 | – | – | 5,000 |
| 모금비 | 4,000 | 1,000 | – | – | 5,000 |
| 총계 | 12,000 | 6,000 | 4,000 | 4,000 | 26,000 |

| B법인 | 인건비 | 시설비 | 복지지원금 | 복지강좌비 | 합계 |
|---|---|---|---|---|---|
| 사업수행비 | | | | | |
| 노인복지 | 4,000 | 3,500 | 1,000 | 1,000 | 9,500 |
| 장애인복지 | 4,000 | 1,500 | 3,000 | 3,000 | 11,500 |
| 소계 | 8,000 | 5,000 | 4,000 | 4,000 | 21,000 |
| 일반관리비 | 2,000 | 500 | – | – | 2,500 |
| 모금비 | 2,000 | 500 | – | – | 2,500 |
| 총계 | 12,000 | 6,000 | 4,000 | 4,000 | 26,000 |

■ 비영리조직이 기능별 비용보고를 할 경우 일반정보이용자들은 다음과 같은 정보 혜택을 얻을 것으로 기대

- 비영리조직의 비용을 사업수행활동, 일반관리활동, 모금활동으로 나누어 표시함으로써 일반정보이용자 관점에서 비영리조직의 사업이 얼마나 효율적 · 효과적으로 이루어지는지를 평가하는 데 도움을 줌

– 일반정보이용자들은 상대적으로 사업수행활동에 더 많은 비용이 지출될 때 그 비영리조직의 사업이 효율적이라고 판단하는 경향이 있음

• 통일된 형식의 기능별 보고를 통해 비영리조직 간에 비교가 가능해지고, 이에 근거하여 일반정보이용자는 어느 비영리조직에 기부할 것인지 결정할 수 있음

– 위 가상 사례에서 성격별 비용보고는 A법인과 B법인 간에 아무런 차이도 보여주지 못하므로 일반정보이용자에게 유용하지 못함

– 그러나 기능별 비용보고를 통해 일반정보이용자들은 B법인이 사업수행활동에 상대적으로 더 많은 비용을 지출하기 때문에 더 효율적인 기관이라고 판단할 수 있게 되고, 이에 근거하여 B법인에 기부를 하기로 결정할 수 있음

* 재무제표에 표시된 비용만으로 절대적으로 확신하기는 어렵겠지만, B법인의 경우 더 많은 인력이 사업수행활동에 투입되므로 그만큼 더 많은 복지서비스를 제공하고 있다고 기대해볼 수는 있음

– 기부 의사가 있는 어떤 일반정보이용자가 노인복지사업과 장애인복지사업 중 어느 하나에 더 관심이 크다고 가정한다면, 재무제표에 표시된 각 사업비용의 비중을 고려함으로써 어떤 비영리조직에 기부할 것인지 결정할 수 있음

* 위 가상사례에서 B법인은 상대적으로 장애인복지사업에 더 많은 비용을 지출하고 있는데, 예를 들어 C법인은 상대적으로 노인복지사업에 더 많은 비용을 지출한다는 것이 재무제표를 통해서 확인된다면 노인복지사업에 관심이 더 있는 잠재적 기부자는 C법인에 기부하고자 할 것임

## Ⅳ-5. 운영성과표 구조

### (1) 순자산 구분별로 수익과 비용을 집계

- **(원칙)** 제약없는순자산, 일시제약순자산, 영구제약순자산 각 구분별로 수익과 비용을 표시하며(각 구분 간 대체 포함), 각각 '제약없는순자산의 변동, 일시제약순자산의 변동, 영구제약순자산의 변동'으로 명명함(제27조)
  - 각 구분별 수익과 비용의 순합계액은 '제약없는순자산의 증가(감소), 일시제약순자산의 증가(감소), 영구제약순자산의 증가(감소)'로 표시함

- **(적용 방법)** 일시제약순자산이나 영구제약순자산이 없는 비영리조직은 제약없는순자산의 변동 내용만을 표시할 수 있음
  - 비영리조직회계기준에서 요구하는 운영성과표는 성격상 기존 비영리회계실무에서 작성되는 손익계산서(모든 수익과 비용의 순합계액을 '당기순이익(손실)로 표시')와 유사하므로, 이러한 실무 관행과의 연계성을 높이기 위해 제약없는순자산의 증가(감소)는 일시제약순자산이나 영구제약순자산이 있는지 여부에 관계없이 '당기순이익(손실)'이라는 이름으로 표시할 수 있도록 허용함(제37조)

### (2) 사업과 사업외항목 구분

- **(현황)** 재무제표를 작성하는 많은 비영리조직들이 수익과 비용을 사업항목과 사업외항목으로 분류하여 표시하는 관행에 익숙
  - 작성자가 분류를 하기 위해서는 작성 부담이 있을 수 있으나 정보이용자에게는 유용한 정보가 될 수 있음

■ **(원칙)** 수익과 비용을 사업항목과 사업외항목으로 분류하여 표시(제27조, 제28조, 제31조, 제33조, 제34조)

- 수익의 경우 기부금, 보조금, 회비, 등록금, 공연수익, 환자진료수익 등은 사업수익으로, 예금이자, 유형자산처분이익, 투자자산처분이익 등은 사업외수익으로 분류
  - 유가증권 투자가 많은 학술장학재단의 경우 투자자산수익(이자수익 및 배당금수익)이나 평가이익 · 처분이익이 고유목적사업활동의 주된 원천이라고 할 수 있다면 사업수익에 포함

- 비용의 경우 사업수행비용과 지원비용(일반관리비용, 모금비용)은 사업비용으로, 이자비용과 유형자산처분손실 등은 사업외비용으로 분류

### (3) 고유목적사업과 수익사업의 구분

■ **(현황)** 비영리조직의 회계와 관련된 각종 법규*에서 공통적으로 고유목적사업과 수익사업 구분경리를 요구하고 있으며, 회계 관행도 이에 맞추어 오랫동안 유지되어옴

* 공익법인 설립 · 운영에 관한 법률 시행령 제23조제1항, 법인세법 제113조제1항, 사학기관 재무 · 회계 규칙에 대한 특례규칙 제2조제3항, 사회복지법인 및 사회복지시설 재무 · 회계 규칙 제6조제1항

- 정보이용자에게 혼란을 주지 않으면서도 추가적인 정보를 제공할 수 있으며, 작성자 입장에서도 세무신고를 할 때 그 정보를 편리하게 이용할 수 있는 장점이 있음

■ **(원칙)** 수익사업에서 발생하는 수익과 비용은 각각 하나로 합산하여 사업수익과 사업비용 내에 별도로 표시(제28조, 제31조)

■ **(적용방법)** 위 'Ⅳ-4. 기능별 비용보고'에서 비영리조직의 고유목적사업활동(또는 기능)을

사업수행활동, 일반관리활동, 모금활동으로 구분하고, 이에 따라 비용을 구분(사업수행비용 – 일반관리비용 – 모금비용)하는 것을 기능별 비용구분이라고 설명하였는데, 수익사업활동을 별도의 활동으로 보고 이에 추가하는 것이 바람직



- 운영성과표상 사업수익을 크게 고유목적사업수익과 수익사업수익으로 나누어 표시(제28조)
  - 고유목적사업수익은 다시 업종별 특성을 반영하여 기부금수익, 보조금수익, 회비수익 등으로 적절하게 구분하여 표시
  - 수익사업수익은 더 이상의 구분정보가 요구되지 않지만 비영리조직이 필요하다고 판단하는 경우 구분정보를 주석으로 기재할 수 있도록 허용할 필요

  * 예를 들어, 임대료수익과 기타수익으로 구분하는 정보를 주석으로 기재할 수 있음

- 운영성과표상 사업비용을 크게 고유목적사업비용과 수익사업비용으로 나누어 표시(제31조)
  - 고유목적사업비용은 다시 사업수행비용, 일반관리비용, 모금비용으로 구분하여 표시
  - 수익사업비용은 더 이상의 구분정보를 표시할 것이 요구되지 않지만, 고유목적사업비용과 마찬가지로 성격별 비용(인건비용 – 시설비용 – 기타비용)으로 분석한 정보를 재무제표 본문에 표시하거나 주석으로 기재하도록 요구할 필요. 따라서 수익사업이 있는 비영리조직인 경우 최소한 다음의 정보를 재무제표 본문에 표시하거나 주석으로 기재할 것이 요구되며 그보다 더 상세한 정보*는 자율적으로 주석기재할 수 있음

| | 인력비용 | 시설비용 | 기타비용 | 합계 |
|---|---|---|---|---|
| 고유목적사업비용 | xxx | xxx | xxx | xxx |
| 사업수행비용 | xxx | xxx | xxx | xxx |
| 일반관리비용 | xxx | xxx | xxx | xxx |
| 모금비용 | xxx | xxx | xxx | xxx |
| 수익사업비용 | xxx | xxx | xxx | xxx |
| 합계 | xxx | xxx | xxx | xxx |

* 예를 들어, 영리기업과 마찬가지로 매출원가와 판매관리비로 구분한 정보를 주석으로 기재할 수 있음

- (예외) 다만, 문화예술단체의 경우 하나의 활동(공연)에 고유목적사업(정부보조금)과 수익사업(티켓판매수익)이 혼재되어 구분이 어렵거나 구분정보의 유용성이 없을 수 있는데, 이러한 예외적인 경우에는 수익사업에 관한 구분정보가 반드시 요구되지 않는다는 예외를 인정할 필요(제28조, 제31조)

## Ⅳ-6. 기타 표시 · 인식 · 측정 기준

### (1) 현금기부금 수익인식 기준

■ **(현황)** 현행 회계실무에서는 대체로 기부금, 보조금, 회비 등을 현금주의에 따라 인식

- 상대방에게 재화나 용역을 제공하고 그 대가로서 수입을 얻는 영리기업과 달리, 비영리조직은 기부자 등으로부터 무상으로 수입을 얻기 때문에 영리기업과 같은 발생주의회계를 적용할 필요를 느끼지 못하는 경우가 많음

■ **(원칙)** 기본적으로 현행 회계실무의 현금주의 수익인식을 인정하되, 증거력이 충분한 기부약정과 납부가 강제되는 회비 등에 대해서는 발생주의에 따라 회수가 확실해지는 시점에 수익을 인식하고 그에 상응하는 미수금을 인식(제29조)

### (2) 비현금기부금 수익인식 기준

■ **(현황)** 현행 회계실무에서는 현물이나 서비스의 형태로 기부를 받을 경우 그 인식 여부나 측정 기준에 있어 다양성이 존재

- 현물기부의 예로는 사회복지기관이 바자회에 내놓을 물품을 직원이나 지역 주민으로부터 기증받는 경우가 있음

- 서비스기부의 예로는 사회복지기관에 제공하는 일반인의 무료봉사활동(일반인 서비스기부), 언어치료사가 사회복지기관의 언어치료강좌에서 무료로 하는 강의(전문가 서비스기부) 등이 있음

■ **(원칙)** 현물을 기부받을 때에는 그 공정가치로 수익을 인식하며 수익인식 시점은 현금기부금과 동일한 기준에 따라 결정하고, 서비스를 기부받을 때에는 수익을 인식하지 아니함(제29조)

- 기본적으로 현물은 실제 기부를 받을 때 수익을 인식하되, 증거력이 충분한 기부약정 등에 대해서는 발생주의에 따라 회수가 확실해지는 시점에 수익을 인식하고 그에 상응하는 미수수익을 인식

- '공정가치'는 합리적인 판단력과 거래 의사가 있는 독립된 당사자 사이의 거래에서 자산이 교환되거나 부채가 결제될 수 있는 금액을 말함

- 일반인의 무료봉사활동은 서비스기부에 해당하며 비영리조직에 효익을 주는 것임이 명확하지만, 그 가치를 충분히 신뢰성 있게 측정하기가 어려우므로 수익인식 대상에서 제외하는 것이 바람직
  - 비교적 측정이 용이하다고 판단되는 회계사, 의사, 전기기사, 목수 등 전문가로부터 제공받는 전문 용역의 경우에 한하여 서비스기부를 수익으로 인식하는 대안을 고려하였으나, 실무에서는 전문 용역의 경우에도 신뢰성 있는 가치의 측정이 어렵다는 의견과 성격상 일반인의 자원봉사와 구분할 수 없으므로 측정의 대상이 아닌 비재무적 정보라는 의견이 많아 수익인식 대상에서 제외함

| 구분 | 인식시점 |
|---|---|
| 현금및현금성자산 | 기부받은 시점 |
| 기타 자산(현물기부) ☞ 공정가치로 측정 | |
| 회비(비강제) | |
| 회비(강제) | 권리발생 시점 |
| 기부약정 | |

* 서비스기부의 경우 수익인식 대상에서 제외

### (3) 유 · 무형자산 (감가)상각

■ **(현황)** 대부분의 비영리조직은 기업회계의 원칙과 일관되게 유 · 무형자산에 대해 감가상각을 실시

- 그러나 일부 비영리조직은 유 · 무형자산 취득과 동시에 비용처리를 함으로써 부외자산을 갖고 있는 경우가 있음

■ **(원칙)** 유 · 무형자산에 대해 감가상각을 실시(제49조)

- 전시 · 교육 · 연구 등의 목적으로 보유 중인 예술작품 및 유물과 같은 역사적 가치가 있

는 자산은 일반적으로 시간이 경과하더라도 가치가 감소하지 않으므로 예외적으로 감가상각을 인식하지 아니함



### (4) 유형자산 재평가

- **(현황)** 공익법인의 설립 · 운영에 관한 법률 시행령(제24조), 사학기관 재무 · 회계 규칙에 대한 특례규칙(제31조) 등에서 유형자산 재평가의 근거가 마련되어 있음
  - 실무적으로 얼마나 많은 비영리조직들이, 얼마나 자주 유형자산을 재평가 하는지는 파악된 바 없음

- **(원칙)** 기업회계기준에서 유형자산 재평가를 허용하고 있는바, 기왕에 비영리조직 관련 법령에서 재평가를 허용하고 있는 상황에서 기업회계와 달리 기준을 설정할 이유는 없음. 따라서 비영리조직에 대해서도 유형자산 재평가를 허용(제50조)

- **(적용 방법)** 다만, 기업회계기준에 따르면 재평가 회계정책을 선택할 경우 공정가치를 주기적으로 업데이트할 의무를 부담해야 하는데, 회계처리 능력이 상대적으로 낮은 비영리조직에 대해서도 이러한 의무를 지우는 것은 지나칠 수 있음. 또한 관련 법규에서 임의적 재평가를 허용하고 있음에도 불구하고 회계기준이 엄격한 주기적 재평가를 요구할 경우 비영리조직이 과도한 부담 때문에 사실상 법규에 따른 재평가를 선택하지 못하는 부작용이 발생할 수 있음. 따라서 비영리조직이 필요하다고 판단하는 시점에 재평가를 할 수 있도록 재량 부여
  - 재평가를 실시하여 발생한 재평가차액은 그 사용과 처분에 제약이 있지 않는 한 제약이 없는 순자산(제약없는순자산)에 포함
    - 일정 기간에 발생한 재평가차액은 운영성과표 본문에 별도로 표시
    - 재평가차액 누적금액은 그 사용과 처분에 제약이 있는지 여부에 따라 재무상태표상 해당 순자산 분류(제약없는순자산, 일시제약순자산, 영구제약순자산) 내에서 세부 항목으로서 별도 표시하거나 주석으로 기재

- 비영리조직이 임대를 목적으로 보유하는 토지와 건물은 성격상 '투자부동산'에 해당
  - 국제회계기준에 따르면 감가상각 없이 공정가치로 평가할 수도 있음
  - 위 'Ⅲ-5'에서 언급한 바와 같이 비영리조직회계기준에서는 일반기업회계기준을 참조하기로 하였는바, 일반기업회계기준에서는 투자부동산에 관한 별도 기준을 두고 있지 않아 유형자산의 하나로 처리되나, 유형자산을 주기적으로 재평가하는 회계정책을 선택할 경우 공정가치로 평가할 수 있음

- 비영리조직의 유형자산 재평가에 대해 주기적인 업데이트를 요구하지 않고 필요하다고 판단하는 시점에 재평가를 할 수 있도록 재량을 부여할 경우 손익 조작의 위험이 있다는 우려가 있을 수 있음
  - 그러나 비영리조직은 영리기업처럼 단일의 성과지표(당기순이익)를 산출해내는 것이 중요한 것이 아니라, 고유목적사업에 대한 활동 노력과 그 성과에 관한 정보(service efforts and accomplishments), 즉 비용 집행 내용을 공시하는 것이 더 중요하고, 일반적으로 비영리조직의 수익과 비용은 균형을 이루는 것이 이상적이라고 이해됨을 고려할 때 유형자산 재평가를 이용하여 손익을 조작할 유인이나 실익이 없다고 사료됨

### (5) 투자유가증권 표시

■ (현황) 일반적으로 비영리조직이 주식이나 채권 등 투자유가증권을 보유하는 경우가 많지는 않지만, 학술장학기관이나 사학기관 등에서는 상당한 금액의 투자유가증권을 보유하는 경우가 있음

- 사학기관 재무 · 회계 규칙에 대한 특례규칙([별표 2] 대차대조표 계정과목 명세표)에서는 투자목적으로 소유하는 주식, 사채, 국공채 등을 '투자유가증권'의 과목으로 통합하여 표시하도록 함
  - 아울러 아래와 같이 주식과 채권으로 구분하여 상세 내역을 공시하는 투자유가증권 명세서를 작성하도록 함(동 규칙 제40조제1항제8호)

[별지 제4의6호서식(나)]

# 투자유가증권명세서

(단위 : 원)

| 구분 | 종목 | 보유목적 (취득사유) | 1주의 금액 | 주수 | 취득가액 | 시가 | 시가차액 | 비고 |
|---|---|---|---|---|---|---|---|---|
| 주식 | | | | | | | | |
| | | | | | | | | |
| | 계 | | | | | | | |
| 공사채 국채 지방채 | 종목 | | | 액면가액 | 취득가액 | 시가 | 시가차액 | 비고 |
| | | | | | | | | |
| | | | | | | | | |
| | 계 | | | | | | | |
| 합계 | | | | | | | | |

- **(원칙)** 투자유가증권을 국공채, 회사채, 수익증권, 주식으로 구분하는 정보를 재무상태표 본문에서 표시하거나 주석으로 기재(제15조)
  - 유동성과 위험 면에서 성격이 다른 투자유가증권을 구분하는 정보가 제공된다면 일반정보이용자의 의사결정에 유용한 정보가 될 수 있음
  - 투자유가증권 보유 금액이 크지 않은 비영리조직에 대해서도 위와 같은 투자유가증권 구분정보를 재무상태표 본문에서 구분할 것을 요구한다면 정보 효익은 크지 않은 데 비해 복잡성만 더 늘어나 일반정보이용자의 이해가능성을 저해할 수 있으므로, 비영리조직이 자신의 상황에 맞추어 재무상태표 본문 표시와 주석기재 중에서 선택할 수 있도록 하는 것이 바람직

### ⑹ 투자유가증권 평가

■ **(현황)** 비영리조직이 주식, 채권, 수익증권에 투자하고 있는 경우 취득 후 평가를 취득원가로 하는 조직이 있는가 하면 공정가치로 하는 조직도 있음

- 사립대학은 상장 · 비상장 여부를 불문하고 공정가치(시가)로 평가(사학기관 재무 · 회계 규칙에 대한 특례규칙 제33조)

- 학술장학재단은 취득원가평가 회계정책을 채택하는 경우와 공정가치평가 회계정책을 채택하는 경우로 나뉨
  - 공익법인의 설립 · 운영에 관한 법률 시행령 제24조(재산의 평가)에서는 다음과 같이 규정

> 공익법인의 모든 재산의 평가는 취득 당시의 시가에 의한다. 다만, 재평가를 실시한 재산은 재평가액으로 한다.

  - 위 규정의 원칙에 충실하고자 하는 학술장학기관은 취득원가평가 회계정책을 채택

  * 투자유가증권이 최초 출연 받은 기본재산인 경우 공정가치로 평가한다면 법률상 그 기본재산가액이 변하게 되는데, 공익법인의 설립 · 운영에 관한 법률(제11조제2항)에 따르면 기본재산 목록과 평가액은 정관 기재 사항이고 그 평가액이 변동하면 정관도 지체 없이 변경하여야 하기 때문에 실무적으로 그러한 번잡함을 회피하기 위한 이유도 있음

  - 위 규정의 예외 규정을 적용하여 재평가를 하고자 하는 학술장학기관은 공정가치평가 회계정책을 채택

  * 기업회계기준(일반기업회계기준 문단6.30)에서 투자유가증권을 원칙적으로 공정가치로 평가하도록 요구하고 있기 때문에 이를 참조한 경우임

■ **(원칙)** 시장성 있는 투자유가증권 등 신뢰성 있는 공정가치를 용이하게 얻을 수 있는 투자유가증권은 공정가치로, 그렇지 않은 투자유가증권은 취득원가로 평가(제51조)

- 일반정보이용자에게는 공정가치가 가장 관련성이 높은 정보이므로, 이를 용이하게 얻

을 수 있음에도 불구하고 취득원가로 평가할 이유는 없음

- 다만, 일반적으로 비영리조직이 영리기업에 비해 회계처리 역량이 낮다는 점을 고려할 때, 신뢰성 있는 공정가치를 용이하게 얻을 수 없는 투자유가증권(예: 비상장주식)의 경우 공정가치 결정을 위해 추가로 노력을 투입함에 따르는 비용이 일반정보이용자에게 제공될 정보 효익을 초과할 가능성이 높으므로 예외적으로 취득원가로 평가하는 것을 허용할 필요

■ **(적용 방법)** 재무제표 본문에 표시된 공정가치를 취득원가와 비교하는 정보를 다음과 같이 주석으로 기재하도록 하여 정보유용성을 배가시킴

| | 공정가치 | 취득원가 | 재무상태표 표시금액 |
|---|---|---|---|
| 국공채 | | xxx | xxx |
| 공정가치 평가분 | xxx | xxx | xxx |
| 취득원가 평가분 | | xxx | xxx |
| 회사채 | | xxx | xxx |
| 공정가치 평가분 | xxx | xxx | xxx |
| 취득원가 평가분 | | xxx | xxx |
| 수익증권 | | xxx | xxx |
| 공정가치 평가분 | xxx | xxx | xxx |
| 취득원가 평가분 | | xxx | xxx |
| 주식 | | xxx | xxx |
| 공정가치 평가분 | xxx | xxx | xxx |
| 취득원가 평가분 | | xxx | xxx |
| 투자유가증권 합계 | | xxx | xxx |
| 공정가치 평가분 | xxx | xxx | xxx |
| 취득원가 평가분 | | xxx | xxx |

## (7) 고유목적사업준비금과 그 전입액

■ **(현황)** 세법(법인세법 제29조)에 따르면 비영리조직이 고유목적사업이나 지정기부금에 지출하기 위하여 고유목적사업준비금을 재무제표상 비용으로 계상할 경우 손금으로 인정되어 과세소득이 감소함. 따라서 많은 비영리조직들이 고유목적사업준비금전입액을 재무제표상 비용으로 표시하고자 하는 유인이 있음

- 이는 순전히 세무신고 목적상 비용으로 표시되는 항목일 뿐이며, 일반적으로 인정된 회계원칙상으로는 비용이 아님

- 재무제표에 고유목적사업준비금전입액을 비용으로 표시하지 않더라도 이익잉여금처분의 형식을 취하여 신고조정을 통해 세법상 손금산입도 가능하나, 이익잉여금처분계산서를 별도로 작성해야 하는 부담이 있음

■ **(원칙)** 고유목적사업준비금전입액과 고유목적사업준비금을 재무제표에 각각 비용과 부채로 인식하는 회계실무는 오랜 관행이고 일반목적 재무보고가 세무신고에도 용이하게 활용될 수 있도록 한다는 취지에서 이를 수용

- 다만, 고유목적사업준비금전입액은 재무회계개념체계상 비용*1의 정의에 부합하지 않으므로, 정보이용자에게 이를 환기시키기 위해 운영성과표에서 사업비용 및 사업외비용과는 별도로 구분하여 표시(제27조, 제35조)

- 고유목적사업준비금도 재무회계개념체계상 부채*2의 정의에 부합하지 않으므로 이를 환기시키기 위해 재무상태표에서 유동부채 및 비유동부채와는 별도로 구분하여 표시(제12조, 제21조)

*1 재화나 용역을 제공함에 따라 발생하는 자산의 유출이나 사용 또는 부채의 증가
*2 과거 사건의 결과로 미래에 자원의 유출 또는 사용이 예상되는 의무

- **(적용 방법)** 다만, 비영리조직에 따라서는 재무회계 개념 체계에 완전히 부합하는 일반목적 재무제표를 작성하기 위해, 고유목적사업준비금과 그 전입액을 재무제표에 인식하지 않고자 하는 유인을 가질 수도 있으므로 이를 고려할 필요
    - 비영리조직은 고유목적사업준비금과 그 전입액을 재무제표에 인식하는 회계정책과 인식하지 않는 회계정책 중 하나를 선택할 수 있도록 재량 부여(제35조)

- **(고유목적사업준비금 사용액의 회계처리)** 비영리조직이 손금에 산입한 고유목적사업준비금은 그 준비금을 손금에 산입한 사업연도 종료일 이후 5년이 되는 날까지 고유목적사업 또는 지정기부금으로 지출 또는 사용하여야 하며, 위 기간 내에 사용하지 못한 준비금은 법인세 소득금액 계산에 있어 익금산입하여 법인세를 추가 납부하여야 함(법인세법 제29조제4항제4호)
    - 고유목적사업준비금 설정 후 고유목적사업에서 해당 비용이 집행되어 그 비용과목이 인식되면 고유목적사업준비금이 사용된 것이므로, 그 비용에 상응하여 고유목적사업환입액을 인식하여 순효과가 0이 되도록 만들어줄 필요(제35조)
        - 왜냐하면 비영리조직 전체에 대한 재무정보를 제공하는 재무제표(위 Ⅲ-2 참조)에서는 고유목적사업준비금전입액이 과거에 이미 비용으로 인식되었기 때문에, 순비용이 이중으로 계상되는 것을 방지하기 위해 이러한 절차가 필요함

## 〈고유목적사업준비금 회계에 관한 참고자료〉

(가) 고유목적사업준비금 설정의 경우

비영리법인이 수익사업에서 소득이 발생하는 경우에는 법인세법 제29조제1항의 규정에 의한 손금산입범위액 내에서 고유목적사업준비금을 수익사업회계에서 다음과 같이 설정한다.

| 〈수익사업회계〉 | | | |
|---|---|---|---|
| (차) 고유목적사업준비금전입액 | ××× | (대) 고유목적사업준비금 | ××× |
| (운영성과표 비용항목) | | (재무상태표 부채항목) | |

(나) 고유목적사업준비금 사용의 경우

고유목적사업준비금의 사용에 따른 회계처리는 비영리조직이 고유목적사업회계와 수익사업회계를 구분경리하는지 여부에 따라 다음과 같이 달라진다.

① 구분경리를 하지 아니한 경우

고유목적사업회계와 수익사업회계를 구분경리하지 않고 고유목적사업준비금을 고유목적에 직접 사용하는 경우에는 다음과 같이 회계처리한다.

| | | | |
|---|---|---|---|
| (차) 고유목적사업준비금 | ××× | (대) 현금및현금성자산 | ××× |

위와 같이 회계처리하는 경우에는 고유목적사업준비금을 사용한 사실은 확인할 수 있으나 고유목적사업준비금을 어느 항목에 사용하였는지는 파악하기 어렵다. 따라서 결산상 고유목적사업에 사용한 해당 비용을 표시하고자 하는 경우에는 다음과 같이 회계처리할 수 있다.

| | | | |
|---|---|---|---|
| (차) 고유목적사업준비금 | ××× | (대) 고유목적사업준비금환입액 | ××× |
| (차) 고유목적사업비 | ××× | (대) 현금및현금성자산 | ××× |

이 경우 고유목적사업준비금환입액은 고유목적사업준비금의 미사용액을 환입하는 것이 아니라 고유목적사업준비금의 사용을 해당 비목으로 처리하기 위하여 사용하는 계정과목이므로 세무상 미사용액으로 보지는 않는다.

② 구분경리를 하는 경우

고유목적사업회계와 수익사업회계를 구분경리를 하는 경우에는 고유목적사업준비금을 고유목적사업에서 사용하기 위하여 수익사업에서 설정한 고유목적사업준비금을 고유목적사업으로 전출하고 다음과 같이 회계처리를 한다.

| 〈수익사업회계〉 | | | |
|---|---|---|---|
| (차) 고유목적사업준비금 | ××× | (대) 현금및현금성자산 | ××× |

한편, 고유목적사업에서는 이를 전입받아 다음과 같이 회계처리를 한다.

| 〈고유목적사업회계〉 | | | |
|---|---|---|---|
| (차) 현금및현금성자산 | ××× | (대) 고유목적사업준비금 | ××× |

수익사업회계에서 전입받은 고유목적사업준비금을 고유목적사업에서 사용하는 경우에는 다음과 같이 회계처리를 한다.

| 〈고유목적사업회계〉 | | | |
|---|---|---|---|
| (차) 고유목적사업준비금 | ××× | (대) 고유목적사업준비금환입 | ××× |
| 고유목적사업비 | ××× | 현금및현금성자산 | ××× |

---

## (8) 정부보조금

- **(현황)** 중앙정부나 지방정부로부터 보조금을 지급받는 경우 예외 없이 사업수익으로 회계처리하는 비영리조직이 있는가 하면, 기업회계기준을 준용하여 회계처리함으로써 일정한 정부보조금은 사업수익으로 인식하지 않는 비영리조직이 있음
  - 일반기업회계기준 제17장에서는 정부보조금을 다음과 같은 유형으로 나누어 각기 다른 회계처리 방법을 제시
    - (자산관련보조금) 관련 자산을 취득하는 시점에서 관련 자산의 차감계정으로 회계처리하고 그 자산의 내용연수에 걸쳐 상각금액과 상계

    ※ 비영리조직이 유형자산 취득을 조건으로 받는 정부보조금에 대해 이 기준을 적용할 경우 당해 유형자산의 내용연수에 걸쳐 감가상각비와 상계하므로 사업수익을 인식하지 않게 됨

– (수익관련보조금) 원칙적으로 당기손익에 반영하되, 특정의 비용을 보전할 목적으로 지급되는 경우에는 당기손익에 반영하지 않고 특정의 비용과 상계처리

* 비영리조직이 예컨대 연구직원 인건비에 사용하는 조건으로 받는 정부보조금에 대해 이 기준을 적용할 경우 당해 인건비 발생 시점에 상계처리하므로 사업수익을 인식하지 않게 됨

■ **(원칙)** 비영리조직이 중앙정부나 지방정부로부터 받는 보조금에 대해서는 정부보조금에 관한 기업회계기준(일반기업회계기준 제17장)의 적용을 배제하며, 원칙적으로 모든 유형의 정부보조금을 사업수익으로 회계처리(제30조)

• 정부보조금이 비영리조직의 중요한 재원이 되는 경우가 많은데 위와 같이 정부보조금에 관한 기업회계기준을 적용하면 사업수익은 물론 그와 관련된 사업비용(위 예에서 감가상각비와 연구인건비)도 계상이 되지 않기 때문에 비영리조직의 활동 노력과 성과가 과소표시되는 문제 발생

• 다만, 정부보조금에 일시제약이나 영구제약이 있는 경우에는 사업수익이 아니라 해당 순자산의 증가로 회계처리

* 예를 들어, 비영리조직이 정부보조금을 받아 토지를 취득한 후 당해 토지를 영구적으로 보유할 의무가 있다면, 당해 정부보조금을 받는 시점에 영구제약순자산의 증가로 처리

* 예를 들어, 비영리조직이 정부보조금을 받아 건물을 취득한 후 당해 건물을 내용연수 동안 보유할 의무가 있다면, 당해 정부보조금을 받는 시점에 일시제약순자산의 증가로 처리

* 예를 들어, 비영리조직이 정부보조금을 받아 일정 기간 예금에 투자한 후 장학금으로 지급할 의무가 있다면, 당해 정부보조금을 받는 시점에 일시제약순자산의 증가로 처리

# Ⅳ-7. 재무제표 예시

## (1) 재무상태표

| | FY 2013 | | |
|---|---|---|---|
| 자산 | | | |
| 유동자산 | | | xxx |
| 당좌자산 | | xxx | |
| 현금및현금성자산 | xxx | | |
| 단기투자자산 | xxx | | |
| 미수금 | xxx | | |
| ...... | xxx | | |
| 재고자산 | | xxx | |
| 비유동자산 | | | xxx |
| 투자자산 | xxx | | |
| 장기성예적금 | xxx | | |
| 투자유가증권 | xxx | | |
| 국공채 | xxx | | |
| 회사채 | xxx | | |
| 수익증권 | xxx | | |
| 주식 | xxx | | |
| ...... | xxx | | |
| 유형자산 | | xxx | |
| 토지 | xxx | | |
| 건물 | xxx | | |
| ...... | xxx | | |
| 무형자산 | | xxx | |
| 기타비유동자산 | | xxx | |
| 자산총계 | | | xxx |
| 부채 | | | |
| 유동부채 | | | xxx |

| | | | |
|---|---|---|---|
| 단기차입금 | xxx | | |
| 선수금 | xxx | | |
| 미지급금 | xxx | | |
| ...... | xxx | | |
| 비유동부채 | | | xxx |
| 장기차입금 | xxx | | |
| 임대보증금 | xxx | | |
| ...... | xxx | | |
| 고유목적사업준비금 | | xxx | |
| 부채총계 | | xxx | |
| 순자산*2 | | | xxx |
| 제약없는순자산 (이익잉여금*1) | | | xxx |
| 일시제약순자산 (적립금*1) | | xxx | |
| 영구제약순자산 (기본금*1) | | xxx | |
| 순자산총계 | | | xxx |
| 부채 및 순자산 총계 | | | xxx |

*1 비영리조직이 순자산 구성항목의 명칭을 모범실무와 다르게 사용할 경우 다음과 같이 그 내용을 주석으로 기재

## 〈주석기재 예시〉

주석 YY. 순자산 구성

1. 재무상태표의 순자산에 표시된 기본금, 적립금, 이익잉여금은 다음과 같이 기부자 또는 관련 법령에 의해 가해진 사용과 처분에 관한 제약의 유무와 정도에 따라 구분됩니다.

(1) 기본금: 영구적으로 보유하여 특정 목적에 사용하여야 하며 처분을 할 수 없는 순자산

(2) 적립금: 사용 목적이나 사용 기간 등에 제약이 있으며 동 목적이 충족되거나 기간이 경과되면 처분이 가능한 순자산

(3) 이익잉여금: 사용과 처분에 관한 제약이 없는 순자산

*2 비영리조직이 순자산 구성항목을 더 세분하고자 할 경우 다음의 내용을 주석으로 기재하거나 재무상태표 본문에 직접 표시

## 〈주석기재 예시〉

※ 비영리조직이 기본 순자산 구성항목의 명칭을 위 *1과 같이 사용한다고 가정

주석 YY. 순자산 구성, 계속

2. 기본금, 적립금, 이익잉여금 별로 세부 항목과 그 금액은 다음과 같습니다.

(1) 기본금
① 설립자기본금: 비영리조직 설립자가 출연한 재산으로서 영구적으로 보유하여 특정 목적에 사용하여야 하며 처분을 할 수 없는 순자산
② 원금보존기본금: 기부자가 기부한 재산으로서 영구적으로 투자하여 그 원금을 보존하여야 하며 처분을 할 수 없는 순자산(그 투자수익에는 사용과 처분 제약이 없음)

(2) 적립금
① 투자적립금: 기부자가 기부한 재산으로서 일정 기간 동안 투자하여 그 원금을 보존하여야 하며 그 기간이 경과한 후에는 처분할 수 있는 순자산
② 시설적립금: 기부자가 기부한 시설(경제적 내용연수가 유한한 유형자산)로서 경제적 내용연수 동안 사용하여야 하며 내용연수 동안 처분이 불가능한 순자산

(3) 이익잉여금
① 임의적립금: 비영리조직 이사회의 결의로 연구, 장학, 건축, 퇴직 등 특정 목적에의 사용을 위해 내부 유보된 순자산
② 기타이익잉여금

| 순자산 구분 | 금액 | |
|---|---|---|
| 기본금 | | xxx |
| 설립자기본금 | xxx | |
| 원금보존기본금 | xxx | |
| 적립금 | | xxx |
| 투자적립금 | xxx | |
| 시설적립금 | xxx | |
| 이익잉여금 | | xxx |
| 임의적립금 | xxx | |
| 기타이익잉여금 | xxx | |

## (2) 운영성과표

| | FY 2013 | | |
|---|---|---|---|
| 제약없는순자산의 변동 | | | |
| 사업수익 | | | xxx |
| 고유목적사업수익 | | xxx | |
| 기부금수익 | xxx | | |
| 보조금수익 | xxx | | |
| 회비수익 | xxx | | |
| 등록금수익 | xxx | | |
| 투자자산 관련 손익*1(고유목적사업활동의 주된 원천이 되는 경우) | xxx | | |
| 공연수익 | xxx | | |
| 환자진료수익 | xxx | | |
| ... | xxx | | |
| 수익사업수익 | | xxx | |
| 사업비용*2 | | | (xxx) |
| 고유목적사업비용 | | (xxx) | |
| 사업수행비용 | (xxx) | | |
| ㅇㅇ사업수행비용 (선택적 공시사항, 본문 표시 또는 주석 기재 가능) | (xxx) | | |
| △△사업수행비용 ( 〃 ) | (xxx) | | |
| ...... ( 〃 ) | (xxx) | | |
| 일반관리비용 | (xxx) | | |
| 모금비용*3 | (xxx) | | |
| 수익사업비용 | | (xxx) | |
| 사업이익(손실) | | | xxx |
| 사업외수익 | | | xxx |
| 이자수익 | | xxx | |
| 투자자산처분이익(고유목적사업활동의 주된 원천이 아닌 경우) | | xxx | |

| 투자자산평가이익(고유목적사업활동의 주된 원천이 아닌 경우) | xxx | |
|---|---|---|
| 유형자산처분이익 | xxx | |
| 유형자산재평가이익(재평가차액에 대해 제약이 없는 경우) | xxx | |
| …… | | |
| 사업외비용 | | (xxx) |
| 이자비용 | (xxx) | |
| 투자자산처분손실(고유목적사업활동의 주된 원천이 아닌 경우) | (xxx) | |
| 투자자산평가손실(고유목적사업활동의 주된 원천이 아닌 경우) | (xxx) | |
| 유형자산처분손실 | (xxx) | |
| 유형자산재평가손실(재평가차액에 대해 제약이 없는 경우) | (xxx) | |
| …… | (xxx) | |
| 고유목적사업준비금전 제약없는순자산의 증가(감소) [또는 고유목적사업준비금전이익(손실)] | | xxx |
| 고유목적사업준비금전입액*4 | | (xxx) |
| 고유목적사업준비금환입액*4 | | xxx |
| 일시제약이 해제된 순자산 | xxx | |
| 사업수행에 따른 해제 | xxx | |
| 시간경과에 따른 해제 | xxx | |
| …… | xxx | |
| 제약없는순자산의 증가(감소) [또는 당기순이익(손실)] | | xxx |
| | | |
| 일시제약순자산의 변동 | | |
| 기부금수익 | xxx | |
| 투자자산평가 · 처분손익(일시제약이 있는 경우) | xxx | |
| 유형자산재평가손익(재평가차액에 대해 일시제약이 있는 경우) | xxx | |
| …… | xxx | |
| 일시제약해제 | (xxx) | |
| 일시제약순자산의 증가(감소) | | xxx |

| | | |
|---|---|---|
| 영구제약순자산의 변동 | | |
| 기부금수익 | xxx | |
| 투자자산평가?처분손익(영구제약이 있는 경우) | xxx | |
| 유형자산재평가손익(재평가차액에 대해 영구제약이 있는 경우) | xxx | |
| ...... | xxx | |
| 영구제약순자산의 증가(감소) | | xxx |
| | | |
| 순자산의 증가(감소) | | xxx |
| 기초 순자산 | | xxx |
| 기말 순자산 | | xxx |

※ 비영리조직의 여건(일시제약순자산 또는 영구제약순자산이 없음)과 회계정책(고유목적사업준비금과 그 전입액(환입액)을 인식하지 않음)에 따라서는 위 운영성과표에서 음영처리된 부분은 표시될 필요가 없음

*1 투자자산수익(이자수익과 배당금수익), 투자자산 평가손익과 처분손익을 포함하며, 이러한 구분 내용을 운영성과표 본문에서 표시하거나 주석으로 기재할 수 있음

*2-1 사업비용의 기능별 구분과 성격별 구분에 관한 매트릭스 형태의 정보를 아래와 같이 주석으로 기재

## 〈주석기재 예시〉

주석 YY. 사업비용의 성격별 구분

운영성과표에는 사업비용이 기능별로 구분되어 표시되어 있습니다. 이를 다시 성격별로 구분한 내용은 다음과 같습니다.

| | 인력비용 | 시설비용 | 기타비용 | 합계 |
|---|---|---|---|---|
| 고유목적사업비용 | xxx | xxx | xxx | xxx |
| 사업수행비용 | xxx | xxx | xxx | xxx |
| 일반관리비용 | xxx | xxx | xxx | xxx |
| 모금비용 | xxx | xxx | xxx | xxx |
| 수익사업비용 | xxx | xxx | xxx | xxx |
| 합계 | xxx | xxx | xxx | xxx |

또는 비영리조직이 선택하기에 따라서는 위 매트릭스 정보를 운영성과표 본문에 다음과 같이 직접 표시할 수도 있음

| 고유목적사업비용 | | | (xxx) |
|---|---|---|---|
| 사업수행비용 | | (xxx) | |
| 인력비용 | (xxx) | | |
| 시설비용 | (xxx) | | |
| 기타비용 | (xxx) | | |
| 일반관리비용 | | (xxx) | |
| 인력비용 | (xxx) | | |
| 시설비용 | (xxx) | | |
| 기타비용 | (xxx) | | |
| 모금비용 | | (xxx) | |
| 인력비용 | (xxx) | | |
| 시설비용 | (xxx) | | |
| 기타비용 | (xxx) | | |
| 수익사업비용 | | (xxx) | |
| 인력비용 | (xxx) | | |
| 시설비용 | (xxx) | | |
| 기타비용 | (xxx) | | |

*2-2 운영성과표에 고유목적사업비용을 다음과 같이 성격별로 구분하여 표시할 수도 있음

| 고유목적사업비용 | | (xxx) |
|---|---|---|
| **인력비용** | (xxx) | |
| **시설비용** | (xxx) | |
| **기타비용** | (xxx) | |
| 수익사업비용 | | (xxx) |

이 경우에도 고유목적사업비용의 기능별 구분과 성격별 구분에 관한 매트릭스 형태의 정보를 아래와 같이 주석으로 기재

**〈주석기재 예시〉**

주석 YY. 고유목적사업비용의 기능별 구분과 수익사업비용의 성격별 구분

운영성과표에는 고유목적사업비용이 성격별로 구분되어 표시되어 있습니다. 이를 다시 기능별로 구분한 내용과 수익사업비용을 성격별로 구분한 내용은 다음과 같습니다. (이하 위 *2-1의 표와 동일)

*3 모금비용이 없거나 중요하지 않은 비영리조직은 일반관리비용에 통합하여 표시할 수 있음

*4 비영리조직이 고유목적사업준비금과 그 전입액(환입액)을 재무제표에 인식하지 않는 회계정책을 채택하는 경우에는 표시가 요구되지 않음 ☞ Ⅳ-6의 (7) 참조

## (3) 현금흐름표

### 직접법

| | FY 2013 |
|---|---|
| 사업활동 현금흐름 | xxx |
| 사업활동 현금유입 | xxx |
| 제약 없는 기부금 수입 | xxx |
| 보조금 수입 | xxx |
| 회비 수입 | xxx |
| 등록금 수입 | xxx |
| 투자자산 수입(이자와 배당금 수입) | xxx |
| 공연 수입 | xxx |
| 환자진료 수입 | xxx |
| ...... | xxx |

| | | | |
|---|---|---|---|
| 수익사업 수입 | xxx | | |
| 사업활동 현금유출 | | (xxx) | |
| 인력비용 지출 | (xxx) | | |
| 시설비용 지출 | (xxx) | | |
| 기타비용 지출 | (xxx) | | |
| …… | (xxx) | | |
| 수익사업비용 지출 | (xxx) | | |
| 투자활동 현금흐름 | | | xxx |
| 투자활동 현금유입 | | xxx | |
| 투자자산 처분 | xxx | | |
| 유형자산 처분 | xxx | | |
| 무형자산 처분 | xxx | | |
| …… | xxx | | |
| 투자활동 현금유출 | | (xxx) | |
| 투자자산 취득 | (xxx) | | |
| 유형자산 취득 | (xxx) | | |
| 무형자산 취득 | (xxx) | | |
| …… | (xxx) | | |
| 재무활동 현금흐름 | | | xxx |
| 재무활동 현금유입 | | xxx | |
| 일시제약 또는 영구제약 기부금 수입 | xxx | | |
| 단기차입금 차입 | xxx | | |
| 장기차입금 차입 | xxx | | |
| …… | xxx | | |
| 재무활동 현금유출 | | (xxx) | |
| 단기차입금 상환 | (xxx) | | |
| 장기차입금 상환 | (xxx) | | |

| | | | |
|---|---|---|---|
| ...... | (xxx) | | |
| 현금의 증가(감소) | | | xxx |
| 기초 현금 | | | xxx |
| 기말 현금 | | | xxx |

## 간접법

| | FY 2013 | | |
|---|---|---|---|
| 사업활동 현금흐름 | | | xxx |
| 제약없는순자산의 증가(감소) [또는 당기순이익(손실)] | | xxx | |
| 현금의 유출이 없는 비용등의 가산 | | xxx | |
| 감가상각비 | xxx | | |
| 고유목적사업준비금전입액 | xxx | | |
| 유형자산처분손실 | xxx | | |
| ...... | xxx | | |
| 현금의 유입이 없는 수익등의 차감 | | (xxx) | |
| 유형자산처분이익 | (xxx) | | |
| ...... | (xxx) | | |
| 사업활동으로 인한 자산 · 부채의 변동 | | xxx | |
| 미수금의 감소(증가) | xxx | | |
| 선수금의 증가(감소) | xxx | | |
| ...... | xxx | | |
| 투자활동 현금흐름 | | | xxx |
| 투자활동 현금유입 | | xxx | |
| 투자자산 처분 | xxx | | |
| 유형자산 처분 | xxx | | |
| 무형자산 처분 | xxx | | |

| | |
|---|---|
| ...... | xxx |
| 투자활동 현금유출 | (xxx) |
| 투자자산 취득 | (xxx) |
| 유형자산 취득 | (xxx) |
| 무형자산 취득 | (xxx) |
| ...... | (xxx) |
| 재무활동 현금흐름 | xxx |
| 재무활동 현금유입 | xxx |
| 일시제약 또는 영구제약 기부금 수입 | xxx |
| 단기차입금 차입 | xxx |
| 장기차입금 차입 | xxx |
| ...... | xxx |
| 재무활동 현금유출 | (xxx) |
| 단기차입금 상환 | (xxx) |
| 장기차입금 상환 | (xxx) |
| ...... | (xxx) |
| 현금의 증가(감소) | xxx |
| 기초 현금 | xxx |
| 기말 현금 | xxx |

### (4) 수지계산서

- 위 Ⅳ-2에서는 비영리조직이 현금흐름표가 아직 생소하여 작성에 부담을 느낄 경우, 현금흐름표 대신 수지계산서 작성 시 예상되는 정보소실(사업활동, 투자활동, 재무활동 현금유출입에 대한 합계정보 등)로 인한 비용과 실무 편익을 함께 고려하여 수지계산서로써 현금흐름표를 갈음할 수 있도록 허용할 것을 제안(제6조)
  - 비영리조직이 기존에 사용하고 있는 수지계산서 양식을 인정한다는 취지이므로 비영리조직회계기준에서는 수지계산서를 별도로 예시하지 않음

## Ⅳ-8. 주석기재

■ **(현황)** 비영리조직이 작성하는 감독목적 재무제표에는 주석이 없음

• 대신 투자유가증권, 유 · 무형자산, 장 · 단기차입금 등 주요 자산과 부채에 대한 상세 내용을 기재한 부속명세서를 첨부

■ **(원칙)** 비영리조직회계기준에서 주석기재사항을 규정(제53조~제56조)

• 위 Ⅲ-1에서 밝힌 바와 같이 비영리조직회계기준은 일반정보이용자에게 비영리조직 활동의 전반적인 그림을 그려주면서 중요 사항을 강조(highlight)하는 식으로 간단명료화된 일반목적 재무제표를 제공하는 데 적용되는 기준을 제시하는 데 목적이 있음

– 재무제표 항목에 대한 설명정보*1, 상세구분정보*2 및 분석정보*3 등을 주석으로 기재하면 정보이용자가 재무제표를 이해하는 데 도움이 되는 정보를 제공할 수 있음

*1 (설명정보의 예) 순자산 분류를 모범실무(제약없는순자산 – 일시제약순자산 – 영구제약순자산)와 다르게 명명할 경우 그 내용을 주석으로 기재

*2 (상세구분정보의 예) ① 순자산의 각 분류(제약없는순자산, 일시제약순자산, 영구제약순자산)별로 세부 항목을 주석으로 기재, ② 투자유가증권을 국공채, 회사채, 수익증권, 주식으로 구분한 정보를 주석으로 기재, ③ 고유목적사업비용 중 사업수행비용을 세부 사업별로 구분한 정보를 주석으로 기재

*3 (분석정보의 예) 고유목적사업비용의 기능별 구분정보를 성격별로 재차 분석한 정보

– 비영리조직의 개황이나 주요 사업 내용을 주석으로 기재할 경우 정보이용자가 재무제표 전반을 이해하는 데 도움을 줄 수 있음

– 재무제표 본문에 표시되지 않은 거래나 회계사건으로서 재무제표에 중요한 영향을 미치는 사항에 관한 정보를 주석으로 기재하면 재무제표의 한계를 보완하는 정보를 제공할 수 있음

* 예를 들어, 계류 중인 소송이나 담보 · 보증 제공에 관한 내용을 주석으로 기재